**DISCURSO ACADÉMICO
EN LA UNIÓN EUROPEA**

EDITORIAL EDINUMEN

EL DISCURSO ACADÉMICO ORAL

Guía didáctica para la comprensión auditiva y visual de clases magistrales

Coordinación:

Graciela Vázquez

Escriben:

Ana María Cestero

Esther Forgas

María Herrera

María Labarta

Jenaro Ortega

Dolors Poch

© Editorial Edinumen
© Ana María Cestero, Esther Forgas, María Herrera, María Labarta,
   Jenaro Ortega, Dolors Poch y Graciela Vázquez

Editorial Edinumen
Piamonte, 7
28004 - Madrid
Tfs.: 91 308 22 55 - 91 308 51 42
Fax: 91 319 93 09
e-mail: edinumen@mail.ddnet.es
I.S.B.N.: 84-89756-53-8
Depósito Legal: M-18.459-2.001
Diseño y maquetación: Susana Fernández, Antonio Arias y Juanjo López
Ilustraciones: Juan V. Camuñas y Antonio Arias
Imprime: Gráficas Glodami. Coslada (Madrid)

AGRADECIMIENTOS

En este lugar quisiera expresar mi agradecimiento a todas las profesoras y profesores que permitieron la filmación de sus clases.

Graciela Vázquez

Universidad de Alcalá

Organización: Ana María Cestero

Clases:

- Pedro Benitez Pérez (Fonología y fonética)
- Manuel Leonetti Jungl (Relación entre morfología y sintaxis)
- Antonio Mora Sánchez (Estructura económica de España)
- Francisco Moreno Fernández (Situaciones de diglosia)
- Florentino Paredes (El andaluz)

Universidad Autónoma de Madrid

Facultad de Derecho

Organización: César Aguado

Clases:

- Manuel Aragón Reyes (El vehículo de la Jurisprudencia)
- Miguel Bajo Fernández (Estudio del delito de tipo subjetivo)
- Elías Díaz (Teorías sociologistas)
- María Díaz de Entre-Soto (El contenido típico del testamento)
- Javier Díez-Hochleitner (Objetivos y fines de la Unión Europea)
- Juan Luis Iglesia Prada (La declaración de quiebra)
- Luis Díez-Picazo y Ponce de León (Derecho de propiedad)
- Juan José Solozával (Moción de censura, las Cortes, Estatuto del Parlamentario)
- Yolanda Valdeolivas Ortega (Los convenios colectivos)

Facultad de Economía

Clases:

- Màximino Carpio (Políticas Fiscales en la Unión Europea)
- Teresa Sans García (Economía pública española: discusión.

Departamento de Lingüística

Organización: Soledad Varela

Clases:

- María Luisa Martín Rojo (Variedad estándar y dialectos sociales)

– José Portolés (Las transcripciones)
– Soledad Varela (Contenido y abarque de la morfología)

Departamento de Arqueología

Organización: Sonsoles Fernández López

Clases:

– Angel Fuentes Domínguez (Técnicas de construcción)
– Carmen Fernández Ochoa (Tipo de muros)
– Mar Zarzalejos (Clase de introducción)

SADU

África de la Cruz
Universidad Carlos III

Organización: Diego Marín Barnuevo

Clases:

– Maite Álvarez (Estructura de los tipos penales)
– Carmen Lamarca Pérez (Principio de legalidad)

Universidad Complutense de Madrid

Clases:

– Javier Arnaldo (Sociología del arte)
– Pedro Chacón (Teorías sobre el inconsciente)

Universidad Nebrija

Organización: Belén Moreno

Clases:

– Ana Arranz (El cliché y el tópico) (Lengua para periodistas)
– Marta Sanz (La construcción de la trama) (Literatura para periodistas)

Instituto Ortega y Gasset

Organización: Soledad Varela

Clases:

– Carlos Malamud (El caciquismo)

EQUIPO TÉCNICO

Universidad de Potsdam
Organización: Alejandra Navas Méndez

Dirección: Klaus Parnow

Cámara I: Klaus Parnow

Cámara II: Dieter Breuel

Sonido: Michael Hölzel

ÍNDICE

4. Los componentes no verbales del discurso académico

ICONOS UTILIZADOS

 Capítulo 2

Referencia a otros capítulos.

Recursos lingüísticos.

Ejemplos.

PREFACIO

EL DISCURSO ACADÉMICO ORAL constituye el primer intento en el campo de Español como Lengua Extranjera por analizar desde un punto de vista estrictamente didáctico un acontecimiento lingüístico-cultural alrededor del cual gira la experiencia académica estudiantil y docente de miles de personas jóvenes y adultas involucradas en programas de intercambio: la clase magistral en la Universidad Española.

El trabajo, basado en el visionado de 30 clases magistrales y en el análisis pragmático de la macro y microestructura de ocho en particular (filmadas en Madrid y Alcalá de Henares, en diferentes asignaturas humanísticas), tiene como objetivo primordial revelar los mecanismos discursivos y los recursos de organización generales que hacen posible su comprensión. En este sentido, la relación existente entre presentación de la información –contenido– elementos fónicos –aspectos no verbales, constituye un todo inseparable que gracias al análisis didáctico, posibilita la identificación de estrategias indispensables para identificar los tipos de información transmitida y sienta las bases para recogerla en forma de apuntes, herramienta todavía primordial en la preparación de exámenes.

La obra contiene cuatro apartados: la lección magistral, estrategias discursivas, los recursos fónicos y comunicación no verbal. Cada uno de ellos aborda, desde la perspectiva de su especialidad, la descripción de aspectos que –en su totalidad– hacen asequibles a estudiantes y docentes los mecanismos que entran en juego a la hora de participar en lo que constituye uno de los rituales más antiguos y todavía más utilizados para transmitir información en el ámbito académico español y europeo: el discurso magistral.

En el primer capítulo, JENARO ORTEGA OLIVARES establece, en lo que podría considerarse una clase magistral paradigmática, el marco dentro del cual se desarrollan las cinco secciones sobre las cuales se construye la mayor parte de las clases observadas: preámbulo, planteamiento del tópico, explicación propiamente dicha, interacción antes del cierre y cierre de la lección. Dichas secciones, que varían en extensión, cumplen una función específica que resulta evidente en el comportamiento adoptado por quienes participan en ellas.

Por otra parte, en el mismo capítulo, se describen los modos de presentar la información. Si en la descripción de las secciones primaba la relación docente – público, en este apartado se hace hincapié en la función que adopta la información en los diversos momentos del discurso: información básica, de fondo, parentética, resaltada, conclusiva, evaluada, secundaria, de carácter interactivo.

En el segundo capítulo, dedicado a las estrategias, se definen y analizan los mecanismos discursivos más frecuentes que garantizan la transmisión de los diversos tipos de información y a su vez facilitan la recepción: las preguntas (ANA MARÍA CESTERO MANCERA), la reiteración (JENARO ORTEGA OLIVARES y MARÍA LABARTA POSTIGO), el contraste, la argumentación, el ejemplo, la aclaración (JENARO ORTEGA OLIVARES), el resumen (JENARO ORTEGA OLIVARES y MARÍA LABARTA POSTIGO) y el sumario (JENARO ORTEGA OLIVARES). Dichos subapartados detentan un elemento común: la preocupación de las autoras y el autor por subrayar la importancia de la función que las estrategias mencionadas cumplen, más allá de la estructura que detentan.

En el tercer capítulo, DOLORS POCH OLIVÉ determina la relación entre cuatro tipos de información (la información nueva, la información sobre el propio discurso, las recapitulaciones y las opiniones) y los recursos fónicos que las caracterizan: las pausas, el volumen de la voz, la precisión en la articulación y la entonación. La importancia de los recursos fónicos es innegable puesto que constituyen indicadores de la impotancia que quien imparte la clase otorga a lo que está exponiendo. Los recursos mencionados resultarán de especial interés al público extranjero. Algunos de ellos tienen validez universal y existen en todas las culturas académicas, lo cual no significa necesariamente que el estudiantado extranjero sea consciente del papel esencial que juegan a la hora de transmitir y registrar la información.

El cuarto capítulo, a cargo de ESTHER FORGAS BERDET y MARÍA HERRERA RODRIGO, incluye dos secciones: en la primera se describen los elementos que componen la comunicación no verbal en general; en la segunda, se aplica el análisis anterior a lo que constituye la singularidad del ámbito académico. En el marco de la clase magistral, los gestos y las maneras de realizar ciertas actividades aportan información adicional cuya función puede entenderse como recurso didáctico para atraer y mantener la atención pero también constituyen recursos de valor agregado: la visualización de conceptos.

La interpretación de gestos significa analizar, a partir de la propia cultura, signos de comunicación y de su decodificación depende —en mayor o menor grado— la capitalización del contenido transmitido y percibido.

Desde este lugar quisiera agradecer públicamente a todas las profesoras y profesores españoles que permitieron al equipo técnico de la Universidad de Potsdam introducir cámaras y equipos de sonido en el recinto privado de sus clases. Sin la generosidad y la ayuda del personal docente y administrativo el presente trabajo nunca hubiera tenido lugar.

Es de esperar que la utilidad teórica y práctica del material que ponemos a su disposición hable por sí mismo.

Graciela Vázquez
Berlín, 2001

1. LA LECCIÓN MAGISTRAL

Jenaro Ortega Olivares
Universidad de Granada

La lección magistral constituye uno de los medios más comunes de transmisión de información en el ámbito académico. Asigna a quienes participan unos papeles bien diferenciados y responde casi siempre a una estructura subyacente cuyas partes más notables son: preámbulo, planteamiento del tópico general, explicación, interacción previa al cierre y cierre de la lección. El contenido transmitido a través de estas secciones presenta casi siempre la combinación de algunas modalidades de transmisión de información (como la información básica, la información básica particular, etc.) típicas de la lección magistral.

INTRODUCCIÓN

1.1.

Solemos llamar 'lección magistral' a cierto tipo de acontecimiento comunicativo propio de los ámbitos docentes. Como sabemos, la finalidad que guía los actos de comunicación que lo componen consiste, sobre todo, en transmitir información concerniente a alguna de las materias objeto de estudio académico.

Esta realidad presenta, entre otros, los siguientes aspectos:

a) La persona que enseña transmite la información en cuestión, y quienes aprenden constituyen el grupo destinatario.

Elementos del discurso magistral.

b) La transmisión de información se lleva a cabo mediante ciertos usos comunicativos previamente establecidos social y culturalmente para este medio, tales como, por ejemplo, las secciones generales de que suele constar una lección: 'preámbulo', 'planteamiento del tópico general', 'explicación', 'interacción previa al cierre de la lección' y 'cierre de la lección'. Como se ve, tales secciones remiten a ciertos usos, a ciertas funciones comunicativas propias de la lección y conforman, por tanto, en lo que les corresponda, el 'guión oculto' al que se ajusta quien enseña y del que se sirven, como apoyo, quienes aprenden.

····> **1.2.**

c) A estos dos aspectos quizá se deba sobre todo el reparto de los papeles sociales: a quienes enseñan corresponde el privilegio de organizar la exposición, mantener el turno de palabra, cederlo, etc. (es decir, asumen un papel de autoridad), mientras que para quienes aprenden quedan reservadas la captación de la información transmitida y, dadas ciertas circunstancias, la posibilidad de intervenir (esto es, se adaptan a las exigencias de la transmisión de información).

El marco y sus características.

Este marco general hay que verlo, obviamente, como punto de referencia, y no como patrón que aceptan sin más quienes participan en la lección magistral. Y es que las diversas situaciones en que puede darse este tipo de discurso académico oral imponen, como es de esperar, cierta variabilidad. Así, el profesor o profesora podrá, si lo estima conveniente por la circunstancia concreta o porque lo permite la costumbre, eliminar una o más de las secciones consideradas (por ejemplo, el "preámbulo" o la "interacción previa al cierre de la lección"). La clase podrá participar sin menos trabas si, entre otras razones, quien enseña despoja sus palabras y actitudes de algunos de los rasgos que impone la formalidad comúnmente asociada a este acto docente (en las facultades de Derecho, por ejemplo, el peso de la tradición puede ser considerable; en algunas universidades recientes, de régimen privado casi siempre, se suele optar por una modalidad más, digamos, "abierta"). Es más: la naturaleza de la información transmitida (piénsese que no es lo mismo explicar matemáticas o química que historia o literatura, pongamos por caso) también contribuye, como los factores anteriores, a la variabilidad.

Sin embargo, sea como sea el desarrollo y resultado que observemos en una lección magistral concreta, siempre será preciso, para comprender uno y otro, el marco general descrito. La razón de ello es que, al parecer, este marco constituye, por decirlo de algún modo, la opción por defecto a partir de la cual se pueden entender y asumir las opciones (y, por tanto, el desarrollo y resultado) particulares de quienes intervienen en este acto docente, así como dar cuenta de la variedad a que da lugar siempre su uso.

En los apartados que siguen nos ocuparemos de los aspectos esenciales de ese 'guión oculto' mencionado en b).

1.2. ESTRUCTURA GENERAL DE LA LECCIÓN MAGISTRAL

Tras la observación de numerosas clases magistrales que, sobre diversas materias (Derecho, Lingüística, Historia, Arqueología, Psicología, Sociología, etc.), fueron filmadas en algunas universidades españolas, se pudo percibir con claridad que todas ellas respondían, de un modo u otro, a la siguiente estructura general:

Preámbulo

Se trata de la sección que abre la clase magistral. Su finalidad más usual es la de establecer el contacto entre sus participantes, en favorecer determinado ambiente de relaciones personales, etc., y por ello suele estar formada por saludos, algún comentario personal o algo por el estilo. También puede servir de espacio introductorio para dar algún aviso, advertencia, etc. generalmente relacionada con la materia o la clase. En comparación con otras secciones, el preámbulo suele ser breve. Incluso puede llegar a ser obviado.

(1) Buenos días... No os riáis, no os riáis, hay que ser serios... Que conste que no estamos ni ante una película de Almodóvar, ni vais a salir en el telediario, ni estoy pre-parando un vídeo para mi mamá; de acuerdo ¿eh? Ya os contaremos con detalle en qué consiste todo esto, y la clase que pretendo dar es una clase lo más parecida posible a las clases que damos habitualmente, ¿de acuerdo? O sea que lo conocéis mejor que nadie [...]. (Francisco Moreno Fernández, Sociología del Lenguaje)

(2) [...] Van al museo a ver la exposición de (xxx). El miércoles como empezamos a las cinco y media y como supongo que cada grupo al menos tiene personas que no son de/ que pueden venir aquí antes, en vez de empezar a las siete y media empeza-mos a las cinco. La mayoría de ustedes puede venir a las cinco, ¿no? Quien pueda a las cinco... y al menos uno/ una persona de cada grupo, de cada uno de los grupos sería bueno que estuviera, ¿no?, y luego ya habla con sus compañeros, si es que pue-den llegar tarde. ¿Les parece bien, que en vez de ser mañana sea el miércoles a las cinco?, ¿podría ser?... Al menos uno por grupo, al menos uno por grupo. Y nos pone-mos las pilas ya, ¿eh?, porque se nos echa el tiempo encima, se nos echa el tiempo en-cima. [...] (Ángel Fuentes, Arqueología de Roma)

Planteamiento del tópico general

Esta sección cobra mucha importancia en el conjunto de la lección, pues sirve, de una parte, para establecer los elementos de información previos en los que se integrará el tópico de la lección, y, de otra, para fijar, dentro de este contexto de información, el punto de partida para la presentación y desarro-llo de dicho tópico. Es usual, pues, la aparición de algún tipo de recapitula-ción, la cual suele contener un resumen de lo que, ya presentado en clases an-teriores, concierne a lo que se va a tratar en la presente, así como alguna in-dicación o anuncio acerca del tópico general y del abarque del mismo. No es infrecuente, asimismo, que junto a esto último aparezca alguna suerte de pla-nificación de discurso (esto es, que se explicite cómo se va a proceder, discur-sivamente, a continuación). La extensión de esta parte es variable (de uno o menos a varios minutos), pero nunca está ausente (al menos en la muestra de clases examinada).

(3) [...] Bien. Vamos a retomar la explicación de ayer... Para hacerlo os recuerdo que estamos en el tema segundo, queriendo dar en esta introducción todavía al curso de Derecho Comunitario una panorámica general de los contenidos materiales de la Unión Europea... Una Unión Europea que consta de, como vimos, tres pilares, las comunidades europeas como núcleo de la integración, proceso de la integración; y dos ámbitos de cooperación intergubernamental, la PESC y la CAII. Comunidades europeas que, como sabéis, son tres, la CECA, la CEEA, comunidad europea de energía atómica, la CE. Estábamos ayer desarrollando los contenidos de la CE; como sabéis, los dos principales objetivos son la integración económica que, como sabéis, constituye un objetivo de plena integración, es un objetivo... Y junto a la integración económica los avances hacia una unión política, que tienen lugar sobre todo a partir del tratado de la Unión Europea. La integración económica, veíamos ayer, intenta realizarse a través de dos vías; por una parte la realización de un mercado común, rebautizado en el Acta Única Europea como mercado interior, y por otra parte la unión económica y monetaria; veíamos que el mercado común tiene tiene una dimensión interna y una dimensión externa; en su dimensión externa el mercado común, mercado interior, se traduce en la realización de cuatro libertades básicas y por otra en la puesta en marcha de una serie de políticas comunes, una serie de políticas comunitarias, es decir, lo lo vamos a desarrollar más tarde; y dentro de esas libertades, éste es el punto en que nos quedábamos ayer, veíamos que la primera de esas libertades es la libre circulación de mercancías, en segundo lugar la libre prestación de servicios y la libertad de establecimiento, en tercer lugar la libre circulación de trabajadores, y por último la libre circulación de capitales. Ayer empezamos a desarrollar los contenidos de la libre circulación de mercancías; os comentaba que la libre circulación de mercancías comporta la supresión en primer lugar de aranceles y restricciones cuantitativas, pero que no basta con esa supresión de aranceles y restricciones cuantitativas, que es una realidad en el territorio comunitario desde el año sesenta y ocho, sino que además se prohíbe toda medida de efecto equivalente a una restricción cuantitativa, concepto que vimos ayer y que aparece en el artículo treinta del tratado CE... Veíamos además que ese artículo treinta comporta, o esta libre circulación de mercancías regulada en el artículo treinta y treinta y seis entre otros preceptos del tratado CE veíamos que comporta a su vez el reconocimiento de la autonomía o libertad legislativa de los estados miembros en materia de producción industrial y en materia de comercialización de productos, y que consecuentemente el artículo treinta va a comportar lo que, en síntesis de lo que ayer explicábamos, podemos llamar el reconocimiento mutuo de las legislaciones de los estados miembros en el sentido, como veíamos ayer, de que un producto, un producto fabricado y comercializado en Alemania de conformidad con las leyes alemanas, autonomía legislativa a estos efectos, con el límite del artículo treinta de la prohibición de restricciones cuantitativas de los aranceles y de las medidas de efecto equivalente, es un producto que va a poder circular libremente por el territorio comunitario, y se va a tener que permitir su comercialización en el territorio español, aun cuando no haya sido fabricado ni comercializado de conformidad con nuestras leyes sino con las alemanas; la única excepción a ese sistema de reconocimiento mutuo de legislaciones está en el propio artículo treinta y seis con las excepciones que ayer reseñábamos de orden público, sa/salud pública, moralidad pública, etcétera. Todo ello ponía de relieve ayer, veíamos la necesidad de una armonización legistativa, la necesidad de una armonización legislativa. Quedan prohibidos los aranceles,

quedan prohibidas las medidas de efecto equivalente, ello da lugar a un sistema de re-
conocimiento mutuo de legislaciones dentro de la autonomía legislativa que en la ma-
teria conserva cada estado... Y todo ello nos lleva a la necesidad de una armonización,
de una armonización legislativa, necesidad que es cada vez más acuciante en la me-
dida en que las legislaciones de los estados miembros son cada vez más incisivas en la
protección fundamentalmente de ciertos valores, como la protección de los consumi-
dores, la protección del medio ambiente, etcétera, etcétera; la diversidad legislativa y
la intensidad legislativa en nuestros países obliga a una armonización legislativa si
queremos que el sistema funcione, si queremos que el sistema funcione. Veíamos ayer
que esa armonización legislativa estaba ya prevista en el tratado CE en su versión ori-
ginaria, y lo estaba en el artículo cien del tratado CE, que como veíamos ayer establece-
ce un mecanismo para la armonización de legislaciones. Sin embargo, y en este punto
nos quedábamos ayer, el artículo cien del tratado CE, recordad que es un artículo que
por una parte establece un procedimiento decisorio muy estricto, muy riguroso, en la
medida en que la adopción de actos de armonización legislativa a través del artículo
cien se verifica a través de decisiones adoptadas por unanimidad en el seno del con-
sejo, y la unim/ unanimidad de los quince estados miembros en el consejo, podéis
imaginar que no es sencilla una armonización a través de un procedimiento que pre-
via nunim/ unanimidad del consejo, y por tanto que es difícil, que se traduce en di-
rectivas, en directivas como actos normativos de armonización; y por último que tiene
un alcance ese artículo cien bastante limitado, el artículo cien prevé la facultad de que
el consejo por unanimidad adopte directivas de armonización legislativas pero que
por objeto únicamente las legislaciones, entendiendo legislaciones en sentido estricto,
es decir las leyes, reglamentos, medidas administrativas de los estados miembros, que
tengan por objeto o que afecten, y lo subrayo, directamente, directamente al estable-
cimiento o al funcionamiento del mercado común; el resultado es que en los años
ochenta nos encontramos cada vez más claramente con una necesidad de armoniza-
ción legislativa y sin embargo con un cauce, una vía para esa armonización que es
insuficiente; lo cierto es que el artículo cien ha producido a lo largo de los años un/
una producción normativa, ha arrojado una producción normativa a través de direc-
tivas de armonización bastante, bastante modesto, un resultado bastante modesto; no
son muchas las directivas que han podido ser aprobadas por la vía del artículo cien;
es por ello que os decía ayer que el Acta Única Europea, el Acta Única Europea del
ochenta y seis, que modifica los estados constitutivos, una de las grandes aportacio-
nes que hace a la realización del mercado común, rebautizado como mercado inte-
rior, va a ser la introducción de un nuevo artículo cien a, un nuevo artículo cien a que
va a tener por objeto de nuevo favorecer, fomentar la armonización de las legislacio-
nes de los estados miembros en este campo; un artículo cien a que presenta diversas
variantes, diversas ehh ehh diferencias respecto al artículo cien. Y me voy a fijar en las
diferencias más relevantes [...]. (Javier Díez-Hochleitner, Derecho Comunitario)

(4) [...] Bueno, vamos a ver, ehh, haciendo memoria del punto donde estábamos
el día anterior, ehh, yo había pensado que deberíamos retomar un poco algunos as-
pectos que traíamos en este este tema, y centrarnos fundamentalmente en el mundo
tardío ya, ¿no?, porque habíamos avanzado bastante; entonces, uhm, yo querría hoy
hacer dos cosas; la primera parte de la clase dedicarla a un poco comentar las causas
del amurallamiento tardío, y retraernos un poco al principio, ehh, y, ehh, analizarlas

un poquito más, y también el tema de la tipología, con algunos ejemplos. Está/ recordáis que habíamos empezado a hablar de Barcelona o de León, en algunas cosas concretas tomando como base la documentación que vosotros tenéis fotocopiada, ¿no? [comentario personal] y entonces por eso digo, la primera parte vamos a ver un poco qué pasa con el problema del amurallamiento y de la tipología y la segunda parte vamos a comentar la cuestión de la cronología, y proyectaremos en un tercer/ en una tercera instancia, ehh, diapositivas que tengan que ver con lo que estamos viendo, y ya analizaríamos ahí casos concretos de Hispania, aunque yo en toda la exposición lo que voy a hacer es ir introduciendo ejemplos que tienen que ver con la Península Ibérica, ¿uhm? Bueno, la primera cuestión que tendríamos que tratar sería recordar un poco en dónde estábamos hace un mes, que es bastante largo, ¿verdad?, y recordáis que habíamos hablado de distintos momentos del amurallamiento en el Imperio Romano, y sobre todo en la Península Ibérica. Y habíamos tratado un poco, ehh, la importancia que habían tenido los amurallamientos de época augústea, es decir, lo que llamaba yo en aquel momento los encintados de la paz o del prestigio, ¿no?, y esta denominación en parte viene porque uhm en este momento, justamente en el período, en el período augusteo lo que se detecta es un fenómeno casi contradictorio, es decir estamos en la pax romana y a la vez hay o se construyen muchas murallas... Ehh Pierbrot dice que es casi el/ dice que es el paisaje del simbolismo augusteo transmitido a través de las colonias que se fundan en ese momento. Entonces diríamos que en este primer momento que ya hemos visto algunos de sus aspectos ehh, el amurallamiento presenta unas características particulares que es/ pues son murallas con un espesor bastante pequeño, dos metros, un metro ochenta, dos metros cincuenta, una altura no superior a cuatro o seis metros, es decir que son murallas que lo que están pretendiendo decirnos sobre todo es que están delimitando el (xxx) ehh de la ciudad, es decir ese espacio sagrado; recordamos que las murallas en este sentido son res sanctae, que es como le llama Galo en el siglo segundo, es decir algo que tiene que ver no directamente con el derecho divino pero sí tiene que ver con la presencia digamos con una protección oficial de las divinidades o de la divinidad, y en este sentido pues ehh son murallas que no pretenden defender en un sentido estricto, sino que lo que pretenden es delimitar topográficamente el espacio en el que se está funcionando y manifestar de alguna forma el prestigio; son murallas simbólicas, es decir ehh lo que está fuera de la muralla es lo que no es la urbanitas romana, lo que no es la ciudadanía romana de alguna manera. Bien, éste recordáis por tanto que era un/ una fase, aquí tendríamos las murallas de Cesaraugusta, de Barcino, de Pax Julia, de Emérita, de Conímbriga, etcétera, o sea un grupo del que ya hemos hablado y ehh habría después una evolución en el amurallamiento de todo el Imperio, que tendría su repercusión posterior en la Península Ibérica y es que a partir de la segunda mitad del siglo tercero cambia completamente la idea y la imagen de la muralla ¿uhm?, entonces entraríamos di/ diríamos que a partir sobre todo ya de finales del siglo segundo ehh nos vamos a encontrar un fenómeno bastante distinto; no se trata ya de murallas que prefiguran lo que es la civitas, la ciudad, es decir murallas simbólicas solamente, sino que entra en la composición estructural y tipológica de lo que es una muralla, entran otros elementos como los que derivan de los problemas estratégicos y defensivos que tiene el Imperio en este momento. Entonces esto es lo que vamos a analizar un poquito más a fondo, es decir, por qué hay estas variaciones, por qué se produce ese fenómeno de amurallamiento [...]. (Carmen Fernández Ochoa, Arqueología de Roma)

Explicación

De las secciones que conforman la lección, ésta constituye la base que sustenta el conjunto. Por un lado, comparada su duración con la de las demás partes, la explicación ocupa casi todo el tiempo destinado a una sesión de clase (aproximadamente del 80 al 90 % del mismo); por otro, y dado lo anterior, su estructura presenta cierto grado de complejidad. En relación con esto último, son destacables los siguientes aspectos:

Aspectos de la explicación.

a) La explicación suele estar estructurada como una secuencia de tópicos particulares (subtópicos que desarrollan el tópico general presentado en la sección anterior).

b) Los tópicos en cuestión se despliegan siguiendo cierta pauta: presentación, desarrollo y cierre de tópico.

c) Mientras que la presentación y el cierre se suelen realizar recurriendo a patrones de cierta fijeza, el desarrollo de un tópico admite posibilidades diversas, según se combinen elementos como los siguientes: presentación de 'bloques' de información, introducción de nuevos tópicos (que quedan incrustados en otros anteriores, de mayor alcance, y que se despliegan siguiendo también la pauta considerada), utilización de ejemplos (configurados frecuentemente sobre la introducción de nuevos tópicos), establecimiento de contrastes, uso de argumentación, 'tormenta de ideas', planificación de discurso, etc.

····▶ Capítulo 2

(5) (Presentación de un tópico:)
[...] Veamos con un poco más de detenimiento cada uno de estos argumentos. Decía que el principal o primero de todos, y sin duda el más espectacular, por las consecuencias que tuvo, y que hemos estado sufriendo todavía hasta años recientes, fue el desajuste de las políticas fiscales entre Estados Unidos y las políticas fiscales de Alemania y Japón. (Maximino Carpio, Política Fiscal)

(6) (Desarrollo de un tópico:)
[...] Los primeros años ochenta, el déficit público de los Estados Unidos sufrió un crecimiento no sólo en cuanto a su magnitud, medida en términos de producto interior bruto, sino sobre todo en uno de los componentes, que es el componente estructural de ese déficit. Recordaréis que cuando hablamos en temas anteriores del déficit público, dijimos que tan importante como el nivel de déficit era el conocer la composición de ese déficit, y era muy distinta la/ eran muy distintas las consecuencias de un mismo déficit público en función de que procedieran de un componente estructural o de un componente coyuntural... Bueno, en los primeros años ochenta en Estados Unidos se constató claramente ese hecho, puesto que, aun cuando la economía estaba creciendo de forma importante, el déficit creció ehh en el equivalente a tres puntos del PIB básicamente por el componente estructural, de tal forma que, junto con/ este elevado déficit público que necesitaba una financiación muy fuerte, junto con el escaso

ahorro, escasa capacidad de ahorro que se observaba en Estados Unidos en esos/ en esa primera parte de la década de los ochenta, se tradujo en una subida de los tipos de interés reales durante todos los años ochenta... Es cierto que en un primer momento la subida de los tipos de interés, la primera parte de la década de los ochenta, en Estados Unidos se pudo justificar por las políticas monetarias restrictivas que se estaban practicando con el fin de contener los elevados def/ los el/ la elevada inflación, que se había heredado de la década anterior, pero a partir del año ochenta y tres, incluso ya en el año ochenta y dos, la política monetaria se relajó, se instrumentó una política monetaria acomodaticia, a pesar de lo cual los tipos de interés continuaron creciendo, debido a los continuos déficits públicos, y sobre todo al hecho de que esos déficits venían ocasionados por su componente estructural, es decir, aquel componente que no se ve eliminado ni siquiera cuando la economía crece al máximo nivel, al máximo nivel potencial. En contraste con lo que ocurría en los Estados Unidos, en Japón y en Alemania los déficits públicos estructurales uhm/ componentes estructurales de los déficits públicos se redujeron durante estos mismos años, lo que por otra parte puede considerarse como un ehh elemento favorable a la subida de los tipos de interés, es decir que si en este momento los déficits de estado de/ de Japón y de Alemania se hubieran a los déficits públicos de Estados Unidos, probablemente las subidas de los tipos de interés hubieran sido todavía mayores, pero el efecto negativo de la no coordinación de las políticas fiscales se dio como consecuencia de las dist/ de los distintos comportamientos que se observaron en los saldos de la balanza de pagos. El saldo de la balanza de pagos en Estados Unidos pasó de reflejar un superávit en el año mil novecientos ochenta y uno, en torno a los siete mil millones de dólares, a un déficit espectacular, como nunca lo había registrado, de más de ciento cincuenta mil millones en mil novecientos ochenta y siete. Bueno, en tanto esto ocurría en Estados Unidos, en Japón y Alemania el comportamiento de la balanza de pagos era el opuesto, es decir que se pasó de un déficit o una situación de un déficit o una balanza de pagos próxima al equilibrio a principio de los ochenta, a un superávit por cuenta corriente que el caso de Japón llegó hasta los ochenta y cinco mil millones de dólares, y en el de Alemania a los cuarenta y cinco mil millones, es decir, con una/ acumulando un superávit que era casi equivalente al déficit que se observaba en Estados Unidos. El resultado de esta divergencia en las políticas fiscales, que se tradujo después en los distintos o en el distinto comportamiento contrario, comportamiento contrario en las balanzas de pagos, fue el de que la posición internacional de ambos grupos de países se vio modificada por completo... Si bien Estados Unidos comenzaba el/ la década con una posición acreedora a nivel internacional de mal/ de más de cien millones de dólares, en mil novecientos ochenta y seis acumulaba ya una deuda superior a los doscientos cincuenta mil millones de dólares; se convirtió en aquellos momentos Estados Unidos en el país con mayor endeudamiento de todo el planeta. En cambio, Alemania y Japón, dada la/ dado el comportamiento positivo de sus balanzas corrientes, se convirtieron en países acreedores a nivel internacional. El resultado de estos desequilibrios exteriores reflejados en el endeudamiento en un caso o en el exceso de liquidez en otro se trasladó a los tipos de cambio, de tal forma que el dólar sufrió unas oscilaciones también sin precedentes en los años anteriores. Como un dato que puede reflejar este/ esta tensión de los mercados internacionales de divisas, simplemente indicar que, en tanto el dólar se había preciado entre mil novecientos ochenta y uno y ochenta y cinco un treinta por ciento frente al marco, entre el ochenta y seis y el noventa sufrió una depreciación del cuarenta y cinco por ciento; el comportamiento frente al yen no fue tan acusado, en cuanto que la primera parte de la década ehh no se tradujo esta/ estos desequilibrios exteriores no se tradujeron en una apreciación del dólar frente al yen más que del nueve por ciento; sin embargo la depreciación que se observó en la segunda parte de la década, del ochenta y cinco y el noventa, el ochenta y seis noventa, fue del cuarenta por ciento... Como consecuencia de ello la desconfianza en los mercados internacionales fue creciente, el elevado endeudamiento al que había llegado ehh Estados Unidos siguió minando la confianza en el dólar, y esto se tradujo en un intento por parte de Estados Unidos de introducir al final de la década presiones o condiciones proteccionistas en los mercados internacionales. En estos momentos, finales de los ochenta, una de las reuniones que en aquellos mom/ que aquellos años habían empezado a institucionalizarse, que era la del Grupo de los Siete, que después se han seguido realizando con cierta regularidad, trató de oponerse a esta pretensión de los Estados Unidos, y la consecuencia de toda esta descoordinación inicial de políticas fiscales que había llevado a una situación en la que parecía que la única salida era volver al proteccionismo de años o de décadas anteriores superado, llegó digo a este Grupo de los Siete a luchar de forma bastante decidida por la necesidad de coordinar las políticas económicas, sobre todo las políticas fiscales y monetarias, dentro del/ del grupo de países líderes en la economía, en las economías industrializadas... [...] (Maximino Carpio, Política Fiscal)

(7) (Cierre de un tópico:)

[...] Y ésta sería en síntesis una de las causas que, como decía al principio, han profundizado la idea o la necesidad de coordinar las políticas fiscales a nivel internacional. La falta de coordinación es el origen de muchos de los desequilibrios que hemos estado padeciendo en las economías internacionales en los años ochenta, y que llevan a la conclusión de que si no se quiere volver a experimentar una situación tan negativa como la vivida a finales de la década anterior, de la década de los ochenta, es necesario que haya una cierta homogeneización, coordinación, armonización, de las políticas económicas y sobre todo de las políticas fiscales, comenzando por la utilización de los déficits públicos ehh de forma masiva, o no de forma masiva como se venía haciendo en décadas anteriores [...]. (Maximino Carpio, Política Fiscal)

(8) (Ejemplo inserto en el desarrollo de un tópico:)

[...] Piensen ustedes por ejemplo en el delito de detención ilegal. Hay un tipo que dice: "el funcionario público que detuviere ilegalmente a un ciudadano", ¿uhm?, es un tipo especial impropio, porque correlativamente a éste, "el funcionario público que detuviere ilegalmente a otro", nos encontramos con otro tipo que dice: "el particular que detuviere ilegalmente a otro"; de ahí que cuando nos encontremos ante un sujeto funcionario, que con la colaboración de un particular lleva a cabo una detención ilegal, el funcionario público es autor de la detención ilegal por el tipo especial impropio, y el particular no es colaborador en esa detención ilegal, sino que a su vez es autor de una detención ilegal cometida por particular ¿uhm?, es decir, no son supuestos de, o no van a dar lugar a supuestos de participación, sino que van a dar lugar a supuestos de distintas autorías por distintos tipos ehh, ya que el código penal prevé para unos una sanción y para otros otra en función precisamente de la distinta perspectiva que viene dada por el sujeto que comete la conducta [...]. (Maite Álvarez, Derecho Penal)

(9) (Contraste, en ejemplo inserto en desarrollo de tópico:)

[...] Por ejemplo si yo 'escribo de nuevo una cosa' puedo 'reescribirla' ¿verdad? Este verbo puede formarse de nuevo en otro verbo que indique mayor precisión: 'yo reescribo el manuscrito': lo escribo con mayor exactitud o lo corrijo de alguna forma. Pero fijaos: un verbo por ejemplo como 'trabajar': 'Trabajar' es una acción ¿verdad?, pero no es una acción que crea un efecto: 'yo no trabajo una cosa', no es un verbo transitivo en ese sentido que cree un efecto, no es una realización, es un verbo simplemente de acción; bueno pues ese verbo no permite el prefijo 're'; yo no puedo decir en español: 'Fulanito está retrabajando', ¿verdad?, 'está volviendo a trabajar', a pesar de que podríamos pensar que un trabajo se puede hacer otra vez; no es posible utilizar 're' con 'trabajar' [...]. (Soledad Varela, *Morfología del español*)

(10) (Argumentación, inserta en el desarrollo de un tópico:)

[...] No es tan fácil hablar de diglosia en el caso del alemán, del suizoalemán o del alemán de Suiza, ni en el caso del criollo y del francés de Tahití. ¿Por qué? Pues simplemente porque esa duda surge cuando se intenta aplicar al pie de la letra la definición de Ferguson. Ferguson dice: estamos hablando de variedades diferentes de una misma lengua. Pero, ¡ojo!: aquí no se incluyen las situaciones de dialectos diferentes, lo que os he comentado; eso queda excluido... Creo que no está tan claro que la situación del alemán ehh sea una situación ehh el alemán en Suiza sea una situación muy diferente de las que se dan en otros lugares donde no hay una variedad normativa y hay una variedad regional, una variedad de un territorio; ehh pero la distancia que hay entre esas dos variedades no es tan grande como la que puede haber entre el árabe clásico y el árabe dialectal: hay una mayor cercanía, hay unas mayores posibilidades de comprensión; por lo tanto como ejemplo paradigmático creo que como mínimo habría que ponerlo en duda [...]. (Francisco Moreno Fernández, *Sociología del Lenguaje*)

(11) ('Tormenta de ideas' previa a la introducción del primer tópico de una explicación:)

Profesora: ¿Qué estudia la morfología? ¿Quién me lo puede decir? ¿Qué es lo que estudia la morfología?

Estudiante(s): [Se escucha mal.]

Profesora: La estructura interna de las palabras. Es decir, trata de la formación de las palabras; por tanto solamente aquellas palabras que tengan una estructura compleja, es decir que sean palabras que estén compuestas de unidades menores, a las cuales llamamos ¿cómo?... ¿A esas unidades menores que componen la palabra?...

Estudiante(s): [Se escucha mal.]

Profesora: Morfemas, efectivamente. Solamente aquellas palabras que estén constituidas por más de un morfema, es decir, es decir que sean polimorfemáticas, serán aquellas que interesen a la morfología. Miren, en español hay varias maneras de complicar morfológicamente una palabra, es decir de estructurarla en morfemas; una de esas formas ¿cuál es?, ¿la que utilizamos por ejemplo para la conjugación de verbos o para la declinación de los adjetivos o de los nombres? ¿Cómo se entiende o cómo se llama esa parte de la morfología?... Por ejemplo, el hecho de que si yo tengo 'los muchachos' y quiero decir que son alegres tengo que poner el plural 'alegres' y no puedo decir 'los muchachos alegre', es decir eso que me hace cambiar el singular en plural, esa parte de la morfología ¿cómo se denomina?... Los cambios que se operan en la palabra, en virtud de su concordancia con otras o del régimen que impone un verbo a una palabra, por ejemplo, pensemos en en en lenguas que tengan casos como es por ejemplo el alemán, bueno pues el hecho de que un nombre sea el objeto directo de un verbo va a acarrear una terminación determinada, el acusativo por ejemplo ¿verdad?, o en latín, que también habéis estudiado; bueno, pues ese tipo de cambios formales de la palabra se engloban bajo la denominación de la flexión; por tanto, la flexión es una de las partes que comprende la morfología, ¿verdad? [...] (Soledad Varela, Morfología del Español)

(12) (Planificación de dicurso, inserta en el desarrollo de un tópico:)

[...] En en una asignatura como ésta tendremos que analizar posteriormente cuáles fueron las deudas que tiene el psicoanálisis con la formación positivista y científica de su fundador, y en qué medidas quizás parte de esa deuda tuv/ tuviera que ser revisada, por ser ya incompatible con las nociones contemporáneas. Pero lo único que ahora resulta pertinente hacer es al menos recorrer los momentos fundamentales del tránsito, que Freud tuvo que dar entre esa formación, como digo, científica dilatada, y las rupturas que obligadamente le llevaron a la constitución del psicoanálisis. Por tanto ehh lo que pretenderé hacer con vosotros en las siguientes clases por un lado informaros de la formación científica de Freud, cuáles fueron los hitos fundamentales de esa formación científica, para a continuación exponeros lo que a mi juicio son los cinco momentos claves, de ruptura, momentos históricos y conceptuales de ruptura con esa formación, y que posibilitaron el nacimiento del psicoanálisis [...]. (Pedro Chacón, Teoría Psicoanalítica)

Interacción previa al cierre de la lección

1.2.4.

Como la persona que enseña suele ocupar el turno de palabra durante casi toda la clase, sobre todo en la sección anterior, no es infrecuente que abra (siempre que haya ocasión para ello: sobre todo cuando se dispone de tiempo) una sección para que el estudiantado plantee preguntas, pida alguna aclaración, etc., acerca de lo escuchado. Hay aquí gran variabilidad: hay clases en que no aparece; en otras presenta una duración sumamente reducida; hay casos, en fin, en que los alumnos hacen bastantes preguntas y el profesor responde a ellas siguiendo en líneas generales las pautas de la explicación. Ocurre también que, de no haber preguntas, se haga alguna aclaración en cuanto a cierto punto ya tratado (porque supuestamente no ha quedado claro, porque parece importante resaltar sus implicaciones, etc.), o alguna recomendación. Estos actos, que llenan el espacio producido por la falta de interacción, sirven para marcar el carácter conclusivo de la sección.

····▷ 1.3.6.

(13) [...] Profesor: Con esto estamos casi en el tiempo... ¿Tienen alguna pregunta que hacerme, alguna duda? [6 segundos] ¿No? Quédense con esta copla, porque esto van a tenerlo que estudiarlo alguno seguramente, ¿no? en el prácticum que van a

hacer... *Alguien va a tener que hacer ladrillos, porque donde vamos a ir a hacerlo hay muy bonitos ladrillos y muy interesantes en sintaxis con otros materiales.*

Estudiante: [Pregunta, pero no se escucha bien.]

Profesor: ¡Ah, no crea que es tan fácil!... ¡Hombre, en principio, cómo sé si.../ bueno, mire, es muy sencillo, usted me está dando la clave. Mire, ehh, una/ un ladrillo es un mater/ material inorgánico, una arcilla, que al ser sometido al fuego hay unos fundentes que lo amalgaman. Bueno, si no está sometido al fuego, ¿qué amalgama un adobe?... No hay nada que lo amalgame, no funde nada, ¿verdad?, no funden elementos metálicos; hay que buscar algo que amalgame; el/ el adobe tiene adición de paja, o elementos vegetales, que han podido desaparecer, que generalmente han desaparecido, es decir es barro amasado con paja o estiércol, estiércol de animal que además de ser un elemento vegetal muy finito, encima tiene un colágeno de origen animal muy muy val/ muy notable y muy útil, claro, para cohesionar el barro, el ladrillo no; ehhh, pero claro, bueno uno reconocería ahora mismo, ¿no? en la arquitectura popular un adobe porque en seguida se desmigaja, ¿eh?, no aguanta tanto como el ladrillo; pero no se fíen de los romanos; el adobe romano, no sé por qué, es durísimo, durísimo, durísimo; yo he visto, esto es una anécdota, pero yo he visto uno/ un obrero clavar un pico y sacar el adobe clavado en el pico... es decir, bueno pues uno está acostumbrado al adobe prehistórico, cuidado, que no lo vas a encontrar en excavación a a mucha agua mucho hast/ mucho perfil, no, porque uno se come un muro de adobe y no se da cuenta se da cuenta después; es todo barro; ¡ah, mira aquí por fin se ve que había algo que era un muro!; esto no les va a pasar nunca en arqueología romana. Un adobe romano, les garantizo, les garantizo, que se van a poder romper uno si se empeñan con una piqueta, pero el siguiente ya no porque (xxx) la mano el siguiente adobe es ya se queda incólume ¿eh? y se ve muy bien; es muy duro, no es/ no crea que es fácil distinguirlos como uno no u/ no vaya uno a buscar esa amalgama vegetal en lugar de la química que tiene el ladrillo... ¿Más preguntas? [5 segundos] ¿No tienen más preguntas? [...] (Ángel Fuentes, Arqueología de Roma)

(14) [...] Profesor: ¿Tenéis algo que preguntar o algo? Venga, animaros, no seáis tímidos. [Un alumno levanta la mano para preguntar.] Dime.

Estudiante: [Pregunta, pero no se escucha bien.]

Profesor: Sí que pueden cambiar a lo largo del tiempo; de hecho ehh al final de su artículo Ferguson explica qué está ocurriendo con estos ejemplos que él maneja para ilustrar el concepto de diglosia, y comenta la posibilidad de que la diglosia griega por ejemplo evolucionara hacia el punto en el que/ hacia el que han evolucionado finalmente; ya en ese artículo preveía que la variedad considerada como baja, la familiar, iba a ir poco a poco invadiendo contextos considerados antes exclusivos de la de la variedad formal; él lo comenta; por eso dice lo de relativamente estable, ehh porque no son situaciones que se queden fijas con unas características ehh sociales para siempre; eso puede cambiar, y puede cambiar de forma lenta o puede cambiar de forma muy rápida, dependiendo de las condiciones sociales que se den en cada una de las ehh en cada circunstancia. Ya hemos comentado que cuando se trata de explicar o de tratar cambios lingüísticos normalmente esos cambios lingüísticos suelen ser muy lentos, pero a la hora de hablar de cambios sociales, esos cambios sociales se pueden producir cambios sociales muy importantes; se pueden producir casi casi de la noche a la mañana; en el transcurso de un año o dos años una sociedad puede ponerse patas arriba y puede cambiar completamente su estructura y al cambiar completamente su estructura, puede cambiar también completamente el uso social que se haga de las lenguas, de una, de dos o de más lenguas dentro de esa de esa comunidad. Por eso dije lo de relativamente estable... ¿Qué más? Os animo, aunque no os lo voy a dar como algo obligatorio porque si no estaríais todos los días leyendo un montón de cosas, os animo a que leáis el artículo de Ferguson. Vais a oír si no lo habéis hecho ya el término de diglosia muy a menudo; lo vais a leer incluso en la prensa; lo vais a oír en los medios de comunicación social; ¡ojo!, que cuando se habla de diglosia, se habla de un concepto digamos muy amplio; cuando se habla de diglosia digamos fuera del ámbito de los especialistas, se habla de un concepto haciendo alusión a un concepto muy amplio; cuando se habla de diglosia se habla normalmente normalmente de la diglosia de Fishman, no se habla de la/ del concepto de diglosia tal cual lo definió Ferguson. Pero vosotros, como lingüistas filólogos especialistas en cuestiones relacionadas con ehh el uso de la lengua, debéis saber qué es lo que se propuso en el año cincuenta y nueve por parte de de Ferguson, en qué términos lo expuso, si luego eso ha derivado hacia otros terrenos más amplios, menos especializados, más digamos vulgares, pues es ehh algo que no se puede evitar, pero hay que saber en cada momento a qué se está refiriendo la gente cuando habla de diglosia, y normalmente fuera de la especialidad cuando se habla de diglosia se habla de una diglosia al estilo de Fishman, es decir dos lenguas dos dialectos dos variedades dos lo que sea que se utilizan con fines diferentes, ¿de acuerdo? [...] (Francisco Moreno Fernández, Sociología del lenguaje)

Cierre de la lección   1.2.5.

Esta sección indica el final de la clase. Es frecuente que presente actos de agradecimiento y despedida. Puede también contener algún tipo de instrucción (recomendación, consejo, advertencia, etc.) en relación con la siguiente clase, la información presentada, algún aspecto de la organización (planificación), etc. Si la profesora o profesor no ha concedido espacio suficiente a la sección anterior, puede ahora permitir el turno de palabra a los estudiantes, aunque quizá más por cortesía que con la intención de que se planteen preguntas. Suele ser breve.

Ejemplos

(15) [...] Voy a mirar la hora, me parece que estamos agotando el tiempo; quiero adelantaros para, para no, para no asustaros que en este desarrollo del tema segundo hemos cubierto digamos el grueso, hemos cubierto Carmen me mira y me dice me estás robando clases, te comprometiste a terminar la semana que viene y no lo vas a hacer; bueno lo voy a intentar, hemos cubierto el ochenta por ciento de este cuadro, de las explicaciones correspondientes a este cuadro; nos queda el próximo día hablar de la unión económica y monetaria, tema que voy a abordar de forma bastante rápida para pasar a la unión política después, y últimamente ya, pero de forma muy somera, hablar de la pesca y la caza. La semana que viene empezaremos, por lo tanto terminaremos, por favor el lunes terminaremos con esta explicación del tema

segundo, e iniciaremos, lo adelanto, la explicación de uno de los temas centrales del programa... uno si lo queréis de los cinco o seis temas más importantes del programa, que es el tema tercero... Lo vais a tener que dominar, aunque sólo sea porque os vamos a examinar de ese tema con bastante rigor. Consejo: no os cuesta ningún trabajo, consejo que os doy, abriros el tratado para hacer algunas lecturas que ya he recomendado, pero leeros para el próximo día el artículo tres be el artículo tres be del tratado CE, con una sugerencia: leeros, si utilizáis el código de McGraw Hill que os hemos recomendado, leeros también la nota a pie de página de ese artículo tres be. Si hacéis eso el próximo día podremos ir mucho más rápido en la exposición. Hasta el lunes. (Javier Díez-Hochleitner, Derecho comunitario)

(16) [...] Ese paso o ese tránsito digamos desde mil ochocientos ochenta y cinco hasta mil ochocientos noventa y siete es lo que quiero recorrer con vosotros en los dos próximos días. Me he limitado simplemente para el que tenga interés, que hay una etapa previa de Freud ligada simplemente a la investigación científico anatómica fisiológica de altura, y que tiene publicaciones sobre ello ¿eh?... Nos vemos entonces ya el día siguiente. ¿Hay alguna duda? ¿No?... Pues gracias. (Pedro Chacón, Teoría psicoanalítica)

Consideraciones finales sobre la estructura general.

Como se habrá podido observar, en estas secciones generales de la lección hay múltiples y diversos ingredientes. Unos, como el saludo, las preguntas o los consejos, tienen marcado carácter interactivo (apuntan a la realidad interpersonal de toda la clase); otros, como presentar, desarrollar y cerrar un tópico, o los ejemplos, están ligados sobre todo a la transmisión de contenido (la función básica de la lección magistral). Los hay, también, que son utilizados especialmente para asegurar que el proceso de transmisión se lleve a cabo del mejor modo: diversos anuncios e indicaciones acerca de lo que se ha hecho, se está haciendo y va a hacerse discursivamente (el resumen, la fijación del punto de partida, la planificación del discurso son, entre otros, buenos ejemplos al respecto), o acerca de la importancia que pueda revestir cierto contenido (a lo que parecen responder el contraste y, en gran medida, la argumentación).

Así las cosas, y para ayudar a la comprensión de lo que es la lección magistral, hemos de prestar atención a esos ingredientes, esto es, determinar cuáles son, cuál es su función y cómo se integran tanto en las diferentes secciones generales como en el conjunto de la lección.

En pocas palabras:

La estructura de la lección magistral constituye un patrón, algo así como un 'guión oculto', al que recurren tanto quienes enseñan como quienes aprenden. Todas sus secciones son significativas, pero las más importantes, desde el punto de vista del contenido que se transmite, son el planteamiento del tópico general y, muy especialmente, la explicación. Las restantes ocupan mucho menos espacio que las anteriores, a las que enmarcan.

Esas dos secciones más importantes se configuran casi siempre en conformidad con ciertas pautas. Así, en el planteamiento del tópico general encontramos básicamente resúmenes, sumarios y el nombramiento del tópico general; en la explicación hallamos introducción, desarrollo y cierre de tópicos y subtópicos particulares. En estas secciones se usan, en uno y otro caso, diversas combinaciones de modalidades de información, así como determinadas operaciones discursivas (contraste, argumentación, estructuración del discurso, etc.).

MODOS DE PRESENTAR LA INFORMACIÓN

Para dar cuenta de tales elementos partiremos de la siguiente pregunta: ¿Cómo se transmite la información en la clase? A la que cabe responder diciendo que existen varias posibilidades:

Información básica

Cuando la información es primaria (la que concierne directamente a la materia de que se trata en la lección) y principal (relevante y novedosa para el auditorio, es decir, no tiene carácter auxiliar), puede ser transmitida de modo neutro, es decir, presentada objetivamente, sin que la persona que enseña, sobre todo, ni su clase se proyecten de algún modo en ella; prima el contenido sobre el público usuario. Estamos, pues, ante *información básica*.

(17) (Información básica en el desarrollo de un tópico:)
[...] La relación real de intercambio de los países de la OCDE... se había visto perjud/ perjudicada y había que aceptar un empobrecimiento relativo de ese grupo de países, de tal manera que cualquier reacción por parte de agentes económicos aislados o sectores ehh de la población o de la economía iba a ir siempre en perjuicio de algún otro agente o de algún otro sector; estábamos ante un un juego de suma cero. Lo que había habido era un empobrecimiento relativo; había que aceptarlo como tal y si alguno de los agentes económicos, sea trabajo o sea el capital, era por su especial ehh disposición dentro de las/ su especial capacidad de negociación podían recuperar parte de ese poder adquisitivo que habían perdido, eso iría en detrimento de otros agentes económicos o de otros sectores, por lo tanto lo mejor es, lo lo lo prioritario, era prioritario que ehh se convencieran las sociedades o los países industrializados de que habían sufrido un empobrecimiento relativo... a través del deterioro de del tipo de cambio [...]. (Maximino Carpio, Política Fiscal)

(18) (Información básica en el desarrollo de un tópico)

[...] En la política agrícola común nos encontramos con mecanismos complejos que consisten en el sostenimiento de los precios agrícolas, fijando todos los años precios agrícolas, precios de referencia, que son precios que la comunidad europea garantiza a los agricultores como precio mínimo con intervenciones en favor del mantenimiento, sostenimiento de la renta de la renta de los agricultores, con intervenciones de carácter estructural, subvenciones orientadas a orientar o destinadas a orientar los cultivos, con intervenciones o actuaciones tales como las exacciones agrícolas, que consisten en un mecanismo en virtud del cual cuando un producto agrícola es importado de un tercer país, va a ser sometido a un determinado gravamen, un gravamen que consiste en que ese producto va a tener que pagar en la importación la diferencia entre el precio de adquisición en el mercado internacional y el precio de referencia de ese producto de acuerdo con los precios de referencia fijados por la comunidad cada año, de manera que ese producto no entre en Europa en situación más competitiva o en mejor situación desde el punto de vista de su competencia o competitividad [...]. (Javier Díez-Hochleitner, Derecho Comunitario)

1.3.2. Información básica particular

Se utiliza información primaria y principal para ilustrar otra que también lo es y ha sido ya presentada o va a serlo. Como en el caso anterior, lo importante sigue siendo la información primaria y principal, pero se la sitúa ahora en un plano diferente: los datos que contenga sirven de apoyo a otros, más importantes o generales, o para la mejor comprensión de los mismos. Se trata, entonces, de *información básica particular*.

(19) (Información básica particular en el desarrollo de un tópico:)

[...] {Y en algún caso, excepcionalmente, en España muy poco, en España no los hay, ¿no?, en Italia tienen más suerte, lo que aparecen son los sellos consulares, esto sí que es suerte, porque cuando aparecen la verdad es que, es que claro, se fechan los edificios solos, porque listas consulares ex/ existen:} **Fulanito menganito consulibus... ¿eh?: siendo cónsules fulanito y menganito... y lo que venga... Officina no sé qué, entonces claro ahí se fecha con año a veces incluso con mes, ¿no?: esto tiene que ser de septiembre, o mayo a septiembre del año tal, ¿eh?** *[...]*
(Ángel Fuentes Arqueología de Roma)

(20) (Información básica particular en el desarrollo de un tópico:)

[...] {Bien, como les decía, este peligro puede ser concreto o abstracto; concreto, ¿uhm? cuando se requiere la creación efectiva de una situación de peligro, ¿uhm?; efectivamente se tiene que poner en peligro algún bien jurídico, aunque no lesionarlo, para que el tipo sea ya consumado, ¿uhm?:} **Por ejemplo el delito de conducción temeraria, ¿eh? En el delito de conducción temeraria fíjense bien que**

el legislador dice: "el que condujere un vehículo a motor o un ciclomotor",
¿uhm?, artículo trescientos ochenta y uno del código, "con temeridad mani-
fiesta y pusiera en concreto peligro la vida o la integridad de las personas",
es decir, que no basta con conducir temerariamente, ¿uhm?, ir a ciento
ochenta kilómetros por hora en un sitio que hay una prohibición de ir a más
de sesenta; sería un típico ejemplo de conducción temeraria; no basta con
esto, sino que además es necesario que yo ponga en concreto peligro la vida
o la integridad de alguien, que tenga que esquivar a un peatón, forzando
una maniobra, ¿uhm?: ahí se daría el tipo [...]. (Maite Álvarez, Derecho Penal)

Información de fondo

1.3.3.

Se hace necesario en numerosas ocasiones presentar cierta información primaria que, conocida o no para el auditorio, es de naturaleza auxiliar. Esto se
debe a que tal información constituirá la base (en tanto que punto de partida
o de anclaje) de otra que, primaria principal o secundaria, se presentará después o ha sido ya presentada. Se trata de una operación que permite configurar algo así como un trasfondo donde se integra, cuando resulte conveniente,
la información pertinente (la considerada principal, generalmente novedosa, o
la secundaria, sobre todo cuando planifica el discurso), circunstancia ésta que
sin duda favorece una mejor contextualización y, por tanto, comprensión de
tal información. Estamos, pues, ante *información de fondo.*

····> 1.3.8.

(21) *(Información de fondo para un bloque inserto en el desarrollo de un tópico:)*
[...] Recordaréis que cuando hablamos en temas anteriores del déficit
público, dijimos que tan importante como el nivel de déficit era el conocer
la composición de ese déficit... y era muy distinta la/ eran muy distintas las
consecuencias de un mismo déficit público en función de que procedieran
de un componente estructural o de un componente coyuntural... {Bueno, en
los primeros años ochenta en Estados Unidos se constató claramente este hecho, pues-
to que aun cuando la economía estaba creciendo de forma importante} [...].
(Maximino Carpio, Política Fiscal)

(22) *(Información de fondo para un bloque inserto en el desarrollo de un tópico:)*
[...] {Ésta es una parte también de nuestro conocimiento morfológico: no sola-
mente es la estructura interna de las palabras sino también su forma, es decir lo que
se llama los alomorfos... que pueden presentar alo/} ¿recordáis? lo mismo que
antes en fonología hablábamos de los alófonos, es decir los sonidos otros de
un mismo sonido general, pues este 'alo' del latín 'alos', la misma palabra
que tenemos en 'aleatorio', ¿verdad?, quiere decir los que tienen otra forma
siendo el mismo morfema, tiene una forma distinta; por ejemplo 'ción' se
puede presentar también bajo la forma 'sión' en español, y es exactamente
el mismo morfema pero con una forma distinta, con un alomorfo distinto
[...]. (Soledad Varela, Morfología del Español)

1.3.4. Información parentética

No son escasos los momentos en que, por la razón que sea, se impone presentar cierta información que no guarda relación alguna, o guarda muy poca, con la precedente. Esta operación, como se ve, puede romper o rompe de hecho las expectativas de quien escucha en cuanto al mantenimiento de la coherencia en el transcurso de la exposición. Se trata, entonces, de *información parentética.*

(23) (Informacion parentética tras el cierre conclusivo de un bloque inserto en el desarrollo de un tópico:)

[...] {En otras palabras explicado: se transfiere a las instituciones comunitarias esa competencia soberana que consiste en el establecimiento de aranceles para las importaciones de terceros países, de forma que las instituciones comunitarias establezcan y gestionen un arancel único para las importaciones de terceros países.} **Paréntesis: decíamos ayer que el sistema comunitario normalmente la competencia legislativa cuando se transfiere a la comunidad europea, ello no implica necesariamente, creo que lo decíamos ayer, no implica necesariamente la transferencia de las competencias en materia de ejecución administrativa; ¿lo decíamos ayer?... ¿No? Pues lo he dicho entonces en otro sitio, ehh, lo que se va a transferir a la comunidad europea es la competencia para la articulación de un arancel exterior común y su gestión permanente, la revisión de los derechos arancelarios anualmente, etc.; pero después eso no significa que los estados miembros no tengamos. [...]** *(Javier Díez-Hochleitner, Derecho Comunitario)*

(24) (Información parentética tras la presentación de un tópico:)

[...] {Ehh diríamos que hay otro tercer elemento, otra tercera causa explicativa y yo creo que es una de las fundamentales, que serían los cambios que se producen en la poliorcética de este momento; es decir,...} **bueno, sabéis, ¿no? Primer tratado de poliorcética, hago un paréntesis, ehh se/ lo escribe Filón de Bizancio en el doscientos veinticinco aproximadamente, no se sabe muy bien la fecha; él lo escribe sobre la base de muchos elementos helenísticos, de cómo estaban funcionando las fortalezas mediterráneas en su época, y lo que sucede es que durante la 'pax romana' hay una especie de estancamiento en la poliorcética: tampoco es necesario en ese momento que se avance mucho más; y lo que sucede es que a partir del siglo tercero hay motivos por los cuales la poliorcética empieza a cambiar, es decir el imperio que estaba defendido por hombres como os dije antes, pasa a ser defendido por murallas.** *{¿Cuáles son los cambios que se producen? En primer lugar [...]}.* *(Carmen Fernández Ochoa, Arqueología de Roma)*

1.3.5. Información resaltada

Cuando se considera que la información que se presenta (primaria y principal, primaria y auxiliar, parentética, etc.) resulta interesante o importante por alguna razón, se la transmite dando alguna pista sobre este hecho, como para indicar que se preste atención. En cierto modo se intenta facilitar la recepción y tratamiento de la información por parte del público destinatario. Se trata, como se ve, de *información resaltada.*

(25) (Información primaria y principal resaltada en un bloque inserto en el desarrollo de un tópico:)

*[...] Sin embargo, **la evolución de la libre circulación de capitales** a lo largo de los últimos años nos ha llevado a una situación... que es la actual, en la cual **la libre circulación de capitales** tiene ya autonomía propia, y tiene el mismo alcance casi absoluto que tienen las otras libertades. **Los primeros pasos, los primeros pasos** se inician en los años sesenta, a través de una serie de directivas adoptadas por las instituciones comunitarias sobre la base de **los artículos correspondientes del tratado CE, de los artículos sesenta y siete y siguientes de los tratado CE,** tendentes a la liberalización de los capitales, y se culmina con **una directiva del año mil novecientos ochenta y ocho,** una directiva del año ochenta y ocho que va a hacer o va a prever **la plena liberalización de los movimientos de capitales desde el año mil novecientos noventa. Una plena liberalización de los capitales efectiva a partir de los años noventa o del año noventa,** que además se ha visto consagrada en el tratado CE gracias a **las reformas que en este campo, las modificaciones que en este campo** una vez más introdujo el Tratado de la Unión Europea [...]. (Javier Díez-Hochleitner, Derecho Comunitario)*

(26) (Información auxiliar resaltada inserta en una aclaración:)

*[...] {Vais a oír si no lo habéis hecho ya el término de diglosia muy a menudo; lo vais a leer incluso en la prensa; lo vais a oír en los medios de comunicación social;} **¡ojo!, que cuando se habla de diglosia, se habla de un concepto digamos muy amplio; cuando se habla de diglosia digamos fuera del ámbito de los especialistas, se habla de un concepto haciendo alusión a un concepto muy amplio; cuando se habla de diglosia se habla normalmente normalmente de la diglosia de Fishman, no se habla de la/ del concepto de diglosia tal cual lo definió Ferguson** [...]. (Francisco Moreno Fernández, Sociología del Lenguaje)*

Información conclusiva | 1.3.6.

La información puede ser presentada con carácter conclusivo, es decir, ocupando un lugar en que conviene exponer los elementos esenciales o generales de algún conjunto de información previo. Esta posibilidad permite al profesor o profesora, por un lado, presentar el resultado de cierta deducción a partir de hechos ya presentados; por otro, señalar con claridad cómo va articulando la presentación de información, y al auditorio disponer de información resumida y resaltada *in situ.* Estamos, pues, ante *información conclusiva.*

(27) (Información primaria y principal conclusiva en el cierre de un resumen inserto en el desarrollo de un tópico:)

[...] {Bueno pues uno de los conocimientos que tiene el hablante, y el que nosotros tenemos que describir si queremos dar cuenta de lo que es la morfología, entendida

como competencia del hablante nativo a propósito del uso y de la construcción de las palabras de su lengua, de su vocabulario, bien una de ellas es como digo la estructura interna de las palabras complejas, es decir, el hablante es capaz de hacer esa descomposición en morfemas, como hemos hecho antes, 'forma', 'formal', 'formalizar', e incluso podríamos crear un nombre después de 'formalizar', ¿qué nombre podríamos crear?... 'Formalización' efectivamente, podríamos crear un nombre con/ en 'ción' puesto que tenemos un verbo y 'ción' lo único re/ el único requisito que tiene es que aquella parte a la que se agregue tiene que ser siempre un verbo.} **Bueno pues esta estructura interna de las palabras complejas es parte del conocimiento de un hablante nativo y cualquier gramático que trate de describir ese conocimiento interno tiene que dar cuenta de eso, de la estructura de las palabras complejas [...].** *(Soledad Varela, Morfología del Español)*

(28) (Información primaria conclusiva en el cierre de un bloque de información inserto en el desarrollo de un tópico:)

[...] {Unos artículos ochenta y dos y ochenta y tres, perdonad, y noventa y tres, que no obstante admiten en ciertas circunstancias, en ciertos supuestos, y me remito por favor a la lectura por vuestra parte de estos artículos para ver qué supuestos son ésos, admiten en ciertos supuestos la concesión del otorgamiento de ayudas; sin embargo, sin embargo, incluso para esos supuestos en que se contempla la posibilidad de que una ayuda pública a una empresa sea compatible con el tratado, con el mercado común, se exige no obstante, se exige no obstante la necesidad de que el estado... que el estado, cuyas autoridades o administraciones van a conceder esa ayuda, solicite previamente, solicite previamente autorización a la comisión de las comunidades europeas.} **Por tanto, incluso los supuestos excepcionales... en los que por tratarse de una empresa radicada por ejemplo en una zona menos desarrollada, por ejemplo, incluso en esos casos es necesario de acuerdo con los artículos que he señalado que el estado antes de conceder la ayuda pública, solicite y obtenga la autorización previa de la comisión; por tanto tendrá que presentar una solicitud de autorización a a la comisión antes de otorgar la ayuda [...].** *(Javier Díez Hochleitner, Derecho comunitario)*

1.3.7. | **Información evaluada**

La profesora o profesor presenta la información de un modo no neutro, esto es, expresa, al tiempo que la expone, algún juicio u opinión sobre ella (generalmente esto se debe a su deseo de destacar para el auditorio la importancia de algo). Estamos, pues, ante *información evaluada*.

(29) (Información primaria y principal evaluada en el desarrollo de un tópico:)

[...] {Es decir, voy a restar todos los ladrillos; tengo medidos cinco mil ladrillos, bueno tantos no hace falta, pero quinientos ladrillos, y me miden esto esto esto; el volumen uno tiene ene, ene más uno, ene más dos, ene más tres, y luego voy restándoles, voy restándoles ehh del módulo pedal, del módulo besal, y a ver qué me da; y con

(xxx) es una operación matemática muy sencilla, que no requiere ni soporte infor-mático.} **A mí me gusta más la correlación, y si es posible con estadígrafos más serios: un Pearson, sigma dos, lo que sea, ¿no?, pero hay que hacerlo así, no cabe otra solución; no es fácil por tanto encontrarse un ladrillo y decir: esto mide sesenta por sesenta, un bipedal; esto ocurre muy pocas veces en la vida, ¿no?, ocurre muy pocas veces. La realidad es más compli-cada. Pero es importantísimo saber cuál es el módulo utilizado, porque éste es el que nos da la cronología, éste es el que nos da la cronología [...].** *(Ángel Fuentes, Arqueología de Roma)*

(30) (Información primaria y principal evaluada en el desarrollo de un ejemplo:)

[...] {La fortaleza de Iruña. Bien. La fortaleza de Iruña, aquí la vemos, fijaros} **qué curioso: en esta parte de aquí de aquí tenemos, yo creo que esto es un caso bastante prototípico, torres semicirculares, las estáis viendo, una puerta con unas torres semicirculares, ¿uhm?, un único pasaje con torres semicir-culares; a continuación torres semicirculares, un espacio enorme sin torres: aquí está el tema de las distancias, ¿eh?; a continuación una apertura en el muro, y una serie de torres de tipo rectangular.** *{Hoy por hoy la excavación de Iruña no se puede fechar en distintos momentos, porque claro, ¿qué es lo primero, la tendencia primera cuando existen estas variedades tipológicas tan grandes? Es decir, ¡hombre! pues esto se construye en este momento y esto se construye en este otro.}* **No es verdad, es decir hoy en día lo que está demostrado es, y se ha demostra-do, que el que existan distintas torres no implica que existan distintos mo-mentos cronológicos, y esto creo que es importante ehh ternerlo en cuenta también [...].** *(Carmen Fernández Ochoa, Arqueología de Roma)*

Información secundaria

Consciente de la dificultad que en el contexto de la lección supone al au-ditorio el procesamiento de la información, la persona que enseña suele em-prender al respecto acciones como las siguientes: unas veces explicita verbal-mente el valor que, tanto para su comprensión como para su correcta coloca-ción en relación con otros elementos de la lección, adquiere lo presentado o lo que se va a presentar; en otras ocasiones informa sobre qué está haciendo, ha hecho o va a hacer; es decir, explicita de uno u otro modo cómo se va cons-truyendo el discurso. El contenido de estas operaciones no consiste, como se ve, en información primaria, sino en información que concierne al procesa-miento de tal información. A este tipo de información lo denominaremos *in-formación secundaria* (lo que, obviamente, no implica que sea de menor impor-tancia que la primaria). Esta información resulta de la mayor importancia en el desarrollo de una clase, pues gracias a ella dispone el público oyente de las pistas necesarias para asignar la información primaria (principal o auxiliar) al estatus que le corresponda en el conjunto de una clase. Así, esta información señala operaciones que son capitales para la estructuración de una lección, como, por ejemplo, la presentación, desarrollo y cierre de un tópico, el cambio de una sección a otra, la continuación de una sección interrumpida, los pasos y maneras en que se va a presentar el discurso siguiente (planificación del discurso), etc. Cuanto más abundante sea la aparición de indicaciones de este tipo, más se asegura, como es de suponer, la comprensión de la información transmitida, y viceversa.

(31) (Se indica que se está haciendo la presentación de un tópico:)

*[...] **Teniendo en cuenta, pues, esta organización inicial que yo os digo, vamos a ver un poco** cuáles son las causas del amurallamiento, es decir, qué razones hay para que se dé una modificación tan fuerte y tan importante, desde el punto de vista tipológico, en los recintos [...] (Carmen Fernández Ochoa, Arqueología de Roma)*

(32) (Se indica cómo se va desarrollando un tópico:)

*[...] **En este contexto también** la reforma del sistema financiero se consideraba fundamental, con el fin de permitir una/ un mayor grado de flexibilidad y de competencia, dotar de mayor flexibilidad y competencia a los recursos financieros... porque ello ehh redundaría en una reducción de los costes de intermediación... y una reducción de los costes de intermediación del sistema financiero sería un elemento favorable para la mayor inversión ehh que se iba a requerir en las nuevas industrias... **También** la política industrial tenía un papel importante que jugar... **Por una parte**, reduciendo tratando de reducir la dependencia energética, que había estado en la base de muchos de los desequilibrios y desajustes de los sectores tradicionales de los/ de las industrias europeas... **Y por otra parte**, tratando de promocionar nuevas actividades y favoreciendo la introducción de nuevas tecnologías; las políticas de I+D en este ehh contexto de ajuste positivo obviamente tomaron un protagonismo en la mayor parte de los países, que de algún más/ de una forma más o menos ehh exacta continuaron o o aprobaron estas recomendaciones de la OCDE... **Además**, era necesario **también** ehh que en todo este contexto en el que todos los sectores económicos iban a hacer un esfuerzo, el sector agrícola aportara su participación en el sentido de... lograr una reducción de... los productos alimenticios... con el fin de que los consumidores... pudieran hacer frente a ese empobrecimiento relativo que habíamos dicho que era una de las premisas básicas de la nueva situación, **y finalmente...** una agricultura más productiva conseguiría unos alimentos a menor coste que paliarían en parte la pérdida de poder adquisitivo al que habían/ que los consumidores se habían visto abocados como consecuencia de estas nuevas circunstancias, **y finalmente digo,** que las políticas regionales jugaban también un papel importante en este contexto para favorecer la movilidad de la mano de obra... y de los recursos económicos... y para reducir estas deseconomías... de escala que existían en muchas de las regiones [...]. (Maximino Carpio, Política Fiscal)*

(33) (Se indica el carácter conclusivo de la información contenida en el cierre de un tópico:)

*[...] **Vemos que** hay una política común agrícola que supone, **en síntesis**, la transferencia de competencias normativas en favor de la Comunidad Europea, para que sea ella la que diseñe unos mecanismos únicos de intervención pública en ese sector, con lo cual los productos o la producción en los distintos estados miembros van a*

estar en situación de igualdad relativa y por tanto va a haber posibilidad/ no va a haber ningún obstáculo para su libre circulación [...]. (Javier Díez-Hochleitner, Derecho Comunitario)

(34) (Se indica cambio de sección:)
*[...] Ebb vean vean esto o vean por ejemplo este otro, que no sé lo que pone, porque desde aquí no veo nada, pero en fin un 'lupi', un genitivo: debe ser seguramente el el figulario, ¿uhm? o algo por el estilo, y éstos tan complicados, que no veo nada, porque desde aquí no veo, ebh seguramente tiene fechación consular: fulanito, menganito consulibus, ex officina fulaniti; cosas de este tipo que ya dan toda la información que uno necesita, y mucho más... éstos son los/ lo que se llama en la arqueología ital/ clásica italiana 'i bolli latericci', los sellos latericios, que gracias a ellos conocemos algo de cómo se construye... **Bueno**, ¿qué tipos de ladrillos se hacen? [...] (Ángel Fuentes, Arqueología de Roma)*

(35) (Se indica la vuelta a cierto tópico:)
*[...] Se llama una regla de cancelación vocálica y se dice que toda vocal final si es una vocal átona, es decir esta vocal tiene que ser átona, tiene que ser no acentuada, porque en cambio, si yo tengo una vocal acentuada, pensemos por ejemplo en 'café', que tiene vocal acentuada, y le pongo el sufijo 'ina', que empieza también por vocal, no digo 'cafina' sino que digo 'cafeína'; lo único que ocurre es que se desplaza el acento de aquí a la vocal del sufijo que siempre suele ser la que imponga su acento particular; pero 'café' no pierde el/ la vocal porque efectivamente es acentuado; pero siempre que sea átona, que es la mayoría de las veces, porque en español las vo/ las palabras agudas son minoritarias frente a las graves, ya lo sabéis los que habéis tenido el curso de fonética en el trimestre anterior; **bueno pues** la mayoría de las veces opera este principio llamado de cancelación vocálica que lo voy a/ a digamos a especificar en términos formales puesto que ha salido [...]. (Soledad Varela, Morfología del Español)*

(36) (Se indica cómo se va a proceder discursivamente, desde un punto de vista amplio: planificación:)
*[...] **A propósito del bilingüismo social, quisiera ebh añadir dos comentarios generales... para después pasar ebh a un aspecto que tiene que ver con el tema siguiente del temario, que es el de la diglosia, pero que vamos a anticipar aquí, porque tiene que ver directamente con el bi/ con bilingüismo social que estamos tratando en este momento [...].** (Francisco Moreno Fernández, Sociología del Lenguaje)*

(37) (Se indica que la información ofrecida es ya conocida o fue suministrada en su momento:)
*[...] **No sé si recordaréis, cuando en la asignatura del cuatrimestre anterior hablamos de ebh la conversación, y hablamos de** los conceptos de etnografía de la comunicación **ebh en ese momento hice alusión a un concepto que es el concepto de** situación comunicativa. **¿Lo recordáis?** Una situación comunicativa que venía perfilada por el tema tratado en la situación por los participantes, por las intenciones, por el contexto en el que se desarrolla ebh una comunicación determinada. Era el concepto de situación comunicativa [...]. (Francisco Moreno Fernandez, Sociología del Lenguaje)*

Información de carácter interactivo

Aunque la participación reservada al público estudiantil suele estar bastante restringida en el marco de la lección magistral, no por ello dejan de darse múltiples casos de actos típicamente interactivos o de otros que puedan dar pie a la interacción. Así, de un lado, encontramos diversos tipos de pregunta y respuesta, peticiones, consejos, etc. que versan sobre lo tratado en la lección o sobre cómo ésta se va desarrollando; de otro, preguntas y respuestas, peticiones, saludos, comentarios personales (hay aquí gran variedad), etc. que, a diferencia de los casos anteriores, descansan sobre una información que poco o nada tiene que ver lo tratado en la clase. No obstante, todos estos recursos interactivos, unos y otros, comparten, al menos, una misma finalidad general: la de crear y mantener (hasta donde se quiera o sea posible) un ambiente más o menos distendido que favorezca tanto las relaciones personales cuanto la transmisión y captación de la información. Estamos, como se ve, ante actos con los que, en el contexto de la lección, *la información transmitida queda generalmente supeditada al establecimiento o mantenimiento de relaciones interpersonales.*

(38) (Preguntas confirmativas de comprensión y concesión de permiso para participar, tras el cierre conclusivo de un tópico:)

[...] {¿Uhm? Es decir, no son supuesto de, o no van a dar lugar a supuestos de participación, sino que van a dar lugar a supuestos de distintas autorías por distintos tipos ehh ya que el código penal prevé para unos una sanción y para otros otra en función precisamente de la distinta perspectiva que viene dada por el sujeto que comete la conducta.} **¿De acuerdo? ¿Ha quedado claro? ¿Alguna duda? Si tienen dudas, ya saben ¿eh?: interrumpan.** *{Bien, esto por lo que respecta [...]}. (Maite Álvarez, Derecho Penal)*

(39) (Petición y preguntas mayéuticas, en una 'tormenta de ideas' previa a la introducción de un tópico:)

[...] {Voy a comenzar por lo que es la primera parte del temario, el primer tema exactamente, que trata sobre el contenido y el abarque de la morfología,} **ehh quiero que sobre todo penséis porque bastante sabéis ya del bachillerato a propósito del asunto. ¿Qué estudia la morfología? ¿Quién me lo puede decir? ¿Qué es lo que estudia la morfología?** *[...]. (Soledad Varela, Morfología del Español)*

Consideraciones finales sobre estas modalidades.

Para comprender mejor estas posibilidades básicas de transmisión de información en la clase, merece la pena que destaquemos los siguientes aspectos. Primero, las modalidades *información básica, información básica particular* e *información de fondo* son modalidades reservadas a la transmisión de información "primaria", esto es, la que *concierne directamente al tópico o tópicos de que trata la lección.* Frente a ellas, la *información parentética* constituye una modalidad reservada a transmitir información poco o escasamente relacionada con el tópico o tópicos en cuestión.

Segundo, la *información básica* y la *información básica particular* se oponen a la *información de fondo* en razón de que aquéllas consisten en información 'primaria principal' (pertinente, novedosa), en tanto que ésta se muestra constituida por información 'primaria auxiliar' (es decir, puede servir de apoyo a la presentación de las anteriores).

Tercero, la *información básica* se distingue de la *información básica particular* en que, si bien ambas son de naturaleza 'primaria y principal', la segunda muestra un contenido que, siendo más concreto que el de la primera, sirve para ilustrarlo.

Cuarto, con las modalidades *información resaltada, información conclusiva e información evaluada,* la profesora o profesor expresa su actitud ante lo expuesto (lo que generalmente está configurado a partir de información primaria principal o auxiliar, pero también de parentética, interactiva e incluso secundaria), y "facilita", así, de uno u otro modo, el procesamiento, por parte de quienes escuchan, de la información transmitida.

Quinto, la modalidad *información secundaria* es, sobre todo, un mecanismo de señalamiento discursivo: sirve para explicitar verbalmente cualquier operación discursiva, por lo que su aplicación es vital para el oyente. Conviene resaltar que la capacidad indicadora de esta modalidad no sólo cubre estas distintas maneras de presentar la información que estamos considerando, sino otros muchos aspectos estructurales de la lección magistral.

Y sexto, la modalidad *información de carácter interactivo* asegura cuando sea preciso el necesario mantenimiento de las relaciones interpersonales de profesores y estudiantes.

USO DE LAS MODALIDADES DE INFORMACIÓN   1.4.

Rara vez consigue la utilización aislada de estas modalidades algún efecto relevante, asumible por el auditorio, en el conjunto de una lección. Lo normal es que un efecto así se alcance con el concurso de varias de ellas. Esto quiere decir que en la mayor parte de los casos se recurre a mezclar algunas, porque así se constituyen unidades orales mayores que cumplan los requerimientos impuestos por las secciones (o por sus partes) que integran la estructura general de la lección magistral. Los ejemplos que siguen muestran en concreto algunas posibilidades de combinación y la unidad resultante de ellas.

(40) (En el **desarrollo de un tópico:** 1) información evaluada; 2) información resaltada y evaluada; 3) información básica:)
*[...] 1) Muchas veces aparecen asociados a estos talleres, **esto es muy importante**, asociados a estos talleres, aparecen sellos de los propietarios... 2) **Atención:***

porque también hay que analizar con muchísimo detalle y muchísima atención estos restos de fábrica. Nos dicen muchísimas cosas, muchísimas cosas, los sellos pueden figurar muchísimas cosas, 3) puede aparecer sellos del propietario del taller, y aparecer por tanto [...]. (Ángel Fuentes, Arqueología de Roma)

(41) (En la **presentación de un tópico:** 1) información secundaria: planificación de discurso; 2) información de fondo dependiente de tal planificación; 3) información secundaria: nombramiento del tópico; 4) información básica: tópico:)

[...] 1) **Esto nos enlaza con** *la/ el tercer argumento, ¿uhm?* **que les había indicado al principio,** *2) que redunda o que refuerza la necesidad de coordinación de las políticas fiscales a nivel internacional:* **3)** **me refiero a** *4) la existencia de efectos externos... derivados de la interdependencia de las políticas económicas [...]. (Maximino Carpio, Política Fiscal)*

(42) (En la **presentación de un subtópico en el desarrollo de un tópico:** 1) información secundaria: planificación de discurso; información secundaria: nombramiento del tópico; 2) información de fondo; 3) información evaluada: tópico:)

[...] 1) **Y antes de hablar más de la diglosia, quisiera comentar el el otro aspecto al que antes aludía en relación con el bilingüismo social, y es que** *2) a la hora de explicar el uso de las lenguas en una comunidad 3)* **es muy importante** *tener en cuenta el ámbito, el dominio en el que se utilizan esas lenguas [...]. (Francisco Moreno Fernández, Sociología del Lenguaje)*

(43) (En el **desarrollo de un tópico:** 1) información evaluada y resaltada; 2) información de fondo, para justificar el resalte; 3) información resaltada (para contraste); 4) información resaltada e información secundaria: anuncio de desarrollo (preguntas); 5) información de fondo para la segunda pregunta; 6) información secundaria: anuncio de desarrollo:)

[...] 1) **Idea importante, idea importantísima, a la que ya hemos hecho alguna indicación, pero que ahora resalto: que por favor os quede meridianamente clara,** *2) porque es la base de nuestro sistema de negociación colectiva:* *3) la constitución* **no reconoce** *un sistema rígido,* **no reconoce** *un único modelo de negociación colectiva; la constitución* **por el contrario** *admite* **un régimen** *flexible,* **un régimen** *abierto de* **autonomía colectiva,** *de ejercicio de* **autonomía colectiva.** *4)* **¿Qué significado pretendo dar** *a estas ideas?* **¿Qué se deriva del hecho de que** *5) la constitución no contenga un solo modelo de negociación colectiva fuera del cual nos situemos al margen del texto constitucional y por tanto ya no hablemos de un derecho reconocido en la constitución? 6)* **Pues significa básicamente lo siguiente:** *{que la ley lo único que ha hecho al desarrollar el artículo treinta y siete uno [...]}. (Yolanda Valdeolivas García, Derecho Laboral)*

(44) (En el **cierre del desarrollo de un tópico:** 1) Información de carácter interactivo y secundaria: preguntas de comprobación de comprensión y que marcan el final de una sección; 2) información de carácter interactivo: comentario personal y permiso para intervenir; 3) información de carácter interactivo: petición de permiso:)

[...] {Ese artículo cien a ha dado lugar desde el año mil novecientos ochenta y siete, en que entró en vigor en el Acta Única Europea, a una producción normativa en

*la comunidad europea importantísima: se han adoptado desde el año ochenta y siete más de trescientas directivas de armonización de las legislaciones de los estados miembros que tienen por objeto favorecer el mercado interior; más concretamente, que tienen por objeto precisamente la plena realización de la libre circulación de mercancías. Fijaros que cada vez que se adopta una directiva de armonización, quiero que esto quede muy claro, el artículo treinta y seis deja en principio de jugar... porque si se trata de determinar cuáles son los aditivos permitidos en las legislaciones estatales, y esas legislaciones se armonizan, evidentemente no cabrá a partir de ese momento que ningún estado miembro, Dinamarca con su legislación más avanzada en materia de protección de consumidores o Alemania también es el caso, no podrán negarse a admitir, invocando el artículo treinta y seis, productos fabricados en España, puesto que esos productos en todo caso respetan la legislación armonizada o la directiva de armonización de las legislaciones de los estados miembros.} 1) ¿**Me habéis seguido en esta explicación? ¿Se ha entendido bien?** 2) **Yo, como sabéis, tengo mucho interés en que todo lo que vamos comentando se vaya reteniendo, y me podéis interrumpir o ruego que lo hagáis si algo no ha quedado claro...** 3) ¿**Puedo seguir entonces?** {Bien. Estamos haciendo una panorámica muy general de los contenidos} [...]. (Javier Díez-Hochleitner, Derecho Comunitario)*

(45) (En **inciso, en desarrollo de tópico:** 1) Información secundaria: planificación de discurso, e información de carácter interactivo: comentario personal; 2) información secundaria evaluada e información de carácter interactivo: pregunta confirmativa sobre tal evaluación; 3) información de carácter interactivo: ofrecimiento; 4) información secundaria: planificación de discurso (señal de reanudación):)

[...] {Pues bien, la refutación de/} 1) **voy con un poco de rapidez espero que lo entendáis, puesto que el objetivo no es tanto de esta clase centrarnos en William James, lo que quiero es simplemente recuperar** *la problematicidad que tuvo la noción de inconsciente* **para a continuación ver** *cómo se plantea desde el ámbito clínico y por qué, cuáles son las razones que le llevan a Freud a colocarlo en el centro de la psicología, ¿eh?...* 2) *Si algo/* **creo que es suficiente** *hacer ese repaso, ¿no?* 3) *Si alguno está más interesado se le da la referencia completa de los textos de William James y la polémica que en esa/ en esos tiempos se suscitó.* 4) **Pero para nuestro objetivo basta recordar que** {William James considera que de nuevo estas inferencias inconscientes no son necesarias} [...]. (Pedro Chacón, Teoría Psicoanalítica)

Se advierte, por un lado, que existen al parecer múltiples y diferentes posibilidades de combinación; por otro, que estas combinaciones responden a que sus elementos han sido dispuestos siguiendo ciertas pautas. Es en virtud de ello, seguramente, por lo que podemos reconocer las secciones que componen la lección magistral. Así, distinguimos la sección del preámbulo de la del cierre de la lección, o la sección de la explicación de la del planteamiento del tópico general, porque se sabe que están conformadas por unas combinaciones de modos de presentar la información (tanto simultáneos como en secuencia) antes que por otros. No estamos, por supuesto, ante patrones que exijan su imitación estricta (la variabilidad de los productos es innegable), sino por

Consideraciones finales sobre el uso de las modalidades.

modelos cuyas partes responden a cierta opcionalidad (a determinada probabilidad de uso) y permiten a los participantes, de quererlo o ser ello posible, expresar su individualidad o crear un contexto docente y discente propio.

En pocas palabras:

La lección magistral posee algunos modos básicos de presentar la información (información básica, información básica particular, etc.). La profesora o profesor recurre a estas modalidades según las necesidades de cada momento, aunque raramente las emplea aisladamente, sino en combinación. Algunas combinaciones están ya bastante fijadas (por ejemplo, cuando se hace un resumen); otras, por el contrario, parecen más la creación del momento: la variedad que muestran las lecciones se debe, entre otras cosas, a este factor. No obstante, ya sean de una u otra clase, tales combinaciones se ajustan en lo posible a las secciones de la estructura general de la clase, por lo que siempre será posible su comprensión por parte del auditorio.

2. ESTRATEGIAS DISCURSIVAS

Ana María Cestero Mancera
Universidad de Alcalá

LAS PREGUNTAS

2.1.

Las preguntas son un recurso discursivo que agiliza el ritmo de la clase, a la vez que involucra a quienes participan en su desarrollo. Además, las que requieren respuesta, cumplen funciones diversas y específicas relacionadas con la organización del acto comunicativo o con la presentación del contenido científico mismo. Existen también preguntas que, a pesar de ser directas, no exigen respuesta, su función en el discurso académico es clave, ya que sirven para enfatizar las ideas relevantes y favorecer la reflexión.

Son muchas las preguntas que se pueden oír en el aula, si bien no todas cumplen las mismas funciones ni presentan la misma forma. Se trata, básicamente, de recursos discursivos a través de los cuales se organiza la clase, se estructura el contenido y se comprueba su seguimiento y entendimiento o se destacan las ideas importantes. Además, favorecen la interacción entre las personas que enseñan y aprenden posibilitando la participación de estas últimas en la exposición del contenido y en la resolución de dudas.

A pesar de tratarse de preguntas directas, no todas exigen una respuesta específica. Gran parte de las preguntas que formulamos en la clase son confirmativas y exigen sólo una respuesta no verbal. Menos son las preguntas generales o relativas que requieren una respuesta lingüística; su utilización depende del tipo de clase y de la manera en que ésta se desarrolla. Por último, es frecuente la aparición de preguntas retóricas o enfatizadoras de contenido que no exigen respuesta de ninguna clase.

En las páginas que siguen presentaremos los tipos de preguntas más habituales en el discurso académico oral español, así como los recursos lingüísticos utilizados para su formulación.

Las preguntas que requieren respuesta

Entonación.

Como mencionábamos con anterioridad, las preguntas que formulamos quienes enseñamos durante el transcurso de la clase pueden exigir una respuesta. A este respecto cabe distinguir entre dos tipos básicos de preguntas: las que están relacionadas con la organización de la clase y las que tienen que ver con el contenido científico que en ella se presenta. Junto a ellas han de mencionarse una serie de preguntas específicas, llamémoslas accidentales, cuya aparición depende de sucesos que ocurren de forma peculiar en una sesión determinada. De todas ellas, las más importantes con respecto al objetivo general de esta *Guía*, por su trascendencia en el seguimiento de la clase y, en especial, en la toma de apuntes, son aquellas que están relacionadas con el contenido del discurso científico.

2.1.1.1.

Preguntas relacionadas con el contenido del discurso científico

Las preguntas relacionadas con el contenido del discurso científico son preguntas interactivas y que por lo tanto exigen una respuesta por parte de quienes aprenden. Se incluyen en este grupo todas aquellas preguntas directas con las que la profesora o el profesor pretende conseguir la cooperación de la clase en la exposición del contenido científico o confirmar el entendimiento de ideas importantes. Se trata de dos tipos generales de preguntas que denominamos de elicitación y de confirmación, respectivamente.

Preguntas de elicitación.

Llamamos preguntas de elicitación a todas aquellas con las que se pide la cooperación de nuestro público para exponer una parte del contenido científico de la lección. Se trata de preguntas reales, que requieren una respuesta verbal determinada, con las que se pretende involucrar de forma directa al estudiantado en el tema que se trata, favoreciendo la reflexión y agilizando el ritmo del acto comunicativo.

Ejemplos

(1) … pero hay más causas, hay más causas históricas que llevan a la creación de comunidades bilingües… ¿Qué causas se os ocurre? Ayer hablamos de las situaciones coloniales, ¿se os ocurre alguna más?… (Francisco Moreno Fernández, Sociología del Lenguaje)

Generalmente no se trata de preguntas aisladas, sino de una serie de preguntas conectadas, que forman una secuencia, a través de la cual docentes y discentes, en cooperación, exponen, amplían o especifican ideas o temas importantes. No deben confundirse con el recurso discursivo denominado "tormenta de ideas".

Tormenta de ideas.

(2) ... el juez le dice a su CÓNYUGE: "destruye tú estas pruebas del su- del suma-rio, que al fin y al cabo el sujeto que se va a ver beneficiado es tu hermano". ¿Cabe sancionar al cónyuge por esta conducta?... ¿Sí? ¿Por qué? ...

- *Yo creo que sí... se le castigaría.*
- *Pero se le castigaría, ¿por qué?, ¿en concepto de qué? o sea, ¿cómo le castigo yo a esta persona?, ¿cómo le impongo? ¿cómo consigo llegar a la imposición de la sanción penal? ...*
- *¿Porque induce a ello a la otra persona?*
- *¿Pero quién es el que induce? El que induce es el funcionario.*
- *El funcionario.*
- *Sí, pero yo quiero castigar a la persona que materialmente rompe la prueba do-cumental, que la destruye, ¿qué sería, esa persona?, es decir, el funcionario pú-blico le dice a lo que vamos a denominar en su momento un EXTRAño que sea el extraño el que realiza la conducta y el código penal me dice (...), mi pregunta es, ¿cómo y por qué castigo yo a éste?*

(...)
- *Lo podemos englobar dentro de los tipos especiales impropios.*
Lo podríamos englobar dentro de los tipos especiales impropios. ¿Sabe usted lo que son tipos especiales impropios?

(...)
- *... sería como una falta de colaboración de la justicia ¿no?*
- *Sí, ¿y lo dice eso el código penal en algún sitio?*

(...)
... el tipo de OBStrucción a la justicia, pero el tipo de obstrucción a la justicia no habla nada de destrucción de documentos, y si no habla de destrucción de documen-tos... ¿eh? Vamos a ver... (Maite Álvarez, Derecho Penal)

La gran mayoría de las preguntas o de las secuencias de preguntas de eli-citación introducen un tópico (tema) importante que, llegado a su fin, exigen la comprobación de su comprensión, por ello se cierran habitualmente con una pregunta de confirmación:

(3) ...¿cabe sancionar al cónyuge por esta conducta? (...) el código penal prevé para unos una sanción y para otros otra en función precisamente de la distinta pers-pectiva que viene dada por el sujeto que comete la conduca, ¿de acuerdo? (Maite Álva-rez, Derecho Penal)

(4) ...hay otros tipos, como les decía, en los cuales sólo cabe la acción, ¿por ejem-plo?
(...)
... la falsedad material. La falsedad material solamente se puede cometer por

acción, ¿eh? Los tipos de falsedad () las injurias podía ser, ¿eh? delitos CONtra la libertad sexual, también, las agresiones sexuales solamente caben activamente, no cabe agredir sexualmente a alguien por omisión, ¿eh? Es decir tipos...

(...)

... el ensañamiento o la alevosía no pueden cometerse omisivamente, requieren forzosamente la acción del sujeto, ¿eh? o sea... (Maite Álvarez, Derecho Penal)

No existe un tipo de formulación característico de las preguntas de elicitación, aunque en la mayoría se presenta el tópico sobre el que se pretende reflexionar. Así, sirven como petición de cooperación preguntas pronominales parciales, disyuntivas…:

¿Qué significa eficacia directa…?

¿Por qué tribunales nacionales y no tribunales de justicia de las comunidades europeas…?

¿Cómo puede hacerse… o cuál va a ser su situación para poder circular en el terreno comunitario?

y, con menos frecuencia, preguntas generales o parciales que, en esta ocasión, no tienen un mero valor confirmativo, sino que requieren una explicación de la conformidad:

¿Se os ocurre alguna más?

¿Hay libre circulación de mercancías?

¿Cabe sancionar al cónyuge por esta conducta?

¿Este sujeto puede participar?

¿Por ejemplo? ¿Me podéis decir algún ejemplo? ¿Se os ocurre algún ejemplo?

Las preguntas que cierran secuencias o tópicos importantes iniciados con preguntas de elicitación suelen ser generales confirmativas simples, usualmente a partir de expresiones sencillas o elementos paralingüísticos, y generalmente requieren respuesta no verbal:

¿De acuerdo?

¿Hm?

¿Eh?

Preguntas de confirmación. Son muchas las preguntas que la profesora o el profesor formula con el fin de constatar que se ha entendido el contenido que se acaba de exponer o que se recuerda o se identifica un asunto al que se hace referencia previamente, se trata de preguntas de confirmación. Todas ellas requieren una respuesta confirmativa por parte de la clase, que suele ser no verbal, necesaria para poder proseguir en la exposición del tema. Involucran, por tanto, al estudiantado en el desarrollo de la clase a la vez que agilizan su ritmo.

Como acabamos de mencionar, dentro de las preguntas de confirmación cabe distinguir aquellas con las que se pretende constatar el entendimiento del contenido que se ha presentado previamente y que sirven, a la vez, para resaltar ideas o para realizar cambios temáticos locales, es decir, terminar subtópicos, enumeraciones, ejemplos, etc. Con ellas se incluye a quienes aprenden en el acto comunicativo, exigiéndoles una respuesta, que suele ser no verbal, necesaria para poder continuar el desarrollo expositivo del discurso científico.

(5) *...si uno quiere describir cómo funciona el bilingüismo social de una comunidad determinada, tiene que dar cuenta de las funciones que cumplen las lenguas, y tiene que dar cuenta de qué uso se hace de cada una de las lenguas, en cada uno de los ámbitos que sean significativos dentro de esa eh comunidad, ¿de acuerdo?... ¿sí?... (Francisco Moreno Fernández, Sociología del Lenguaje)*

(6) *...afirmar la libre circulación de mercancías, pero luego impedir los movimientos de capitales necesarios para hacer efectivos los pagos correspondientes a esa libre circulación de mercancías, ¿os dais cuenta? ES en este sentido que se definía la libre circulación de capitales... (Javier Díez-Hochleitner, Derecho Comunitario) [Cierre de ejemplo explicativo de idea importante]*

(7) *... y es QUE a partir de la segunda mitad del siglo tercero cambia completamente la idea y la imagen de la muralla, ¿hm? entonces, entraríamos di- diríamos que a partir, sobre todo, ya de finales del siglo segundo... (Carmen Fernández Ochoa, Arqueología de Roma)*

(8) *... a su vez, pueden ser Tipos espeCIAles PROpios y tipos especiales imPROpios, ¿hm? Como les digo, atendiendo al sujeto activo, ¿hm? al autor, es decir... (Maite Álvarez, Derecho Penal) [Cierre de enumeración]*

Ejemplos de cierres de tópicos y subtópicos son:

(9) *... Ferguson habla de diglosia para las situaciones donde se utilizan DOS VARIEDADES DE LA MISMA LENGUA sin que esas variedades sean dialectos cercanos, ¿de acuerdo? Lo que aparece en la definición... (Francisco Moreno Fernández, Sociología del Lenguaje)*

(10) *... el resultado no ES querido por el sujeto activo, no quiere causar la muerte directamente, si la quisiese causar directamente tipo doloso, ¿eh? dolosos o imprudentes, ¿de acuerdo? Bien, y para finalizar con esto... (Maite Álvarez, Derecho Penal)*

Como puede observarse en los ejemplos, la mayoría de las preguntas de confirmación de entendimiento son generales y se formulan mediante expresiones típicas o elementos paralingüísticos:

¿De acuerdo?

¿Sí?

¿No?

¿Eh?

¿Hm?

Aunque no faltan las preguntas parciales y las generales veritativas, si bien se dan con mucha menos frecuencia:

¿Os dáis cuenta?

¿Ha quedado claro?

¿No es cierto?

También son preguntas de confirmación aquellas con las que se pretende suscitar el recuerdo de contenidos previos (ideas, conceptos, artículos, referencias bibliográficas…) necesarios para comprender total y correctamente el contenido actual. Con ellas se involucra directamente a la clase en el acto comunicativo, exigiéndosele una respuesta verbal o no verbal necesaria para continuar exitosamente el desarrollo del discurso científico.

(11) *…no sé si recordaréis cuando en la asignatura del cuatrimestre eh anterior hablamos de ehh la conversación y hablamos de los conceptos de etnografía de la comunicación, ehh en ese momento hice alusión a un concepto que es el concepto de situación comunicativa, ¿lo recordáis? Una situación comunicativa…* (Francisco Moreno Fernández, Sociología del Lenguaje)

(12) *… y es predicable de algunos otros de los artículos que consagran estas libertades, estas otras libertades, hablábamos de, recordáis, LA Eficacia directa del artículo 30, ¿recordáis lo que significa?* (Javier Díez-Hochleitner, Derecho Comunitario)

(13) *… siempre se ha dicho "éste es el cajón y en este cajón es donde se mete todo", hoy día se está matizando un poco y se está viendo que hay, creo que ya lo comenté aquí otras veces, ¿no?* (Carmen Fernández Ochoa, Arqueología de Roma)

Estas preguntas confirmativas suelen ser parciales y habitualmente incluyen en la formulación los verbos recordar o acordarse,

¿Lo recordáis? ¿Os acordáis?

¿Recordáis lo que significa? ¿Os acordáis de lo que significa?

Aunque también pueden formularse como preguntas generales sencillas, con los adverbios de afirmación o negación o los elementos paralingüísticos típicos, o parciales precedidas de una alusión a los datos que se han de recordar.

(14) *…que tenéis como lectura obligatoria el de* Sociología del lenguaje *de Fishman, ¿el que está publicado en la editorial Cátedra? ahí lo podéis encontrar…* (Francisco Moreno Fernández, Sociología del Lenguaje)

(15) ... el propio Vitrubio, sabéis que tiene un capítulo entero que habla de la arquitectura de las murallas, ¿no? capítulo quince... (Carmen Fernández Ochoa, Arqueología de Roma)

Otros tipos de preguntas que requieren respuesta

Las preguntas relacionadas con el contenido del discurso científico no son las únicas que requieren una respuesta por parte del estudiantado, si bien son las más importantes.

En la clase se formulan, además, preguntas generales confirmativas que sirven para organizar las diferentes partes de que consta una clase, la apertura y el cierre fundamentalmente, así como para comprobar el seguimiento continuo en el desarrollo de la misma. Estas preguntas relacionadas con la estructuración general de la clase suelen exigir únicamente respuesta no verbal, siendo suficiente una fijación de mirada, un gesto de asentimiento o una leve sonrisa que comuniquen la aceptación de la apertura o el cierre o el seguimiento del desarrollo.

Preguntas relacionadas con la estructuración general de la clase.

Son preguntas de comienzo, por ejemplo, todas las que tienen como función primordial confirmar el entendimiento y la aceptación de la estructuración del contenido de la clase:

Preguntas de comienzo.

(16) ...y entonces por eso digo, la primera parte vamos a ver un poco qué pasa con el problema del amurallamiento y de la tipología y la segunda parte vamos a comentar la cuestión de la cronología y proyectaremos en un tercer- en una tercera instancia eh diapositivas que tengan que ver con lo que estamos viendo y ya analizaríamos ahí casos concretos de Hispania, aunque YO en toda la exposición lo que voy a hacer es ir introduciendo ejemplos que tienen que ver con la península ibérica, ¿hm? (Carmen Fernández Ochoa, Arqueología de Roma)

También las que pretenden confirmar el entendimiento y la aceptación de la forma en que se ha preparado la clase o parte de su contenido:

(17) ...y... bueno estuve hablando con Cristóbal a ver si me iluminaba un poco sobre este particular (hola Esperanza, pasa) pero tampoco me iluminó mucho, con lo cual luego llamé a Paula, que tampoco estaba porque eran los únicos teléfonos que tenía, y al final pues dije bueno pues voy a montármelo yo como me parezca para seguir avanzando, ¿hm? (Carmen Fernández Ochoa, Arqueología de Roma)

Y las que buscan la confirmación de que se recuerda el contenido de sesiones anteriores imprescindible para proseguir con el tema que se va a tratar:

Ejemplos

(18) ...analizarlas un poquito más, y también el tema de la tipología con algunos ejemplos está- recordáis que habíamos empezado a hablar de Barcelona o de León, en algunas cosas concretas tomando como base la documentación que vosotros tenéis fotocopiada, ¿no? y... bueno, ...(Carmen Fernández Ochoa, Arqueología de Roma)

Como puede observarse en los ejemplos, se trata siempre de preguntas generales confirmativas muy simples, realizadas con los adverbios de afirmación o negación o con expresiones varias y elementos paralingüísticos:

¿No?

¿Sí?

¿De acuerdo?

¿Eh?

¿Hm?

Obsérvese que el tonema suele ser descendente como muestra de que la respuesta esperada es precisamente la preferida: la confirmación.

Preguntas de desarrollo.

Son preguntas organizadoras del desarrollo de la clase todas aquellas con las que el profesor o la profesora pretende asegurarse del seguimiento y la comprensión del contenido general o de la aceptación y el entendimiento de la estructuración de distintos bloques temáticos. En estos casos también se involucra a la clase en el acto comunicativo, exigiéndosele una respuesta verbal o no verbal.

(19) ...y un arancel que va a actuar en las fronteras exteriores del territorio comunitario puesto que en las fronteras interiores entre nosotros no hay aranceles, ¿hay libre circulación de mercancías?, ¿me estáis siguiendo bien? hemos dejado pendiente un problema... (Javier Díez-Hochleitner, Derecho Comunitario)

(20) ...ehh o lo que yo quie ro es un poco conducirnos hacia una caracterización de esas murallas y luego ver cómo eso se refleja en la península ibérica, ¿hm? BIEN, entonces,... (Carmen Fernández Ochoa, Arqueología de Roma)

Las preguntas que se utilizan en estos casos son bien puramente confirmativas, realizadas con adverbios de afirmación o elementos paralingüísticos:

¿Sí?

¿No?

¿Hm?

¿Eh?

o bien relativas, con valor confirmativo, realizadas con construcciones típicas:

¿Me estáis siguiendo bien?
¿Me seguís?

¿Me explico?

¿Me entendéis?

También en estos casos el tonema suele ser descendente, como indicación de que se supone que se obtendrá la confirmación deseada, y la respuesta requerida es no verbal habitualmente.

Por otro lado, consideramos también que son preguntas organizadoras del desarrollo aquellas con las que la profesora o el profesor pretende confirmar un cambio de tópico. En estos casos se utilizan las preguntas para constatar el entendimiento de lo expuesto previamente y para marcar un cambio temático. Lo común es que reciban sólo respuesta no verbal o verbal confirmativa, pero la clase tiene la posibilidad de intervenir de forma no interruptiva para resolver dudas o hacer comentarios.

(21) ... en función, precisamente, de la distinta perspectiva que viene dada por el sujeto que comete la conducta, ¿de acuerdo?, ¿ha quedado claro?, ¿alguna duda? Si tienen dudas, ya saben, eh, interrumpan... (Maite Álvarez, Derecho Penal)

Con esta función se suelen utilizar preguntas relativas como:

¿Alguna duda? ¿Tenéis alguna duda? ¿Hay alguna duda?

¿Alguna pregunta?

¿Algún comentario?

¿Ha quedado claro?

Por último, incluimos dentro de las preguntas de desarrollo aquellas con las que la persona que enseña confirma el entendimiento de una ruptura temática. Se trata de retrocesos temáticos que influyen en el desarrollo normal del contenido y que pueden dificultar su comprensión. Las preguntas confirmativas sirven, así, para resolver situaciones conflictivas de forma interactiva, ya que requieren una respuesta generalmente no verbal.

(22)... dentro de los tipos de resultado, se me había olvidado ponerlo y por eso, ejem, ¿eh? existen los que se llaman... (Maite Álvarez, Derecho Penal)

Suelen cumplir esta función las preguntas confirmativas más simples, bien verbales o bien paralingüísticas:

¿Eh?

¿Hm?

¿De acuerdo?

¿Vale?

Las preguntas que denominamos de conclusión tienen dos funciones básicas:

Preguntas de conclusión.

confirmar el entendimiento del contenido del discurso previo y obtener la aceptación del cierre de la clase. Suele tratarse de preguntas confirmativas, de petición de preguntas para resolver dudas o de petición de comentarios. Con ellas se involucra a las personas que aprenden en el acto comunicativo de forma directa, exigiendo una respuesta verbal o no verbal.

> *(23) ...la semana que viene entonces terminamos la lección del bilingüismo y se-guiremos con la de diglosia, ¿de acuerdo?... (Francisco Moreno Fernández, Sociología del Lenguaje)*

> *(24) ... bueno, pues mañana vamos a ver las- el resto de las diapositivas, y por hoy ya terminamos... ¿tenéis alguna pregunta? (Carmen Fernández Ochoa, Arqueología de Roma)*

Pueden cumplir la función general de cierre distintos tipos de preguntas, desde las confirmativas más sencillas como:

> *¿De acuerdo?*

> *¿Vale?*

hasta las relativas, con las que se pretende constatar el entendimiento del contenido:

> *¿Ha quedado claro?*

> *¿Está todo claro?*

Sin olvidar las preguntas, generalmente relativas, que suponen una petición de intervención para resolver dudas o emitir comentarios:

> *¿Alguna duda? ¿Tenéis alguna duda?*

> *¿Alguna pregunta? ¿Tenéis alguna pregunta?*

> *¿Alguna curiosidad? ¿Tenéis alguna curiosidad?*

> *¿Algo que preguntar? ¿Tenéis algo que preguntar?*

> *¿Algo que comentar? ¿Tenéis algo que comentar?*

Preguntas accidentales.

Por último, es posible oír en el aula preguntas que dependen de las características especiales de una sesión determinada y que llamamos accidentales. Se trata de cuestiones que exigen una respuesta puntual del estudiante, generalmente verbal, aunque puede ser no verbal, especialmente cuando funcionan como peticiones, necesaria para proseguir con el acto comunicativo.

> *(25) ... os voy a repartir este folio donde aparecen dos cosas. En primer lugar una definición general, es un poco larga por eso la doy en- en la fotocopia, una definición general de diglosia, toma, ¿os doy unas pocas y las vais repartiendo desde allí? (Francisco Moreno Fernández, Sociología del Lenguaje)*

(26) ... y dónde está, ah está ahí en el retro... ¿está enchufado verdad? Vamos a verlo...(Carmen Fernández Ochoa, Arqueología de Roma)

(27) ... no puede realizar la conducta (risas) ... en fin, ¿eh? Utilicen el lateral, ¿hm?, no puede realizar la conducta, porque el código penal... (Maite Álvarez, Derecho Penal)

No hay un tipo de pregunta accidental característico, sino que la forma de formulación depende del suceso especial para el que se utiliza.

En pocas palabras:

Las preguntas interactivas relacionadas con el contenido científico de la clase son de dos tipos:

1. De elicitación, que pretenden conseguir la cooperación del estudiantado en la exposición del contenido.
2. De confirmación, que pretenden confirmar el entendimiento de ideas importantes.

Además, es frecuente oír en el discurso oral académico preguntas interactivas que cumplen funciones relacionadas con la estructuración de la clase y preguntas accidentales circunstanciales.

Las preguntas que no requieren respuesta

2.1.2.

En el discurso oral académico se utilizan también las preguntas para enfatizar el contenido científico, constituyendo una llamada de atención hacia el estudiantado y hacia el contenido mismo. En este caso, no se trata de actos interativos, sino de recursos discursivos que sirven para destacar ideas o asuntos especialmente importantes y, por tanto, no exigen respuesta. Dentro de ellas podemos distinguir distintos tipos:

Preguntas para resaltar información

2.1.2.1.

Gran parte de las preguntas no interaccionales se formulan para resaltar la información que se acaba de ofrecer o que se ofrecerá a continuación, constituyendo así enmarcaciones temáticas de ideas relevantes.

(28) ... si no me equivoco, artículos 74 y siguientes, eh, encontráis la regulación. ¿POR QUÉ estas políticas comunes y en qué consisten en esencia estas políticas?

Empecemos porque... (Javier Díez-Hochleitner, Derecho Comunitario)

(29) ... ese sistema en época de los Flavios y los Severos, sobre todo en el Rin y el Danubio, en el siglo III, ¿qué es lo que sucede? pues en el siglo III sucede... (Carmen Fernández Ochoa, Arqueología de Roma)

(30) ... había una serie de supuestos Especiales, era un tipo ESPECIAL en función del sujeto, ¿y cuál era la característica de este sujeto? que fuese la madre...(Maite Álvarez, Derecho Penal)

(31) ... dicta una resolución en CONtra de derecho, CONtra derecho, bien, ¿quién puede cometer esta conducta? única y exclusivamente el funcionario público... (Maite Álvarez, Derecho Penal)

Muchas de estas preguntas constituyen el comienzo de una secuencia enfatizadora de información que concluye con una pregunta confirmativa con la cual la persona que enseña marca el final de la información relevante a la vez que se asegura de su comprensión.

(32) ... un ámbito, un dominio, viene, también, caracterizado por los participantes, viene también caracterizado por los temas tratados en él... por el tipo de comunicación que se establece... dentro de cada uno de los ámbitos, por los participantes, por los temas, por los objetivos o las intenciones de los ehhh participantes, en general por el tipo de comunicación que se establece en ese contexto. ¿En qué se diferencia entonces una situación comunicativa de un ámbito o un dominio? La verdad es que es bastante complicado... (Francisco Moreno Fernández, Sociología del Lenguaje)
... dentro de los ámbitos públicos podríamos también distinguir una larga serie de dominios o de ámbitos, vamos a poner, por ejemplo, las ceremonias religiosas... los actos parlamentarios, las conferencias ehhh universitarias, los mítines políticos. Esos dominios son reconocidos como tales... por los propios miembros de la comunidad...¿de acuerdo?... por eso decía antes que ... (Francisco Moreno Fernández, Sociología del Lenguaje)

(33) ... de la manifestación de voluntad. ¿En qué consiste la manifestación de voluntad? pues en disparar, por ejemplo, en acuchillar... ¿hm? Ahora bien... (Maite Álvarez, Derecho Penal)

La mayoría de las preguntas que se utilizan para resaltar información importante suelen ser pronominales, por tanto con tonema descendente y, generalmente, precedidas y seguidas de pausas enfatizadoras. En ellas se suele enunciar el tema que se acaba de exponer o que se va a explicar a continuación y que se quiere resaltar. Sirvan de ejemplo los comienzos siguientes:

¿En qué se diferencian…?

¿Por qué se llaman…?

¿Cómo se resuelve…?

¿Cuál es el fenómeno…?

¿Qué es lo que suecede…?

¿Cuándo…?

¿Quién puede cometer…?

¿Dónde empiezan…?

Como puede observarse, cualquier partícula interrogativa puede encabezar la pregunta parcial resaltadora.

No faltan tampoco, aunque se dan con muy poca frecuencia, las preguntas generales relativas:

¿Es esa muerte querida por mí?

¿Es un tipo de homicidio?

La segunda parte de las secuencias resaltadoras suele realizarse a través de una pregunta general confirmativa simple, bien realizada con expresiones confirmativas:

¿De acuerdo?

o bien con signos paralingüísticos:

¿Hm?

¿Eh?

Recordamos que, en estos casos, se trata de petición de confirmación de entendimiento del contenido resaltado, que sirve como conclusión del mismo, por tanto requieren una respuesta por parte del estudiante, aunque generalmente sea no verbal.

Preguntas para resaltar tópicos y subtópicos

2.1.2.2.

Otro tipo de preguntas no interactivas son aquellas que tienen como función principal presentar el tópico, el subtópico o el sujeto que se va a tratar a continuación, enmarcándolo y enfatizándolo a la vez. Se trata de preguntas confirmativas que no requieren respuesta, ni verbal ni no verbal, sólo pretenden llamar la atención del estudiante sobre un contenido específico y agilizar el ritmo de la exposición del discurso científico.

(34) … *bueno, previamente decirles que estas distintas clasificaciones que vamos a llevar ehh a cabo, que vamos a realizar, no son contraPUEStas entre sí, ¿hm? sino que un tipo, ¿hm? en función de la perspectiva que tomemos, puede tener varias características…* (Maite Álvarez, Derecho Penal)

(35) ...decimos que son tipos penales comunes, ¿hm? aquellos tipos, aquellos deli-
tos, que pueden ser cometidos por cualquier persona, es decir, cualquier sujeto, ¿hm?
puede ser autor del mismo... (Maite Álvarez, Derecho Penal)

(36) ... el ejemplo más claro, la muralla de Ávila, ¿no? La muralla de Ávila, con ele-
mentos romanos... (Carmen Fernández Ochoa, Arqueología de Roma)

Como hemos mencionado con anterioridad, y como puede comprobarse en los ejemplos, las preguntas que tienen como función básica presentar y resaltar el tema que se va a tratar a continuación suelen ser generales confirmativas simples, realizadas habitualmente mediante los elementos paralingüísticos *¿Hm?* o *¿Eh?*

2.1.1.1. ## Preguntas retóricas

Por último, cabe distinguir las preguntas que denominamos retóricas. Con ellas se pretende provocar la reflexión del estudiantado para que, mediante ella, comprenda y se convenza de alguna cuestión especialmente problemática, hipotética o dudosa. De esta forma, aunque se trata de preguntas que no exigen respuesta, se involucra a la clase, de forma directa, en la elaboración del contenido científico a la vez que se enfatiza.

(37) ... no está tan claro que el criollo y el francés sean dos variedades de la misma lengua, porque Ferguson insiste en eso, se habla de diglosia cuando estamos ante- ante dos variedades de la misma lengua. ¿Estamos seguros de que el criollo es una variedad del francés?... (Francisco Moreno Fernández, Sociología del Lenguaje)

(38) ... donde uno de los principales ejes es la libre circulación de mercancías, mercancías que evidentemente abarcan o engloban no solamente productos industriales, sino productos agrícolas, sin poner en común nuestras políticas agrícolas. ¿Cómo va a haber libre circulación de productos agrícolas si cada uno de nuestros estados mantiene políticas de intervenciones en el sector agrícola distintas? SI en un estado miembro se priman determinados cultivos... (Javier Díez-Hochleitner, Derecho Comunitario)

Como puede observarse en los ejemplos, las preguntas retóricas pueden ser generales o parciales. No hay un tipo de pregunta característico que se utilice para esta función, pero suele tratarse de formulaciones largas, en las que aparece enunciado en su totalidad el tema o asunto problemático que se pretende constatar.

LA REITERACIÓN   2.2.

Jenaro Ortega Olivares y María Labarta Postigo
Universidad de Granada y Universidad de Cádiz

La reiteración es una eficaz operación discursiva a la que se recurre en numerosos momentos de la clase magistral. Consiste fundamentalmente en repetir de una manera u otra cierto fragmento de lo ya emitido, para aclararlo, corregirlo, resaltarlo, evaluarlo o simplemente facilitar la progresión del discurso.

Introducción   2.2.1.

Examinemos, para acercarnos al fenómeno de la reiteración, los ejemplos siguientes (las letras entre paréntesis indican el comienzo de una reiteración; las expresiones que la componen aparecen en tipo normal, y las formas que se repiten en *negrita*; cuando una reiteración esté contenida o comparta una de sus expresiones con otra, estas relaciones serán representadas con alguno de los siguientes signos parentéticos: [], {} o <>):

*(1) [...] Hay que decir que la autonomía colectiva se desenvuelve a través de un proceso negociador que regula la ley del Estatuto de los Trabajadores, y que básicamente se apoya en la búsqueda (a) **del equilibrio, del equilibrio** entre las partes. No olvidéis que (b) **todos los mecanismos colectivos, todos los mecanismos colectivos** que reconoce nuestra Constitución son medios de autodefensa que intentan (c) **equilibrar** o **igualar** una posición que ya hemos definido eb (d) **como** inherentemente desigual, **como** de una parte subordinada a otra, preponderante [...]. (Yolanda Valdeolivas García, Derecho Laboral)*

*(2.1) [...] Si os parece vamos a empezar por (a) [(b) {**la libertad**, o **el derecho**} -si queréis- **de establecimiento, un derecho de establecimiento** que consiste en lo siguiente:] el Tratado CE en los artículos que he señalado consagra la*

Ejemplos

libertad de establecimiento de los nacionales, tanto personas físicas como personas jurídicas, de un estado miembro (c) **en el territorio, en** *el conjunto d***el territorio** comunitario, *es decir, el derecho de todo nacional, persona física o jurídica de un estado miembro, de establecerse en el territorio de cualquier otro estado miembro...* […] *(Javier Díez-Hochleitner, Derecho Comunitario)*

(2.2) […] Si os parece vamos a empezar por la libertad, o el derecho, si queréis, de establecimiento, un derecho de establecimiento que consiste en lo siguiente: el Tratado CE en los artículos que he señalado consagra (a) la libertad **de establecimiento de los nacionales,** *tanto* **personas físicas** *como* **personas jurídicas, de un estado miembro en el territorio,** *en el conjunto del* **territorio** *comunitario, es decir, el derecho* **de** *todo* **nacional, persona física o jurídica de un estado miembro, de establecerse en el territorio** *de cualquier otro* **estado miembro...** […] *(Javier Díez-Hochleitner, Derecho Comunitario)*

(3) […] Uno reconocería ahora mismo, ¿no? en la arquitectura popular un adobe, porque (a) en seguida se demigaja *eh,* no aguanta tanto como el ladrillo. *Pero no se fíen de los romanos: el adobe romano, no sé por qué, es (b)* **durísimo, durísimo, durísimo.** *(c)* **Yo he visto** *-esto es una anécdota-,* **yo he visto** *uno/* un obrero clavar un pico […]. *(Ángel Fuentes, Arqueología de Roma)*

(4) […] Cuando hablamos de negociación colectiva estamos introduciendo (a) **el término** *pacto,* **el término** *acuerdo,* **el término** *convención entre dos partes, para la defensa y la autorregulación de sus intereses. […] (Yolanda Valdeolivas García, Derecho Laboral)*

(5) […] Profesora: Morfema de nombre. Luego le podemos dar una clasificación semántica. (a) **Hablamos** *por ejemplo* **de** *nombres de cualidad como es '-idad';* **hablamos de** *nombres de acción como es 'ataque' u 'observación';* **hablamos de** *nombres de posi/ de adjetivos de posibilidad como es '-ble', o de adjetivos de cualidad como pueda ser '-eza' -o '-ez', perdón-, o en ese tipo de, digamos, de nomenclatura de carácter semántico se suele agregar... […] (Soledad Varela, Morfología del Español)*

*(6) […] Y no hay más que acudir a la estadística. Lo siento. Pero toca (a) [(b) {***medir, medir y medir,}** *hacer un conteo estadísticamente válido], y aplicar cualquier estadígrafo que más rabia les dé: correlaciones, que es lo que me gusta a mí, o […]. (Ángel Fuentes, Arqueología de Roma)*

(7) […] Y os pido (a) **especial** *atención y* **especial** *detenimiento en este tema porque es, como os anunciaba en las lecciones anteriores, alguno de los temas más eh complejos […]. (Yolanda Valdeolivas García, Derecho Laboral)*

*(8) […] (a) [*No vamos a poder diferenciar a la/ a simple vista lo que es un convenio colectivo estatutario de lo que es un convenio colectivo extraestatutario, atendiendo al contenido […]; *(b) {***no es éste el elemento** *que nos va a servir para distinguir esa doble categoría,] y* **no es éste el elemento** *distintivo de uno u otro tipo de convenios} porque ni la Constitución desde luego, pero tampoco el Estatuto de los Trabajadores*

limita los contenidos de los convenios colectivos [...]. (Yolanda Valdeolivas García,
Derecho Laboral)

Se habrá observado que en todos ellos la profesora o el profesor repite, de un modo u otro, determinada expresión. Por ejemplo, en la secuencia de (1): "y que básicamente se apoya en la búsqueda *del equilibrio, del equilibrio* entre las partes", la profesora ha optado por repetir la expresión *del equilibrio* –la expresión original, cabría decir–, y el resultado –la copia– ha sido otra expresión idéntica a la expresión repetida. En la secuencia de (3): "Uno reconocería ahora mismo, ¿no? en la arquitectura popular un adobe, porque *en seguida se demigaja eh, no aguanta tanto como el ladrillo*", el profesor, como en el ejemplo anterior, también repite una expresión, a saber: *en seguida se desmigaja,* pero en este caso la expresión resultante, *no aguanta tanto como el ladrillo,* no es una copia idéntica de la original, sino parcial, como puede verse, pues la ligazón sólo se mantiene gracias a que ambas expresiones comparten algunos rasgos de sus significados respectivos. En efecto, los predicados 'desmigajarse en seguida' y 'no aguantar tanto como el ladrillo' se utilizan, al menos en el marco conceptual en que se muestra el ejemplo propuesto, para hablar de una misma propiedad del adobe: su inconsistencia. Y si ello es así, es porque se trata de expresiones que, gracias a la equivalencia parcial de sus significados, resultan sinónimas a la hora de hablar de tal propiedad en ese marco.

Podría decirse, de acuerdo con lo anterior, que hay una gradación en este proceso de repetir una expresión. Los ejemplos (1.a) –comentado arriba–, (3.b) y (6.b) corresponden al extremo que representa la igualdad total de la expresión original y la expresión salida de la repetición, es decir, el caso en que sean idénticas ambas expresiones en la forma y por tanto en el contenido. Los ejemplos (1.c), (3.a) –ya examinado–, (6.a) y (8.a) se sitúan en el extremo opuesto, el asignado a la similitud mínima entre tales expresiones, lo que sucede cuando sólo hay cierto grado de equivalencia semántica y no se repite ninguna de las formas (sustantivos, determinantes, preposiciones, etc.) que componen la expresión original. Los demás ejemplos, a saber, (1.b), (1.d), (2.1.a), (2.1.b), (2.1.c), (2.2.a), (3.c), (4.a), (5.a), (7.a) y (8.b), cabe colocarlos entre estos dos extremos, y en este espacio se muestran más o menos próximos a uno u otro según del grado de similitud que muestren la expresión repetida y la expresión resultante.

Así las cosas, siempre habrá algún grado de equivalencia semántica entre la expresión repetida y la expresión resultante, es decir, podremos encontrar repeticiones en las que esta equivalencia sea total, porque las expresiones son formalmente idénticas, y otras en las que sea parcial, porque las expresiones, al no haber identidad formal o al darse ésta sólo en parte, son sinónimas.

Los profesores y profesoras recurren en numerosas ocasiones a las repeticiones –a las que desde ahora aludiremos con la denominación genérica de *reiteración*– porque, gracias a la total identidad formal o la sinonimia que las fundamenta, pueden conseguir con ellas múltiples y eficaces efectos comunicativos.

La reiteración en tanto que producto

En tanto que producto, la reiteración muestra algunos rasgos destacables. En efecto, el resultado de someter una expresión al proceso de reiteración es, como se ve claramente en los ejemplos propuestos, una estructura compleja, la *estructura reiterativa,* constituida como mínimo por dos partes: la expresión original -en adelante la llamaremos *segmento A*- y la expresión resultante -en adelante *segmento B*-. Si la integran más de dos partes, entonces el segmento A se reproduce dos o más veces en otros tantos segmentos B. Lo más frecuente es que esta estructura se presente en la versión bipartita (segmento A, segmento B), por lo que su aparición en la forma tripartita (segmento A, segmento B1, segmento B2) se da en menos casos, y es escasa en la cuatripartita (segmento A, segmento B1, segmento B2, segmento B3). Así, todas las reiteraciones contenidas en los ejemplos propuestos presentan la estructura bipartita, a excepción de (3.b), (4.a), (5.a) y (6.b), que muestran la tripartita. Por otro lado, y en cualquiera de las versiones que adopten, estas estructuras pueden presentar sus segmentos uno tras otro, contiguos, o en una secuencia interrumpida por otros elementos. En los ejemplos de arriba todas las reiteraciones muestran sus segmentos en contigüidad, excepto en los casos siguientes: en (3.a) y (3.b) esta continuidad se ve suspendida, respectivamente, por la inclusión del apéndice modalizador *eh* y por un inciso; en (1.c) y (2.1.b) aparece la conjunción *o*; en (6.b), (7.a) y (8.b) la conjunción *y*; en (2.2.a), en fin, el operador discursivo *es decir.*

➠ 2.6.

La reiteración en tanto que proceso

Por otro lado, en tanto que proceso, la reiteración presenta, entre otras, una característica destacable. Y es que la persona que habla, cuando en determinado momento de su elocución recurre a la reiteración para salir al paso de alguna necesidad comunicativa, decide en ese momento la extensión del segmento A, es decir, cuánto discurso previo se va duplicar, y decide también cómo va a elaborar esa duplicación, esto es, si conviene, para atender esa necesidad, crear uno o más segmentos B y configurarlos formal y semánticamente de acuerdo con alguna de las modalidades que veremos después. Esto puede verse con claridad si examinamos de cerca los ejemplos (2.1) y (2.2). En (2.1.b) el profesor, tras pronunciar la secuencia *la libertad,* quizá se percata de la inexactitud de esta expresión para aludir con propiedad a aquello de lo que desea hablar, y propone otra expresión más exacta para esa misma alusión: *el derecho.* Como se ve, la reiteración le ha servido al hablante para 'corregir' una expresión referencial previa poco adecuada. En (2.1.a) se opta por duplicar la expresión *el derecho de establecimiento* (en cuya elaboración, como acabamos de ver, ya se ha recurrido a una reiteración) y producir *un derecho de establecimiento que consiste en lo siguiente,* pero en este caso el profesor lo que persigue es crear un puente que una la presentación de un tópico con el inicio del desarrollo del mismo. Continúa la elocución y en (2.1.c) surge un problema: el profesor considera que la expresión *en el territorio* es, como en (2.1.b), poco apropiada para hacer referencia a la realidad de que habla, y propone, correctivamente, una nueva expresión que la sustituya: *en el conjunto del territorio comunitario.* Prosigue el profesor su explicación y se le plantea otra necesidad que representamos en (2.2.a): quizá la clase no ha entendido bien eso de *la libertad de establecimiento de los nacionales, tanto personas físicas como personas jurídicas, de un estado miembro en el territorio, en el conjunto del territorio comunitario,* bien por ser ésta una expresión que alude a numerosos y diversos aspectos de cierta realidad, o bien porque esta alusión se lleva a cabo de un modo bastante abstracto, y decide entonces reformularla para que resulte más cercana al auditorio y, así, más comprensible: *el derecho de todo nacional, persona física o jurídica de un estado miembro, de establecerse en el territorio de cualquier otro estado miembro.* Persigue, pues, el profesor en esta ocasión 'aclarar' cierta información difusa.

> **En pocas palabras:**
>
> La reiteración presenta dos aspectos esenciales: a) en tanto que estructura, está formada por dos expresiones –los segmentos A y B–, que o bien son idénticas o bien sinónimas (en este último caso puede haber identidad parcial de formas); b) en tanto que proceso, es una operación que emprende la persona que habla en cierto momento de su elocución para salir al paso de ciertas dificultades y necesidades del discurso.

Se dijo más arriba que con la reiteración pueden conseguirse determinados efectos comunicativos. Algunos los hemos visto ya al hablar de la reiteración como proceso. Como estos efectos van ligados de un modo u otro a ciertas modalidades que puede adoptar una reiteración, conviene ahora que nos detengamos en ellas.

La reiteración reformulativa

2.2.4.

Sinonimia y reformulación.

Si los segmentos A y B de una reiteración son sinónimos (si comparten algunos rasgos de sus respectivos significados y, llegado el caso, también algunas formas), esta circunstancia puede ser aprovechada para que tal reiteración adopte carácter *reformulativo*. Cuando esto ocurre, el segmento B reproduce con diversas alteraciones al segmento A, y, además, ambas expresiones sirven para nombrar o hacer referencia a un mismo objeto, o para aludir o hablar de un mismo hecho o circunstancia. Con otras palabras, es como si lo que se expresa de cierta manera en el segmento A volviera a ser expresado de otra diferente en el segmento B.

Es ello precisamente lo que tenemos en algunas reiteraciones recogidas en los casos de arriba. Por ejemplo, en (3.a) –caso que ya hemos comentado–, las expresiones *en seguida se desmigaja* y *no aguanta tanto como el ladrillo* comparten ciertos rasgos semánticos que el profesor ha aprovechado para usarlas sinonímicamente y hablar de un mismo hecho. Quizá hubiera bastado con la primera de esas expresiones –segmento A– para aludir al hecho de que el adobe tiene poca consistencia, pues la expresión 'desmigajarse en seguida' es perfectamente apta para representar el hecho en cuestión. Pero lo cierto es que el profesor prefiere reiterar la alusión a la inconsistencia del adobe, y lo hace con otra expresión, la segunda –segmento B–, que, diferente de la anterior como vemos, aporta nuevos datos en su representación del hecho aludido: si antes la inconsistencia del adobe era nombrada con 'desmigajarse en seguida', ahora vuelve a serlo con 'no aguantar tanto como el ladrillo'. Con 'desmigajarse' y 'no aguantar', que comparten algunos rasgos de su significado en este contexto, lo que se asegura es la relación sinonímica de las dos expresiones y la posibilidad de que sean usadas para hablar del mismo hecho. Con los rasgos no compartidos de 'desmigajarse' y 'no aguantar', junto con los rasgos propios de los demás componentes de tales expresiones, lo que se consigue es algo así como un enriquecimiento de la alusión al hecho en cuestión, como si se ofreciera a quienes escuchan dos representaciones verbales de ese mismo hecho, pero desde puntos de vista en parte diferentes.

En (1.c) la profesora, que conoce los rasgos semánticos comunes de 'equilibrar' e 'igualar', las utiliza como expresiones sinónimas, y las propone al auditorio como alusión enriquecida (con más datos, cabría decir) a un mismo hecho.

En (4.a) esta misma profesora usa las expresiones *el término* pacto, *el término* acuerdo y *el término* convención para hacer referencia a una misma cosa; ello es posible gracias a que tales expresiones son sinónimas, a que poseen en común bastantes rasgos semánticos. Como en los casos anteriores, cada una de ellas aporta una aproximación diferente a la representación de la realidad referida.

Los rasgos de la reiteración *reformulativa* los hallamos también en los ejemplos siguientes:

(9) […] Dicho muy claramente, por tanto: (a) [las **unidades** de negociación se **eligen** por las propias partes: hay libertad de las partes para **elegir** *(b)* {la **unidad** negociadora, el ámbito en que se va a aplicar el convenio colectivo.}] *[…] (Yolanda Valdeolivas García, Derecho laboral)*

(10) […] Pero que no cumpla el Estatuto, que no se cumpla -perdón- el Estatuto, y que no se tenga, por tanto, eficacia personal general, no niega que se tengan (a) [los dos elementos que derivan de la propia Constitución: *(b)* {la fuerza vinculante y la eficacia normativa,] la/ el rango de norma jurídica que tienen en nuestro sistema...} *[…] (Yolanda Valdeolivas García, Derecho Laboral)*

(11) […] El artículo ochenta y cinco declara (a) prohibido, incompatible con el Tratado, con el mercado común/ *(b) **prohíbe** en definitiva todos **los acuerdos entre empresas, en síntesis,*** que tengan por *(c)* [objeto o efecto] impedir, restringir o falsear el juego de la competencia dentro del mercado común; *prohíbe, **en síntesis,** los acuerdos* anticompetitivos ***entre*** las ***empresas. Veis, por tanto […]. (Javier Díez-Hochleitner, Derecho Comunitario)***

*(12) […] Se han adoptado desde el año ochenta y siete más de trescientas directivas de armonización de las legislaciones de los estados miembros, (a) **que tienen por objeto*** favorecer el mercado interior, *más concretamente,* ***que tienen por objeto*** precisamente la plena realización de la libre circulación de mercancías *[…]. (Javier Díez-Hochleitner, Derecho Comunitario)*

(13) […] Este aparejo testáceo es importantísimo, decía, en la arquitectura romana por una razón: porque es el que está asociado a (a) [las grandes consecuciones de la arquitectura romana, *a saber, (b)* <las bóvedas, las cúpulas,] *es decir, (c)* {***los grandes espacios*** arquitectónicos, ***los grandes espacios*** constructivos.}> *[…] (Ángel Fuentes, Arqueología de Roma)*

(14) […] En el caso de la libre prestación de servicios lo que estamos es afirmando, lo que hace el Tratado CE es afirmar (a) el derecho de todo particular a ***prestar sus servicios*** de forma temporal -ésta es la diferencia con la del establecimiento-, de forma temporal en ***territorio*** de otro estado miembro a partir del estado miembro ***en que*** se encuentra ***establecido,*** es decir, cualquier profesional libre o cualquier empresa puede ***prestar sus servicios*** temporalmente en el resto del ***territorio*** comunitario y lo presta desde el territorio ***en que*** está ***establecido***. *[…] (Javier Díez-Hochleitner, Derecho Comunitario)*

*(15) […] Y os pido especial atención y especial detenimiento en este tema porque es, como os anunciaba en las lecciones anteriores, alguno de los temas más eh complejos, que rompen más las reglas de ordenación de las relaciones jurídicas que venís manejando hasta ahora en el (xxx) ramas jurídicas, y que va a hacer (a) **la verdadera*** novedad, ***la verdadera*** peculiaridad que tiene el derecho del trabajo no sólo español *[…]. (Yolanda Valdeolivas García, Derecho Laboral)*

En (9), por ejemplo, la profesora construye una reiteración cuyo segmento A está constituido por la secuencia *las **unidades** de negociación se **eligen** por las propias **partes,*** y cuyo segmento B lo está por *hay libertad de las **partes** para **elegir** {la **unidad** negociadora, el ámbito en que se va a aplicar el convenio colectivo}* (segmento que, como se ve, contiene a su vez otra reiteración: *la **unidad*** *negociadora, el ámbito en que se va a aplicar el convenio colectivo).* En el segmento A se hace referencia a cierta cosa que es nombrada con la expresión *las unidades de negociación,* a ciertas personas que son nombradas con la expresión *las propias partes,* y se expresa, con el verbo 'elegir', la acción con que estas partes se relacionan con aquellas unidades. En el segmento B vuelven a ser referidas esas mismas personas con la expresión *las partes* y la misma cosa con la expresión *la unidad negociadora,* y también se vuelve a nombrar la misma acción: 'elegir'. Pero en esta ocasión se verbaliza un elemento antes implícito en el 'elegir' del segmento A: *hay libertad.* Así, en el segmento A se habla de que ciertas personas eligen cierta cosa, implicándose en ello que la elección conlleva libertad; en el segmento B vuelve a hablarse de ese mismo estado de cosas, pero esta vez se explicita verbalmente ese implícito: *hay libertad* para ese estado de cosas. Por otro lado, la reiteración incrustada presenta unos segmentos A y B formados, respectivamente, por *la **unidad** negociadora* y *el ámbito en que se va a aplicar el convenio colectivo.* Estas expresiones, totalmente distintas en lo formal (el segmento B no contiene ninguna palabra del segmento A), comparten sin embargo todos los rasgos de su contenido, pues el segmento B no es sino la verbalización del contenido del segmento A. La profesora, como se ve, hace referencia a cierta cosa y la nombra con *la unidad negociadora;* consciente de que quizá el auditorio no logra hacerse una idea clara de la realidad referida, decide construir una reiteración para ofrecer en ella algo así como una definición de tal realidad: *el ámbito en que se va a aplicar el convenio colectivo.* En ambas reiteraciones, pues, la profesora 'enriquece' de alguna manera su alusión a determinadas realidades y hechos.

En (13) construye el profesor tres reiteraciones reformulativas. La primera está constituida por *las grandes consecuciones de la arquitectura romana* —segmento A—, por *las bóvedas, las cúpulas* —segmento B—, y por el elemento intercalado *a saber.* La segunda está formada por *las bóvedas, las cúpulas* —segmento A—, *los grandes espacios arquitectónicos, los grandes espacios constructivos* —segmento B—, y por el elemento intercalado *es decir.* La tercera, en fin, la integran *los grandes espacios arquitectónicos* —segmento A— y *los grandes espacios constructivos* —segmento B—. Además, la primera y la segunda comparten la expresión *las bóvedas, las cúpulas* (en una como segmento B y en la otra como segmento A), y la segunda, lo acabamos de ver, construye su segmento B como reiteración (la tercera). Pues bien, es evidente que las expresiones que componen la primera reiteración hacen alusión a los mismos tipos de construcción romana (nótese que el profesor no *ejemplifica,* sino que *aclara:* no intercala la expresión *por ejemplo,* sino *a saber*); que en la segunda se vuelve a hablar de esos mismos tipos de construcción, lo que se ve favorecido porque el segmento A sea el segmento B de la anterior; y que, por si esto fuera poco, en la tercera sigue hablándose de esos mismos tipos constructivos. Vemos, por tanto, en este ejemplo, que las distintas expresiones (unas, reformulaciones de las otras)

➤ 2.5.

asignadas a los segmentos de las reiteraciones, las emplea el profesor sinonímicamente, y que puede lograr con ello importantes efectos comunicativos
(piénsese en el efecto que provoca la cadena de expresiones sinonímicas crea-
da por la sucesión de estas tres reiteraciones).

Hay un factor importante en el proceso de reformular una expresión, y es
que, cuando se crea una estructura reiterativa con esta finalidad, la información del segmento A responde a un grado de generalidad similar o distinto al
mostrado por la información del segmento B. Así, y por abundar en los ejemplos (9) y (13), en la reiteración (9.b), la profesora nombra en el segmento A
cierta realidad con la expresión *unidad negociadora,* expresión de indudable carácter abstracto y, por ello, de difícil aplicabilidad. Consciente seguramente
de este hecho, la profesora propone en el segmento B otra expresión ciertamente más larga, más analítica, pero más concreta que la anterior porque contiene más datos: *ámbito en que se va a aplicar el convenio colectivo,* con la que espera facilitar la identificación de la realidad aludida.

En la reiteración (13.b) también podemos observar este movimiento de la
información, aunque esta vez en sentido contrario. En efecto, la información
más concreta (o menos general, según se mire) aparece ahora en el segmento
A, y la más general (o menos concreta) lo hace en el segmento B: el profesor
primero menciona algunos tipos concretos de construcción romana ('bóvedas',
'cúpulas'), para a continuación dar a entender que tales tipos pertenecen a otro
más amplio, más general ('gran espacio arquitectónico').

Téngase en cuenta que el grado de generalidad o concreción que presente
cierta información no es un rasgo que ésta asuma o posea de modo absoluto,
sino de modo relativo. Así, una misma información puede resultar general en
un contexto y concreta en otro. Es más: la persona que habla es la que en última instancia decide si, en un momento dado, determinada información resulta, por lo que se refiere al grado de generalidad o concreción, ajustada o no
a sus intereses (que suelen ser favorecer en lo posible la mejor comprensión de
la información que se transmite). Por ejemplo, si esa persona percibe, en cierto momento de su elocución, que lo que acaba de decir resulta, por su generalidad, excesivamente evanescente a quienes escuchan, puede entonces resolver sobre la marcha el problema recurriendo a una reiteración que ofrezca una
versión más concreta, más cercana a ese auditorio, de esa información.

El movimiento entre los polos de lo general y lo concreto se da en ambas
direcciones e incluso puede equilibrarse. Tenemos, entonces, de acuerdo con
esto, las siguientes posibilidades:

a) *De lo general a lo concreto:* El movimiento de lo general a lo concreto
puede darse de diversas formas, de las que tenemos muestras en los ejemplos
propuestos: (9.b), (10.a), (12.a) y (13.a). Así, en (9.b), reiteración ya comen-
tada más arriba, la información contenida en el segmento B diversifica y

Lo general y lo concreto en la reformulación.

concreta la suministrada en el segmento A, y se consigue un efecto como de definición.

En (10.a) la expresión *los dos elementos que derivan de la propia Constitución* –segmento A– alude genéricamente a dos realidades, por lo que en la expresión *la fuerza vinculante y la eficacia normativa* –segmento B– se ofrecen datos más concretos y abundantes de esas realidades.

En (12.a) la secuencia *favorecer el mercado interior,* perteneciente al segmento A, se reformula en el segmento B como otra expresión mayor con términos de contenido más concreto: *la plena realización de la libre circulación de mercancías,* y con ello pretende el profesor dar una visión más cercana, menos difusa, de la realidad aludida en ambas.

En (13.a) el paso de lo general a lo concreto se realiza mediante la alusión, primero, a una clase amplia de objetos: *las grandes consecuciones de la arquitectura romana* –segmento A–, y la alusión, después, a dos subclases de la anterior: *las bóvedas, las cúpulas* –segmento B–.

b) *De lo concreto a lo general:* En otras ocasiones la profesora o profesor presenta primero, en el segmento A de la reiteración, lo concreto, y después, en el segmento B, lo general. Consideremos los casos (10.b), (11.b) y (13.b). En (10.b) la profesora primero alude a los realidades: *la fuerza vinculante y la eficacia normativa* –segmento A–, para a continuación incluir tales realidades, como elementos constitutivos, en una clase mayor: *el rango de norma jurídica que tienen en nuestro sistema.*

En (11.b) el profesor construye el segmento A de modo bastante pormenorizado: **prohíbe** en *definitiva todos* **los acuerdos entre empresas, en síntesis,** *que tengan por objeto o efecto impedir, restringir o falsear el juego de la competencia dentro del mercado común,* y, quizá porque piensa que pueda resultar prolijo, construye el segmento B de un modo mucho más sintético: **prohíbe, en síntesis, los acuerdos** anticompetitivos **entre las empresas.** El efecto resultante es claramente recapitulativo.

En (13.b), ya considerado antes, encontramos un efecto contrario al existente en (13.a) (y similar al del caso (10.b)): el profesor alude primero a dos clases de objetos: las bóvedas, las cúpulas –segmento A–, y después a otra clase más amplia que incluye las anteriores: los grandes espacios arquitectónicos, los grandes espacios constructivos –segmento B–. (Adviértase de paso la singularidad de las reiteraciones (13.a) y (13.b) que, como sabemos, comparten la secuencia las bóvedas, las cúpulas: como si de una relación especular se tratara, la primera de ellas va de lo general a concreto, y ello lo refleja la segunda, que va de lo concreto a lo general.)

c) *Igualdad de valores:* En otras ocasiones el grado de generalidad o concreción que muestran los segmentos de una reiteración es más o menos el mismo. Es lo que podemos observar en (9.a) –ya comentado en otro lugar– y (14.a).

En (9.a) la profesora reformula la expresión: *las **unidades** de negociación se **eligen** por las propias **partes**,* y propone como versión alternativa: *hay libertad de las **partes** para **elegir** la **unidad** negociadora {...}.* En ambas se habla del mismo estado de cosas y ello se hace, además, desde el mismo punto de vista de generalidad (o concreción). Esta igualdad permite a la profesora destacar en el segmento B –ya lo comentábamos en su momento– cierto elemento implícito en el segmento A: 'hay libertad' (la acción de 'elegir' implica la existencia de libertad), elemento que –quizá lo crea la profesora– de otro modo pasaría inadvertido o no sería adecuadamente valorado en relación con lo que se está transmitiendo. Como vemos, esta reiteración contiene dos formulaciones que aluden al mismo estado de cosas en el mismo plano de generalidad, pero la segunda explicita, por alguna necesidad comunicativa que haya percibido la profesora, un elemento implícito en la primera.

En (14.a) el profesor alude a cierto derecho de los ciudadanos de la Comunidad Europea y lo hace dando información sobre bastantes de los pormenores del mismo: *el derecho de todo particular a **prestar sus servicios** de forma temporal -ésta es la diferencia con la del establecimiento-, de forma temporal en **territorio** de otro estado miembro a partir del estado miembro **en que** se encuentra **establecido**.* Quizá considere el profesor que la comprensión, por parte de las personas que escuchan, de tal cúmulo de datos requiera algún tiempo, o que éstas necesiten disponer de alguno para tomar notas, y plantea una reiteración en la cual la expresión en cuestión queda constituida como segmento A, y en la que se propone como segmento B una reformulación de esta misma expresión que, en consonancia con las necesidades del auditorio, no altera el grado de generalidad asumido ni apenas modifica el contenido de sus elementos: *cualquier profesional libre o cualquier empresa puede **prestar sus servicios** temporalmente en el resto del **territorio** comunitario y lo presta desde el territorio **en que** está **establecido**.*

Junto al factor concerniente al grado de generalidad o concreción que puedan asumir los miembros de una reiteración, hay otro no menos importante que también puede operar en ellas, y es cuando tales miembros los presenta la persona que habla como opciones, como distintas posibilidades de nombrar una misma cosa, hecho o circunstancia. Examinemos, para conocer el alcance de este nuevo aspecto, los casos (1.c), (2.1.b), (4.a), (11.c), (13.c) y (15.a). En (1.c) la profesora propone, para aludir a lo mismo, los términos *equilibrar* –segmento A– e *igualar* –segmento B–. Con ello puede expresar algo parecido a lo siguiente: "Hay dos opciones para aludir al hecho del que quiero hablar, porque ambas pueden representar adecuadamente los atributos de ese hecho; si uso sólo una opción (si empleo únicamente 'equilibrar' pero no 'igualar', o al revés), la alusión resulta incompleta; por tanto, lo mejor es usar las dos, y así logro nombrar con más precisión el hecho en cuestión."

En (2.1.b) se ve con claridad la opcionalidad que el profesor concede a las expresiones que conforman la reiteración contenida en la secuencia "*la libertad,*

Reformulación y opcionalidad.

o *el derecho* —si queréis— de establecimiento". Es como si el profesor propusiera lo siguiente: "Aquello de lo que estoy hablando lo nombro *libertad de establecimiento,* pero también es posible nombrarlo, si ello os resulta más adecuado, *derecho de establecimiento."* Obsérvese que el inciso *si queréis* explicita esta opcionalidad.

En (4.a), en la secuencia "***el término*** *pacto,* ***el término*** *acuerdo,* ***el término*** *convención* entre dos partes", la profesora ha elaborado una reiteración en la que la expresión *el término pacto* —segmento A— se duplica en las expresiones *el término acuerdo* y *el término convención* —que forman el segmento B—. El efecto alcanzado es similar al de (1.c), sólo que en esta ocasión las opciones ofrecidas son, en vez de dos, tres.

En (11.c), cuando en la secuencia "que tengan por *objeto* o *efecto* impedir [...]" el profesor reitera la palabra *objeto* —segmento A— con el término alternativo *efecto* —segmento B—, lo que logra transmitir es algo parecido a como si dijera: "El hecho del que hablo vale tanto nombrarlo con *tener por objeto* como con *tener por efecto,* y quizá sea conveniente que consideren ambas expresiones para comprender debidamente las características del hecho que con ambas estoy nombrando." La opcionalidad va aquí, como se ve, estrechamente ligada a la intención de enriquecer la alusión a aquello de que se habla.

En (13.c) (reiteración que, como hemos visto, constituye el segmento B de (13.b)) el profesor propone dos denominaciones para aludir al mismo tipo de construcción romana: ***los grandes espacios*** *arquitectónicos* —segmento A— y ***los grandes espacios*** *constructivos* —segmento B—. Lo que se persigue con ello es permitir dos posibilidades para aludir a lo mismo, algo así como dar a entender que ambas sirven en este caso para nombrar la misma cosa: "Nombro la realidad *x* con la expresión *los grandes espacios constructivos;* pero también la puedo nombrar, si ello sirve para que comprendan mejor lo que quiero decir, con la expresión *los grandes espacios constructivos".*

En (15.a) la profesora elabora la secuencia "y que va a hacer *la* ***verdadera*** *novedad,* *la* ***verdadera*** *peculiaridad* que tiene el derecho del trabajo [...]", en la que el fragmento *la verdadera novedad* —segmento A— resulta reiterado como *la verdadera peculiaridad* —segmento B—. Volvemos a encontrarnos con que se ofrecen dos posibilidades, dos maneras equivalentes de aludir a una misma realidad. En esta ocasión, como en (11.c), con ello se consigue, al parecer, que la alusión resulte enriquecida, es decir, sea planteada desde perspectivas diferentes: "Nombro la realidad *x* con la expresión *la verdadera novedad,* pero como esta expresión no contiene todos los datos que necesito para aludir adecuadamente a *x,* vuelvo a nombrarla con otra expresión equivalente que los complete: *la verdadera peculiaridad."*

Vemos, por tanto, a la luz del análisis de estos ejemplos, por un lado, que la reiteración *reformulativa* consiste esencialmente en proponer dos o más expresiones sinónimas para la representación de un mismo objeto, hecho o circunstancia; por otro, que, gracias a la redundancia del procedimiento, esa representación resulta 'enriquecida' y puede, por tanto, ser usada para conseguir importantes efectos discursivos.

De estos efectos es de lo que vamos a tratar a continuación.

Todas las reiteraciones reformulativas examinadas en los ejemplos propuestos permiten a quien enseña crear un efecto *de aclaración* (o, si se prefiere, cumplen en sus manos una función *aclarativa*). Esta finalidad comunicativa podríamos explicarla así: En un momento dado de su elocución, el profesor o profesora puede percibir que algún o algunos elementos de lo expuesto pueden resultar en cierto modo difíciles de comprender (por ser confusos o demasiado abstractos, por ejemplo), poseen algún rasgo interesante que pueda pasar inadvertido, o requieren, para su mejor compresión, que vuelvan a ser expuestos de modo más sintético o general. Cuando se da alguna de estas circunstancias, la profesora o profesor puede recurrir a la reformulación de tal elemento o elementos, es decir, a reiterarlo o reiterarlos con otra forma, para atender los desajustes y necesidades planteadas en ellas.

Efecto de aclaración.

Por ejemplo, en (9.a) la profesora especifica –'aclara'– los atributos que conviene tener en cuenta para identificar mejor la realidad a la que alude con la expresión *la unidad negociadora.* Esto mismo ocurre en (14.a), donde, como ya comentábamos, la expresión *el derecho de todo particular a prestar sus servicios de forma temporal -ésta es la diferencia con la del establecimiento-, de forma temporal en territorio de otro estado miembro a partir del estado miembro en que se encuentra establecido,* resulta, cuando menos, confusa, lo que provoca no pocos inconvenientes a quienes escuchan y toman notas. Pero este desajuste se repara en la expresión siguiente, introducida por *es decir: cualquier profesional libre o cualquier empresa puede prestar sus servicios temporalmente en el resto del territorio comunitario y lo presta desde el territorio en que está establecido.* En esta nueva versión el contenido se expone de modo más ordenado, más sintético: más claro, en suma.

En (9.a) –también lo hemos comentado ya– la profesora reitera la expresión *las unidades de negociación se eligen por las propias partes,* porque quiere resaltar cierto aspecto implícito que pudiera no ser tenido en cuenta. Y propone esta otra versión: *hay libertad de las partes para elegir la unidad negociadora {…},* en la que se explicita lo que antes pudiera no ser considerado debidamente. Aquí el deseo de 'aclarar' no surge de haber presentado algo de modo confuso o poco convincente, sino de la intención de destacar determinado aspecto que, desatendido, impediría la correcta comprensión de la información ofrecida.

En (11.b), en la expresión *prohíbe en definitiva todos los acuerdos entre empresas, en síntesis, que tengan por objeto o efecto impedir, restringir o falsear el juego de la competencia dentro del mercado común,* el profesor ofrece abundantes datos acerca de cierto estado de cosas. Como esta afirmación puede resultar prolija teniendo en cuenta el contexto en que aparece, el profesor en cuestión la reduce, para perfilar sus elementos esenciales, de este modo: *prohíbe, en síntesis, los acuerdos anticompetitivos entre las empresas.* El segmento A de esta ꞏeiteración no es confuso, sino prolijo; y el segmento B lo que persigue es facilitar –'aclarar'– la captación de lo que esa prolijidad contiene de esencial. Estamos, pues, ante una recapitulación aclarativa.

Efecto correctivo.

Examinemos las reiteraciones de los ejemplos siguientes:

*(16) [...] Hablamos por ejemplo de nombres de cualidad como es '-idad'; hablamos de nombres de acción como es 'ataque' u 'observación'; hablamos (a) **de** nombres **de posi/ de** adjetivos **de posibilidad** como es '-ble', o de adjetivos de cualidad como pueda ser (b)'-eza' -o '-ez', perdón-, o en ese tipo de, digamos, de nomenclatura de carácter semántico se suele agregar... [...] (Soledad Varela, Morfología del Español)*

*(17) [...] Pero (a) **que no cumpla el Estatuto, que no** se **cumpla** -perdón- **el Estatuto,** y que no se tenga, por tanto, eficacia personal general, no niega que se tengan los dos elementos que derivan de la propia Constitución [...]. (Yolanda Valdeolivas García, Derecho Laboral)*

*(18) [...] El artículo ochenta y cinco (a) declara **prohib**ido, incompatible con el Tratado, con el mercado común/ **prohi**be en definitiva todos los acuerdos entre empresas, en síntesis, que tengan por objeto o efecto impedir, restringir o falsear el juego de la competencia dentro del mercado común [...]. (Javier Díez-Hochleitner, Derecho Comunitario)*

*(19) [...] En el caso de la libre prestación de servicios (a) **lo que** estamos **es afirm**ando, **lo que** hace el Tratado CE **es afirm**ar el derecho de todo particular a prestar sus servicios de forma temporal [...]. (Javier Díez-Hochleitner, Derecho Comunitario)*

*(20) [...] Hemos leído algunos preceptos constitucionales que hacen referencia (a) **a est**a **negociación, a est**e derecho de **negociación** colectiva, como uno de los reflejos además básicos de nuestro sistema constitucional [...]. (Yolanda Valdeolivas García, Derecho Laboral)*

*(21) [...] El Tratado CE en los artículos que he señalado consagra la libertad de establecimiento de los nacionales, tanto personas físicas como personas jurídicas, de un estado miembro (a) **en el territorio, en** el conjunto d**el territorio** comunitario, es decir, el derecho de todo nacional, persona física o jurídica de un estado miembro, de establecerse en el territorio de cualquier otro estado miembro... [...] (Javier Díez-Hochleitner, Derecho Comunitario)*

*(22) [...] Bien, la Organización Mundial del Trabajo, a la que ya os he presentado, la OIT, tiene una definición de convenio colectivo (a) **que** reconoce a **este instrumento como** o **que** identifica **este instrumento como** todo acuerdo escrito [...]. (Yolanda Valdeolivas García, Derecho Laboral)*

*(23) [...] En primer lugar, el artículo 100a (a) **no** establece o **no se limita a prever** la armonización de las legislaciones de los estados miembros que afecten directamente al establecimiento o funcionamiento del mercado común, (b) **como de**cía*

el artículo 100, o *como di*ce *el artículo 100, sino que de forma mucho más am-*
plia [...]. (Javier Díez-Hochleitner, Derecho Comunitario)

(24) [...] Si os parece vamos a empezar por (a) l*a* **libertad***, o* **el derecho** *-si*
queréis- de establecimiento, un derecho de establecimiento que consiste en lo si-
guiente [...]. (Javier Díez-Hochleitner, Derecho Comunitario)

En todos estos ejemplos hemos podido observar que la profesora o el profesor utiliza, en un momento dado de su elocución, la reiteración reformulativa para corregir algún o algunos elementos mal formulados o poco adecuados. Así, en (16.a), con la secuencia "hablamos *de nombres* **de posi***l*", la profesora quiere hablar de los adjetivos de posibilidad, pero elabora incorrecta-
mente la expresión con que intenta aludir a ello: *de nombres* **de posi***l*. De ahí
que se apresure a remediar el error, abandonando abruptamente tal expresión
(ni siquiera termina de pronunciar la palabra *posibilidad*), y proponga, recurriendo a la reiteración reformulativa, otra expresión que repara la anterior: ***de***
adjetivos ***de posibilidad.***

En (21.a) también se ve llevado el profesor a corregir, pero en esta ocasión
ello no es debido a alguna equivocación en la formulación de la expresión, sino
a que ésta, aunque correcta, puede ser mejorada y resultar por tanto más clara
y exacta. Por eso, el profesor decide reiterar, en la secuencia "la libertad de establecimiento de los nacionales, tanto personas físicas como personas jurídicas, de un estado miembro ***en el territorio, en*** *el conjunto* ***del territorio*** *comu-*
nitario", la expresión *en el territorio* y proponer, como nueva versión de la
misma, *en el conjunto del territorio comunitario.*

El carácter correctivo de estas dos reiteraciones descansa, sin embargo, en
circunstancias diferentes. Así, en (16.a) lo que se hace es *desechar* una expresión defectuosa, mal elaborada. En (21.a), en cambio, lo que se plantea es una
versión *mejorada* de una expresión previa. En el primer caso se propone sustituir una expresión que resulta inviable, por otra correcta o adecuadamente
elaborada. En el segundo, sustituir una expresión bien formada o correcta, por
otra que resulta más adecuada o esclarecedora. Vemos, por tanto, que en este
último caso se corrige sobre la base del valor *aclarativo* de la reiteración (es
decir, estamos ante una reiteración *aclarativa* y *correctiva*), y que esta circunstancia no la percibimos en el otro caso, donde sólo hay corrección. Las reiteraciones como (16.a) pueden ser llamadas *correctivas estrictas;* las que son como
(21.a), *correctivas aclarativas.*

Como (16.a), que ya hemos examinado, los casos (16.b), (17.a) y (18.a) son
también correcciones estrictas. Así, en (16.b) la profesora propone que no se
tenga en cuenta la expresión '*-eza*' –segmento A–, errónea, y se sustituya por
la expresión '*-ez*' –segmento B– (obsérvese la petición de disculpa por el error:
perdón).

En (17.a) la expresión *que no cumple el Estatuto* –segmento A– carece del elemento *se,* por lo que sufre el rechazo de la profesora, que propone para sustituirla la versión correcta *que no se cumpla el Estatuto* –segmento B– (también aquí hay petición de disculpas: se intercala *perdón).*

En (18.a), en fin, el profesor elabora la secuencia "el artículo ochenta y cinco *declara **prohibido**, incompatible con el Tratado, con el mercado común/*", y muy probablemente se percata, al tiempo que la está emitiendo, que se aviene mal con lo que piensa decir a continuación. Decide, en consecuencia, abandonarla –hacer de ella un segmento A–, aunque sea bruscamente, para empezar de nuevo: ***prohíbe** en definitiva todos los acuerdos entre empresas, en síntesis* [...] –segmento B–.

Por otro lado, los casos (19.a), (20.a), (22.a), (23.a) y (23.b), como (21.a), ya considerado, son correcciones aclarativas. Vamos a examinar los dos primeros. En (19.a) los segmentos que componen la reiteración expresan casi lo mismo: 'en relación con la libre prestación de servicios, alguien afirma el derecho [...]'; difieren, sin embargo, en que ese 'alguien' es, en la expresión *lo que* estamos *es afirmando* –segmento A–, un 'nosotros' (nótese que se emplea la forma *estamos)* que, si no es de modestia, incluye en su referencia al profesor y a otra u otras personas que no sabemos quiénes son (¿quienes escuchan?). Esta referencia resulta a todas luces inadecuada en relación con aquello de que se está hablando, pues si en este contexto conviene aludir explícita y adecuadamente a ese 'alguien', ello no se logra desde luego con un 'nosotros', sino con otra alusión que se acomode verazmente a los hechos tratados: 'el Tratado CE'. No pasa este desajuste inadvertido al profesor, que propone para repararlo la expresión *lo que hace el Tratado CE es afirmar,* en la que el conflictivo 'nosotros' queda sustituido por el apropiado 'Tratado CE'.

En (20.a) tenemos que la expresión *a esta negociación* –segmento A–, con la que la profesora hace referencia a cierta realidad previamente aludida y tratada, resulta imprecisa: su significado no refleja con propiedad los atributos de la realidad referida. Esta carencia la resuelve en la expresión siguiente –segmento B– *a este derecho de **negociación** colectiva.*

Obsérvese que los casos de corrección aclarativa comentados hasta ahora ((19.a), (20.a) y (21.a)) descansan en el factor concerniente al grado de generalidad o concreción con que se presenta la información en los segmentos. Así, en (20.a) y (21.a) se va de lo general a lo concreto, mientras que en (19.a) tenemos igualdad en estos valores. También encontramos, como era de esperar, correcciones aclarativas fundamentadas en el factor de la opcionalidad. A ello responden los casos (22.a), (23.a) y (23.b).

En (22.a) las expresiones *que reconoce a **este instrumento como** y que identifica **este instrumento como*** –segmento A y segmento B respectivamente– son opciones que la profesora plantea para especificar los atributos de la definición de convenio colectivo sostenida por la OIT. Ambas son válidas, pero se reconoce que es mejor la que contiene la opción 'identificar'.

En (23.a) tenemos una situación muy parecida a la de (22.a): en la secuencia "el artículo 100a *no establece* o *no se limita a prever* la armonización de las legislaciones de los estados miembros […]", la reiteración *no establece* –segmento A– o *no se limita a prever* –segmento B– sirve para expresar que la relación que media entre 'el artículo 100a' y 'la armonización de las legislaciones […]' puede ser especificada tanto con *no establecer* como con *no limitarse a prever,* pero resulta más conveniente la segunda.

En (23.b) se reitera la expresión *como decía el artículo 100* –segmento A– con otra que es casi igual: *como dice el artículo 100* –segmento B–. Ambas son opciones aptas para expresar la circunstancia de que cierta información previamente expuesta ('limitarse a prever la armonización […] mercado común') es la que de hecho corresponde al contenido del artículo 100. Se diferencian en que una sitúa esta circunstancia en el pasado *(decía),* mientras que la otra lo hace en el presente *(dice).* Por la razón que sea, el profesor prefiere la última.

Como el efecto correctivo puede superponerse, como vemos, al aclarativo, no resulta fácil distinguir en muchas ocasiones si estamos ante una corrección aclarativa o sólo ante una reiteración aclarativa. Es lo que quizá ocurre en (24.a) –caso que ya hemos analizado como reiteración aclarativa–. En efecto, cuando el profesor propone nombrar cierto tipo de derecho como *la libertad de establecimiento* o como *el derecho de establecimiento,* admite la validez de ambas, pero, ¿da a entender de algún modo que la segunda es mejor? Seguramente todo depende de la interpretación de quienes escuchan.

Así las cosas, el efecto *correctivo* de la reiteración reformulativa consiste, más o menos, en lo siguiente: Cuando el profesor o la profesora elabora defectuosamente alguna secuencia de su elocución (comete algún error sintáctico o semántico, o lo elaborado no logra expresar lo que en realidad desea decir), podrá reiterarla para proponer una versión nueva, correcta o más apropiada. La corrección consiste en este caso en desechar la secuencia inservible y sustituirla por la que sí es válida. A esto lo hemos llamado corrección *estricta.* Cuando la profesora o profesor añade a una reiteración aclarativa el efecto correctivo, lo que sucede es que, aun sirviendo los dos segmentos, el A es menos adecuado que el B: A es más genérico y, por tanto, más difuso, menos especificador, que B; A contiene algún elemento que debe ser sustituido y el resultado de esta sustitución aparece en B; o A y B son dos modos válidos para nombrar lo mismo, pero B resulta más conveniente. La corrección no consiste en este caso en rechazar un segmento para aceptar otro, sino en mejorar un segmento de por sí ya válido. Es lo que hemos denominado corrección *aclarativa.*

En pocas palabras:

En su modalidad *reformulativa,* la reiteración se construye fundamentalmente sobre la base de la sinonimia de los segmentos A y B (que pueden en este caso no compartir forma alguna), y sobre el hecho de que el B es alguna suerte de reformulación del A. La parte común del significado de los segmentos A y B (la base de la sinonimia) la aprovecha la persona que habla para hacer referencia, nombrar o aludir a un mismo objeto, hecho o circunstancia. La parte no compartida, diferente por tanto en cada expresión, sirve para 'enriquecer' las operaciones anteriores y, gracias a ello, para conseguir los efectos *de aclaración* y *correctivo,* de extraordinaria importancia en una clase.

2.2.5. La reiteración de insistencia

En otros muchos casos adopta la reiteración, tanto si sus expresiones son sinónimas por compartir algunas de sus formas, como si se presentan con total identidad formal, un carácter que pudiera denominarse *de insistencia.* Aquí no prevalece la intención de enriquecer la alusión a algo, como en los casos considerados antes, sino que domina el deseo de hacer especial hincapié en cierta expresión o en cierto elemento de una expresión. Por ejemplo, en (5.a) la profesora repite dos veces el segmento A *hablamos por ejemplo de nombres de cualidad como es '-idad',* y crea los segmentos B *hablamos de nombres de acción como es 'ataque' u 'observación'* y *hablamos de nombres de posi/ de adjetivos de posibilidad como es '-ble' {…}.* Evidentemente, el segmento A y los dos segmentos B poseen en parte el mismo significado –son sinónimos– gracias a que en éstos se reproduce exactamente la expresión *hablamos de* de aquél. Pero, a diferencia de lo que ocurre en la reiteración reformulativa, en este ejemplo las expresiones aluden, cada una de ellas, a un hecho diferente. No se trata ya de hablar de lo mismo con expresiones en parte distintas –finalidad de la reiteración reformulativa–, sino de hablar de sucesos diferentes con expresiones sinónimas.

En (7.a) la profesora elabora la expresión "os pido *especial* atención y *especial* detenimiento", que contiene una reiteración en la que se repite el elemento *especial.* Esta secuencia puede ser parafraseada más o menos así: "Poned parte de vuestra atención y observad con algún detenimiento lo que os voy a explicar, y que esa atención y ese detenimiento que os pido sean especiales". No está pidiendo la profesora, como se ve, la misma cosa (obsérvese el papel de la conjunción *y*), no está aludiendo en su petición a una misma realidad con dos expresiones parcialmente iguales, sino que pide dos cosas diferentes a las que, eso sí, se les ha atribuido una misma cualidad (el ser 'especiales'), merecedora, por alguna razón, de ser destacada.

Los dos ejemplos que acabamos de examinar corresponden a reiteraciones de insistencia cuyas expresiones son sinónimas. Pero este carácter se manifiesta con especial claridad en aquellas reiteraciones cuyas expresiones son totalmente idénticas en su forma y por tanto en su contenido. Así, en (1.a) la profesora emplea la expresión "la búsqueda *del equilibrio, del equilibrio* entre las partes" para referirse a cierto hecho, y repite exactamente parte de esa expresión: *del equilibrio,* como para resaltar, por alguna razón, cierta porción del contenido de la misma. Las expresiones *del equilibrio* y *del equilibrio* son totalmente equivalentes semánticamente porque son idénticas formalmente. Aquí, a diferencia de los casos de insistencia con sinonimia como (5.a) y (7.a), se habla de la misma cosa, ciertamente, pero esta circunstancia está supeditada al énfasis con que es presentada esta alusión: algo así como "hablo insistentemente de la misma cosa".

En (6.b) el profesor emite la expresión "pero toca *medir, medir* y *medir*", en la que el elemento *medir* resulta copiado dos veces. Es obvio que el significado de lo repetido y el de los productos es exactamente el mismo. No importa aquí demasiado, sin embargo, si se habla de un mismo acto o de actos diferentes de medición. Aquí simplemente se nombra la necesidad de cierta acción, la de *medir*, y se insiste en ella como para deshacer cierto implícito que, en relación con aquello que se explica, pudiera haber surgido en la mente de quienes escuchan. Con otras palabras, es como si el profesor advirtiera: "No piensen que esto se hace con pocos cómputos, que esto requiere poco trabajo; esto requiere numerosas y pacientes mediciones".

Si aceptamos este análisis, las profesoras y profesores emplean la reiteración *de insistencia* para llamar la atención de quienes escuchan sobre determinado punto de su elocución; es decir, aprovechan la sinonimia o la total identidad formal de los segmentos A y B de una reiteración para marcar enfáticamente cierto aspecto de lo que están exponiendo. De ahí que lo compartido formalmente por ellas pudiera, desde otro punto de vista, ser elidido en el segmento o segmentos B. Esta elisión daría, para los ejemplos examinados, los resultados siguientes: (5.a): *Hablamos* por ejemplo *de nombres de cualidad como es ' idad'*; [ø] *de nombres de acción como es 'ataque' u 'observación';* [ø] *de nombres de posi/ de adjetivos de posibilidad como es '-ble',* o [ø] *de adjetivos de cualidad como pueda ser '-eza'* [...]. (7.a): "Y os pido *especial* atención y [ø] *detenimiento*". (1.a): "la búsqueda *del equilibrio* [ø] entre las partes". (6.b): "pero toca *medir* [ø][ø]". La elisión de algunas o de todas las formas del segmento B que han sido repetidas en el segmento o segmentos B, no altera, como puede apreciarse, el contenido objetivo de lo expresado: tanto si se reitera como si no, en ambos casos se dice lo mismo de los mismos estados de cosas. La diferencia entre reiterar para *insistir* y no hacerlo reside, por tanto, en el deseo o la necesidad de resaltar, por la razón que sea y para producir determinado efecto, algún elemento que en otras circunstancias podría elidirse.

Con la reiteración de insistencia se consiguen importantes efectos discursivos. De ellos nos ocuperamos en las líneas que siguen.

Efecto de resalte.

El efecto de resalte es el que, sin decirlo, se daba en los ejemplos comentados arriba, y el que encontramos también en los siguientes:

(25) *[…] Esa suerte tienen muy a menudo los italianos; (a)* **nosotros, no,** *eh;* **nosotros, no.** *[…] (Ángel Fuentes, Arqueología de Roma)*

(26) *[…] El artículo treinta y siete uno debía estar (a)* **conectado inevitablemente, inevitablemente conectado** *con otros preceptos constitucionales y básicamente con el artículo veintiocho uno, con el derecho a la actividad sindical, y, yendo todavía más atrás en el texto constitucional, con el artículo siete, (b) que* **reconoce** *la creación de sindicatos y de asociaciones empresariales, y además le* **reconoce** *todas las facultades para la defensa de sus intereses, de sus respectivos intereses, y (c)* **contradictorios,** *como sabemos,* **contradictorios** *intereses... […] (Yolanda Valdeolivas García, Derecho Laboral)*

(27) *[…] Admite en ciertos supuestos la concesión del otorgamiento de ayudas. (a)* **Sin embargo, sin embargo** *incluso para estos supuestos en que se contempla la posibilidad de que una ayuda pública a una empresa sea compatible con el Tratado, con el mercado común, (b)* **se exige no obstante, se exige no obstante** *la necesidad de que el estado, que el estado cuyas autoridades o administraciones va a conceder esa ayuda, (c)* **solicite previamente, solicite previamente** *autorización a la comisión de las comunidades europeas. Por tanto, (d)* **incluso** *los supuestos excepcionales, en los que por tratarse de una empresa radicada* **por ejemplo** *en una zona menos desarrollada,* **por ejemplo incluso** *en esos casos es necesario de acuerdo con los artículos que he señalado que el estado, antes de conceder la ayuda pública, solicite y obtenga la autorización previa de la comisión; por tanto, tendrá que presentar una solicitud de autorización a la comisión antes de otorgar la ayuda. […] (Javier Díez-Hochleitner, Derecho Comunitario)*

(28) *[…] La libre prestación de servicios, evidentemente, va a suponer, al igual, "mutatis mutandis", que en el derecho de establecimiento, (a)* **que el prestador del servicio, que el prestador de servicios, (b) vaya a ser sometido, vaya a estar sometido, (c) a la legislación, a la legislación** *del estado en el cual se encuentra establecido. (d)* **Ello no impide, ello no impide** *sin embargo que el estado en cuyo territorio se va a llevar la cabo/ a cabo la prestación efectiva del servicio pueda imponer su reglamentación nacional […]. (Javier Díez-Hochleitner, Derecho Comunitario)*

En (25.a) el profesor reitera la expresión *nosotros, no,* y con ello resalta el hecho de que los arqueólogos no tienen en España la suerte que sí tienen en Italia en relación con determinado procedimiento de datación. Comunica algo parecido a esto: "En Italia disponen de ese procedimiento tan eficaz para fechar restos arqueológicos; pero no piensen que en España disponemos de tal procedimiento: aquí no disponemos de él; aquí es más difícil fechar los restos."

En (26.b) la profesora insiste en lo que *reconoce* el artículo siete de la Constitución española respecto de los convenios colectivos, el tópico de la lección: "No sólo reconoce este artículo la creación de sindicatos y de asociaciones empresariales; también le reconoce, y esto hay que subrayarlo, todas las facultades para la defensa de sus intereses."

Un poco más adelante, en (26.c), esta misma profesora repite el término *contradictorios* de la expresión *contradictorios intereses*. Destaca, pues, esta cualidad de los intereses en cuestión, y consigue con ello transmitir más o menos lo siguiente: "Fíjense en la transcendencia que reviste el artículo siete; este artículo regula algo muy difícil: las relaciones entre dos realidades contrapuestas, contradictorias: las empresas y los sindicatos."

Los casos (27.a), (27.b) y (27.c) los organiza el profesor como una secuencia en la que se destacan (se reiteran) los elementos que por alguna razón discursiva merecen sobresalir. Así, en (27.a) se reitera *sin embargo,* porque esta expresión anuncia o introduce cierto estado de cosas que contribuye de manera importante a la comprensión correcta de otro previamente presentado: "Hay ayudas en ciertos supuestos; pero, atención, no piensen que sólo con darse alguno o algunos de ellos se consigue una ayuda; hay algo más". En (27.b) se hace hincapié en ese "algo más", para lo que se reitera la expresión *se exige no obstante:* "Atención, además de darse alguno de esos supuestos, es necesario cumplir cierto requisito." Y ese requisito queda recalcado mediante la reiteración (27.c): *solicite previamente, solicite previamente,* incluida en la secuencia "la necesidad de que el estado [...] **solicite previamente, solicite previamente** autorización a la comisión de las comunidades europeas": "Ese requisito, atención, consiste en que el estado ha de solicitar previamente una autorización a cierta instancia."

En (28) este mismo profesor afirma que, en la prestación de servicios, quien preste servicios en otro estado se verá sometido a la legislación del estado en que se halle establecido. Esta afirmación contiene tres componentes que son realzados mediante la correspondiente reiteración: la expresión *que el prestador del servicio* se duplica con la expresión *que el prestador de servicios,* y surge (28.a); *vaya a ser sometido* se repite en *vaya a ser sometido,* y tenemos (28.b); y el constituyente *a la legislación,* perteneciente a la secuencia "a la legislación del estado en el cual se encuentra establecido", resulta iterado en *a la legislación,* y de ahí (28.c). No contento con esta cadena de reiteraciones, el profesor, acto seguido, propone otra, la (28.d): *ello no impide, ello no impide,* que, como las anteriores, llama la atención sobre cierto aspecto. El efecto de este conjunto de reiteraciones es, por acumulación, muy poderoso. Obsérvese la diferencia que hay si el profesor hubiera decidido no reiterar: "La libre prestación de servicios, evidentemente, va a suponer, al igual, "mutatis mutandis", que en el derecho de establecimiento, que el prestador del servicio vaya a ser sometido a la legislación del estado en el cual se encuentra establecido. Ello no impide sin embargo que el estado en cuyo territorio se va a llevar a cabo la prestación efectiva del servicio pueda imponer su reglamentación nacional."

La reiteración (26.a) admite ser interpretada del mismo modo que los casos anteriores; es decir, la profesora reitera la expresión *conectado inevitablemente* para llamar la atención sobre el hecho de que es inevitable la conexión de ciertos preceptos constitucionales con el artículo treinta y siete de la Constitución española. Pero obsérvese que el segmento A de esta reiteración es reproducido de manera especular en el segmento B: ambas expresiones forman un quiasmo (a b - b a). ¿Qué intentó comunicar la profesora con tal disposición? Es difícil determinarlo. Quizá sólo pretendiera, como acabamos de explicar, llamar la atención sobre algo, y entonces esa estructuración seguramente surgió por azar. Quizá intentó producir otro efecto, como, por ejemplo, alargar la expresión (véase más abajo) para ganar tiempo, o corregir la expresión *conectado inevitablemente,* sustituyéndola por *inevitablemente conectado,* expresión, en su opinión, más apropiada. O quizá pretendiera comunicar algunas de estas cosas a la vez.

El efecto *de resalte,* por lo que vemos en estos ejemplos, responde a la intención que el profesor o profesora tenga, en algún momento de su elocución, de llamar la atención del auditorio sobre determinado aspecto de lo que se va exponiendo. En algunos casos este resalte se torna advertencia ("atención: tengan cuidado"); en otros, mera insistencia ("atención: retengan esto"); en otros, petición de que algo se examine con cuidado ("atención: observen la diferencia; aquello es así, pero esto, en cambio, no"). Y no se agotan en estos usos todos los posibles. En cualquier caso, sin embargo, tendremos el valor general *de resalte.*

Efecto evaluativo. Consideremos, para apreciar el alcance de este efecto, los ejemplos siguientes:

(29) (a) **Idea importante, idea important**ísima, *a la que ya hemos hecho alguna indicación, pero que ahora resalto; que por favor os quede meridianamente clara, porque es la base de nuestro sistema de negociación colectiva y de nuestro sistema de autonomía colectiva [...]. (Yolanda Valdeolivas García, Derecho Laboral)*

(30) *[...] Id recordando los términos porque en lecciones posteriores vamos a ir desarrollando exactamente el contenido de estos conceptos; pero que nos vaya quedando claros por tanto (a)* **algunos elementos** *claves,* **algunos elementos** *absolutamente definidores de nuestro sistema de relaciones laborales. Esos elementos son [...]. (Yolanda Valdeolivas García, Derecho Laboral)*

(31) *[...] Por último, vamos a tratar de la libre circulación de capitales. La libre circulación de capitales ha sido hasta hace poco (a)* **la hermana pobre de las cuatro libertades, la hermana pobre de las liber/ cuatro libertades;** *era una libertad subordinada a las otras la libre circulación de capitales. [...] (Javier Díez-Hochleitner, Derecho Comunitario)*

*(32) [...] Muchas veces aparecen asociados a estos talleres -esto es muy impor-tante-, asociados a estos talleres aparecen sellos de los propietarios. Atención: porque también hay que analizar (a) con **muchísim**o detalle y **muchísim**a extensión estos restos de fábrica. Nos dicen (b) **muchísimas cosas, muchísimas cosas** [...]. (Ángel Fuentes, Arqueología de Roma)*

*(33) [...] Esto también es un dato importante eh; ehh, esto (a) **parece** una obvie-dad... ehh **parece** incluso algo banal, pero tiene muchísima repercusión luego a la hora de hacer una/ un edificio [...]. (Ángel Fuentes, Arqueología de Roma)*

En estas reiteraciones se advierten dos aspectos. Primero, todas surgen de la intención de *resaltar* algo; segundo, este efecto lo presentan asociado a otro: la profesora o profesor muestra su actitud ante lo que va exponiendo. Este punto de vista se expresa de diversas maneras. Así, en (29.a) la profesora rei-tera la expresión *idea importante* –segmento A– con la nueva forma *idea im-portantísima* –segmento B–, y expresa el valor que para ella tiene la idea en cuestión, empleando el término *importante* en el primer segmento y la forma superlativa del mismo en el segundo. Y algo similar ocurre en la reiteración (30.a), en la que esta misma profesora recurre, para manifestar cómo ve cier-tos conceptos que va a explicar, a los términos *clave* y *definidor,* éste último cuantificado con *absolutamente.* Esta reiteración, incluida en la secuencia "pero que nos vaya quedando claros *{sic}* por tanto *algunos elementos* claves *{sic}*, *algunos elementos absolutamente definidores* de nuestro sistema de relaciones la-borales", sirve, por tanto, para llamar la atención del auditorio sobre ciertos elementos y sobre cómo han sido evaluados.

En (31) el profesor da su opinión sobre lo que hasta hacía poco era la libre circulación de capitales en Europa. Afirma que esta circulación era l*a herma-na pobre de las cuatro libertades,* e insiste en esta opinión: "La libre circulación de capitales ha sido hasta hace poco *la hermana pobre de las cuatro liberta-des, la hermana pobre de las liber/ cuatro libertades.*"

En (32) el profesor pide que se preste atención a cierto hecho ("atención"): la necesidad de analizar detenida y ampliamente ciertos restos, pues en ellos encuentra el arqueólogo información abundante. Así, en (32.a) sostiene que ese análisis ha de llevarse a cabo con *detalle* y *extensión,* pero insistiendo en la cantidad de ambos aspectos –utiliza el cuantificador *mucho*– y mostrando su actitud al respecto –forma superlativa de *mucho: muchísimo/-a–*: "Atención: porque también hay que analizar *con* **muchísimo** detalle y **muchísima** extensión estos restos de fábrica." Y la razón de tanto trabajo está en que tales restos "nos dicen **muchísimas cosas, muchísimas cosas**", afirmación que contiene la rei-teración (32.b), en la que el profesor duplica la expresión *muchísimas cosas* para insistir en que el análisis en cuestión ofrece abundantes datos y sugerir su vi-sión de los mismos.

En (33.a), en fin, el profesor se muestra prolijo al expresar su valoración de cierto aspecto concerniente a la construcción de un edificio. No sólo afirma de ese aspecto que "es un dato importante" y que "tiene muchísima repercusión luego a la hora de hacer un edificio", sino que rechaza que tal aspecto sea "una obviedad" o "incluso algo banal", porque tales atributos son sólo aparentes: "esto *parece una obviedad... ehh parece incluso algo banal*". La reiteración contenida en esta secuencia, pues, le sirve al profesor para destacar su modo de ver los hechos, para negar la validez de ese supuesto que dice: 'Si algo es una obviedad, o algo banal, entonces carece de importancia'.

El efecto *evaluativo,* como vemos, que una reiteración puede alcanzar, esto es, la manifestación de la actitud que la persona que habla muestra ante algo, va superpuesto al efecto *de resalte.* Ello implica que si reiteramos para resaltar, este resalte puede ser usado para evaluar algo. Sin embargo, obrar a la inversa no parece posible: no cabe evaluación sin resalte.

Efecto de alargamiento.
A veces con la reiteración de insistencia ni se resalta ni se evalúa nada, sino que es empleada para evitar el silencio que, por la causa que sea, pudiera hacerse en el transcurso de una explicación. Veamos los casos siguientes:

(34) [...] *Hay situaciones en las que una de las lenguas es utilizada sobre todo en contextos familiares, mientras que la otra lengua es utilizada sobre todo en ámbitos formales: en la administración, en la esfera digamos laboral, en los medios de comunicacion social. Hay un reparto pues funcional del uso/ en el uso de las lenguas. Cuando esto se produce (a) **es posible es posible** hablar de un concepto específico que se maneja en sociología del lenguaje, que es el concepto de diglosia, en el que luego me voy a detener. [...]* (Francisco Moreno Fernández, Sociología del Lenguaje)

(35) *[...] (a) ¿**En qué en qué** se ve ese mismo comportamiento sintáctico? Pues en los argumentos semánticos, en los elementos digamos que acompañan en la oración tanto al verbo como el nombre derivado. Lo vais a ver en seguida [...].* (Soledad Varela, Morfología del Español)

(36) *[...] Estadísticamente se comprueba que todas las personas que conducen bajo efecto de bebidas alcohólicas, del cien por cien de las personas que conduzcan en estas condiciones, habiendo consumido una determinada cantidad de alcohol, pues imagínense, el sesenta por ciento, hm, va a tener (a) **algún problema algún problema** o bien de daños o bien ehh problemas mayores, es decir, de causación de lesiones o causación de la muerte. [...]* (Maite Álvarez, Derecho Penal)

(37) *[...] Bueno... Ehh en cuanto al/ les voy a poner unos sellos de éstos para que vean cómo se/ para que vean cómo son, (a) que **son** muy **bonitos,** ya verán qué **bonitos son...** Aquí tienen unos, los de abajo hm, aquí tienen algunos de esos sellos; miren [...].* (Ángel Fuentes, Arqueología de Roma)

En (34.a) el profesor reitera la expresión *es posible* porque, al parecer, necesita cierta pequeña cantidad de tiempo para decidir cómo va a exponer lo que quiere decir. Posiblemente ocurra lo mismo en (35.a), donde la reiteración nace quizá del titubeo de la profesora, y donde se repite la unidad *en qué*. Como el profesor de (34.a), en (36.a) la profesora se toma algún tiempo para poner las cosas en orden (quizá está decidiendo cómo exponer; quizá intenta retomar algún hilo que ha perdido, o quizá sucedan ambas cosas a la vez), por lo que le viene muy bien eso de decir *algún problema algún problema*. Y en (37.a), en fin, el profesor, que está buscando en la mesa una transparencia, y ello le ocupa algún tiempo que puede convertirse en peligroso silencio (los alumnos y alumnas podrían dejar de prestar atención), se apresura a llenar el hueco con una reiteración que insiste en la belleza de ciertos sellos: *que **son** muy **bonitos**, ya verán qué **bonitos** son.*

El efecto *de alargamiento* va unido frecuentemente a cierto rasgo prosódico de la reiteración. A diferencia de casi todas las que hemos venido considerando, las reiteraciones que sirven para alargar o mantener la elocución no presentan pausa alguna entre los segmentos A y B (lo que también ocurre generalmente en las reiteraciones con la conjunción *o*). Esto es lo que, a excepción de (37.a), comprobamos en todos los ejemplos propuestos.

> **En pocas palabras:**
>
> Con las reiteraciones que adoptan la modalidad de insistencia (basada en la identidad parcial o total de las formas de los segmentos A y B) lo que se pretende es, por un lado, resaltar cierto aspecto de una misma cosa o hecho o de cosas o hechos diferentes y, llegado el caso, también evaluarlo; por otro, alargar, por la causa que sea, la elocución.

La reiteración textual | 2.2.6.

Nos encontramos con reiteraciones que, ya siendo sus expresiones sinónimas por compartir algunas de sus formas, ya siendo tales expresiones totalmente idénticas, cumplen algún cometido de carácter *textual*. Por ejemplo, en (2.1.a) el profesor dice lo siguiente: "Si os parece vamos a empezar por *la libertad, o el **derecho** -si queréis- **de establecimiento, un derecho de establecimiento** que consiste en lo siguiente* [...]". El segmento A, *la libertad, o el **derecho** {...} **de establecimiento,*** es sinónimo del segmento B, *un **derecho de establecimiento** que consiste en lo siguiente,* pues comparten la expresión *derecho de establecimiento.* Con esta reiteración consigue el profesor dos cosas: introduce el tópico sobre el que va a tratar, contenido en el segmento A *el **derecho de establecimiento,*** y construye un puente que le permita iniciar el desarrollo de ese tema, el segmento B *un **derecho de establecimiento** que consiste en lo siguiente.* Todo ello puede ser parafraseado así: "Ahora quiero hablar de otro tema que ya ha aparecido pero que sólo nombré, por lo que vuelvo a nombrarlo: 'el derecho de establecimiento'. Este derecho de establecimiento es cierto tipo de derecho que consiste en lo voy a exponer a continuación".

En (8) tenemos dos reiteraciones enlazadas: (8.a) y (8.b). El segmento A de (8.a) es *No vamos a poder diferenciar a la/ a simple vista lo que es un convenio colectivo estatutario de lo que es un convenio colectivo extraestatutario, atendiendo al contenido {...}.* El segmento B es **no es éste el elemento** *que nos va a servir para distinguir esa doble categoría.* Esta secuencia, como se ve, es también el segmento A de la reiteración (8.b), cuyo segmento B es **no es éste el elemento** *distintivo de uno u otro tipo de convenios.* La primera, (8.a), es reformulativa. En la segunda, (8.b), en cambio, la profesora aprovecha la sinonimia de sus expresiones *(**no es éste el elemento** que nos va a servir para distinguir esa doble categoría –segmento A– y **no es éste el elemento** distintivo de uno u otro tipo de convenios –segmento B–)* para introducir la razón de por qué ha afirmado antes eso de que los convenios colectivos no podrán ser distinguidos por su contenido: "porque ni la Constitución desde luego, pero tampoco el Estatuto de los Trabajadores limita los contenidos de los convenios colectivos". Se muestra aquí la reiteración instrumento eficaz para lograr que avance el desarrollo de un tema.

En (3.c) encontramos la repetición **yo he visto** –esto es una anécdota– **yo he visto** *uno/un obrero clavar un pico {...}.* En ella se repite la secuencia *yo he visto* con la nueva forma *yo he visto uno/ un obrero clavar un pico {...}.* El segmento A y el segmento B son sinónimos. Además, la primera expresión, al quedar interrumpida por el inciso *esto es una anécdota,* no es sino un adelanto de la segunda. Está claro que la sinonimia se emplea aquí para señalar los límites del inciso y recuperar así el hilo conductor de lo que se está exponiendo.

Las reiteraciones de carácter *textual* cumplen, pues, cometidos relacionados con la constitución del discurso oral (y por tanto del discurso académico oral) en tanto que *texto,* es decir, en tanto que realidad surgida de la selección y combinación de múltiples y diversas unidades menores.

Además, el segmento B de estas reiteraciones admite ser reducido a una expresión más breve y de contenido más general, y en algunos casos, como en (3.c), lo compartido formalmente por ambos segmentos puede ser elidido. Según esto, (2.1.a) puede plantearse también así: "Si os parece vamos a empezar por la libertad, o el derecho –si queréis– de establecimiento, *que/el cual/este derecho/se trata de un derecho que* consiste en lo siguiente [...]"; (8.b) podría darse de estos modos: "No es éste el elemento que nos va a servir para distinguir esa doble categoría, y *no lo es/ello/esto/digo esto* porque [...]"; y (3.c) sólo permite la elisión: "Yo he visto –esto es una anécdota– [ø] uno/un obrero clavar un pico [...]". En todas estas posibilidades alternativas se sigue manteniendo la coherencia discursiva, pero desaparecen las reiteraciones, con lo que se pierde cierto efecto que sí se lograba con ellas: mayor claridad en la percepción, por redundantes, de los elementos que ensamblan y conforman el texto oral (algo muy importante en una clase). En efecto, obsérvese la diferencia que hay entre decir: "Si os parece vamos a empezar por *la libertad, o el* **derecho** *-si queréis-* **de establecimiento,** *un* **derecho de establecimiento** *que consiste en lo siguiente {…}*" y decir: "Si os parece vamos a empezar por la libertad, o el derecho –si queréis– de establecimiento, *que* consiste en lo siguiente […]", o: "Si os parece vamos a empezar por la libertad, o el derecho –si queréis– de establecimiento; *este derecho* consiste en lo siguiente […]". Es evidente en este ejemplo que con la reiteración, y gracias a su redundancia, se logra transmitir a la clase, con mayor eficacia, que se está introduciendo un tema y que se inicia el desarrollo del mismo. En cierto modo esta redundancia se parece bastante (si es que no es de la misma naturaleza) a la que tenemos en las reiteraciones *de insistencia.* Sólo que aquí se *insiste* en los aspectos textuales del discurso oral, y no en algún aspecto de lo que se está exponiendo.

En pocas palabras:

Cuando para una reiteración se adopta la modalidad textual, esencialmente lo que se persigue es facilitar el proceso de comprensión del discurso oral mediante la manifestación redundante de numerosos aspectos que tienen que ver con la textura de tal tipo de discurso.

Recursos lingüísticos 2.2.7.

Como se dijo en su momento, la persona que habla decide qué fragmento de lo que acaba de emitir será considerado el segmento A de una reiteración y con qué modalidad conformará el segmento B de la misma. De estos dos factores dependen en gran medida los elementos lingüísticos que pueden aparecer en una y otra expresión, así como la enorme variedad que muestran al hacerlo. Resulta poco menos que imposible, por tanto, intentar dar cuenta completa de unos y otra en este lugar. Sin embargo, la estructura reiterativa muestra frecuentemente ciertos elementos lingüísticos que la caracterizan ampliamente y que por tanto la diferencian de otras estructuras. Tales recursos son los siguientes:

a) La equivalencia de los dos segmentos de una reiteración se establece de tres maneras:

a.1) El segmento A contiene una o más palabras (sustantivos, adjetivos, verbos y adverbios, sobre todo) algunos de cuyos rasgos de significado son compartidos por una o más palabras (sustantivos, adjetivos, verbos y adverbios) del segmento B.

a.2) Algunas palabras del segmento A aparecen también en el segmento B (identidad parcial de formas).

a.3) Todas las palabras que forman el segmento A aparecen también, generalmente en el mismo orden, en el segmento B (identidad total de formas).

b) Empleo de ciertos elementos y expresiones que explicitan la modalidad adoptada para la reiteración:

b.1) Conjunción *o:* Con o sin pausa previa, entre el segmento A y el B, la conjunción *o* sirve para indicar que se está construyendo una reiteración *aclarativa* o *correctiva* sobre la base de la opcionalidad.

2.2.4.

b.2) Frases como

Es decir
O sea
A saber
En otras palabras
Dicho en otros términos
Más en concreto
Más concretamente
En síntesis, etc.

encabezan el segmento B, tras una pausa, y explicitan de un modo u otro que la reiteración presentada es *aclarativa* o *correctiva* sobre la base de lo general y lo concreto.

2.2.4.

b.3) Frases o elementos como

Lo subrayo
Lo destaco
Retened esto/la expresión
Atención (con esto)
Cuidado
Ojo (con esto)
Eh, etc.

sirven para explicitar que estamos ante algún uso de la reiteración *de insistencia.*

c) Aparición de pausa o pausas entre los segmentos A y B. Si exceptuamos la ausencia de pausa en numerosas reiteraciones usadas para aclarar o corregir sobre la base de la opcionalidad, o para alargar la elocución, generalmente todas las demás separan mediante una pausa el segmento A del segmento B. Y si aparece un inciso o alguna frase que explicita la modalidad de la reiteración, entonces son dos las pausas que los separan. Gracias a ello resultan delimitadas con claridad las dos unidades constitutivas de una reiteración. Además, cuando sólo media una pausa entre el segmento A y el B, sin que aparezca inciso o elemento alguno intercalado, ésta se convierte en marca indiscutible de la estructura reiterativa, y entonces el destinatario o destinataria deducirá, a partir de la situación y el contexto, la modalidad adoptada y los efectos perseguidos.

2.2.4.
2.2.5.

En pocas palabras:

Los recursos lingüísticos básicos de una reiteración son tres: a) la equivalencia semántica y formal de sus segmentos; b) el empleo entre uno y otro de la conjunción *o* o de otras expresiones como *es decir,* etc., o *atención, ojo,* etc., según los casos; y c) la separación de ambos elementos mediante una o dos pausas, según las circunstancias.

EL CONTRASTE

Jenaro Ortega Olivares
Universidad de Granada

Mediante el contraste se pueden destacar con precisión los aspectos por los que se diferencian dos conjuntos de información. Por tanto, su uso en el transcurso de la lección es de gran ayuda para la comprensión de lo que se expone. El contraste responde a un patrón que está conformado por cuatro elementos de encabezamiento, dos contrastandos y recapitulación, los cuales determinarán los tipos de información que podamos encontrar en él. El contraste aparece en ciertos lugares de la lección, en los que cumple cierta finalidad, y dispone de abundantes recursos lingüísticos que marcan los diferentes aspectos de su funcionamiento.

Introducción

Partamos de los siguientes ejemplos:

(1) En el desarrollo de un tópico, como cierre de cierta fase:
[…] (a) Simplemente quiero aclarar que estos dos ordenamientos comunitario y nacional de la competencia no se superponen, sino que operan en ámbitos distintos. (b) Simplificando mucho las cosas, diré simplemente que el derecho comunitario de la competencia actúa, opera, interviene cuando nos encontramos con actividades, acuerdos, operaciones que tienen una dimensión comunitaria, que trascienden, por tanto, las fronteras estatales. (c) Por el contrario, será de aplicación el derecho de la competencia nacional e intervendrán los órganos nacionales de la competencia cuando la operación, el acuerdo de que se trate anticompetitivo, simplemente, simplemente produzca sus efectos dentro del territorio de un solo estado miembro. {La divisoria os podéis imaginar que en la práctica no es siempre sencilla, no es siempre sencilla. […]} (Javier Díez-Hochleitner, Derecho Comunitario)

(2) En el desarrollo de un tópico:

[…] {Bien, todas esas palabras tienen también algo en común,} (a) pero (b) lo que tienen en común no es la raíz [señalando una columna de palabras escritas en la pizarra] como lo tienen en cambio las de la izquierda ¿verdad?; (c) lo que tienen en común es que comparten un mismo proceso derivativo, es decir, comparten un mismo sufijo que es '-al', siendo todas ellas, como veis, nombres: 'forma' es un nombre, 'género' es un nombre, de/ 'observación' es un nombre y 'relación' es un nombre. (d) Luego son todos procesos de formación de palabras que tienen no solamente el mismo sufijo sino la misma trayectoria derivativa: se ha formado un adjetivo en '-al' a partir de un nombre eb primitivo, de un nombre previo. {Bueno, pues, eso es otra manera, digamos, de […].} (Soledad Varela, Morfología del Español)

En (1) el profesor expone dos hechos, (b) y (c), pero no lo hace de una manera neutra, sino enfrentándolos, esto es, destacando de algún modo sus diferencias. En (2) la profesora parece actuar en el mismo sentido: también presenta dos estados de cosas, (b) y (c), y perfila los elementos distintivos de uno frente al otro.

Además, comprobamos que no suele emplearse esta operación de modo abrupto, sino que se advierte de su uso debidamente, por lo que aparecen expresiones (de muy variada naturaleza) como (a). Es más, es posible también alguna sección que marque el cierre del proceso, como (d) en (2).

Función del contraste.
Esta operación discursiva, por tanto, consiste en destacar sobre todo los elementos que diferencian u oponen dos conjuntos de información (hechos, conceptos, opiniones, etc.). En la lección magistral es de gran utilidad, dado que, cuando presentan alguna información de esta manera, las profesoras y profesores indudablemente favorecen con ello la mejor comprensión de la misma.

2.3.2. Elementos y variedad del contraste

Cuando decide presentar información contrastada, el profesor o profesora recurre a un patrón conformado por los elementos siguientes:

a) Encabezamiento

b) Primer contrastando

c) Segundo contrastando

d) Recapitulación

Encabezamiento.
El *encabezamiento* es la sección del contraste que, como sugiere su denominación, aparece en primer lugar. Su función no es otra que advertir a quienes escuchan de que lo presentado a continuación está contrastado. He aquí algunos casos:

(3) [...] *{Bien, todas esas palabras tienen también algo en común,}* **pero** *lo que tienen en común no es la raíz [señalando una columna de palabras escritas en la pizarra] como lo tienen en cambio las de la izquierda, ¿verdad?; lo que tienen en común es que comparten un mismo proceso derivativo, es decir, comparten un mismo sufijo que es 'al', siendo todas ellas, como veis, nombres: 'forma' es un nombre, 'género' es un nombre, de/ 'observación' es un nombre y 'relación' es un nombre. Luego son todos procesos de formación de palabras que tienen no solamente el mismo sufijo sino la misma trayectoria derivativa: se ha formado un adjetivo en '-al' a partir de un nombre eh primitivo, de un nombre previo. {Bueno, pues, eso es otra manera, digamos, de [...].}* (Soledad Varela, Morfología del español)

(4) [...] *{Ehh, aparte de la convivencia y de las distancias, hay que hablar también de que en el período tardío, en esta/ en este diseño que estamos haciendo de la topo/ de la tipología, tienen mayor altura y tienen las torres mayor diámetro, eh; las torres tienen también no sólo mayor altura sino también mayor diámetro. {Voy a poneros un/ una transparencia donde}* **vamos a ver para la Península Ibérica algunas comparaciones;** *mirad: [...] ahí tenemos torres de uno o dos pasajes con las ehh proyecciones correspondientes; y aquí tenemos ya las murallas tardías de Hispania, eh: entonces, como veis, con esta variedad de formas, eh, que tenemos; fijaros: éste sería la la de Lugo, quizá es la más clásica de todas las que existen; lo que os decía antes: un pasaje, lo que se llamaría un/ una entrada o un acceso monóforo, eh, un acceso monóforo con dos torres semicirculares; pero después hay unas variantes enormes, y tenemos, por ejemplo, la de Coria, eh; la de Gerona; Inestrillas también sería bastante característico, o por ejemplo la de hm la de Conímbriga, ¿no?, la de Convexa Veia que es como lo pone aquí: la de Conímbriga, [...]* (Carmen Fernández Ochoa, Arqueología de Roma)

(5) [...] *{Ésa es la primera diferencia sustancial entre el artículo 100 y el artículo 100a; pero no queda ahí todo:}* **el artículo 100a además introduce una segunda ehh alteración o modificación, o presenta una segunda diferencia muy importante respecto al artículo 100, y es que establece un procedimiento decisorio, un procedimiento legislativo mucho más ágil que el del artículo 100;** *el artículo 100, recordad, hablaba de propuesta de la comisión, consulta al parlamento europeo, y finalmente decisión del Consejo por unanimidad. El procedimiento del artículo 100a es mucho más complejo [...]; simplemente me limitaré a señalar que está previsto en ese procedimiento decisorio del artículo 100a que el Consejo -que también actúa a propuesta de la comisión, y a través de un procedimiento de consulta mucho más sofisticado con el Parlamento Europeo, que veréis-, pero lo más importante, lo que quiero reseñar hoy es que el Consejo actúa en el marco del artículo 100a no por unanimidad, sino por mayoría cualificada; retened la expresión: mayoría cualificada; se trata de una regla de mayoría en definitiva, no de unanimidad; una regla muy compleja, {que vais a estudiar este año de nuevo también en profundidad [...].}* (Javier Díez-Hochleitner, Derecho Comunitario)

En (3), a la profesora le basta la palabra *pero* para encabezar el contraste. La profesora de (4), en cambio, expresa su intención de presentar ciertas comparaciones, que se transformarán con facilidad en un contraste. En (5) el profesor llama la atención sobre cierta diferencia que existe entre dos artículos jurídicos, y expresa brevemente en qué consiste tal diferencia. Como se ve, las conformaciones que adopta un encabezamiento pueden ser variadas: desde la indicación de que se está contrastando, hasta, junto a ello, la especificación del contenido del contraste.

Primer contrastando.

El primer contrastando es el primero de los elementos (de los conjuntos de información) que van a ser enfrentados.

(6) […] *Simplemente quiero aclarar que estos dos ordenamientos comunitario y nacional de la competencia no se superponen, sino que operan en ámbitos distintos.* **Simplificando mucho las cosas, diré simplemente que el derecho comunitario de la competencia actúa, opera, interviene cuando nos encontramos con actividades, acuerdos, operaciones que tienen una dimensión comunitaria, que trascienden, por tanto, las fronteras estatales.** *Por el contrario, será de aplicación el derecho de la competencia nacional e intervendrán los órganos nacionales de la competencia cuando la operación, el acuerdo de que se trate anticompetitivo, simplemente, simplemente produzca sus efectos dentro del territorio de un solo estado miembro. {La divisoria os podéis imaginar que en la práctica no es siempre sencilla, no es siempre sencilla. […]} (Javier Díez-Hochleitner, Derecho Comunitario)*

(7) […] **El que sea doloso o no, no influye en la consumación;** *lo que influye en la consumación es que el tipo sea de resultado, hm, o que no lo sea. […]. (Maite Álvarez, Derecho Penal)*

(8) […] **Si hasta ahora hemos visto buen/ el balance final que en mil novecientos ochenta podía presentar William James como representante de la psicología académica de su tiempo, radicalmente negativa a la noción de inconsciente -recordar las palabras con las que empezaba su párrafo: "admitir la noción de estados mentales inconscientes sería el medio supremo que nos permitiría creer en psicología cuanto nos viniera en gana y transformar lo que podría llegar a ser una ciencia en un amasijo de fantasías"-, William James cree después de presentar todas esas refutaciones que por fin, ¿no? resultaría fácil escapar del laberinto -emplea la expresión de/ para aludir justamente a la problemática noción de inconsciente-,** *sin embargo en él mismo podemos ver ya la puerta abierta a una nueva noción de inconsciente psicológica y en la propia psicología empírica; me estoy refiriendo que en la propia obra en que de forma tan radical William James está criticando la noción de inconsciente psicológico, de estados mentales, en esta misma obra -ya os leeré unos textos- William James es consciente que desde el ámbito de la psicología clínica, en concreto en los estudios que se están llevando en Francia en el hospital de la Salpêtrière con enfermos neuróticos y con pacientes histéricas, surge un mundo problemático, al cual él le presta bastante atención: son los fenómenos psicóticos, las parálisis histéricas, que hacen comprensible y más bien razonable la creencia de que no siempre nosotros estamos en estado consciente y que hay actividad mental de la cual no tiene conciencia el sujeto humano. […] (Pedro Chacón, Teoría Psicoanalítica)*

(9) […] Vamos a ver para la Península Ibérica algunas comparaciones; {mirad:} *[…]* **ahí tenemos torres de uno o dos pasajes con las ehh proyecciones correspondientes;** *y aquí tenemos ya las murallas tardías de Hispania, eh: {entonces, como veis, con esta variedad de formas, eh, que tenemos; fijaros:}* **éste sería la la de Lugo, quizá es la más clásica de todas las que existen; lo que os decía antes: un pasaje, lo que se llamaría un/ una entrada o un acceso monóforo, eh, un acceso monóforo con dos torres semicirculares;** *pero después hay unas variantes enormes, y tenemos, por ejemplo, la de Coria, eh; la de Gerona; Inestrillas también sería bastante característico, o por ejemplo la de hm la de Conímbriga ¿no?, la de Convexa Veia que es como lo pone aquí: la de Conímbriga. […] (Carmen Fernández Ochoa, Arqueología de Roma)*

El primer contrastando presenta, como se ve, información sobre ciertos estados de cosas (el derecho comunitario de la competencia actúa fuera de las fronteras estatales; el tipo doloso no influye en la consumación; William James no acepta, y refuta, la noción de estados mentales inconscientes; características de las torres del período clásico). Estos estados de cosas son susceptibles de ser expuestos como hechos, opiniones, creencias, supuestos, etc.

El segundo contrastando es el segundo de los elementos (de los conjuntos de información) que se oponen en un contraste.

Segundo contrastando.

(10) […] En principio, no le afecta a la Península Ibérica. Es un fenómeno que sucede en la zona de Germania, la zona del Danubio, sobre todo en la zona del Danubio; en la Península Ibérica no le afecta. **Sin embargo, sí hay un fenómeno que nos interesa destacar, que sucede en la Península Ibérica en este momento, y es que, ehh, a pesar de las muchas discusiones que existen y de/ hay gente que no se lo cree, estudiosos que lo ponen en duda, etcétera, pero lo que sí es claro es que en el siglo segundo, hacia el año ciento setenta y uno ciento setenta y dos, el el ciento setenta y siete ciento setenta y ocho, hay una eh ligera presencia en algún caso, no sabemos qué intensidad pudo tener, hay unos atacantes, se llaman así, o sea hay los mauri eh, aparecen los rifeños de África, que pasan a España. […]** *(Carmen Fernández Ochoa, Arqueología de Roma)*

(11) […] No en el sentido que Freud iba a dar a la noción de inconsciente; no va a hablar de ideas, de imágenes, de deseos ni de motivaciones inconscientes; **lo que sí va a reivindicar en cambio digo la obs/ la psicología contemporánea que se orienta la/ lo que llamamos paradigma cognitivo, es que nuestra propia percepción visual re/ o nuestros razonamientos o la forma como somos capaces de aprender, de aprender un lenguaje, sólo es posible entenderlo si presuponemos estructuras y procesos realmente vigentes en en el mecanismo mental de la persona que procesa esa información, de los cuales el sujeto no tiene ni la menor idea, mejor dicho, podemos descubrirlo, pero lo descubrimos con investigaciones empíricas, lo descubrimos estudiando psicología, sentándose en esos bancos o escuchando a los profesores o leyendo**

libros; pero/ luego no están abiertos a la conciencia del sujeto. Lo hacemos, pero no sabemos ni tenemos conocimiento de los mecanismos que hacen posible ese actuar. [...] (Pedro Chacón, *Teoría Psicoanalítica*)

(12) [...] ¿En qué se diferencia entonces una situación comunicativa de un ámbito o un dominio? La verdad es que es bastante complicado ehh distinguir perfectamente entre un concepto y otro porque, como acabáis de ver, hay muchos elementos comunes, pero podemos empezar ehh diciendo que normalmente los que hablan de situación comunicativa son los etnógrafos de la comunicación, los especialistas en pragmática, los especialistas en comunicación; **mientras que cuando se habla de dominio o de ámbito normalmente se habla desde la sociología del lenguaje.** *Esto es verdad, cada uno de estos términos se ehh aplica a una especialidad. [...]* (Francisco Moreno Fernández, *Sociología del Lenguaje*)

(13) [...] Vamos a ver para la Península Ibérica algunas comparaciones; {mirad:} [...] ahí tenemos torres de uno o dos pasajes con las ehh proyecciones correspondientes; **y aquí tenemos ya las murallas tardías de Hispania, eh:** *{entonces, como veis, con esta variedad de formas, eh, que tenemos; fijaros:} éste sería la la de Lugo, quizá es la más clásica de todas las que existen; lo que os decía antes: un pasaje, lo que se llamaría un/ una entrada o un acceso monóforo, eh, un acceso monóforo con dos torres semicirculares;* **pero después hay unas variantes enormes, y tenemos, por ejemplo, la de Coria, eh; la de Gerona; Inestrillas también sería bastante característico, o por ejemplo la de hm la de Conímbriga, ¿no?, la de Convexa Veia que es como lo pone aquí: la de Conímbriga.** *[...]* (Carmen Fernández Ochoa, *Arqueología de Roma*)

Como el primero, el segundo contrastando también contiene información sobre ciertos estados de cosas (las incursiones de los *mauri* en la Península Ibérica a finales del siglo segundo de nuestra era; la psicología cognitivista moderna reivindica la existencia de estructuras y procesos mentales internos de los que las personas no tienen conciencia; normalmente se habla de *dominio* o *ámbito* en el terreno de la sociología del lenguaje; características de las torres en la época tardía), a los que también cabe exponer desde diversas perspectivas (como supuesto, creencia, hecho, etc.).

Recapitulación.

La sección de recapitulación es la que cierra el contraste.

(14) [...] El artículo 100a no establece o no se limita a prever la armonización de las legislaciones de los estados miembros que afecten directamente al establecimiento o funcionamiento del mercado común, como decía el artículo 100 o como dice el artículo 100, sino que de forma mucho más amplia, de forma mucho más amplia va a hablar de la armonización de legislaciones de los estados miembros que tengan -fijaros la diferencia de redacción en el artículo 100a, apartado primero, lo subrayo, para que hagáis la lectura correspondiente más tarde o quienes tengan el código delante, para que lo abran-, dice el artículo 100 a en su apartado primero in fine: *'La armonización o aproximación de legislaciones de los estados miembros que tengan por*

*objeto el establecimiento y el funcionamiento del mercado interior'. Las diferencias son que ya no se utiliza el adverbio 'directamente', sino que se habla de que tengan por objeto el establecimiento y el funcionamiento del mercado interior. **Por tanto, el alcance del artículo 100a es mucho más amplio: no es necesario que la legislación afecte directamente -recordar el ejemplo de la legislación danesa sobre catalizadores que ayer poníamos aquí-, ya no hay que ir a una afectación directa: basta con que tenga una incidencia esa legislación en el funcionamiento, establecimiento del mercado interior, aunque no sea directa.** […]. (Javier Díez-Hochleitner, Derecho Comunitario)*

*(15) […] Pero lo que tienen en común no es la raíz [señalando una columna de palabras escritas en la pizarra] como lo tienen en cambio las de la izquierda, ¿verdad?; lo que tienen en común es que comparten un mismo proceso derivativo, es decir, comparten un mismo sufijo que es '-al', siendo todas ellas, como veis, nombres: 'forma' es un nombre, 'género' es un nombre, de/ 'observación' es un nombre y 'relación' es un nombre. **Luego son todos procesos de formación de palabras que tienen no solamente el mismo sufijo sino la misma trayectoria derivativa: se ha formado un adjetivo en '-al' a partir de un nombre eh primitivo, de un nombre previo.** […]. (Soledad Varela, Morfología del Español)*

*(16) […] Pero estamos hablando de dos variedades de una lengua, y esto obliga a hacer otra precisión: no estamos hablando de las típicas situaciones de la lengua normativa o estándar, como se dice normalmente en el ámbito de la sociología del lenguaje -aunque creo que tiene algunos problemas el uso del concepto de estándar, pero ya lo veremos en su momento también-; no se trata de las situaciones donde hay un modelo de lengua normativa y luego los dialectos, es decir, no se trata de la situación que pueda darse en España, donde hay una zona amplia donde se utiliza una modalidad llamada castellano, y otra zona, entre otras, donde se utiliza una modalidad llamada andaluz. No se trata de dialectos de la misma lengua: se trata de variedades más divergentes. Los dialectos ehh no se ajustan a las características que aparecen en la definición de diglosia. **Por lo tanto no es una situación típica de 'lengua normativa-dialecto'. Son variedades de una misma lengua, pero más alejadas de lo que están estas lenguas y estos dialectos ehh a los que hago alusión como los que se dan España por ejemplo...** […] (Francisco Moreno Fernández, Sociología del Lenguaje)*

En esta sección, según puede comprobarse, se expone un resumen recapitulativo del contraste, como ocurre en (14) y (16), o se insiste en la diferencia que motiva el contraste, como en (15).

Los cuatro elementos examinados conforman —ya lo dijimos al principio— un patrón, esto es, algo así como un guión a partir del cual se construye y se reconoce de hecho un contraste. Esta circunstancia explica por qué el contraste adopta diversas modalidades en el discurso concreto: cuando recurre a tal modelo, la profesora o profesor no lo copia sin más, sino que lo adapta a las necesidades del momento.

En primer lugar, consideraremos las modalidades en función de cuántos elementos constitutivos aparezcan (presentaremos sólo los casos que responden

••••➤ 2.7.2.

Variedades.

a las tendencias más significativas en el corpus analizado):

a) El contraste presenta todos sus elementos constitutivos: encabezamiento, primer contrastando, segundo contrastando y recapitulación. Es el caso de (2) o de este otro ejemplo:

(17) En el desarrollo de un tópico:

[…] {Es una definición de laboratorio, en la que se incluyen una serie de condiciones necesarias, según Ferguson, para poder hablar de diglosia.} **[Encabezamiento:]** *Pero, por poco que os hayáis fijado, por poco que hayáis comprendido esta/ en una primera lectura de esta definición, os habréis dado cuenta de que hay una diferencia entre lo que yo he dicho antes y lo que aquí se dice...* **[Primer contrastando:]** *Porque yo he dicho antes a propósito del bilingüismo social que es posible encontrar en una comunidad un uso social distinto para cada una de las lenguas, para cada una de las lenguas.* **[Segundo contrastando:]** *Sin embargo, cuando Ferguson habla de diglosia, no habla de el uso de la función diferente que cumple cada una de las lenguas, es decir, no habla de una situación en la que hay dos lenguas diferentes, con dos funciones o dos finalidades diferentes, no se refiere a eso: el concepto de diglosia para Ferguson alude a una situación en la que se utilizan dos variedades de la misma lengua.* **[Recapitulación:]** *Fijaos que es importante la diferencia entre lo que antes comentaba y lo que dice Ferguson en su artículo de mil novecientos cincuenta y nueve. […]* (Francisco Moreno Fernández, *Sociología del Lenguaje*)

b) El contraste no presenta recapitulación, y sí los demás elementos. Es lo que ocurre en (1) o el ejemplo siguiente:

(18) En el desarrollo de un tópico:

[…] {En cuanto a la planta de la torres hm nosotros podemos decir que se mantienen o existen en este momento toda clase de torres,} **[Encabezamiento:]** *pero para que veáis un poco la diferencia que hay entre las torres proyectadas en el momento altoimperial y las torres tardías, [proyecta una transparencia] […]* **[Primer contrastando:]** *aquí tenemos por ejemplo cómo serían las torres de unos re/ de un recinto altoimperial; eh, tenemos las torres hacia adentro, eh; proyectadas hacia dentro; los -no sé si los veis bien-/ la indicación de los fosos que rodean al campamento; aquí tenemos otro ejemplo también, en neureta, las torres hacia dentro; y la variedad que ya en el Alto Imperio existen las puertas por ejemplo, ¿no?, proyectadas hacia dentro, cuadrangulares y semicirculares, un poquito semicirculares en ésta otra de las puertas de aquí, de Weisenberg.* **[Segundo contrastando:]** *Sin embargo, en el Bajo Imperio vamos a encontrar una tipología variadísima de torres, eh; aquí tenemos todos los/ todas las variantes que podéis imaginar: las cuadrangulares, las rectangulares, las semicirculares, las redondas, las torres de abanico, las torres hm poligonales, eh; y […], y algunos otros ejemplos todavía más complicados que van a aparecer en las puertas del Bajo Imperio: simplemente una apertura en el muro, torres redondas: ésta sería por ejemplo al que nos hemos referido anteriormente cuando hablábamos de las puertas, de torres semicirculares proyectadas hacia el exterior […], torres rectangulares hacia adentro; y ésta aquí abajo, ahh, de aquí, la número cuatro, que es la*

*puerta o el tipo de puerta -pues son torres de puerta-, ésta de aquí abajo que se llama
de tipo (xxx), que es la que más se utiliza a partir sobre todo del siglo segundo y que
de alguna forma recogerán algunas puertas también del período tardío. Por tanto,
estas torres que como vemos tienen una tipología muy variada presentan o coexisten
en un mismo/ coexisten en un mismo espacio o en un mismo territorio de una ciudad. [...] (Carmen Fernández Ochoa, Arqueología de Roma)*

c) El contraste no presenta ni encabezamiento ni recapitulación, sólo los
dos contrastandos. Es lo que encontramos en (19):

(19) En resumen incluido en el desarrollo de un tópico:
*[...] {No sé si ha quedado claro, lo he/ dentro de la rotundidad que establece
William James identificando una vida psíquica y vida consciente con/ vida mental
con con conciencia, cualquier representación mental que pueda dirigirse a un
mismo objeto en dos momentos distintos lo va a considerar como sensaciones diferentes, distintas:}* **[Primer contrastando:]** *no que la anterior sea inconsciente
y la misma idea sea consciente después: no es que estuviera ya antes sólo que tapada y ahora se descubre y pasa a ser descubierta;* **[Segundo contrastando:]** *lo
que había antes es lo que había a nivel consciente: eso es lo único que había.[...]
(Pedro Chacón, Teoría Psicoanalítica)*

d) El contraste no presenta alguno de los contrastandos, pero sí el encabezamiento y recapitulación o sólo el encabezamiento, situación que tenemos en:

*(20) En el desarrollo de un tópico:
[...] {Eso, combinado con una mayor altura de las torres, permite una precisión
de tiro mucho mayor y permite, el/ al hacer las torres en circulares, que los ángulos
muertos sean menores. Con lo cual digamos que se adopt/ se va a adoptar preferente-
mente este tipo de torre.}* **[Encabezamiento:]** *Ahora bien,* **[Contrastando:]** *también hay que decir que no es algo o no es un hecho que se produzca en todas las murallas, eh; es decir, no todas las murallas adoptan torres semicirculares [...]. (Carmen
Fernández Ochoa, Arqueología de Roma)*

*(21) En el desarrollo de un tópico:
[...] {Esto es verdad, cada uno de estos términos se ehh aplica a una especialidad.}*
[Encabezamiento:] *Pero hay una pequeña nota que nos ayuda a caracterizar al ámbito o al dominio frente a las situaciones comunicativas,* **[Contrastando:]** *y esa pequeña nota es que los dominios suelen ser usos significativos desde el punto de vista
social y desde un punto de vista funcional.* **[Recapitulación:]** *Lo repito: un dominio
es o supone un uso lingüístico, significativo, desde un punto de vista social y desde un
punto de vista funcional. [...] (Francisco Moreno Fernández, Sociología del Lenguaje)*

No cabe duda de que las tres primeras modalidades son las más comunes.
La cuarta, en cambio, es menos frecuente. Quizá esta última modalidad no sea

más que una variante de la primera (la que presenta todos los elementos), pues la ausencia de uno de los contrastandos es sólo aparente: su contenido está elidido o supuesto y, por tanto, es posible recuperarlo con facilidad. Así, en (20) y (21) podemos recomponer sin esfuerzo el contrastando que falta: 'hay murallas que adoptan formas que no son semicirculares' y 'las situaciones comunicativas no suelen ser usos significativos desde el punto de vista social y desde el punto de vista funcional', respectivamente.

> ### En pocas palabras:
>
> El contraste responde a un patrón que está constituido por encabezamiento (para anunciar el contraste), primer contrastando, segundo contrastando (que albergan los conjuntos de información que se contrastan) y recapitulación (que cierra el conjunto). Este patrón se manifiesta de diferentes maneras, pero lo más común es que casi siempre aparezcan los dos contrastandos (rara vez falta alguno), y que pueda faltar el encabezamiento o la recapitulación (menos el primero que el segundo).

2.3.3. | Modalidades de información que aparecen en el contraste

En los contrastandos.

La información que muestra un constraste está estrechamente relacionada con la naturaleza de los elementos que lo conforman. Así, en los contrastandos, que son lugares estructurales destinados a albergar el contenido referente a los estados de cosas que van a ser enfrentados, encontramos *información resaltada, información evaluada, información de fondo, información básica, información básica particular, información de carácter interactivo* e *información secundaria*. He aquí algunos ejemplos:

1.3.

(22) En el desarrollo de un tópico:

*[…] [**Encabezamiento:**] Pero para que veáis un poco la diferencia que hay entre las torres proyectadas en el momento altoimperial y las torres tardías [proyecta una transparencia] […]: [**Primer contrastando:**] (a, c) aquí **tenemos por ejemplo** cómo serían las torres de unos re/ de un recinto altoimperial; eh, tenemos las torres hacia adentro, [(b) eh;] proyectadas hacia dentro; los […]/ la indicación de los fosos que rodean al campamento; (a, c) aquí **tenemos otro ejemplo también,** en neureta, las torres hacia dentro; (a, c) y la variedad que ya en el Alto Imperio existen las puertas por ejemplo [(b) ¿no?,] proyectadas hacia dentro, cuadrangulares y semicirculares, (a) un poquito semicirculares en ésta otra de las puertas de aquí, de Weisenberg. [**Segundo contrastando:**] (c) **Sin embargo,** (d, e) en el Bajo Imperio **vamos a encontrar** una tipología **variadísima** de torres, (b) eh; (d) aquí tenemos todos los/ todas las variantes **que podéis imaginar:** las cuadrangulares, las rectangulares, las semicirculares, las redondas, las torres de abanico, las torres hm poligonales,*

*(b) eb; y [...], y (d) algunos otros ejemplos **todavía más complicados que van a aparecer** en las puertas del Bajo Imperio: **simplemente** una apertura en el muro, (g) torres redondas: [(a, c) ésta sería **por ejemplo** al que nos hemos referido anteriormente cuando hablábamos de las puertas, de torres semicirculares proyectadas hacia el exterior [...]], (g) torres rectangulares hacia adentro; y (g) ésta aquí abajo, ahh, de aquí, la número cuatro, que es la puerta o el tipo de puerta -pues son torres de puerta-, ésta de aquí abajo que se llama de tipo (xxx), que es la que más se utiliza a partir sobre todo del siglo segundo y que de alguna forma recogerán algunas puertas también del período tardío. [...] (Carmen Fernández Ochoa, Arqueología de Roma)*

(23) En el desarrollo de un tópico:

*[...] **[Primer contrastando:]** (g) El artículo 100a **no establece o no se limita** a prever la armonización de las legislaciones de los estados miembros que afecten directamente al establecimiento o funcionamiento del mercado común, (f) **como decía** el artículo 100 o **como dice** el artículo 100, **[Segundo contrastando:]** (c) **sino que** (d, e) de forma **mucho más amplia, de forma mucho más amplia va a hablar** de la armonización de legislaciones de los estados miembros que tengan [...]. (Javier Díez-Hochleitner, Derecho Comunitario)*

(24) En el desarrollo de un tópico, como cierre de cierta fase:

*[...] **[Encabezamiento:]** Simplemente quiero aclarar que estos dos ordenamientos comunitario y nacional de la competencia no se superponen, sino que operan en ámbitos distintos. **[Primer contrastando:]** (c, f) **Simplificando mucho las cosas, diré simplemente que** el derecho comunitario de la competencia actúa, opera, interviene cuando nos encontramos con actividades, acuerdos, operaciones que tienen una dimensión comunitaria, que trascienden, por tanto, las fronteras estatales. **[Segundo contrastando:]** (c) **Por el contrario,** (e, f) será de aplicación el derecho de la competencia nacional e intervendrán los órganos nacionales de la competencia cuando la operación, el acuerdo de que se trate anticompetitivo, **simplemente, simplemente** produzca sus efectos dentro del territorio de un solo estado miembro. [...] (Javier Díez-Hochleitner, Derecho Comunitario)*

(25) En el desarrollo de un tópico:

*[...] {Bien, pues,} **[Primer contrastando:]** (f) **si hasta ahora hemos visto** buen/ el balance final que en mil novecientos ochenta podía presentar William James como representante de la psicología académica de su tiempo, radicalmente negativa a la noción de inconsciente (f) -**recordar** las palabras con las que **empezaba** su párrafo: "admitir la noción de estados mentales inconscientes sería el medio supremo que nos permitiría creer en psicología cuanto nos vinieron en gana y transformar lo que podría llegar a ser una ciencia en un amasijo de fantasías"-, (g) William James cree después de presentar todas esas refutaciones que por fin [(b) ¿no?] resultaría fácil escapar del laberinto [...], **[Segundo contrastando:]** (c) **sin embargo** (d) en él mismo **podemos ver ya** la puerta abierta a una nueva noción de inconsciente psicológica y en la propia psicología empírica. [...] (Pedro Chacón, Teoría Psicoanalítica)*

En (22) el primer contrastando está estructurado por una secuencia de ejemplos, en la que aparecen insertados dos apéndices comprobativos; por

····▶ 2.5.

tanto, estamos ante (a) información básica particular, (c) información secundaria y (b) información de carácter interactivo. El segundo contrastando, por su parte, distribuye su contenido en (c) información secundaria, (e) información resaltada, (d) información evaluada, (b) información de carácter interactivo, (g) información básica y (a) información básica particular.

En (23) tenemos (g) información básica, (c) información secundaria y (f) información de fondo en el primer contrastando; en el segundo, (c) información secundaria, (e) información resaltada y (d) información evaluada.

····▶ 2.7.2.

Los contrastandos de (24) están constituidos por sendos resúmenes recapitulativos, por lo que en el primero encontramos (c) información secundaria y (f) información de fondo, mientras que en el segundo hay (c) información secundaria, (f) información de fondo y (e) información resaltada.

El primer contrastando de (25) está sintácticamente estructurado como período condicional, pero no expresa, sin embargo, condición alguna, pues la prótasis sirve para transmitir (f) información de fondo, y la apódosis para transmitir (g) información básica. La apódosis, además, contiene inserta (b) información de carácter interactivo. El segundo contrastando contiene (c) información secundaria y (d) información evaluada.

En la recapitulación.

En el encabezamiento la información que prevalece es la estructuradora del discurso:

(26) [...] ¿En qué se diferencia entonces una situación comunicativa de un ámbito o un dominio? La verdad es que es bastante complicado ehh distinguir perfectamente entre un concepto y otro porque, como acabáis de ver, hay muchos elementos comunes [...]. (Francisco Moreno Fernández, Sociología del Lenguaje)

(27) [...] Pero estamos hablando de dos variedades de una lengua, y esto obliga a hacer otra precisión [...]. (Francisco Moreno Fernández, Sociología del lenguaje)

(28) [...] Vamos a ver para la Península Ibérica algunas comparaciones; {mirad:} [...] ahí tenemos torres de uno o dos pasajes [...]. (Carmen Fernández Ochoa, Arqueología de Roma)

(29) [...] Simplemente quiero aclarar que estos dos ordenamientos comunitario y nacional de la competencia no se superponen, sino que operan en ámbitos distintos. [...] (Javier Díez-Hochleitner, Derecho Comunitario)

*(30) [...] {Bien, todas esas palabras tienen también algo en común,} **pero** lo que tienen en común no es la raíz [señalando una columna de palabras escritas en la pizarra] [...]. (Soledad Varela, Morfología del Español)*

En todos estos casos la profesora o el profesor anuncia lo que va a hacer, es decir, se planifica el discurso siguiente. En unos, como en (27), (28) y (29) se expresa la intención de presentar a continuación un contraste (que recibe varias denominaciones: *precisión, comparación, aclarar*). En otros tenemos, como en (26), una pregunta retórica y una evaluación de la posible respuesta, o, como en (29), una versión condensada del contraste que viene a continuación. Y en (30), en fin, nos encontramos con la brevísima fórmula *pero,* que, por la generalidad de su significado, pudiera sustituir a casi todas las anteriores. Vemos, por tanto, que predomina en el encabezamiento la información secundaria (no podía ser de otro modo), y que ésta puede aparecer resaltada o evaluada.

┅► **2.1.3.**

Habida cuenta de que esta sección tiene encomendada la función de cerrar el contraste, no resultará extraño que sea la información de fondo la que se muestre aquí como fundamental. No menos importante es también –aunque no tan frecuente– la secundaria, con la que se suele marcar el inicio de esta sección. También son posibles la información resaltada y la información evaluada.

En la recapitulación.

(31) […] *Pero hay una pequeña nota que nos ayuda a caracterizar al ámbito o al dominio frente a las situaciones comunicativas, y esa pequeña nota es que los dominios suelen ser usos significativos desde el punto de vista social y desde un punto de vista funcional.* **Lo repito: un dominio es o supone un uso lingüístico, significativo, desde un punto de vista social y desde un punto de vista funcional.** *[…] (Francisco Moreno Fernández, Sociología del Lenguaje)*

(32) […] *Pero lo que tienen en común no es la raíz [señalando una columna de palabras escritas en la pizarra] como lo tienen en cambio las de la izquierda, ¿verdad?; Lo que tienen en común es que comparten un mismo proceso derivativo, es decir, comparten un mismo sufijo que es '-al', siendo todas ellas, como veis, nombres: 'forma' es un nombre, 'género' es un nombre, de/ 'observación' es un nombre y 'relación' es un nombre.* **Luego son todos procesos de formación de palabras que tienen no solamente el mismo sufijo sino la misma trayectoria derivativa: se ha formado un adjetivo en '-al' a partir de un nombre eh primitivo, de un nombre previo.** *[…] (Soledad Varela, Morfología del Español)*

(33) […] *Las diferencias son que ya no se utiliza el adverbio 'directamente', sino que se habla de que tengan por objeto el establecimiento y el funcionamiento del mercado interior.* **Por tanto, el alcance del artículo 100a es mucho más amplio: no es necesario que la legislación afecte directamente -recordar el ejemplo de la legislación danesa sobre catalizadores que ayer poníamos aquí-, ya no hay que ir a una afectación directa: basta con que tenga una incidencia esa legislación en el funcionamiento, establecimiento del mercado interior, aunque no sea directa.** *[…] (Javier Díez-Hochleitner, Derecho Comunitario)*

(34) […] *Sin embargo, cuando Ferguson habla de diglosia, no habla de el uso de la función diferente que cumple cada una de las lenguas, es decir, no habla de una*

situación en la que hay dos lenguas diferentes, con dos funciones o dos finalidades diferentes, no se refiere a eso: el concepto de diglosia para Ferguson alude a una situación en la que se utilizan dos variedades de la misma lengua. **Fijaos que es importante la diferencia entre lo que antes comentaba y lo que dice Ferguson en su artículo de mil novecientos cincuenta y nueve. [...]**
(Francisco Moreno Fernández, Sociología del Lenguaje)

····▶ 2.7.2.

En la recapitulación lo que de hecho tenemos casi siempre es un resumen recapitulativo de reducidas dimensiones, y por ello resulta fundamental la información de fondo. Así, pues, en (31) y (32) se expone en sus rasgos esenciales el resultado del contraste, lo que, pudiéramos decir, se saca en claro; en (32), donde los hechos enfrentados presentaban cierto grado de complejidad, el resumen reproduce en sus elementos esenciales el proceso completo del contraste; y en (33), en fin, en un alarde de condensación se alude sólo a la diferencia (que se supone ha sido ya comprendida por el auditorio), para llamar la atención sobre ella *(fijaos)* y evaluarla *(es importante)*.

Por otra parte, conviene destacar cómo la información secundaria señala en muchas ocasiones el carácter conclusivo de la sección: repárese en las expresiones *lo repito; luego* y *por tanto.*

> ### En pocas palabras:
>
> El tipo de información que hallamos en el contraste depende en gran medida de los elementos que lo forman. Así, en los contrastandos tenemos casi todos los tipos de información, especialmente la información resaltada y la evaluada; en el encabezamiento domina la información secundaria, y en la recapitulación, la información de fondo sobre todo y menos la secundaria.

2.3.4.

Lugares en que aparece el contraste

····▶ 1.2.3.,
2.7.2.,
2.6.
En el desarrollo de un tópico.

Los contrastes aparecen sobre todo en tres secciones de la lección: el desarrollo de un tópico, el resumen recapitulativo y la aclaración.

En el desarrollo de un tópico es, sin duda, en donde encontramos con más frecuencia el despliegue de un contraste.

(35) En el desarrollo de un tópico:
[...] Bien, en este momento -estamos hablando del siglo segundo, de la época de Marco Aurelio- ¿esto le afecta a la Península Ibérica? **[Primer contrastando:]** *En principio, no le afecta a la Península Ibérica. Es un fenómeno que sucede en la zona de Germania, la zona del Danubio, sobre todo en la zona del Danubio; en la Península Ibérica no le afecta.* **[Segundo contrastando:]** *Sin embargo, sí hay un fenómeno que nos*

interesa destacar, que sucede en la Península Ibérica en este momento, y es que, ehh, a pesar de las muchas discusiones que existen y de/ hay gente que no se lo cree, estudiosos que lo ponen en duda, etcétera, pero lo que sí es claro es que en el siglo segundo, hacia el año ciento setenta y uno ciento setenta y dos, el el ciento setenta y siete ciento setenta y ocho, hay una eh ligera presencia en algún caso, no sabemos qué intensidad pudo tener, hay unos atacantes, se llaman así, o sea hay los mauri eh, aparecen los rifeños de África, que pasan a España. *{Entonces Hausil considera que éste sería el segundo momento de amurallamiento en España [...].}* (Carmen Fernández Ochoa, *Arqueología de Roma*)

(36) En el desarrollo de un tópico:

[...] {Ésa es la primera diferencia sustancial entre el artículo 100 y el artículo 100a;} pero no queda ahí todo: **[Encabezamiento:]** el artículo 100a además introduce una segunda ehh alteración o modificación, o presenta una segunda diferencia muy importante respecto al artículo 100, y es que establece un procedimiento decisorio, un procedimiento legislativo mucho más ágil que el del artículo 100; **[Primer contrastando:]** el artículo cien, recordad, hablaba de propuesta de la comisión, consulta al parlamento europeo, y finalmente decisión del Consejo por unanimidad. **[Segundo contrastando:]** El procedimiento del artículo 100a es mucho más complejo *-los detalles de ese procedimiento serán estudiados en profundidad con Carmen Martínez en su momento-;* simplemente me limitaré a señalar que está previsto en ese procedimiento decisorio del artículo 100a que el Consejo *-que también actúa a propuesta de la comisión, y a través de un procedimiento de consulta mucho más sofisticado con el Parlamento Europeo, que veréis-,* pero lo más importante, lo que quiero reseñar hoy es que el Consejo actúa en el marco del artículo 100a no por unanimidad, sino por mayoría cualificada; retened la expresión: mayoría cualificada; se trata de una regla de mayoría en definitiva, no de unanimidad; una regla muy compleja, *{que vais a estudiar este año de nuevo también en profundidad, pero que podéis ya, si queréis, ir viendo, eh, cómo funciona, hm, podéis ir consultando; podéis consultar el artículo ciento cuarenta y ocho del Tratado CE para ir adelantando, digamos, el estudio de esta institución de la mayoría cualificada, que será objeto de una lección posterior. [...]}* (Javier Díez-Hochleitner, *Derecho Comunitario*)

(37) En el desarrollo de un tópico:

[...] {Bien, todas esas palabras tienen también algo en común,} **[Encabezamiento:]** pero **[Primer contrastando:]** lo que tienen en común no es la raíz *[señalando una columna de palabras escritas en la pizarra]* como lo tienen en cambio las de la izquierda ¿verdad?*;* **[Segundo contrastando:]** lo que tienen en común es que comparten un mismo proceso derivativo, es decir, comparten un mismo sufijo que es '-al', siendo todas ellas, como veis, nombres: 'forma' es un nombre, 'género' es un nombre, de/ 'observación' es un nombre y 'relación' es un nombre. **[Recapitulación:]** Luego son todos procesos de formación de palabras que tienen no solamente el mismo sufijo sino la misma trayectoria derivativa: se ha formado un adjetivo en '-al' a partir de un nombre eh primitivo, de un nombre previo. *{Bueno, pues, eso es otra manera, digamos, de [...].}* (Soledad Varela, *Morfología del Español*)

En (35) la profesora, que está desarrollando cuestiones concernientes a las murallas romanas, acaba de exponer que en el siglo segundo, cuando el Imperio Romano estaba gobernado por Marco Aurelio, comienzan ciertas invasiones que ponen en peligro las fronteras, y cierra esa fase de la exposición y marca el inicio de otra (repárese en el uso de *bien* y de la interrogación retórica). La fase siguiente, referida a si tales invasiones también afectan a la Península Ibérica, muestra su primera parte en forma de contraste. Con ello se logra relacionar dos hechos sobre la base de que el segundo constituye una excepción (e interesante) a la generalidad del primero. Es éste un procedimiento eficaz, sin duda, para crear un escenario y destacar en él cierto estado de cosas.

En (36) el profesor, que desarrolla las diferencias entre dos artículos jurídicos, ha concluido la exposición de una de ellas (obsérvese la expresión: *Ésa es la primera diferencia sustancial entre el artículo 100 y el artículo 100a*) e inicia la exposición de otra (con *pero no queda ahí todo*). Pero, sin duda consciente de que la próxima diferencia que va a exponer es importante, el profesor decide articular un contraste que logre destacar los elementos más sobresalientes de la misma. Para ello, construye primero un encabezamiento que no sólo anuncia el comienzo de un contraste, sino que presenta anticipadamente una versión abreviada del segundo contrastando (podría decirse que este encabezamiento constituye en sí mismo un contraste, o, mejor, una versión muy abreviada de contraste); después, presenta el primer contrastando, formado por información de fondo, ya conocida, sobre el artículo 100, y a continuación el segundo contrastando, en el que expone, entre incisos aclaratorios, la importancia del rasgo nuevo que caracteriza al artículo 100a. Como en el caso anterior, todo el proceso lleva a destacar cierta información sobre un fondo.

En (37) el contraste exhibe una realización distinta de la encontrada en los ejemplos anteriores. En efecto, la profesora —que está desarrollando determinado tópico relativo a la morfología del español (está comentando dos grupos de palabras escritas en la pizarra; uno contiene palabras con la misma raíz, las del otro muestran la misma estructura derivativa)—, tras un breve y eficaz *pero* introductorio, lo que hace es negar cierto aspecto de un hecho ('el rasgo común que tienen estas palabras *no es* tener la misma raíz'), para afirmar a continuación otro aspecto de ese mismo hecho ('el rasgo común que tienen estas palabras es que comparten el mismo proceso derivativo'). Es algo parecido a sustituir una atribución por otra. Quizá recurra la profesora a esta estratagema porque, habiendo ya comentado que las palabras del primer grupo compartían la misma raíz, ha supuesto que, negando este aspecto para el segundo grupo, conseguiría un mayor resalte para la afirmación de lo que realmente le concernía a éste, a saber, que las palabras incluidas en él comparten el mismo proceso derivativo. Este efecto se percibe bien si imaginamos qué hubiera ocurrido si el contraste no hubiera sido utilizado: *Bien, todas esas palabras tienen también algo en común; y eso que tienen en común es que comparten un mismo proceso derivativo, es decir, comparten un mismo sufijo que es '-al', siendo todas ellas, como veis, nombres: 'forma' es un nombre, 'género' es un nombre, de/ 'observación' es un nombre y*

····▶ 2.1.3.

····▶ 2.3.2.

'relación' es un nombre. Luego son todos procesos de formación de palabras que tienen no solamente el mismo sufijo sino la misma trayectoria derivativa: se ha formado un adjetivo en '-al' a partir de un nombre eh primitivo, de un nombre previo. No cabe duda de que el auditorio preferiría la primera versión, pues en ella los conjuntos de información están más perfilados y, por tanto, se favorece extraordinariamente la comprensión.

Aunque con menos frecuencia que en la situacion anterior, el contraste aparece también en el resumen recapitulativo. Unas veces el resumen está estructurado en su totalidad en forma de contraste; otras, el contraste sólo se aplica a una sección del resumen. (38) es una buena muestra de lo primero, y (39), de lo segundo:

En resúmenes.

2.7.2.

(38) En el desarrollo de un tópico, como cierre de cierta fase:

[…] [Encabezamiento:] Simplemente quiero aclarar que estos dos ordenamientos comunitario y nacional de la competencia no se superponen, sino que operan en ámbitos distintos. *[Primer contrastando:]* Simplificando mucho las cosas, diré simplemente que el derecho comunitario de la competencia actúa, opera, interviene cuando nos encontramos con actividades, acuerdos, operaciones que tienen una dimensión comunitaria, que trascienden, por tanto, las fronteras estatales. *[Segundo contrastando:]* Por el contrario, será de aplicación el derecho de la competencia nacional e intervendrán los órganos nacionales de la competencia cuando la operación, el acuerdo de que se trate anticompetitivo, simplemente, simplemente produzca sus efectos dentro del territorio de un solo estado miembro. *{La divisoria os podéis imaginar que en la práctica no es siempre sencilla, no es siempre sencilla. […]} (Javier Díez-Hochleitner, Derecho Comunitario)*

(39) En resumen incluido en el desarrollo de un tópico:

[…] {No sé si ha quedado claro, lo he/ dentro de la rotundidad que establece William James identificando una vida psíquica y vida consciente con/ vida mental con con conciencia, cualquier representación mental que pueda dirigirse a un mismo objeto en dos momentos distintos lo va a considerar como sensaciones diferentes, distintas:} [Primer contrastando:] no que la anterior sea inconsciente y la misma idea sea consciente después: no es que estuviera ya antes sólo que tapada y ahora se descubre y pasa a ser descubierta; *[Segundo contrastando:]* lo que había antes es lo que había a nivel consciente: eso es lo único que había. *[…] (Pedro Chacón, Teoría Psicoanalítica)*

Si en (35), (36) y (37) el contraste se incardina en el movimiento de avance del desarrollo de un tópico, en (38) lo vemos utilizado para cerrar cierta fase de ese desarrollo, para asentar la información ya tratada. En efecto, (38) presenta un contraste cuyos constrastandos contienen información de fondo, ya conocida, condensada en forma de resumen recapitulativo. Es más, en parte el mismo encabezamiento es un contraste brevísimo *(estos dos ordenamientos comunitario y nacional de la competencia no se superponen, sino que operan en ámbitos distintos);* lo que hacen los contrastandos siguientes es expandir este contraste.

En (39) el resumen no se ciñe a los límites del contraste: lo que aquí se hace es contrastar determinados conjuntos de información incluidos en cierto punto del desarrollo de un resumen recapitulativo bastante extenso.

En argumentaciones.

····▶ **2.4.**

El contraste se muestra como soporte especialmente apto sobre el que plasmar una argumentación. En efecto, cuando las voces que debaten son dos, pueden ser diferenciadas con claridad si lo que ellas exponen (los argumentos) se articulan como contrastandos, y si el resultado del debate (la conclusión) se manifiesta en la recapitulación. Esto es lo que ocurre en el ejemplo siguiente:

(40) Aclaración en la respuesta a una pregunta formulada por un estudiante:

[…] Estudiante: *{Pero, por ejemplo, si no se ha consumado y/ y era doloso, tendrá más pena que si no se ha consumado y era culposo...*

Profesora: *Evidentemente,}* (a) ***[Encabezamiento:]*** pero ***[Primer contrastando:]*** la distinción no es por la consumación, ***[Segundo contrastando:]*** sino que en cuanto/ en lo que afecta al elemento subjetivo, *es decir, que las conductas cometidas dolosamente siempre, siempre, no hay excepción, se sancionan más que las cometidas culposamente, porque* (b) ***[Primer contrastando:]*** en una quiero directamente, ***[Segundo contrastando:]*** mientras que en la otra se produce el resultado (c) ***[Encabezamiento:]*** pero ***[Primer contrastando:]*** debido a mi negligencia, ***[Segundo contrastando:]*** no porque yo quiera, digamos, la infracción de la norma, eh; el grado de motivación de la norma en un caso u otro es menor, o persigue una distinta motivación en el sujeto, ***[Recapitulación:]*** por lo tanto se sancionan más unas que otras, hm; (d) ***[Encabezamiento:]*** pero ***[Primer contrastando:]*** no, eh, afecta a la consumación, *es decir, son criterios distintos, eh* […]. *(Maite Álvarez, Derecho Penal)*

La profesora, en la respuesta que da al comentario de alguien, utiliza una compleja aclaración con la que 'corrige' determinado supuesto contenido en tal comentario. En efecto, la persona que hace el comentario parece implicar lo siguiente: 'Los delitos dolosos merecen más pena que los culposos, independientemente de si se hayan consumado o no', supuesto que la profesora sustituye por este otro: 'Los delitos dolosos merecen más pena que los culposos debido al elemento subjetivo'; y esta sustitución es el motor que provoca en la aclaración una cadena de contrastes: el (a) presenta condensadamente esa 'corrección'; sigue una aclaración (incrustada, como se ve, en la aclaración mayor) que precisa algunos aspectos de (a) y en la que encontramos el contraste (b), usado en la estructuración de la expresión de cierta causa; este contraste, a su vez, contiene otro, el (c), que también 'corrige' algún supuesto erróneo que pudiera suscitar el segundo contrastando de (b); la recapitulación siguiente, que cierra todo lo contenido en el contraste (a) (y la aclaración mayor, por tanto), también contiene otro contraste, el (d), que insiste en lo contrastado en (a).

En aclaraciones.

La aclaración es, sin duda, campo abonado para la utilización del contraste: la misma finalidad de la aclaración se acomoda sin esfuerzo a la del contraste; una aclaración contrastada surte más efecto comunicativo que otra que no lo esté. Aunque los incisos aclaratorios contienen información contrastada, nos ocuparemos aquí de los contrastes que se dan en los otros tipos de aclaración.

••••> **2.6.2.**
••••> **2.6.3.**

(41) Aclaración en el desarrollo de un tópico:

[…] *[Encabezamiento] Fijaos que es importante la diferencia entre lo que antes comentaba y lo que dice Ferguson en su artículo de 1959... (I) Ferguson dice: hay situaciones lingüísticas en el mundo en la que/ en las que se utilizan dos variedades de la misma lengua; (a)* *[Primer contrastando:]* una de esas variedades es una variedad superpuesta, es una variedad altamente codificada, es vehículo de una literatura, se aprende a través de la escuela, a través de un proceso de enseñanza formal; se utiliza en la lengua escrita una de las variedades de la lengua; *[Segundo contrastando:]* mientras que la otra variedad se utiliza para la conversación ordinaria; *(b)* *[Primer contrastando:]* la primera no se utiliza nunca para la conversación ordinaria, cotidiana; *[Segundo contrastando:]* la segunda, sí... *(II) (c)* *[Encabezamiento:]* Pero estamos hablando de dos variedades de una lengua, y esto obliga a hacer otra precisión: *[Primer contrastando:]* no estamos hablando de las típicas situaciones de la lengua normativa o estándar, como se dice normalmente en el ámbito de la sociología del lenguaje -aunque creo que tiene algunos problemas el uso del concepto de estándar, pero ya lo veremos en su momento también-; no se trata de las situaciones donde hay un modelo de lengua normativa y luego los dialectos, es decir, no se trata de la situación que pueda darse en España, donde hay una zona amplia donde se utiliza una modalidad llamada castellano, y otra zona, entre otras, donde se utiliza una modalidad llamada andaluz. No se trata de dialectos de la misma lengua: *[Segundo contrastando:]* se trata de variedades más divergentes. Los dialectos ehh no se ajustan a las características que aparecen en la definición de diglosia. *[Recapitulación:]* Por lo tanto no es una situación típica de 'lengua normativa-dialecto'. Son variedades de una misma lengua, pero más alejadas de lo que están estas lenguas y estos dialectos ehh a los que hago alusión como los que se dan España por ejemplo... {Para explicar este concepto Ferguson trabaja con él cuatro situaciones diferentes […].} (Francisco Moreno Fernández, Sociología del Lenguaje)*

(42) Aclaración como fase conclusiva de cierta parte del desarrollo de un tópico:

[…] {Reconoce la eficacia normativa, la eficacia como norma jurídica del convenio colectivo, y la fuerza vinculante de los convenios. Id recordando los términos porque en lecciones posteriores vamos a ir desarrollando exactamente el contenido de estos conceptos,} pero que nos vayan quedando claros por tanto algunos conceptos claves, algunos elementos absolutamente definidores de nuestro sistema de relaciones laborales. Esos elementos son... (a) *[Primer contrastando:]* que la negociación colectiva, cualquier forma de negociación colectiva, en aplicación estricta del artículo treinta y siete uno de la Constitución da como resultado convenios colectivos que son normas jurídicas, convenios colectivos que tienen fuerza vinculante, *[Segundo contrastando:]* y que sólo, ¡eso sí!, para los que cumplan las reglas del estatuto, a eso añadiremos la eficacia personal general; *(b)* *[Encabezamiento:]* pero *[Primer contrastando:]* que no cumpla el estatuto/ que no se cumpla -perdón- el estatuto y que no se tenga, por tanto, eficacia personal general, *[Segundo contrastando:]* no niega que

se tengan los dos elementos que derivan de la propia Constitución: la fuerza vinculante y la eficacia normativa, la/ el rango de norma jurídica que tienen en nuestro sistema... *[…].*
(Yolanda Valdeolivas García, Derecho Laboral)

En (41) el profesor intenta delimitar el alcance de cierta parte de la definición de diglosia propuesta por Ferguson en 1959, y estructura su aclaración del siguiente modo: (I) una paráfrasis sobre la parte en cuestión; (II), la aclaración propiamente dicha. En cuanto a (I), se podría decir que la diferencia esencial entre el texto original de la definición y la paráfrasis planteada consiste en que aquél no contiene contrastes y ésta sí. Como se ve, el profesor intenta presentar de un modo más incisivo, más adaptado a la oralidad del momento, la información procedente de otra fuente, y a esto responden los contrastes (a) y (b). El comentario siguiente (II), el cuerpo central de la aclaración, se despliega a través de un contraste amplio, el (c), que, al menos en su voz, es típicamente 'correctivo', es decir, advierte de supuestos que podrían surgir y que son erróneos *(no estamos hablando...; no es una situación...)*, y explicita el supuesto que en realidad es pertinente *(se trata de...; son variedades...)*.

En (42) la densidad conceptual de lo expuesto en cierto momento del desarrollo de un tópico lleva a la profesora a detenerse para insistir, mediante una aclaración, en un punto controvertido de lo explicado. Así, anuncia una aclaración (de un modo bastante interactivo, por cierto: *pero que nos vayan quedando claros por tanto algunos conceptos claves {…}*), y la divide en dos partes, a las que organiza como los contrastes (a) y (b). El efecto conseguido con ellos es, como en (40) y parte de (41), 'correctivo': los conjuntos de información se enfrentan de tal modo que resulta eliminado un posible supuesto erróneo y se coloca en su lugar el correcto. Así, en (a), el supuesto contenido en el primer contrastando: 'toda forma de negociación colectiva equivale a una norma jurídica y, por tanto, todos tienen eficacia personal general', queda corregido por la información dada en el segundo contrastando: 'sólo las negociaciones colectivas cumplidas tienen eficacia personal general'; en (b), por si no ha quedado clara la distinción en el anterior, tenemos un contraste parafrástico: contiene esencialmente la misma información que (a), pero el supuesto es corregido desde otra perspectiva: 'La negociación colectiva que no se cumple no tiene carácter de norma jurídica' se sustituye por 'La negociación colectiva que no se cumple tiene carácter de norma jurídica'.

En pocas palabras:

El contraste aparece fundamentalmente en el desarrollo de un tópico, los resúmenes y las aclaraciones, lugares éstos en los que la función general del contraste se ajusta a otras finalidades más concretas, como destacar información sobre un fondo, 'corregir' supuestos, etc.

Recursos lingüísticos

Las expresiones que se emplean para construir un contraste son, como era de esperar, numerosas y variadas; además, dependen en gran medida de las circunstancias discursivas y del estilo particular de la profesora o profesor. A pesar de todo esto, observamos en ellas algunas tendencias que convierten a unas en más frecuentes o usuales que otras.

Cuando el contraste se construye con encabezamiento, éste suele contener expresiones o fórmulas como las siguientes:

Encabezamiento.

a)

Ahora bien {…}
Pero {…}

b)

Pero estamos hablando de dos {…}, y esto nos obliga a hacer otra precisión {…}
Pero lo más importante, lo que quiero reseñar hoy es que {…}
Pero para que veáis un poco la diferencia que hay entre {…} y {…}

c)

Simplemente quiero aclarar que {…}
Vamos a ver {…} algunas comparaciones {…}

d)

Pero hay una pequeña nota que nos ayuda a caracterizar {…} frente a {…}
Pero, por poco que os hayáis fijado, por poco que hayáis comprendido en una primera lectura de {…}, os habréis dado cuenta de que hay una diferencia entre lo que yo he dicho antes y lo que aquí se dice {…}

e)

{…} además introduce una {…} alteración o modificación, o presenta una {…}
diferencia muy importante respecto a {…}, y es que {…}

f)

¿En qué se diferencia entonces {…} de {…}? La verdad es que es bastante complicado distinguir perfectamente entre un concepto y otro porque, como acabáis de ver, hay muchos elementos comunes {…}

Las contenidas en a) son los indicadores más breves de la operación de contrastar: basta usar una de ellas para introducir un contraste. Además, los contrastes introducidos por ellas tienden a ser breves.

Las formulaciones incluidas en los restantes apartados, por un lado, poseen un rasgo común: todas ellas hacen alusión más o menos explícita a la existencia de cierta diferencia entre dos elementos; por otro, se distinguen entre sí en función de cómo presenten esa diferencia. Así, las de los grupos b) y c) miran hacia el futuro y expresan la intencionalidad de quien habla (*esto nos obliga a {…}; lo que quiero {…}; para que veáis; quiero {…}; vamos a ver {…})*, aunque unas se inician con *pero* y las otras no. Las contenidas en d) enmarcan la alusión a la diferencia con determinadas relaciones interpersonales *(nos ayuda a {…}; os habréis dado cuenta)* y se inician con *pero,* mientras que en el caso e) esa alusión es presentada de un modo bastante neutro (sólo existe la evaluación realizada con *muy importante*) y está ausente la conjunción. El caso f), por último, que tampoco lleva tal conjunción, se articula en forma de pregunta retórica, a la que se añade un comentario evaluativo.

Podemos agrupar las expresiones referidas a los contrastandos en dos clases:

Contrastandos.

Primer contrastando	**Segundo contrastando**
a) Ø	*{…} es mucho más {…}*
Ø	*Sin embargo {…}*
Ø	*Por el contrario {…}*
Aquí tenemos {…}	*Y aquí tenemos ya {…}*
En principio no {…}	*Sin embargo, sí {…}*
En una {…}	*Mientras que {…}*
La primera no {…}	*La segunda sí {…}*
Podemos empezar diciendo que {…}	*mientras que {…}*
Ya he dicho antes que {…}	*Sin embargo {…}*
b) *Debido a {a}*	*no porque {b}*
El que {…} no {a}	*lo que {a} es que {b}*
Lo que {x} no es que {a}	*Lo que {x} es {b}*
Hay que decir que no es {a} o no es un hecho que {…} en todas las {…}	*es decir, no todas las {…}*
{…} no {a}	*sino que {…} va a {b}*
{…} no en el sentido de {a}, no va a hablar de {a'}	*lo que sí va a reivindicar en cambio {…} es que {b}*
No es necesario que {a}, ya no hay que {a'}	*basta con que {b}*
{…} no es por {a}	*sino en cuanto/ en lo que afecta a {b}*
No estamos hablando de {a}; no se trata de {a'}; no se trata de {a"}; no se trata de {a'''}	*se trata de {b}*
{…} no habla de {a}; no habla de {a'}	*No se refiere a eso: el concepto de {…} alude a {b}*
No que {antes {a} y después {b}}, no es que {antes {a} y después {b}}	*lo que {antes {a}} es lo que {después {b}}: eso es lo único que había*
{…} no por {a}	*sino por {b}*
No solamente {a}	*sino {b}*
Ya no {a}	*sino que {b}*

El grupo de expresiones a) parece estar reservado para el momento en que simplemente se persigue destacar dos conjuntos de información, es decir, delimitar el uno frente al otro por alguna razón sobre todo de organización del discurso. Como se ve, el primer contrastando puede carecer de alguna expresión que lo anuncie o indique (Ø), lo que nunca ocurre con el segundo.

Las expresiones del grupo b) responden a contrastes en los que el enfrentamiento de los dos conjuntos de información responde a la finalidad de 'corregir' un supuesto (real o posible). Según ello, el primer contrastando suele ser la verbalización del supuesto en cuestión, que casi siempre es negado (repárese en que todas las estructuras –excepto una: *debido a {a}*– presentadas para este contrastando están negadas); en cambio, el segundo contrastando suele presentar, como complemento de la negación anterior, la afirmación de la información 'correcta' (todas las estructuras propuestas –excepto una: *no porque {b}*– están afirmadas). Es algo así como decir: '[a] (creencia, hecho, opinión de la otra persona, posible inferencia que el oyente pudiera elaborar a partir del contexto, etc.) *no* es válido; en su lugar, póngase [b] (lo que propone la persona que hace el contraste), que es lo 'correcto'. Es decir, sustituimos un fragmento de información inadecuado (generalmente {a}), por otro que contiene la información adecuada (generalmente {b}). Cuando esto no ocurre (en nuestro corpus sólo tenemos un caso: la excepción arriba apuntada), lo 'correcto' aparece afirmado en el primer contrastando, y lo 'inadecuado' aparece negado en el segundo.

Dado el carácter de cierre de esta sección del contraste, las expresiones asociadas pueden apuntar al resultado del proceso:

Recapitulación.

Luego {…}
Por lo tanto {…}

O puede que se indique la introducción de un pequeño resumen recapitulativo:

Lo repito {…}

Incluso es posible que se insista en la importancia del contraste presentado:

Fijaos que es importante la diferencia entre {…} y {…}

Conviene destacar que el volumen de la voz desempeña un destacadísimo papel, como es natural, en la indicación de las distintas partes de un contraste, especialmene en el caso de los contrastandos: además de los indicadores verbales estudiados arriba, el volumen con que se emiten los elementos considerados clave para el contraste es notoriamente mayor que el empleado en los demás.

⚫⚫⚫⚫➤ 3.3.3.

En pocas palabras:

Las expresiones asociadas a las diferentes partes del contraste son variadas, especialmente en el encabezamiento y los contrastandos. Merece destacar, en éstos últimos, la eficacia y complejidad de las estructuras 'correctivas'.

LA ARGUMENTACIÓN

Jenaro Ortega Olivares
Universidad de Granada

La argumentación es una eficaz técnica discursiva gracias a la cual el profesor o profesora puede presentar los diferentes puntos de vista desde los que se ha considerado cierto hecho, para tomar partido por alguno y tratar de convencer de ello a quienes escuchan, o para ayudar a la mejor comprensión de tales opiniones. Consta fundamentalmente de argumentos y conclusión, y son variadas sus estructuras así como los recursos lingüísticos en que éstas se apoyan.

2.4.1.

Introducción

Los ejemplos siguientes son muestras de cómo las profesoras y profesores argumentan en la lección magistral:

(1) […] {Lo que aparece es una cosa muy bonita: son pisadas, la marca de una sandalia en en el ladrillo.} Y esto es interesante porque muchas veces se ha dado como que estas sandalias son errores, eh... Pasa: en un taller se hacen miles de ladrillos, hay muchas personas andando, y uno sin querer pisa un ladrillo que está secándose en el suelo. Yo he visto por ejemplo huellas de perritos, de perritos, de los que pululaban por ahí por los talleres... ¡sí, sí!, de perritos de los más pequeños y tal, de los que están por allí: ratoneros, ¿no? Ehh, bueno, esto es un error. Pero muchas veces estas marcas, que se ve que están hechas ex profeso, no son errores, y es muy interesante, porque son muy buenas, muy buen calzado el que aparece allí clavado, ¿no?... Ehh, los romanos, como nosotros ahora, como ustedes sobre todo, ehh, bueno, las señas de riqueza social tienen mucho que ver también de ostentación [sic]*, tienen mucho que ver con el vestido, igual que ahora: las zapatillas éstas de deportes que valen veinte mil pesetas y treinta mil pesetas, eh, que las hay, cincuenta mil pesetas, llevan todas 'Adidas', ¿no? (Ángel Fuentes, Arqueología de Roma)*

(2) […] Bueno, ehh, no quisiera que quedara la la idea de que esta interdependencia, este crecimiento de la interconexión y de la interdependencia a través de la economía sea algo nocivo para la actividad económica. Todo lo contrario: todos sabemos y nos eh/ desde desde David Ricardo sabemos que la apertura de las economías hacia el exterior genera unos efectos lo suficientemente importantes de especialización, como para que al final el crecimiento neto de la riqueza de todos los países que están dentro de esa/ de ese contexto de apertura sea mayor. Lo que sí es cierto es que desde el punto de vista de los nacionalismos, y desde el punto de vista de la autonomía hm nacional, desde el punto de vista de la eh pretensión de que un país tenga controladas las variables propias, la am/ la apertura, el crecimiento de la apertura internacional, opera en

el sentido inverso de esta pretensión de controlar, de eh aplicar una política económi-
ca de corte nacional, es decir, una política económica autónoma, y que de/ en otros
casos no es una pérdida voluntaria de soberanía, sino una consecuencia de estar in-
mersos en un mundo cada vez más interdependiente y en el que los efectos de las pro-
pias/ ehh de los propios cambios en la política económica no quedan dentro de las
fronteras... (Maximino Carpio, Política Fiscal)

(3) *[...] No, no, no, no; tch, tch, tch [la profesora pide silencio]. Él me dice/ él me*
dice que el secuestro, el delito de secuestro, se consuma en el mismo momento en que
se produce la privación de libertad, que ahí ya se produce la lesión del bien jurídico,
que ahí ya se ha producido el resultado; es un tipo de resultado, no de mera actividad,
eh, que ahí ya se ha producido el resultado. Y yo le digo, bueno, una vez que ya algo lo
tengo acabado, pues como ya está acabado, no cabe intervenir en algo que ya está
hecho... (Maite Álvarez, Derecho Penal)

En (1), tras hacer referencia al hecho de que en los ladrillos romanos pueden verse marcas de sandalias, el profesor se dispone a rebatir la explicación
comúnmente dada al mismo. Para ello, primero, expresa que *muchas veces se ha*
dado como que estas sandalias son errores, es decir, expone esa explicación normalmente aceptada. Después, concede que tal explicación sirve para bastantes
casos: *pasa: en un taller se hacen miles de ladrillos, hay muchas personas andando, y*
uno sin querer pisa un ladrillo que está secándose en el suelo {...}. Ehh, bueno, esto es
un error. Por último, afirma abiertamente que la explicación anterior no puede
ser aplicada a todos los casos de marca de calzado en los ladrillos: *Pero muchas*
veces estas marcas, que se ve que están hechas ex profeso, *no son errores {...},* afirmación que justifica aduciendo los hechos siguientes: *porque son muy buenas,*
muy buen calzado el que aparece allí clavado, ¿no?... Ehh, los romanos, como nosotros
ahora, como ustedes sobre todo, ehh, bueno, las señas de riqueza social tienen mucho que
ver también de ostentación [sic], *tienen mucho que ver con el vestido {...}.*

En (2), el profesor, que está explicando la interdependencia que muestran
en la actualidad las actividades económicas, se apresura a invalidar cierto posible supuesto que pudiera surgir, en relación con este hecho, en la mente de
quienes escuchan. Para ello, primero, niega la validez de tal supuesto: *{...} No*
quisiera que quedara la la idea de que esta interdependencia, este crecimiento de la in-
terconexión y de la interdependencia a través de la economía sea algo nocivo para la ac-
tividad económica. Todo lo contrario. A continuación, fundamenta esta postura en
el hecho, ya generalmente aceptado, de que *todos sabemos y nos eh/ desde desde*
David Ricardo sabemos que la apertura de las economías hacia el exterior genera unos
efectos lo suficientemente importantes de especialización, como para que al final el cre-
cimiento neto de la riqueza de todos los países que están dentro de esa/ de ese contexto
de apertura sea mayor. Después, reconoce una posible objeción que alguien pudiera oponer al razonamiento anterior: *Lo que sí es cierto es que desde el punto de*
vista de los nacionalismos, y desde el punto de vista de la autonomía hm nacional, desde
el punto de vista de la eh pretensión de que un país tenga controladas las variables

propias, la am/ la apertura, el crecimiento de la apertura internacional, opera en el sentido inverso de esta pretensión de controlar, de eh aplicar una política económica de corte nacional, es decir, una política económica autónoma. Por último, esta objeción se diluye, sin embargo, ante las evidencias, por un lado, de que *esta cierta pérdida de soberanía se observa en los países que han decidido voluntariamente integrarse dentro de lo que en estos momentos conocemos como Unión Europea, o dentro del Sistema Monetario Europeo;* y, por otro, de que otros países han reconocido *estar inmersos en un mundo cada vez más interdependiente y en el que los efectos de las propias/ ehh de los propios cambios en la política económica no quedan dentro de las fronteras {...}.* La fuerza de estos dos hechos, como se ve, desautoriza el mantenimiento o defensa del valor de la soberanía, al menos en el ámbito de la economía; y, más importante aún, hace más creíble o aceptable la idea inicial de que *esta inderdependencia {...} a través de la economía no es algo nocivo para la actividad económica.*

En (3), la profesora ha puesto a sus estudiantes un supuesto de delito para que lo analicen e interpreten. Un estudiante propone una solución al mismo. La profesora advierte alguna inconsistencia en la propuesta e indica dónde está el fallo, lo que hace de la manera siguiente: Primero, niega la validez de la propuesta: *No, no, no, no.* Luego, tras pedir silencio porque varias personas hablan al mismo tiempo, reproduce abreviadamente –seguramente supone que el resto de la clase no ha podido oírla– la propuesta del estudiante: *Él me dice/ él me dice que el secuestro, el delito de secuestro, se consuma en el mismo momento en que se produce la privación de libertad, que ahí ya se produce la lesión del bien jurídico, que ahí ya se ha producido el resultado; es un tipo de resultado, no de mera actividad, eh, que ahí ya se ha producido el resultado.* Por último, expone el hecho que invalida la propuesta en cuestión: *Y yo le digo, bueno, una vez que ya algo lo tengo acabado, pues como ya está acabado, no cabe intervenir en algo que ya está hecho {...}.* De este modo, la profesora refuta cierto elemento del razonamiento propuesto e invita a que éste vuelva a ser elaborado.

En qué consiste la argumentación.

Por lo que muestran estos ejemplos, las profesoras y profesores se ven en la necesidad de presentar la información que transmiten de un modo, por decirlo así, *no neutro.* Y es que, en no pocas ocasiones, las circunstancias imponen que lo expuesto sea valorado, enjuiciado desde algún punto de vista: por ejemplo, a veces un mismo hecho puede suscitar opiniones y supuestos diversos, incluso opuestos, y entonces quien enseña expone esta situación destacando los desajustes y concluyendo con la opción que considere más adecuada a los hechos (básicamente, esto es lo que ocurre en (2)); otras veces, quien enseña no está de acuerdo con la afirmación o afirmaciones formuladas o implícitas sobre cierta cosa, y expresa la suya al tiempo que procura invalidar las otras de alguna manera (es el caso de (1)); en algunos casos, lo que se manifiesta abiertamente es la afirmación contraria y la razón o razones con las que se intenta invalidar aquélla, pero se deja implícita, o en el aire, la conclusión (como en (3), en donde la profesora no explicita la conclusión, como invitando a sus estudiantes a que la encuentren); etc.

Este modo *no neutro* de exponer unos hechos se remite, pues, al empleo en clase de algunos resortes de la *técnica argumentativa:* con ellos el profesor o profesora, al tiempo que expone ciertos hechos y las opiniones que han merecido o pueden merecer, evalúa éstas últimas, aportando las justificaciones a que haya lugar, y propone una conclusión. En última instancia, lo que se persigue con el uso de esta operación discursiva es influir en el auditorio, convencer a quienes escuchan de que algo es de cierto modo y no de otro. En la clase, además, a esta finalidad general se le puede en muchos casos sumar otra: habida cuenta de que en la lección los participantes no están en igualdad de condiciones por lo que a la información se refiere (quienes enseñan 'la poseen' y quienes escuchan 'la reciben'), no es extraño que en este marco las argumentaciones asuman cierta finalidad aclaratoria: como si el profesor o profesora quisiera llamar la atención sobre cómo se debe o resulta más conveniente interpretar unos hechos. De ahí que muchas aclaraciones estén configuradas sobre la base de una o más argumentaciones.

Funciones básicas de la argumentación.

····➤ **2.6.**

Rasgos esenciales de la argumentación en la lección magistral

2.4.2.

Argumentos y conclusión.

Las piezas de los mecanismos argumentativos son, fundamentalmente, los *argumentos* y la *conclusión.* Los argumentos contienen los materiales (opiniones, asertos, etc. sobre un hecho) que serán puestos en relación o en confrontación. La conclusión encierra el resultado de estas operaciones, y expresa el punto de vista de la persona que argumenta, esto es, aquello de lo que se quiere convencer o con lo que se intenta convencer de algo. Examinemos los ejemplos siguientes para observar cómo aparecen y se comportan estos elementos ((a.1), (a.2), etc. significan respectivamente 'argumento 1', 'argumento 2', etc; (c), 'conclusión'; (A), (A.I), (A.II), etc., respectivamente 'argumentación', 'argumentación I', 'argumentación II', etc.; el significado de otras indicaciones se deduce fácilmente del de los elementos anteriores; los argumentos están en tipo normal; la conclusión en ***cursiva y negrilla***):

(4) [...] (A.I) Y, ¿cuál es el tema? Pues aquí hay un problema, en esta periodización, que es que (a.1) tradicionalmente casi todas las murallas romanas se han metido en el segundo momento *-esto ya lo dejo apuntado, luego vuel/ lo retomaremos-;* es decir, que entre Aureliano y Constantino, y algunos ejemplos de Valentiniano II, etc., siempre se ha dicho: 'éste es el cajón y en este cajón es donde se mete todo'. *(a.2)* Hoy día se está matizando un poco y se está viendo que hay *-creo que lo comenté aquí otras veces, ¿no?-,*

que hay generaciones de murallas, hm; *(c) y entonces (c.1) hay murallas de una primera generación, de una segunda generación, y que, por tanto, digamos, que (c.2) no hay un cajón o no tiene que haber un cajón de sastre donde metamos todas las murallas del siglo tercero y cuarto. (A.II) Ahora, es verdad que e/ (c) de ese cajón solamente se puede salir con estratigrafías, eh;* es decir, *(a.1)* no -y esto *lo vamos a ver muy claramente-* no con tipología, con estratigrafías, hm; y con estratigrafías ajustadas, lo más ajustadas posible: *(a.2)* no es lo mismo que una muralla sea de época teocrática, que sea de época de Constancio Cloro: es que no tiene nada que ver -bueno, vamos a decir de Juliano, ¿no?, para decir un constructor o una pers/ un emperador que se dedica bastante a esto-. [...] *(Carmen Fernández Ochoa, Arqueología de Roma)*

(5) [...] *{Bien, con ello, entonces, pasamos a hablar o a referirnos a la dimensión externa del mercado interior. Junto a la dimensión interna del mercado común o mercado interior, tenemos o podemos hacer referencia a su dimensión externa.} (A. I) (c) ¿Os imagináis un mercado interior tal y como lo he/ lo hemos definido, que no constituya un bloque económico y un bloque comercial en sus relaciones con terceros países? ¿Podría funcionar? (a.1)* ¿Puede haber libre circulación de mercancías, políticas agrícolas, etc., etc., y sin embargo España dar un tratamiento privilegiado a las importaciones de Argentina, eximiéndoles, por ejemplo, de derechos arancelarios, en tanto que esos productos en Alemania están gravados, al mismo tiempo que los productos polacos en Alemania entran a un precio, digamos, so/ sin gravamen y sin restricciones cuantitativas, y por el contrario en España los sometemos a restricciones? *(A.II) (c) ¿Creéis que funcionaría? (a.1)* Uno de los problemas que se plantearía es que habría que estar controlando el producto que entra del tercer país, desde que entra o pasa la frontera de un estado miembro hasta que llega a su destinatario último: habría que estar controlándolo permanentemente: ese producto entraría en Alemania, por ejemplo, procedente de Polonia, libre de cargas, pero si llega a España habría que imponerle una carga. *(a.2)* Luego no habría o se frustaría la libre circulación de mercancías; surgirían multitud de obstáculos a la libre circulación de mercancías. *{El sistema que se ha diseñado en la Comunidad Europea es otro: es darle al mercado común o mercado interior una dimensión externa, una dimensión externa que tiene o se traduce básicamente en dos elementos: uno, la unión aduanera; dos, la puesta en marcha, la articulación de una política comercial común. Unión aduanera, política comercial común.} [...] (Javier Díez-Hochleitner, Derecho Comunitario)*

(6) [...] *No, no, no, no; tch, tch, tch [la profesora pide silencio]. (A) (a.1)* Él me dice/ él me dice que el secuestro, el delito de secuestro, se consuma en el mismo momento en que se produce la privación de libertad, que ahí ya se produce la lesión del bien jurídico, que ahí ya se ha producido el resultado; es un tipo de resultado, no de mera actividad, eh, que ahí ya se ha producido el resultado. *(a.2)* Y yo le digo, bueno, una vez que ya algo lo tengo acabado, -*(a.3)* pues como ya está acabado-, no cabe intervenir en algo que ya está hecho... *(Maite Álvarez, Derecho Penal)*

(7) [...] *{Como les decía, en esa obra de 1890, 'Los principios de psicología', que tienen traducido al español, William James dedica todo un párrafo, y un importante párrafo extenso, a la pregunta de si existen los estados mentales inconscientes,} (A) y lo va a analizar de una forma escolástica, en el sentido clásico de la palabra,*

presentando alternativamente los argumentos a favor para a continuación mostrar que ninguno de ellos concluye de forma clara en la necesidad de aceptar tan polémico estatuto de unos estados mentales que no sean conscientes para el sujeto.} (A.I) El primero es un argumento ya presentado por Leibniz. Si recuerdan, (a.1) (I) para hacer comprensible la percepción, tanto visual como auditiva, tenemos que tomar en cuenta que antes de la percepción consciente ha sido necesaria, por partes fragmentadas, partes cada vez más pequeñas hayan venido acumulándose y sin ser sentidas por la conciencia sin embargo, no nos hayan afectado de alguna u otra manera. *(II)* La tesis de Leibniz, después recogida por otros autores, es que hay un umbral de la percepción en el que efectivamente los datos son reconocidos por la conciencia, pero previamente a ese reconocimiento existiría la afectación, la afección de partes más pequeñas visibles o partes más pequeñas de ruido que afectarían a nuestra conciencia sin que ésta se apercibiera de ellas. *Ehh, (c) **de ahí la idea de que tendría que haber ideas pequeñas, percepciones no percibidas.** (A.II) En/ la refutación de William James es clara y taxativa: (c) **no se concluye de estos hechos la necesidad de admitir un inconsciente psicológico** hm; (a.1)* admitirlo sería caer en una argumentación falaz, engañosa, concretamente lo que se llama la falacia de la división: creer que lo que es verdadero de un todo, por ejemplo ser idea o ser una representación, lo puede y tiene que ser verdadero de las partes de ese todo. *{Lo ejemplifica de forma clara con el siguiente ejemplo: imaginaros una balanza en la voy poniendo sucesivas cantidades de peso en uno de los platillos, hasta que en un determinado momento ese peso acumulado mueve la balanza y equilibra el peso que está acumulado en el otro platillo.} (A.III) (a.1)* La idea de Leibniz es: 'hombre, a medida/ si eso es posible, si se ha movido es porque antes, poco a poco, aunque de forma insensible, los pesos pequeños que he ido depositando han ido afectando, porque lo que he añadido al final es simplemente un gramo: antes previamente ha tenido que haber alguna influencia aunque yo no la haya notado'. *(a.2)* La respuesta de William James es: 'esto no es una forma sensata de razonar. Lo que/ o sucede todo o no sucede nada; yo no puedo atribuir que se ha movido pero un poco, de tal forma que no se ha movido nada. Igualmente no puedo decir 'no ha sido consciente o ha sido tan poco consciente que no es consciente pero algo sí lo hay', sino que la ruptura ha de ser radical: o mueve o no mueve cantidad, o es consciente o no es consciente, y en ese caso es orgánico puramente. *(c) **No necesito admitir estados mentales inconscientes.'** [...] (Pedro Chacón, Teoría Psicoanalítica)*

En (4) la profesora articula las argumentaciones (A.I) y (A.II). La primera de ellas consta de dos argumentos, (a.1) y (a.2), y la conclusión (c). El argumento (a.1) expresa la voz ajena, la opinión que va a ser rebatida: *{...} tradicionalmente casi todas las murallas romanas se han metido en el segundo momento {...}, es decir, que entre Aureliano y Constantino, y algunos ejemplos de Valentiniano II, etc., siempre se ha dicho: 'éste es el cajón y en este cajón es donde se mete todo' {...}.* Obsérvese el distanciamiento que consigue la profesora mediante el empleo de los términos *tradicionalmente* y *siempre*, la pasiva con *se* (que permite la alusión velada a 'otros': *las murallas {...} se han metido {...}; {...} se ha dicho {...})* y el verbo *decir*, que otorga carácter de cita a parte del argumento *(siempre se ha dicho: 'éste es el cajón y {...}')*. El argumento (a.2) expresa los hechos con los que se intenta discutir la validez de la afirmación anterior: *Hoy día se está* *matizando un poco y se está viendo que hay {...}, que hay generaciones de murallas, hm {...}.* También aquí la profesora se distancia de lo afirmado (véase el uso de expresiones impersonales con *se: {...} se está matizando {...} y se está viendo {...},* con las que se alude implícitamente a 'otros'), pero ahora con la intención de presentar los hechos del modo más 'objetivo' y obtener así el mejor efecto de persuasión. Por último, (c), la conclusión, contiene la nueva versión de los hechos, es decir, cómo, en opinión de la profesora, han de ser considerados: *{...} Y entonces* (c.1) *hay murallas de una primera generación, de una segunda generación, y que, por tanto, digamos, que* (c.2) *no hay un cajón o no tiene que haber un cajón de sastre donde metamos todas las murallas del siglo tercero y cuarto.* Si en los argumentos se oía la voz de la profesora que exponía 'muy objetivamente' los hechos, e incluso se oían otras voces, la que ahora oímos en la conclusión no es otra que la voz, esta vez comprometida, de esta misma profesora: afirma sin titubeo que *hay murallas de una primera generación, de una segunda generación,* y que no cabe ya pensar en ese cajón de sastre donde otros (como se oía en el primer argumento) lo metían todo: *{...} no hay cajón de sastre o no tiene que haber un cajón de sastre {...}.* El compromiso asumido con el contenido de estas afirmaciones corre parejo al intento de convencer del mismo al auditorio: ambos aspectos se manifiestan con claridad en el uso inclusivo de la primera persona del plural en *digamos* y *metamos.* Por otro lado, la conclusión presentada se compone de dos partes. La primera, (c.1): *hay murallas de una primera generación, de una segunda generación,* es, como si dijéramos, la conclusión personal que la profesora extrae del argumento (a.2): 'hay estudiosos que ponen en duda eso de que 'en ese cajón se meten todas las murallas del período considerado', y ello porque los estudios demuestran que hay murallas de diferentes generaciones; acepto estas evidencias y, por tanto, afirmo que existen murallas de distintas generaciones en ese período'. La segunda parte, la (c.2): *no hay un cajón o no tiene que haber un cajón de sastre donde metamos todas las murallas del siglo tercero y cuarto,* se sustenta en la primera parte (que podría haber sido sobrentendida) y es la que expresa en realidad un punto de llegada de todo el proceso: no podemos aceptar la idea de que las murallas del período en cuestión quepan todas en un mismo 'cajón de sastre'.

La otra argumentación que aparece en (4), la (A. II), también se compone, explícitamente al menos, de dos argumentos, (a.1), y (a.2), y la conclusión (c). Sin embargo, la disposición que adopta, a diferencia de la (A. I), es invertida, esto es, la conclusión aparece antes que los argumentos, y éstos, además, se muestran en orden decreciente en cuanto a la generalidad de su contenido. Así, en primer lugar afirma la profesora que *de ese cajón de sastre solamente se puede salir con estratigrafías, eh,* y con ello trata de dejar fuera de juego (considérese el valor del apéndice *eh* en este contexto) a quienes puedan pensar o piensen de hecho que de tal cajón se puede salir con otros medios (después sabremos, cuando avance la argumentación y conozcamos el argumento (a.1), que tales medios son en concreto los de la tipología; esto podría considerarse como un argumento implícito, previo a la conclusión inicial, en principio sólo conocido por la profesora, y parafraseable así: 'Hay quienes piensan que, recurriendo a la tipología, se puede salir del cajón de sastre en que han sido metidas todas las murallas del período que estamos estudiando.'). Viene a continuación el argumento (a.1), con el que se afirma sin rodeos que del cajón en cuestión se sale *no con tipología,* [sino] *con estratigrafías, hm; y con estratigrafías ajustadas, lo más ajustadas posible.* Y tenemos, en fin, el argumento (a.2), en donde se expone una de las razones de por qué conviene optar por la estratigrafía y no confiar demasiado en la tipología: *no es lo mismo que una muralla sea de época teocrática, que sea de época de Constancio Cloro: es que no tiene nada que ver {...}.* Si parafraseamos este argumento colocando primero el argumento (a.2), después el (a.1) y por último la conclusión, tendríamos algo parecido a lo siguiente: 1) *Argumento implícito:* 'Hay quienes piensan que, recurriendo a la tipología, se puede salir del cajón de sastre en que han sido metidas todas las murallas de cierto período.' 2) *Argumento (a.2):* 'Sin embargo, por ejemplo, una muralla de la época teocrática no tiene nada que ver con otra de Constancio Floro (o, mejor, de Juliano).' 3) *Argumento (a.1):* 'La tipología no da cuenta de estas diferencias; la estratigrafía ajustada sí puede explicar tales diferencias.' 4) *conclusión:* 'Luego sólo con estratigrafías se puede salir del ya conocido cajón de sastre.' Es obvio que este orden hubiera resultado menos adecuado al momento en que se planteó la argumentación, y que quizá por ello ésta hubiera sido menos efectiva. De ahí que la profesora haya preferido dar a los elementos el orden en el que aparecen.

En (5) encontramos también dos argumentaciones que, además, están invertidas. La (A.I) consta explícitamente de la conclusión (c) y el argumento (a.1). La conclusión ha sido formulada como pregunta retórica: *¿Os imagináis un mercado interior tal y como lo he/ lo hemos definido, que no constituya un bloque económico y un bloque comercial en sus relaciones con terceros países? ¿Podría funcionar?,* y se sustenta en un argumento implícito como el siguiente: 'Alguien puede pensar que el reglamento del mercado común europeo afecta sólo a las relaciones comerciales de los países que lo forman, y no a las que éstos mantengan con los demás, es decir, que tal mercado funcionaría en esos términos'. Como vemos, la conclusión refuta abiertamente este implícito, y lo hace consiguiendo unos efectos persuasivos nada desdeñables: no sólo 'afirma' el profesor, para contraponerla al implícito en cuestión, su postura ('no es posible pensar en un mercado común europeo (no funcionaría), si éste no constituye un bloque económico y comercial en sus relaciones con los demás países'), sino que en cierto modo la 'impone' al auditorio, gracias al carácter retórico de la pregunta en que la conclusión se manifiesta (¿quién, entre las personas que escuchan, se atrevería a negar la propuesta del profesor?). A la conclusión sigue el argumento (a.1), que, al igual que ella, también es expresado en forma de pregunta retórica: *¿Puede haber libre circulación de mercancías, políticas agrícolas, etc., etc., y sin embargo España dar un tratamiento privilegiado a las importaciones de Argentina, eximiéndoles, por ejemplo, de derechos arancelarios, en tanto que esos productos en Alemania están gravados, al mismo tiempo que los productos polacos en Alemania entran a un precio, digamos, so/ sin gravamen y sin restricciones cuantitativas, y por el contrario en España los sometemos a restricciones?* El hecho aducido en este argumento y que justifica la conclusión es el siguiente: 'basta con que un país miembro (por ejemplo, España o Alemania) trate unilateralmente las importaciones de un país tercero (por ejemplo, Argentina o Polonia), para que la circulación de cualquier tipo de mercancías por el territorio comunitario no pueda ya ser libre'. Como en la conclusión, la pregunta retórica 'impone' la evidencia de este hecho. Si disponemos los elementos de esta argumentación según la forma más común y los despojamos de los rasgos 'retóricos' con que han sido presentados, se nos muestra el esquema siguiente: 1) *Argumento implícito:* 'Alguien puede pensar que el reglamento del mercado común europeo afecta sólo a las relaciones comerciales de los países que lo forman, y no a las que éstos mantengan con los demás, es decir, que tal mercado funcionaría en esos términos.' 2) *Argumento (a.1):* 'Basta con que un país miembro (por ejemplo, España o Alemania) trate unilateralmente las importaciones de un país tercero (por ejemplo, Argentina o Polonia), para que la circulación de cualquier tipo de mercancías por el territorio comunitario no pueda ya ser libre.' 3) *Conclusión:* 'No es posible pensar en un mercado común europeo (no funcionaría), si éste no constituye un bloque económico y comercial en sus relaciones con los demás países.'

La segunda argumentación, (A.II), de (5) está conformada explícitamente por la conclusión (c) y dos argumentos, (a.1) y (a.2), y constituye en realidad una reformulación de la anterior. En efecto, la conclusión *¿Creéis que funcionaría?* remite al mismo argumento implícito de (A.I) ('alguien puede pensar que el reglamento del mercado común europeo afecta sólo a las relaciones comerciales de los países que lo forman, y no a las que éstos mantengan con los demás, es decir, que tal mercado funcionaría en esos términos'), y, también como la de (A.I) —en consonancia con el talante persuasivo adoptado por el profesor–, aparece en la forma de pregunta retórica. Después, en el argumento (a.1) se expone una de las razones que respaldan la conclusión propuesta: *Uno de los problemas que se plantearía es que habría que estar controlando el producto que entra del tercer país, desde que entra o pasa la frontera de un estado miembro hasta que llega a su destinatario último: habría que estar controlándolo permanentemente: ese producto entraría en Alemania, por ejemplo, procedente de Polonia, libre de cargas, pero si llega a España habría que imponerle una carga.* Por fin, en el argumento (a.2) se expone otro hecho que, como el presentado en el argumento anterior, justifica la validez de la conclusión: *Luego no habría o se frustaría la libre circulación de mercancías; surgirían multitud de obstáculos a la libre circulación* *de mercancías.* Sin embargo, si bien se mira, este hecho se deduce del anteriormente presentado en el argumento (a.1) (adviértase la aparición de *luego*), es decir, estamos ante una unidad que es a un tiempo argumento y conclusión: argumento de la conclusión (c), pero también conclusión de (a.1). Y es que, en realidad, los argumentos (a.1) y (a.2) se relacionan entre sí mediante otra argumentación (A.II') que queda incrustada en la argumentación mayor (A.II) y a la que podemos representar así: (a.1') (= a.1): *Uno de los problemas que se plantearía es que habría que estar controlando el producto que entra del tercer país {...}; (a.2')* (incluido en (a.2)): *surgirían multitud de obstáculos a la libre circulación de mercancías; (c')* (incluida en (a.2)): *Luego no habría o se frustaría la libre circulación de mercancías.*

Así las cosas, abreviados los elementos y dispuestos en el orden más común, la estructura de (A.II) de (5) es más o menos como sigue:

(A. II)	1) arg. imp.	'Si un país miembro mantiene relaciones comerciales unilaterales con terceros países, el mercado común europeo funciona.'
	2) (a.1)	'Este tipo de relaciones comerciales, sin embargo, provocaría un control permanente de los productos que entran en la Comunidad.'
	3) (a.2)	'En esta situación surgirían muchos obstáculos a la libre circulación de mercancías y, por tanto, no habría tal circulación.'
	4) (c)	'Luego el mercado interior, tal como se ha definido, no funcionaría si un país miembro mantiene tales relaciones comerciales con terceros países.'

(A. II')	1) (a.1')	'Este tipo de relaciones comerciales, sin embargo, provocaría un control permanente de los productos que entran en la Comunidad.'
	2) (a.2')	'En esta situación surgirían muchos obstáculos a la libre circulación de mercancías.'
	3) (c')	'Por tanto, no habría tal circulación.'

En (6) (que antes apareció como (3)), sólo tenemos, a diferencia de lo que ocurre en (4) y (5), una sola argumentación, la (A), la cual consta explícitamente de dos argumentos, (a.1) y (a.2), y de una conclusión implícita. Como ya dijimos en su momento, el primer argumento reproduce la voz que va a ser rebatida (la propuesta de un estudiante): *{…} el secuestro, el delito de secuestro, se consuma en el mismo momento en que se produce la privación de libertad {…}, ahí ya se produce la lesión del bien jurídico {…}, ahí ya se ha producido el resultado; es un tipo de resultado, no de mera actividad, eh {…}, ahí ya se ha producido el resultado {…}.* En el segundo, en cambio, percibimos la voz de la profesora, lo que ésta aporta para deshacer la validez del argumento anterior: *{…} una vez que ya algo lo tengo acabado, pues como ya está acabado, no cabe intervenir en algo que ya está hecho {…}.* (La autoría de estas dos voces está claramente indicada por las expresiones *él me dice* y *yo le digo* que encabezan los argumentos.) La conclusión, como ya se ha dicho, es implícita y consiste más o menos en lo siguiente: 'Una de dos: o el delito en cuestión es de resultado y entonces no es posible intervenir en él posteriormente, o es de mera actividad y sí es posible entonces la intervención; lo que no es posible es que sea de resultado y se pueda intervenir posteriormente en él.' Al parecer, la profesora no explicita esta conclusión porque –dado que estamos en una tormenta de ideas– prefiere, haciendo hincapié en el razonamiento mismo, invitar a la clase a que halle la solución. Estamos, pues, ante una argumentación 'compartida' (ante un debate, se podría decir), cuya estructura es así: 1) *Argumento (a.1):* 'Alguien propone que el delito de secuestro es de resultado y que se puede intervenir posteriormente en él'. 2) *Argumento (a.2):* 'afirmo que cuando algo está acabado, ya no es posible intervenir en ello'. 3) *Conclusión implícita* (para que alguien la encuentre): 'Una de dos: o el delito en cuestión es de resultado y entonces no es posible intervenir en él posteriormente, o es de mera actividad y sí es posible entonces la intervención; lo que no es posible es que sea de resultado y se pueda intervenir posteriormente en él.'

En (7) tenemos tres argumentaciones, (A.I), (A.II) y (A.III), que son parte de una argumentación mayor (A). Explícitamente, la primera y la segunda constan de un argumento, (a.1), y la conclusión (c), mientras que la tercera está integrada por dos argumentos, (a.1) y (a.2), y la conclusión (c). Además, la segunda es invertida: conclusión (c) y argumento (a.1). A diferencia de lo que veíamos en las argumentaciones contenidas en los ejemplos anteriores, con las que la profesora o el profesor exponía su punto de vista sobre algo, aquí lo que tenemos es la 'reproducción' de las argumentaciones de otras personas, es decir, el profesor presta su voz a ciertos personajes, a quienes, gracias a ello, oímos argumentar y debatir. Así, podemos ver que el autor de la argumentación (A.I) es Leibniz, en la que propone –argumento (a.1)– que 'la percepción visual y auditiva se compone de partes pequeñas de las que no es consciente la persona que percibe; pero tales partes, combinadas hasta cierto punto, constituyen unidades mayores de las que sí es ya consciente la persona perceptora', y de ahí –concluye– *la idea de que* [tiene] *que haber ideas pequeñas, percepciones no percibidas.* El profesor, al parecer, no pone nada de su parte, y si algo pone, ello no es precisamente para sumar u oponer su voz a la del filósofo citado, sino para facilitar a quienes escuchan la comprensión de la información transmitida. En efecto, el argumento lo componen dos partes: la (I) responde a un primer intento de transmitir el pensamiento de Leibniz: *{...} para hacer comprensible la percepción, tanto visual como auditiva, tenemos que tomar en cuenta que antes de la percepción consciente ha sido necesaria, por partes fragmentadas, partes cada vez más pequeñas hayan venido acumulándose y sin ser sentidas por la conciencia sin embargo, no nos hayan afectado de alguna u otra manera {...})*; es evidente, sin embargo, que esta exposición resulta confusa, por lo que el profesor se ve movido a exponer de nuevo esas ideas del filósofo germano; la parte (II) es el resultado de este segundo intento: *La tesis de Leibniz, después recogida por otros autores, es que hay un umbral de la percepción en el que efectivamente los datos son reconocidos por la conciencia, pero previamente a ese reconocimiento existiría la afectación, la afección de partes más pequeñas visibles o partes más pequeñas de ruido que afectarían a nuestra conciencia sin que ésta se apercibiera de ellas.*

En la argumentación (A.II) queda expuesto el pensamiento de W. James: primero la conclusión: *no se concluye de estos hechos la necesidad de admitir un inconsciente psicológico,* y después los argumentos que la justifican: 'si admitimos los hechos tal como los explica Leibniz, sostendremos un razonamiento engañoso: la falacia de la división' –argumento (a.1), explícito–, y 'en ciencia no podemos sostener razonamientos engañosos' –argumento implícito–. Como antes, el profesor se limita a reproducir un pensamiento ajeno, en este caso el de W. James.

La argumentación (A.III) forma parte de un ejemplo propuesto por W. James para corroborar su argumentación y se estructura del siguiente modo: El argumento (a.1) contiene una versión abreviada de la argumentación (A.I): *'hombre, a medida/ si eso es posible, si se ha movido es porque antes, poco a poco, aunque de forma insensible, los pesos pequeños que he ido depositando han ido afectando, porque lo que he añadido al final es simplemente un gramo: antes previamente ha tenido que haber alguna influencia aunque yo no la haya notado').* El argumento (a.2) es una version elaborada del argumento (a.1) de (A.II): *'esto no es una forma sensata de razonar. Lo que/ o sucede todo o no sucede nada; yo no puedo atribuir que se ha movido pero un poco, de tal forma que no se ha movido nada. Igualmente no puedo decir 'no ha sido consciente o ha sido tan poco consciente que no es consciente pero algo sí lo hay, sino que la ruptura ha de ser radical: o mueve o no mueve cantidad, o es consciente o no es consciente, y en ese caso es orgánico puramente.* La conclusión (c) repite en esencia la de (A:II): *No necesito admitir estados mentales inconscientes.*

Vemos, pues, que no es el profesor quien argumenta de hecho en estos casos, sino otras personas. Como mero portavoz que es, lo que hace es organizar del mejor modo los turnos de esas voces, y para ello siempre procura indicar de quién es la voz *(El primero es un argumento ya presentado por Leibniz {...}; La tesis de Leibniz, después recogida por otros autores, es que {...}; la refutación de*

William James es clara y taxativa {…}; La idea de Leibniz es {…}; La respuesta de William James es {…}), e incluso otorga en alguna ocasión carácter coloquial a tales voces (oímos a Leibniz hablar así: *'Hombre, a medida/ si eso es posible, si se ha movido es porque antes, poco a poco, aunque de forma insensible, los pesos pequeños que he ido depositando han ido afectando, porque lo que he añadido al final es simplemente un gramo: antes previamente ha tenido que haber alguna influencia aunque yo no la haya notado'*. En tanto que W. James se expresa de este otro modo: *'Esto no es una forma sensata de razonar. Lo que/ o sucede todo o no sucede nada; yo no puedo atribuir que se ha movido pero un poco, de tal forma que no se ha movido nada. Igualmente no puedo decir 'no ha sido consciente o ha sido tan poco consciente que no es consciente pero algo sí lo hay', sino que la ruptura ha de ser radical: o mueve o no mueve cantidad, o es consciente o no es consciente, y en ese caso es orgánico puramente. No necesito admitir estados mentales inconscientes.'*).

Cabe destacar, a partir de lo observado en los ejemplos anteriores, los rasgos esenciales con que se muestra la argumentación en la lección magistral:

Orden de argumentos y conclusión.

Los órdenes en que son dispuestos los argumentos y la conclusión pueden ser variados. En el marco de la lección magistral aparecen sobre todo dos de estos órdenes: 1) *argumento(s) - conclusión* (la ordenación más común); 2) *conclusión - argumento(s)* (la ordenación 'invertida'). Tan frecuente es una posibilidad como la otra (en los ejemplos (1)-(7) aparecen repartidas al 50 %). El que aparezca una u otra estructuración se debe sobre todo al efecto discursivo que se pretenda provocar. Así, la primera va generalmente precedida de algún indicador con el que se expresa que va a emprenderse una argumentación, y se limita a desgranar los pasos de cierto razonamiento: la persona que argumenta pretende convencer con el propio peso de los hechos y la inevitabilidad o conveniencia de cierta conclusión. La segunda, en cambio, se muestra como una opción en cierto modo 'abrupta', habida cuenta de que puede no ir introducida por indicador alguno y, además, comienza con la conclusión. Quien emplea esta técnica también trata, como es obvio, de convencer a otras personas, pero en esta ocasión con una intención añadida: la conclusión 'corrige' algún supuesto erróneo, real o posible, de aquéllas, o se opone al contenido previamente expuesto, es decir, tiene un carácter marcadamente contrastivo.

2.3

Explicitud e implicitud de elementos.

Los argumentos y la conclusión de una argumentación pueden ser explícitos o implícitos. Generalmente se verbalizan los argumentos que contienen la información más relevante con que se articula un razonamiento argumentativo, y se implicitan otros que, siendo fácilmente asumibles por las personas destinatarias, conforman algo así como un 'fondo' para la información anterior. Incluso la conclusión se ve sometida a este filtro: generalmente se implicita cuando puede ser inferida sin dificultad (y entonces resultan destacados por alguna razón los argumentos), o se pretende (como si de la solución a un problema propuesto se tratara) que la otra parte la establezca.

Dada su finalidad persuasiva, las argumentaciones son polifónicas, es decir, argumentos y conclusión son voces que corresponden a instancias enunciativas diferentes y que, por ello, concuerdan o se contraponen. Así, cuando un profesor o profesora argumenta, puede sumar su voz a la de otras personas para fortalecer o justificar cierta conclusión, puede contraponerla a otras voces para rebatirlas, e incluso puede simplemente, sin tomar partido, prestarla a otras voces para que éstas tomen cuerpo y argumenten.

Polifonía.

También debido a su finalidad persuasiva, es comprensible que las argumentaciones se estructuren de acuerdo con los modos de razonar cotidianos, es decir, según ciertos mecanismos para extraer inferencias basados no sólo en la lógica sino en valores y creencias culturalmente establecidos. Así, los argumentos, según los valores y creencias en que se sustenten, se revisten de cierto grado de 'fuerza' y suscitan respuestas diferentes en consonancia con ella, y a esta base se aplica el mecanismo deductivo. No es, por tanto, infrecuente que la conclusión obtenida pueda en ocasiones repugnar a las leyes de la lógica estricta, o que, pareciendo válida o aceptable, sea sin embargo falsa o engañosa.

Lógica argumentativa.

En pocas palabras:

Las argumentaciones constan de argumentos (hechos, opiniones, propuestas, etc.) y conclusión (el resultado de confrontar los argumentos: otro hecho, opinión, propuesta, etc.). Estos elementos admiten ser presentados de diversa manera: en la clase generalmente se usa el orden común (argumento(s) y conclusión) y el invertido (conclusión-argumento(s)). Además, argumentos y conclusión pueden ser implícitos o explícitos, dependiendo del contexto y de las intenciones persuasivas del profesor o profesora, y generalmente representan voces diversas —la de otras personas y la de quien argumenta— que se enfrentan o se unen para justificar lo expresado por la voz concluyente. La lógica que determina el paso de los argumentos a la conclusión es de naturaleza práctica, sobre todo.

Recursos lingüísticos

2.4.3.

La técnica argumentativa, por su eficacia y flexibilidad, es un instrumento ampliamente usado en cualquier situación comunicativa, por lo que también son variadísimos, como es de suponer, los recursos lingüísticos en que pueda apoyarse: en unos casos basta el contexto, saber que se ha comenzado o se está en el transcurso de una argumentación, para que los distintos elementos de ésta sean presentados sin indicación explícita alguna; en otros, en cambio, tales elementos son marcados mediante diversas expresiones, generalmente configuradas a partir de información evaluada, resaltada y secundaria. Los recursos lingüísticos que reseñamos a continuación constituyen solamente una muestra (aunque, pensamos, bastante representativa) de los empleados por profesoras y profesores cuando argumentan en clase. (Las expresiones que vamos a comentar aparecen en los ejemplos en **negrilla**.)

Dada la complejidad que conlleva el acto argumentativo, es natural que el profesor o profesora, ante la necesidad de recurrir a él en determinado momento de su exposición, indique de algún modo que va a emprender una argumentación. Las expresiones que pueden aparecer son muy variadas, pero tienen en común el hecho de que generalmente llevan *información evaluada, resaltada* o *secundaria*, o una mezcla de todas o parte de ellas, y el de que, además, no sea infrecuente en esas expresiones la incrustación de la conclusión. Veamos algunos casos.

(8) *[…] {Lo que aparece es una cosa muy bonita: son pisadas, la marca de una sandalia en en el ladrillo.} (A)* **Y esto es interesante** *(a.1) porque muchas veces se ha dado como que estas sandalias son errores, eh; (a.2) pasa: (a.3) en un taller se hacen miles de ladrillos, hay muchas personas andando, y uno sin querer pisa un ladrillo que está secándose en el suelo. Yo he visto por ejemplo huellas de perritos, de perritos, de los que pululaban por ahí por los talleres... ¡sí, sí!, de perritos de los más pequeños y tal, de los que están por allí: ratoneros, ¿no? Ehh, bueno, esto es un error. (a.4) Pero muchas veces estas marcas, que se ve que están hechas exprofeso, no son errores, y es muy interesante, (a.5) porque son muy buenas, muy buen calzado el que aparece allí clavado, ¿no?... (a.6) Ehh, los romanos, como nosotros ahora, como ustedes sobre todo, ehh, bueno, las señas de riqueza social tienen mucho que ver también de ostentación, tienen mucho que ver con el vestido, igual que ahora: las zapatillas éstas de deportes que valen veinte mil pesetas y treinta mil pesetas, eh, que las hay, cincuenta mil pesetas, llevan todas 'Adidas', ¿no? […] (Ángel Fuentes, Arqueología de Roma)*

(9) *[…] (A) Esta enorme variedad que tenemos de puertas o de torres,* **¿qué es lo que implica?** *Además de las puertas de las/ de los accesos,* **pues implica que** *(c) cualquier tentativa de datación basada en la tipología no vale, no sirve; (a.1) no sirve porque, como veis, hay todo en todas partes, (a.2) y en el conjunto entero de murallas nosotros no podemos decir: 'es una muralla tardorromana porque tiene una puerta monófora y dos torres ehh proyectadas ehh de tipo semicircular'; (a.3) tenemos que decir: 'hombre, pues parece que suena, que recuerda que es tal', pero en principio no podemos, y sobre todo no podemos atribuirle una fecha concreta. (a.4) Podemos decir: 'estamos ante el período, creemos que estamos ante el período tardorromano', pero no podemos atribuirle una fecha concreta. […] (Carmen Fernández Ochoa, Arqueología de Roma)*

(10) *[…] (A)* **Y algo parecido ocurre, pero utilizando otros argumentos, con el caso de/ del** *francés y del criollo de Haití. (a.1) No está claro, no está tan claro que el criollo y el francés sean dos variedades de la misma lengua, (a.2) porque Ferguson insiste en eso: se habla de diglosia cuando estamos ante ante dos variedades*

de la lengua. (a.3) ¿Estamos seguros de que el criollo es una variedad del francés? ¿Es una especie de ramificación dialectal del francés? (a.4) Desde luego yo no lo veo tan claro, (a.5) porque ese criollo es fruto de la mezcla del francés con otras lenguas, (a.6) pero eso no quiere decir que tenga una relación equivalente a la que puedan tener por ejemplo el el alemán de Alemania o las variedades del alemán de Alemania y el alemán de de Suiza; no creo que sea exactamente lo mismo. (c) Por lo tanto, se podría poner en cuarentena, se podría poner en cuarentena esos dos ejemplos. [...] (Francisco Moreno Fernández, Sociología del Lenguaje)

(11) [...] (A) **Y ¿cuál es el tema? Pues aquí hay un problema,** en esta periodización, **que es que** (a.1) tradicionalmente casi todas las murallas romanas se han metido en el segundo momento -esto ya lo dejo apuntado, luego vuel/ lo retomaremos-; es decir, que entre Aureliano y Constantino, y algunos ejemplos de Valentianiano II, etc., siempre se ha dicho: 'éste es el cajón y en este cajón es donde se mete todo'. (a.2) Hoy día se está matizando un poco y se está viendo que hay -creo que lo comenté aquí otras veces, ¿no?-, que hay generaciones de murallas, hm; (c) y entonces (c.1) hay murallas de una primera generación, de una segunda generación, y que, por tanto, digamos, que (c.2) no hay un cajón o no tiene que haber un cajón de sastre donde metamos todas las murallas del siglo tercero y cuarto. [...] (Carmen Fernández Ochoa, Arqueología de Roma)

(12) [...] (A) **Ahora, es verdad que e/** (c) de ese cajón solamente se puede salir con estratigrafías, eh; (a.1) es decir, no -y esto lo vamos a ver muy claramente- no con tipología, con estratigrafías, hm; y con estratigrafías ajustadas, lo más ajustadas posible: (a.2) no es lo mismo que una muralla sea de época teocrática, que sea de época de Constancio Cloro: es que no tiene nada que ver -bueno, vamos a decir de Juliano, ¿no?, para decir un constructor o una pers/ un emperador que se dedica bastante a esto-. [...] (Carmen Fernández Ochoa, Arqueología de Roma)

(13) [...] (A) **No es tan fácil hablar de** diglosia en el caso del alemán, del suizoalemán o del alemán de Suiza, ni en el caso del criollo y del francés de Haití. **¿Por qué? Pues simplemente porque** (a.1) esa duda surge cuando se intenta aplicar al pie de la letra la definición de de Ferguson. Ferguson dice: 'estamos hablando de variedades diferentes de la misma lengua'. (a.2) Pero, ojo, aquí no se incluyen las situaciones de dialectos diferentes -lo que os he comentado-; eso queda excluido. (a.3) Creo que no está tan claro que la situación del alemán ehh sea una situación ehh/ el alemán de Suiza sea una situación muy diferente de las que se dan en otros lugares donde hay una variedad normativa y hay una variedad regional, una variedad de un territorio ehh, pero la distancia que hay entre esas dos variedades no es tan grande como la que puede haber entre el árabe clásico y el árabe dialectal: hay una mayor cercanía, hay unas mayores posibilidades de de comprensión; (c) por lo tanto como ejemplo paradigmático creo que como mínimo habría que ponerlo en duda. [...] (Francisco Moreno Fernández, Sociología del Lenguaje)

(13) [...] {Como les decía, en esa obra de 1890, 'Los principios de psicología', que tienen traducido al español, William James dedica todo un párrafo, y un importante párrafo extenso, a la pregunta de si existen los estados mentales inconscientes,} (A) **y lo va a analizar de una forma escolástica, en el sentido clásico de la palabra, presentando alternativamente los argumentos a favor para a continuación mostrar que ninguno de ellos concluye de forma clara en la necesidad de aceptar tan polémico estatuto de unos estados mentales que no sean conscientes para el sujeto.** *(A.I) El primero es un argumento ya presentado por Leibniz. Si recuerdan, (a.1) (I) para hacer comprensible la percepción, tanto visual como auditiva, tenemos que tomar en cuenta que antes de la percepción consciente ha sido necesaria, por partes fragmentadas, partes cada vez más pequeñas hayan venido acumulándose y sin ser sentidas por la conciencia sin embargo, no nos hayan afectado de alguna u otra manera. (II) La tesis de Leibniz, después recogida por otros autores, es que hay un umbral de la percepción en el que efectivamente los datos son reconocidos por la conciencia, pero previamente a ese reconocimiento existiría la afectación, la afección de partes más pequeñas visibles o partes más pequeñas de ruido que afectarían a nuestra conciencia sin que ésta se apercibiera de ellas. Ehh, (c) de ahí la idea de que tendría que haber ideas pequeñas, percepciones no percibidas. [...] (Pedro Chacón, Teoría psicoanalítica)*

En (8) (aparecido antes como (1)), el profesor abre un proceso argumentativo utilizando la expresión *y esto es interesante*, con la que destaca que cierto hecho (indicado con esto) le resulta interesante (y quizá también lo sea para el auditorio) porque admite explicaciones diferentes. Domina aquí, pues, la información evaluada.

En (9), la profesora abre su argumentación con una pregunta y el encabezamiento de la respuesta: *¿qué es lo que implica* [cierto hecho]? *{...}, pues implica que {...}*. La función de esta pregunta responde —entre otras cosas— a la intención de atraer la atención de quienes escuchan sobre cierto hecho controvertido. Obsérvese qué hubiera ocurrido si la profesora no hubiese empleado este recurso de resalte: "Esta enorme variedad que tenemos de puertas o de torres implica —además de las puertas de las/ de los accesos— que (c) *cualquier tentativa de datación basada en la tipología no vale, no sirve;* (a.1) *no sirve porque {...}*." Es obvio que la argumentación en cuestión hubiera seguido su curso, pero el auditorio no habría sido advertido debidamente de ello. Estamos, pues, ante información resaltada.

En (10), el profesor introduce su argumentación recurriendo a diversas alusiones concernientes a la organización del discurso: *Y algo parecido ocurre, pero utilizando otros argumentos, con el caso del/ de* [cierto hecho]. Se ve con claridad que el profesor hace referencia a una argumentación anterior (a lo que *se parece* ese *algo* es a una argumentación previa) y a cómo se llevará a cabo la siguiente *(utilizando otros argumentos)*. Tenemos aquí, pues, información secundaria.

En (11) (presentado antes como parte de (4)), la argumentación comienza con una expresión que contiene información resaltada y evaluada: *Y ¿cuál es el tema? Pues aquí hay un problema,* [en cierto hecho], *que es que* [...]. La profesora emplea primero una pregunta para resaltar, y después responde a ella evaluando determinado hecho *(aquí hay un problema).* El efecto de esta conjunción de tipos de información es, como se ve, especialmente apto para la introducción de una argumentación. Es como decir: 'Presten atención porque el hecho del que vamos a hablar es controvertido'.

En (12) (aparecido ya como parte de (4)) hallamos que la expresión introductora de argumentación la conforman también dos tipos de información. Así, con *Ahora, es verdad que* [conclusión] se indica, por un lado, que se emprende un proceso argumentativo que en cierto modo se opone o refuta algún supuesto dado (en este caso implícito): *ahora* –información secundaria–; por otro, que se evalúa abiertamente cierta cosa (en este caso una opinión, que además es la conclusión): *es verdad que {...}* –información evaluada–.

En (13) la argumentación es presentada mediante una expresión que contiene información evaluada, secundaria y resaltada: *No es tan fácil hablar de* [cierto hecho] *¿Por qué? Pues simplemente porque* [argumento]. Con *no es tan fácil hablar* el profesor evalúa cierto hecho y alude al carácter argumentativo de lo que expondrá a continuación; y con la pregunta y el encabezamiento de la respuesta (que introduce el primer argumento) *(¿Por qué? Pues simplemente porque {...})* se inquiere acerca de la causa de la opinión anterior, se evalúa la respuesta *(simplemente),* y se consigue, unidos estos dos actos, un efecto de resalte. Es como si el profesor dijera: 'Opino que no resulta tan fácil, como pudiera parecer, hablar de *x*; quizá se pregunten por qué opino así: la razón por la que opino de este modo es sencillamente el hecho *y*; además, quiero atraer su atención sobre todo ello.'

En (13) (presentado antes como parte de (7)), el profesor instruye ampliamente acerca de cómo se desarrollarán las argumentaciones presentadas a continuación (de las que, recordémoslo, no es el autor, sino mero portavoz), y nos ofrece una amplia muestra de estructuración de discurso –información secundaria–: *{...} y lo va a analizar de una forma escolástica, en el sentido clásico de la palabra, presentando alternativamente los argumentos a favor para a continuación mostrar que ninguno de ellos concluye de forma clara en la necesidad de aceptar tan polémico estatuto de* [cierto hecho].

A continuación presentamos las estructuras que al parecer se emplean más frecuentemente para introducir una argumentación (incluimos en la lista las que acabamos de analizar):

{...} Ahora, es verdad que [conclusión inicial]

{...} Bueno, de [ciertos hechos] *hay que decir que, aunque, como digo, pueden* [x], *pueden* [y], *desde mi punto de vista,* [z] *{...}*

{…} Bueno, eso sería una cuestión opinable {…}

{…} Bueno, no quisiera que quedara la idea de que [cierto hecho (ya considerado) implica *y*]; *todo lo contrario {…}*

{…} [cierto hecho] *¿qué es lo que implica? {…}, pues implica que* [conclusión inicial]

{…} El primero es un argumento [= 'argumentación'] *ya utilizado por* [cierto autor]

{…} Evidentemente no podemos pretender [conclusión inicial]

{…} La refutación de [cierto autor] *es clara y taxativa {…}*

{…} No es tan fácil hablar de [cierto hecho]. *¿Por qué? Pues simplemente porque* [argumento]

{…} ¿Os imagináis [cierto hecho]*? ¿Podría funcionar?*

{…} Pero daros cuenta que [conclusión inicial]

{…} Pero estas dificultades ya suponen una lluvia sobre mojado {…}

{…} Sí hay un fenómeno que nos interesa destacar {…}, y es que [argumento]

{…} Y algo parecido ocurre, pero utilizando otros argumentos, con el caso de [ciertos hechos]

{…} ¿Y cuál es el tema? Pues aquí hay un problema, {…}, que es que [argumento]

{…} Y esto es interesante porque [argumento]

{…} Y lo va a analizar de una forma escolástica, en el sentido clásico de la palabra, presentando alternativamente los argumentos a favor para a continuación mostrar que ninguno de ellos concluye de forma clara en la necesidad de aceptar tan polémico estatuto de [cierto hecho]

Etc.

Para presentar argumentos. Como era de esperar, las expresiones utilizadas para presentar un argumento son, al igual que cuando se introduce una argumentación, abundantes y variadas. No obstante, podemos ver las líneas constructivas maestras de tales expresiones si tenemos en cuenta los tipos de argumentos que puedan establecerse según la función que desempeñen en la argumentación. Destacamos, por su frecuencia en los procesos argumentativos observables en las clases, los argumentos siguientes (los elementos de esta tipología no son excluyentes: un argumento puede, en concreto, asumir una o más de estas funciones):

*a) **Implicativo:*** Contiene algo así como una argumentación condensada: generalmente un argumento y una conclusión: *si* A (argumento), *entonces* B (conclusión).

*(14) [...] {Esta arcilla se puede someter a procesos de depuración, quitándole aquellos elementos que se consideran perniciosos o negativos [...], o añadiéndole con algún tipo de material que no tiene, por ejemplo, sales, sales.} (A) (a.1) **Si** se va a cocer, **si** se va a cocer, **buenas ganas de** preparar un horno a mil grados de temperatura para que cue/ para que cuezan ladrillos. (a.2) Es mucho mejor añadirle un elemento fundente, una sal que funde a muy baja temperatura, a partir de trescientos o cuatrocientos grados, (a.3) con lo cual en vez de necesitar hacer una/ un horno entero grandísimo para la constru/ -no es lo mismo hacer cerámicas que hacer ladrillos, ¿no?; un horno de cerámica es pequeñito, puede ser como esta habitación, quizá no tan grande, pero los hay tan grandes ¿no?-; {bueno pues se añade un fundente a baja temperatura como sales para que el horno esté a ochocientos grados en vez de a mil.} [...] (Ángel Fuentes, Arqueología de Roma)*

*(15) [...] No, no, no, no; tch, tch, tch [la profesora pide silencio]. (A) (a.1) Él me dice/ él me dice que el secuestro, el delito de secuestro, se consuma en el mismo momento en que se produce la privación de libertad, que ahí ya se produce la lesión del bien jurídico, que ahí ya se ha producido el resultado; es un tipo de resultado, no de mera actividad, eh, que ahí ya se ha producido el resultado. (a.2) Y yo le digo, bueno, **una vez que** ya algo lo tengo acabado, -(a.3) pues como ya está acabado-, no cabe intervenir en algo que ya está hecho... (Maite Álvarez, Derecho penal)*

En (14), el argumento (a.1) expresa que, 'llegado el caso de que se vaya a cocer ladrillos, entonces no conviene preparar para esto un horno a mil grados': si A, entonces B. En (15), el argumento (a.2) también expresa una implicación: 'si algo está acabado, entonces no es posible intervenir en ello'. Estas argumentaciones condensadas (de gran utilidad en procesos argumentativos mayores) generalmente se expresan con partículas o frases de contenido condicional: *si* [hecho A], [hecho B]; u*na vez que* [hecho A], [hecho B]. Esta información de carácter secundario puede verse acompañada de otras. Así, en el argumento (a.1) de (14) el hecho B está introducido por *buenas ganas de,* expresión claramente evaluadora, con la que el profesor expone su punto de vista acerca de la relación entre los hechos A y B.

b) De apoyo: Se emplea para reforzar el peso de otro argumento mayor y favorecer, así, la aceptación de la conclusión propuesta.

*(16) [...] (A) (a.1) Si nos remontamos al momento en que empieza a cambiar toda la tipología y toda la configuración de las murallas, nos tenemos que retrotraer ya a la época de Marco Aurelio; (a.2) **de hecho** hay autores que sig/ significan muy claramente que el Alto Imperio termina con Marco Aurelio, hm; [...] (a.3) **de hecho** aquí se prefigura lo que va a ser luego eh la tardía antigüedad, la época tardorromana; (a.4) ya a partir de este momento **existe** una legislación que está recogida en el Digesto que eh acompaña a estas primeras transformaciones, y que dice que toda ciudad que quiera tener una muralla tiene que consultarlo con el emperador: así está recogido en Digesto 50-10-6; es decir, no se puede construir así, aleatoriamente, sino que hay que pedir un permiso. [...] (Cármen Fernández, Arqueología de Roma)*

(17) [...] {Estudiante: // Pero, por ejemplo, si no se ha consumado y/ y era doloso, tendrá más pena que si no se ha consumado y era culposo...}

*Profesora: (A) Evidentemente, pero (a.1) la distinción no es por la consumación, sino que en cuanto/ en lo que afecta al elemento subjetivo, (a.2) es decir, que las conductas cometidas dolosamente siempre, siempre, no hay excepción, se sancionan más que las cometidas culposamente, (a.3) **porque** en una quiero directamente, mientras que en la otra se produce el resultado pero debido a mi negligencia, no porque yo quiera, digamos, la infracción de la norma, eh; (a.4) el grado de motivación de la norma en un caso u otro es menor, o persigue una distinta motivación en el sujeto, (c) por lo tanto se sancionan más unas que otras, hm; pero no, eh, afecta a la consumación, es decir, son criterios distintos, hm [...]. (Maite Álvarez, Derecho penal)*

Los argumentos (a.2), (a.3) y (a.4) de (16) los emplea la profesora, en cierta argumentación, para reforzar el argumento (a.1), más general o de mayor alcance por lo que a la conclusión se refiere: 'En la época de Marco Aurelio comienzan los cambios tipológicos y de configuración de las murallas. Este hecho lo avalan otros hechos: a) hay autores que piensan que el Alto Imperio termina con Marco Aurelio; b) en este período se prefigura la antigüedad tardía; y c) existe legislación sobre la edificación de murallas recogida en el *Digesto*.'

En (17), el argumento (a.2) apoya claramente la validez del argumento previo (a.1): 'las conductas cometidas dolosamente se sancionan, sin excepción, más que las cometidas culposamente; y esto se funda en un hecho como el siguiente: en la conducta dolosa el resultado es buscado intencionadamente por el sujeto, mientras que en la conducta culposa no responde directamente a la intención del mismo.'

Las expresiones que sirven para determinar que estamos ante un argumento de este tipo son de carácter evaluativo o secundario (o una mezcla de ambos). En los ejemplos anteriores las expresiones son: *de hecho* [se da cierto hecho]; *existe* [cierta cosa], que aluden a la postura que, respecto de algún hecho o cosa presentado como prueba de la validez de otro argumento, mantiene quien argumenta. En otros casos basta la conjunción, con valor secundario, *porque*.

c) Concesivo: Con él se expresa la aceptación parcial del contenido de otro argumento supuesto o previo que expresa una tesis o postura distinta de la que luego será defendida en la conclusión.

Ejemplos

*(18) [...] {Lo que aparece es una cosa muy bonita: son pisadas, la marca de una sandalia en en el ladrillo.} (A) Y esto es interesante porque (a.1) muchas veces se ha dado como que estas sandalias son errores, eh; (a.2) **pasa:** (a.3) en un taller se hacen miles de ladrillos, hay muchas personas andando, y uno sin querer pisa un ladrillo que está secándose en el suelo. Yo he visto por ejemplo huellas de perritos, de perritos, de los que pululaban por ahí por los talleres... ¡sí, sí!, de perritos de los más pequeños y tal, de los que están por allí: ratoneros, ¿no? Ehh, **bueno, esto es un error.** (a.4) Pero*

muchas veces estas marcas, que se ve que están hechas exprofeso, no son errores, y es muy interesante, (a.5) porque son muy buenas, muy buen calzado el que aparece allí clavado, ¿no?... (a.6) Ehh, los romanos, como nosotros ahora, como ustedes sobre todo, ehh, bueno, las señas de riqueza social tienen mucho que ver también de ostentación, tienen mucho que ver con el vestido, igual que ahora: las zapatillas éstas de deportes que valen veinte mil pesetas y treinta mil pesetas, eh, que las hay, cincuenta mil pesetas, llevan todas 'Adidas' ¿no? [...] (Ángel Fuentes, Arqueología de Roma)

(19) [...] (A) Bueno, ehh, no quisiera que quedara la la idea de que (c) esta interdependencia, este crecimiento de la interconexión y de la interdependencia a través de la economía sea algo nocivo para la actividad económica. Todo lo contrario: (a.1) todos sabemos y nos eh/ desde desde David Ricardo sabemos que la apertura de las economías hacia el exterior genera unos efectos lo suficientemente importantes de especialización, como para que al final el crecimiento neto de la riqueza de todos los países que están dentro de esa/ de ese contexto de apertura sea mayor. (a.2) **Lo que sí es cierto es que** *desde el punto de vista de los nacionalismos, y desde el punto de vista de la autonomía hm nacional, desde el punto de vista de la eh pretensión de que un país tenga controladas las variables propias, la am/ la apertura, el crecimiento de la apertura internacional, opera en el sentido inverso de esta pretensión de controlar, de eh aplicar una política económica de corte nacional, es decir, una política económica autónoma. (a.3) Es una cierta pérdida de soberanía, que por una parte lo estamos observando eh en los países que han decidido voluntariamente integrarse dentro de lo que en estos momentos conocemos como Unión Europea, o dentro del Sistema Monetario Europeo y que de/ en otros casos no es una pérdida voluntaria de soberanía, sino una consecuencia de estar inmersos en un mundo cada vez más interdependiente y en el que los efectos de las propias/ ehh de los propios cambios en la política económica no quedan dentro de las fronteras [...]. (Maximino Carpio, Política Fiscal)*

En (18), los argumentos (a.2) y (a.3) expresan las cesiones que el profesor hace a la tesis que pretende refutar (expresada en el argumento (a.1)): 'Es verdad que, como piensan algunos, se pisa por error un ladrillo y se deja en él la marca del calzado; es verdad que hay muchas marcas así, incluso de perros, porque en los talleres hay mucho ajetreo, muchos ladrillos, y la gente a veces los pisa sin querer.' Pero esta concesión le sirvirá al argumentador para refutar que tales errores expliquen *todos* los casos de marcas en los ladrillos.

En (19), el argumento (a.2) concede cierta validez a un argumento contrario: 'Es verdad, como defienden quienes ven las cosas desde el punto de vista nacionalista o desde el punto de vista de que un país sea autónomo económicamente, que esta apertura de la economía es una pérdida de soberanía.' Pero este argumento, en principio condescendiente, será la base de la refutación posterior.

Las expresiones que sirven para reflejar este tipo de argumento suelen aunar información evaluativa y secundaria: [cierto hecho relacionado con una tesis contraria] *pasa; bueno, esto es* [cierto hecho relacionado con una tesis contraria]; *lo que sí es cierto que* [cierto hecho relacionado con la tesis contraria].

d) Contraargumento: Sirve para oponer cierto hecho o tesis al contenido de otro argumento o al de una argumentación previa, con la intención de restarles toda o parte de su validez y favorecer así cierta conclusión.

Ejemplos

(20) [...] (A) Y algo parecido ocurre, pero utilizando otros argumentos, con el caso de/ del francés y del criollo de Haití. (a.1) No está claro, no está tan claro que el criollo y el francés sean dos variedades de la misma lengua, (a.2) porque Ferguson insiste en eso: se habla de diglosia cuando estamos ante ante dos variedades de la lengua. (a.3) ¿Estamos seguros de que el criollo es una variedad del francés? ¿Es una especie de ramificación dialectal del francés? (a.4) Desde luego yo no lo veo tan claro, (a.5) porque ese criollo es fruto de la mezcla del francés con otras lenguas, (a.6) **pero eso no quiere decir que** *tenga una relación equivalente a la que puedan tener por ejemplo el el alemán de Alemania o las variedades del alemán de Alemania y el alemán de de Suiza; no creo que sea exactamente lo mismo. (c) Por lo tanto, se podría poner en cuarentena, se podría poner en cuarentena esos dos ejemplos. [...] (Francisco Moreno Fernández, Sociología del Lenguaje)*

(21) [...] {Estudiante: // Pero, por ejemplo, si no se ha consumado y/ y era doloso, tendrá más pena que si no se ha consumado y era culposo...}
Profesora: (A) Evidentemente, **pero (a.1) la distinción no es por la consumación, sino que en cuanto/ en lo que afecta al elemento subjetivo,** *(a.2) es decir, que las conductas cometidas dolosamente siempre, siempre, no hay excepción, se sancionan más que las cometidas culposamente, (a.3) porque en una quiero directamente, mientras que en la otra se produce el resultado pero debido a mi negligencia, no porque yo quiera, digamos, la infracción de la norma, eh; (a.4) el grado de motivación de la norma en un caso u otro es menor, o persigue una distinta motivación en el sujeto, (c) por lo tanto se sancionan más unas que otras, hm; pero no, eh, afecta a la consumación, es decir, son criterios distintos, hm [...]. (Maite Álvarez, Derecho Penal)*

El argumento (a.6) de (20) lo emplea el profesor para invalidar un supuesto ligado al argumento previo (a.5): 'Es cierto que el criollo de Haití es el producto de la mezcla del francés y otras lenguas; este hecho puede hacer suponer a alguien que tal criollo es una especie de ramificación dialectal del francés; este supuesto no es cierto.'

En (21), en cambio, la profesora rebate con el argumento (a.1) una argumentación previa, propuesta por un estudiante: 'Alguien argumenta que, sobre la base de que se haya consumado o no, un delito tendrá más pena si es doloso que si es culposo; pero esta argumentación está erróneamente establecida: la base no es la consumación o no, sino el elemento subjetivo.'

Las expresiones usadas para expresar esta circunstancia son de carácter secundario o de carácter secundario y evaluativo, generalmente: *pero; pero eso* [= 'cierto hecho previo'] *no quiere decir que* [otro hecho (supuesto o no)].

*e) **Ajeno:*** Expresa la 'voz' de otra persona, y, por tanto, la tesis, propuesta, opinión, etc. que ésta mantiene en relación con algo (hecho, creencia, etc.).

(22) […] {Es decir, hay zonas donde va a haber muchas más torres y más seguidas, y eso está en función de la topografía, está en función de las necesidades de defensa que tenga un encintado.} (A) (a.1) Esta tendencia a la multiplicación de torres simple **desde Ritmond ya del artículo del año treinta y uno se consideraba** una peculiaridad típica de las murallas hispanas. (a.2) Analizando algo más hm en Bélgica, en Aquitania y en otros muchos sitios, existe también esta multiplicidad de torres (c) y, por tanto, no somos solamente en la Península Ibérica los que tienen esta peculiaridad. […] (Carmen Fernández Ochoa, Arqueología de Roma)

(23) […] No, no, no, no; tch, tch, tch [la profesora pide silencio]. (A) (a.1) **Él me dice/ él me dice que** el secuestro, el delito de secuestro, se consuma en el mismo momento en que se produce la privación de libertad, que ahí ya se produce la lesión del bien jurídico, que ahí ya se ha producido el resultado; es un tipo de resultado, no de mera actividad, eh, que ahí ya se ha producido el resultado. (a.2) Y yo le digo, bueno, una vez que ya algo lo tengo acabado, -(a.3) pues como ya está acabado-, no cabe intervenir en algo que ya está hecho... (Maite Álvarez, Derecho Penal)

Con el argumento (a.1) de (22) la profesora expone la opinión que otras personas mantienen sobre algo: 'Generalmente, desde Ritmond, se ha aceptado que la multiplicación de torres es un fenómeno de Hispania.' Quizá la profesora en determinado momento sostuviera también esa opinión. Pero lo que sí es cierto es que ahora no se muestra defensora de la misma.

La profesora que argumenta en (23) también marca distancias en cuanto a la autoría de lo que expone: en el argumento (a.1) podemos escuchar la voz de otra persona, lo que ésta sostiene respecto de cierto hecho: 'Una persona que no soy yo ha afirmado que el delito de secuestro se consuma en el mismo momento de privación de libertad.'

Las expresiones con que se logran estos efectos son evaluativas (pues indican que la persona que habla no se compromete o asume necesariamente lo expuesto) y secundarias (frecuentemente hacen referencia a actos lingüísticos previos): desde Ritmond ya del artículo del año treinta y uno se consideraba [cierto hecho como válido]; él me dice que [cierto hecho es así]. El distanciamiento se expresa de bastantes maneras, pero generalmente se alude a la fuente de la voz (desde Ritmond ya del artículo treinta y uno), a que esa voz es de 'otros' (obsérvese el uso de se), o se hace referencia directa a quienes intervienen en el debate (él me dice que […]).

f) **Propio:** Corresponde a la 'voz' de la persona que está argumentando; es decir, expresa la tesis, propuesta, opinión, etc. que ésta mantiene en relación con algo (hecho, creencia, etc.). Es frecuente encontrar argumentos propios contrapuestos (como contraargumentos) a argumentos ajenos, aunque también pueden usarse como apoyo de otros.

*(24) […] Profesora: No, no, no. (A) (a.1) **El que** sea doloso o no, **no influye en la consumación; (a.2) lo que influye en la consumación es que** el tipo sea de resultado, bm, o que no lo sea. (a.3) Si el tipo es de resultado se me exige forzosamente que se baya producido la lesión al bien jurídico; (c) **por lo tanto, si no se llega a producir la efectiva lesión al bien jurídico, estoy en forma de tentativa y //**
Estudiante: // {Pero, por ejemplo, si no se ha consumado y/ y era doloso, tendrá más pena que si no se ha consumado y era culposo...} […]. (Maite Álvarez, Derecho Penal)*

*(25) […] No, no, no, no; tch, tch, tch [la profesora pide silencio]. (A) (a.1) Él me dice/ él me dice que el secuestro, el delito de secuestro, se consuma en el mismo momento en que se produce la privación de libertad, que ahí ya se produce la lesión del bien jurídico, que ahí ya se ha producido el resultado; es un tipo de resultado, no de mera actividad, eh, que ahí ya se ha producido el resultado. (a.2) **Y yo le digo, bueno,** una vez que ya algo lo tengo acabado, -(a.3) pues como ya está acabado-, no cabe intervenir en algo que ya está hecho... (Maite Álvarez, Derecho Penal)*

En (24) la profesora no acepta la argumentación de un estudiante, y le propone una versión corregida de la misma. Obsérvese que el argumento (a.1), *el que sea doloso o no, no influye en la consumación,* expresa a las claras el rechazo de la conclusión a que llegara el estudiante ('por tanto, si el tipo es doloso o no, ello influye en la consumación'), en tanto que el argumento (a.2), además de apoyar al anterior, expresa la nueva propuesta de la profesora: *lo que influye en la consumación es que el tipo sea de resultado {…} o que no lo sea.*

En (25), la misma profesora, tras reproducir en el argumento (a.1) la voz de un estudiante, deja oír la propia en el argumento (a.2): *Y yo le digo, bueno, una vez que ya algo lo tengo acabado, pues como ya está acabado, no cabe intervenir en algo que ya está hecho...*

Las expresiones empleadas para indicar este tipo de autoría son complementarias de las que acabamos de considerar para el argumento ajeno (y, así, también como ellas, evaluativas y secundarias): los índices de éstas apuntaban a que la fuente de lo expuesto no es la persona que enuncia; los índices de las que tratamos ahora sí que señalan, en cambio, a la persona que habla como responsable de lo expuesto. Así, hallamos expresiones del tipo: *el que* [cierto hecho expresado por otra voz] *no* [cierto hecho expresado por otra voz]; *yo le digo, bueno,* [cierto hecho]. No es raro, además, encontrar en estos casos argumentos estructurados contrastivamente.

····➤ 2.3.

g) Justificativo: Es parecido al argumento *de apoyo.* En este caso, sin embargo, el argumento sirve para sustentar una conclusión inicial. Suelen coincidir con el segundo miembro de relaciones causales del tipo: A (conclusión), porque B (argumento justificativo).

(26) [...] (A) Esta enorme variedad que tenemos de puertas o de torres, ¿qué es lo que implica? Además de las puertas de las/ de los accesos, pues implica que (c) cualquier tentativa de datación basada en la tipología no vale, no sirve; (a.1) **no sirve porque,** *como veis, hay todo en todas partes, (a.2) y en el conjunto entero de murallas nosotros no podemos decir: 'es una muralla tardorromana porque tiene una puerta monófora y dos torres ehh proyectadas ehh de tipo semicircular'; (a.3) tenemos que decir: 'hombre, pues parece que suena, que recuerda que es tal', pero en principio no podemos, y sobre todo no podemos atribuirle una fecha concreta. (a.4) Podemos decir: 'estamos ante el período, creemos que estamos ante el período tardorromano', pero no podemos atribuirle una fecha concreta. [...] (Carmen Fernández Ochoa, Arqueología de Roma)*

La profesora se apresura a presentar primero, quizá por su importancia o porque así el auditorio la tendrá más en cuenta, la conclusión de una argumentación siguiente. Esta presentación de los hechos, un tanto sorprendente e incluso abrupta, exige una explicación (es decir, suscita en quienes escuchan una pregunta: ¿por qué esa súbita afirmación?). De ahí que el conjunto de los argumentos siguientes puedan considerarse justificativos del aserto inicial, sobre todo el (a.1).

Las expresiones usadas para este fin aluden generalmente a la pregunta de por qué el aserto inicial conclusivo, y son, por tanto, de naturaleza secundaria: [exposición condensada de la conclusión] *porque* [argumento].

Podemos, llegados a este punto, presentar la siguiente lista de las expresiones que con más frecuencia sirven para explicitar los tipos argumentales estudiados:

a) Implicativos:

Admitir [cierto hecho A] *sería* [admitir cierto hecho B]

[Hecho B], *si* [hecho A]

Si [hecho A], *buenas ganas de* [hecho B]

Si [hecho A], *probablemente* [hecho B]

Si [hecho A], *pues realmente* [hecho B]

Si [hecho A], *tenemos que* [hecho B]

Una vez que [hecho A], [hecho B]

b) De apoyo:

[Cierto argumento es válido] *porque* [cierto hecho];

De hecho [se da cierto hecho];

Existe [cierta cosa];

No es de extrañar que [cierto hecho];

Si [hecho A], *pues realmente* [hecho B]

c) Concesivos:

[Argumento ajeno], *bueno*, [argumento propio]

Aunque [cierto hecho relacionado con la tesis contraria], [...]

Aunque [cierto hecho relacionado con la tesis contraria], [lo que [...] es que [...]]

Aunque [cierto hecho relacionado con la tesis contraria], [sin embargo/no obstante [...]]

Bueno, esto es [cierto hecho relacionado con una tesis contraria]

[Cierto hecho relacionado con una tesis contraria] *pasa*

Lo que pasa es que [cierto hecho que en parte justifica la tesis contraria]

Lo que sí es cierto que [cierto hecho relacionado con la tesis contraria]

Pues, es posible [cierto hecho relacionado con la tesis contraria]

Si bien [puede ser válido cierto hecho relacionado con la tesis contraria], [...]

Si [hecho A], *probablemente* [hecho B]

d) Contraargumentos:

[Argumento ajeno], *pero* [argumento propio]

¿Cómo va a haber [cierta cosa]?

¿Es [cierto hecho como afirma cierta persona]?

¿Estamos seguros de que [cierto hecho]?

¿Puede haber [cierta cosa]?

Admitir [cierto hecho A] *sería* [admitir cierto hecho B].

Analizando algo más, [argumento propio]

Creo que no está tan claro que [cierta opinión]

Desde luego, yo no lo [= la afirmación de cierta persona] *veo tan claro*

el que [cierto hecho expresado por otra voz] *no* [cierto hecho expresado por otra voz]

En realidad [lo válido es cierto hecho]

Hoy en día lo que está demostrado es, y se ha demostrado, que [cierto hecho]

Hoy en día se está matizando un poco y se está viendo que [cierto hecho]

La distinción no es [por lo que propone otra persona], [sino en lo que afecta a [cierto hecho]]

[La distinción no es [por lo que propone otra persona]], *sino en lo que afecta a* [cierto hecho]

La respuesta de [cierto autor] *es* [cierto contraargumento]

Lo que [ocurre en relación con cierto hecho] *es que* [cierta circunstancia]

No {cierto hecho A}, {*sino que* {cierto hecho B}

{*No* {cierto hecho A}}, *sino que* {cierto hecho B}

No es fácil {cierta acción en relacion con cierto hecho A} *es bastante complicado, y mucho más en el caso de* {cierto hecho B}

No es verdad {cierto hecho}

No está claro, no está tan claro que {cierta opinión}

No podemos {aceptar cierto hecho}

No podemos decir: {cierto hecho}

No sabemos {cierto hecho A}

Pero {cierta opinión} *no* {(totalmente) válida}

Pero de hecho {se da cierto hecho A}

Pero eso {= cierto hecho previo} *no quiere decir que* {otro hecho (supuesto o no)}

Pero justamente {hay cierto hecho en contra}

Si {hecho A}, *buenas ganas de* {hecho B}

Tenemos que decir: {cierto hecho}

Una cosa es {cierto hecho A}, *y otra cosa es* {cierto hecho B}

Uno de los problemas que se plantearía es que {cierto hecho A contra cierto hecho B}

Yo le digo, bueno, {cierto hecho}

Yo no puedo {aceptar cierto hecho}

Yo pienso que {cierto hecho B} *no lo sé o no lo sabemos con certeza*

e) Ajenos:

Aunque {cierto hecho relacionado con la tesis contraria}, {…}

Aunque {cierto hecho relacionado con la tesis contraria}, {lo que {…} *es que* {…}}

Aunque {cierto hecho relacionado con la tesis contraria}, {sin embargo/no obstante {…}}

{Cierto autor} *considera que* {cierto hecho}

Como dijo aquel {cierto autor}: {cierto hecho}

Desde {cierto autor} *ya del artículo del año treinta y uno se consideraba* {cierto hecho como válido}

Desde el punto de vista de {ciertas personas}

Él dice: {cierto hecho}

Él me dice que {cierto hecho es así}.

Hay algún autor que dice que {cierto hecho}

La idea de [cierto autor] *es* [cierto hecho]

La respuesta de [cierto autor] *es* [cierto contraargumento]

La tesis de [cierto autor] *es que* [cierto hecho]

Otros autores, como [cierto autor], *dicen que* [cierto hecho]

¿Qué es lo primero, la tendencia primera cuando [cierto hecho A]*? Es decir:* [cierto hecho B]

Siempre se ha dicho: [cierto hecho es así]

Todos sabemos, y [...] *desde* [cierto autor] *sabemos que* [cierto hecho]

Tradicionalmente [cierto hecho se considera de cierto modo]

Van a leer seguramente otras cosas en la bibliografía: [cierto hecho]

f) *Propios:*

[Argumento ajeno], *bueno,* [argumento propio]

[Argumento ajeno], *pero* [argumento propio]

[Aunque [cierto hecho relacionado con la tesis contraria], *lo que* [...] *es que* [...]

[Aunque [cierto hecho relacionado con la tesis contraria], *sin embargo/no obstante* [...]

¿Puede haber [cierta cosa]*?*

Analizando algo más, [argumento propio]

¿Cómo va a haber [cierta cosa]*?*

Creo que no está tan claro que [cierta opinión]

Desde luego, yo no lo [= la afirmación de cierta persona] *veo tan claro*

El que [cierto hecho expresado por otra voz] *no* [cierto hecho expresado por otra voz]

¿Es [cierto hecho como afirma cierta persona]*?*

¿Estamos seguros de que [cierto hecho]*?*

Hoy en día lo que está demostrado es, y se ha demostrado, que [cierto hecho]

Hoy en día se está matizando un poco y se está viendo que [cierto hecho]

La distinción no es [por lo que propone otra persona], *sino en lo que afecta a* [cierto hecho]

Lo que [ocurre en relación con cierto hecho] *es que* [cierta circunstancia]

No [cierto hecho A], *sino que* [cierto hecho B]

No es de extrañar que [suceda cierto hecho]

No es fácil [cierta acción en relacion con cierto hecho A] *es bastante complicado, y mucho más en el caso de* [cierto hecho B]

No es verdad [cierto hecho]

No está claro, no está tan claro que [cierta opinión]

No podemos [aceptar cierto hecho]

No podemos decir: [cierto hecho]

No sabemos [cierto hecho A]

Si [hecho A], *buenas ganas de* [hecho B]

Si [hecho A], *tenemos que* [hecho B]

Tenemos que decir: [cierto hecho]

Todos sabemos, y […] [desde [cierto autor]] *sabemos que* [cierto hecho]

Una cosa es [cierto hecho A], *y otra cosa e*s [cierto hecho B]

Yo le digo, bueno, [cierto hecho]

Yo no puedo [aceptar cierto hecho]

Yo pienso que [cierto hecho B] *no lo sé o no lo sabemos con certeza*

g) Justificativos:

[cierto hecho propuesto como conclusión] *no sirve* [= exposición condensada de la conclusión] *porque* [argumento]

[cierto hecho propuesto como conclusión], *porque* [argumento]

Podemos observar, como en el caso de los argumentos, diversos tipos de conclusión y, por tanto, diferentes expresiones asociadas. Los más significativos, por su frecuencia y alcance en la lección magistral, parecen ser los siguientes:

a) Final: Se trata del tipo de conclusión más común, el que aparece al final del proceso argumentativo como cierre y colofón del mismo.

Para presentar la conclusión.

(27) (A) (a.1) *Hoy por hoy la excavación de Iruña no se puede fechar en distintos momentos, (a.2) porque, claro, ¿qué es lo primero, la tendencia primera cuando existen estas variedades tipológicas tan grandes? Es decir, hombre, pues esto se construye en este momento y esto se construye en este otro. (a.3) No es verdad; (c)* **es decir, hoy en día lo que está demostrado es, y se ha demostrado, que el que existan distintas torres no implica que existan momentos cronológicos,** *{y esto creo que es importante ehh tenerlo en cuenta también.}* […] (*Carmen Fernández Ochoa, Arqueología de Roma*)

(28) […] *{Estudiante: // Pero, por ejemplo, si no se ha consumado y/ y era doloso, tendrá más pena que si no se ha consumado y era culposo...}*

Profesora: (A) Evidentemente, pero (a.1) la distinción no es por la consumación, sino que en cuanto/ en lo que afecta al elemento subjetivo, (a.2) es decir, que las conductas cometidas dolosamente siempre, siempre, no hay excepción, se sancionan más que las cometidas culposamente, (a.3) porque en una quiero directamente, mientras que en la otra se produce el resultado pero debido a mi negligencia, no porque yo quiera, digamos, la infracción de la norma, eh; (a.4) el grado de motivación de la norma en un caso u otro es menor, o persigue una distinta motivación en el sujeto, (c) **por lo tanto se**

sancionan más unas que otras, hm; pero no, eh, afecta a la consumación, es
decir, son criterios distintos, hm [...]. (Maite Álvarez, Derecho Penal)

La conclusión de (27) está introducida por *es decir.* La de (287) está anunciada por una expresión muy frecuente en estos casos: *por lo tanto.*

b) Inicial: En este caso se prefiere colocar la conclusión al comienzo de la argumentación. Generalmente, la razón discursiva que mueve a la profesora o profesor a disponer los elementos de este modo, es la de destacar en determinado momento la relevancia de cierto contenido. Lo 'inesperado' de este preceder se aprovecha para atraer la atención de la clase y reforzar el efecto persuasivo de la argumentación.

(29) *[...] {Bien, con ello, entonces, pasamos a hablar o a referirnos a la dimensión externa del mercado interior. Junto a la dimensión interna del mercado común o mercado interior, tenemos o podemos hacer referencia a su dimensión externa.} (A.
I) (c)* **¿Os imagináis un mercado interior tal y como lo he/ lo hemos definido, que no constituya un bloque económico y un bloque comercial en sus relaciones con terceros países? ¿Podría funcionar?** *(a.1) ¿Puede haber libre circulación de mercancías, políticas agrícolas, etc., etc., y sin embargo España dar un tratamiento privilegiado a las importaciones de Argentina, eximiéndoles, por ejemplo, de derechos arancelarios, en tanto que esos productos en Alemania están gravados, al mismo tiempo que los productos polacos en Alemania entran a un precio, digamos, so/ sin gravamen y sin restricciones cuantitativas, y por el contrario en España los sometemos a restricciones? (A.II) (c)* **¿Creéis que funcionaría?** *(a.1) Uno de los problemas que se plantearía es que habría que estar controlando el producto que entra del tercer país, desde que entra o pasa la frontera de un estado miembro hasta que llega a su destinatario último: habría que estar controlándolo permanentemente: ese producto entraría en Alemania, por ejemplo, procedente de Polonia, libre de cargas, pero si llega a España habría que imponerle una carga. (a.2) Luego no habría o se frustaría la libre circulación de mercancías; surgirían multitud de obstáculos a la libre circulación de mercancías. {El sistema que se ha diseñado en la Comunidad Europea es otro: es darle al mercado común o mercado interior una dimensión externa, una dimensión externa que tiene o se traduce básicamente en dos elementos: uno, la unión aduanera; dos, la puesta en marcha, la articulación de una política comercial común. Unión aduanera, política comercial común.} [...] (Javier Díez-Hochleitner, Derecho Comunitario)*

(30) *[...] (A.I) Bueno, (c.I)* **de todas estas situaciones hay que decir que, aunque, como digo, pueden servir de ejemplo, pueden servir de referencia, desde mi punto de vista las dos que más más claramente pueden ser caracterizadas como diglósicas son la situación de Grecia y la situación de**

Egipto o de los países árabes en general *[…]. (a.I.1) <(A.II) No es tan fácil hablar de diglosia en el caso del alemán, del suizoalemán o del alemán de Suiza, ni en el caso del criollo y del francés de Haití. ¿Por qué? Pues simplemente porque (a.II.1) esa duda surge cuando se intenta aplicar al pie de la letra la definición de de Ferguson. Ferguson dice: 'estamos hablando de variedades diferentes de la misma lengua'. (a.II.2) Pero, ojo, aquí no se incluyen las situaciones de dialectos diferentes -lo que os he comentado-; eso queda excluido. (a.II.3) Creo que no está tan claro que la situación del alemán ehh sea una situación ehh/ el alemán de Suiza sea una situación muy diferente de las que se dan en otros lugares donde hay una variedad normativa y hay una variedad regional, una variedad de un territorio ehh, pero la distancia que hay entre esas dos variedades no es tan grande como la que puede haber entre el árabe clásico y el árabe dialectal: hay una mayor cercanía, hay unas mayores posibilidades de de comprensión; (c.II)* **por lo tanto como ejemplo paradigmático creo que como mínimo habría que ponerlo en duda.***> (a.I.2) <(A.III) Y algo parecido ocurre, pero utilizando otros argumentos, con el caso de/ del francés y del criollo de Haití. (a.III.1) No está claro, no está tan claro que el criollo y el francés sean dos variedades de la misma lengua, (a.III.2) porque Ferguson insiste en eso: se habla de diglosia cuando estamos ante ante dos variedades de la lengua. (a.III.3) ¿Estamos seguros de que el criollo es una variedad del francés? ¿Es una especie de ramificación dialectal del francés? (a.III.4) Desde luego yo no lo veo tan claro, porque (a.III.5) ese criollo es fruto de la mezcla del francés con otras lenguas, (a.III.6) pero eso no quiere decir que tenga una relación equivalente a la que puedan tener por ejemplo el el alemán de Alemania o las variedades del alemán de Alemania y el alemán de de Suiza; no creo que sea exactamente lo mismo. (c.III)* **Por lo tanto, se podría poner en cuarentena, se podría poner en cuarentena esos dos ejemplos.***> […] (Francisco Moreno Fernández, Sociología del Lenguaje)*

La conclusión de (29) va ligada a un procedimiento de resalte muy efectivo: la pregunta retórica: Argumentación I: *¿Os imagináis un mercado interior tal y como lo he/ lo hemos definido, que no constituya un bloque económico y un bloque comercial en sus relaciones con terceros países? ¿Podría funcionar?*; argumentación II: *¿Creéis que funcionaría?* Logra, así, destacar el profesor en ambos casos cierta información ante el auditorio y, lo que es más importarte, casi 'imponerla' y justificarla argumentativamente.

En (30) tenemos un proceso argumentativo de notable complejidad: la argumentación (A.I) está compuesta de la conclusión (c.I) y de los argumentos (a.I.1) y (a.I.2); éstos, a su vez, están constituidos por sendas argumentaciones incrustadas: <(A.II)> y <(A.III)>. La conclusión (c.I), colocada al comienzo del proceso, en cierto modo adelanta y resume todo el proceso, pues se deduce sin esfuerzo de las conclusiones (c.II) y (c.III) que aparecen después. Se trata, sin duda, pese a su complejidad, de una estructura muy efectiva para presentar información y favorecer la mejor captación de la misma. La expresión utilizada en este caso para presentar la información conclusiva es *de todas estas situaciones hay que decir que {…}.*

Conviene destacar que las expresiones utilizadas para presentar una conclusión inicial, a menudo comparten esta función con la de anunciar el comienzo de una argumentación (esto es lo que ocurre en los dos ejemplos examinados).

La lista siguiente recoge algunas de las fórmulas más frecuentes que, para señalar de algún modo la conclusión, se han observado en las clases:

Bien, pues entonces a la vista de todas estas disparidades, ¿qué es lo que sucede? Pues lo que sucede es que, como siempre, [cierta opinión]

¿Creéis que funcionaría [cierta cosa]?

De ahí la idea de que [cierto hecho]

De todas estas situaciones hay que decir que [cierta opinión]

Es decir, [conclusión]

Hoy en día parece que [se acepta cierto hecho]

Luego, [cierto hecho]

No necesito [aceptar cierto hecho]

¿Os imagináis [cierto hecho]?

Pero sí que es verdad que [cierto hecho]

¿Podría funcionar [cierta cosa]?

Por lo tanto [...] *creo que* [cierto hecho]

Por lo tanto, [cierto hecho]

Por tanto, digamos, [cierto hecho]

Y por tanto [cierto hecho]

Están forjadas, como puede verse, de información secundaria, evaluada y resaltada, y no es raro, además, que para ello aparezca una combinación de dos o tres de estos tipos de información.

En pocas palabras:

Los recursos lingüísticos empleados en las argumentaciones están estrechamente ligados a los elementos constitutivos de las mismas: argumentos y conclusión. Las diversas funciones de estos elementos en una argumentación son explicitadas por otras tantas formulaciones lingüísticas. También puede anunciarse explícitamente de este modo el comienzo de una argumentación.

Jenaro Ortega Olivares
Universidad de Granada

El ejemplo constituye uno de los modos más comunes de presentar información en la clase magistral. Los datos presentados en el ejemplo sirven de apoyo a la comprensión de otros de carácter más general o abstracto. Los ejemplos presentan diversas estructuras, en función del lugar en que aparezcan, y contienen casi todas las modalidades de información, fundamentalmente la básica particular. Hay recursos lingüísticos para expresar la introducción y algunos de los aspectos discursivos de un ejemplo.

Introducción

2.5.1.

Como las destinadas a la gestión del tópico (presentación, desarrollo y cierre), podemos considerar el ejemplo como una de las operaciones más representativas de la lección magistral. Las profesoras y profesores lo utilizan abundantemente, conscientes de que este recurso discursivo favorece extraordinariamente la comprensión de lo que están exponiendo. Y el auditorio, por su parte, habida cuenta de esta circunstancia, espera que el contenido temático que se le ofrece contenga los ejemplos necesarios.

Consideremos, para acercarnos a lo que es un ejemplo, los casos siguientes:

*(1) [...] {Y se hace una selección eh muy cuidadosa de las materias primas que se utilizan,} **por ejemplo del barro.** {El alfar/ el artesano romano no coge la arcilla que [...].} (Ángel Fuentes, Arqueología de Roma)*

*(2) [...] {Es decir, nos está contando la historia derivacional de esa palabra no en términos diacrónicos, no en términos históricos, sino en términos sincrónicos, es decir, en el estado actual de la lengua: Nosotros podemos formar cualquier verbo sobre un adjetivo en '-al' que tenga las mismas características que 'formal'; todos esos verbos} **-pensemos, por ejemplo, de 'género', 'general', pues podemos hacer también 'generalizar', ¿verdad?...** ¿Algún otro se os ocurre que tenga ese mismo paradigma derivativo..., es decir, que tengamos un nombre, luego un adjetivo y luego a ese adjetivo y luego a ese adjetivo en '-al' le podamos dar el sufijo '-iza'?*
Estudiante(s): (Se escucha mal. Se supone que contesta(n): 'Moralizar'.)
Profesora: 'Moralizar', efectivamente. Ahí no tenemos, fijaos, mor moris, que sería el latín, lo hemos perdido, ¿verdad?, pero sí tenemos el adjetivo 'moral', que nosotros lo utilizamos tanto como nombre como adjetivo, porque

hemos perdido la parte primitiva, digamos, del nombre; entonces de de lo que era mor moris 'las costumbres', ¿verdad? daba 'moral', lo relativo a la costumbre, y de 'moral', 'moralizar' efectivamente- [...]. (Soledad Varela, *Morfología del Español*)

(3) *[...] {El ordenamiento jurídico penal delimita el ámbito de los autores, y me está diciendo que autores ya no puede ser cualquiera, sino solamente aquéllos que el código penal, que la norma penal, prevé.}* **Por ejemplo, hm, el ejemplo más claro de delitos especiales, o de tipos especiales, es el de los delitos contra la administración, generalmente los delitos contra la administración. Son tipos que solamente puede ser cometidos por funcionarios públicos; entonces la norma penal me dice: 'el funcionario público que dictare una resolución manifiestamente injusta', es decir, éste es el tipo de prevaricación, hm, el funcionario que en contra del ámbito de aquello que está prescrito en el ámbito de los/ de sus funciones, dicta una resolución en contra de derecho, contra derecho. Bien, ¿quién puede cometer esta conducta? Única y exclusivamente el funcionario público; los particulares no pueden realizarla; por eso estamos ante lo que se denomina un tipo especial, eh; ya no es cualquiera, sino que queda delimitado el ámbito de la autoría a una sola serie de objetos.** *{Bien, en estos delitos especiales, o estos tipos especiales, puede ser de dos clases: [...].}* (Maite Álvarez, *Derecho Penal*)

En (1) el profesor, que explica cómo fabricaban ladrillos los antiguos romanos, explicita en el ejemplo una de las materias primas empleadas en el proceso: el barro.

En (2) la profesora explica la estructura derivacional de ciertos verbos en español e introduce en determinado momento un inciso que contiene dos ejemplos. Trata, con ello, de mostrar la aplicabilidad, a dos casos concretos, de cierto contenido ofrecido en términos generales.

En (3), más o menos como en el caso anterior, la profesora 'concreta' la información que acaba de ofrecer: en el ejemplo presenta información menos general, esto es, datos que quedan subsumidos en la generalidad de los asertos previos o que contribuyan a rebajar el grado de abstracción de los mismos.

Se advierte en estos tres casos una misma peculiaridad: contienen información referida a realidades concretas, a casos particulares de otra realidad más general o abstracta presente en el entorno inmediato. Se ve, pues, que los ejemplos responden, en la lección, a la necesidad de hacer más accesible cierta información que, por haber sido planteada en términos generales o demasiado abstractos, queda alejada de la experiencia de quienes escuchan o les resulta difícil de comprender.

Función básica del ejemplo.

En pocas palabras, los ejemplos, dado que contienen información particular o concreta que normalmente resulta familiar a la experiencia de quienes escuchan, constituyen normalmente en la lección magistral un instrumento con el que la profesora o profesor puede facilitar la comprensión de información que pueda resultar compleja por su carácter general o abstracto.

Estructura de los ejemplos

La estructura de los ejemplos depende en líneas generales de cómo sea la información que provoca el ejemplo, es decir, del grado de generalidad que esta información presente en un momento dado de la lección. Se podría decir que cuanto mayor sea el abarque de esa generalidad (cuanto más abstracta sea tal información), mayor será la probabilidad de que se utilice un ejemplo y mayor será la complejidad estructural del mismo. Y viceversa, a mayor concreción de la información ofrecida (cuanto más cercana se halle a la experiencia de quienes escuchan), menor probabilidad habrá de que aparezca un ejemplo y, si esto ocurre, de que su estructura sea más simple. Como es natural, el grado de generalidad o concreción de un contenido temático dado no es algo que pueda medirse en términos absolutos, sino que depende, por un lado, de cómo y dónde esté incardinado tal contenido en el conjunto que va configurando el flujo de la lección, es decir, del grado de pertinencia que tal información revista en un momento determinado, y, por otro y muy especialmente, de la percepción que de este proceso va teniendo la persona que enseña. Examinemos los ejemplos siguientes para tener una visión más clara de lo expuesto.

(4) *[...] {O añadiéndole, con a) algún tipo de material que no tiene,} por ejemplo, b) sales, sales [...]. (Ángel Fuentes, Arqueología de Roma)*

(5) *[...] {Y las consecuencias que esta falta de coordinación tuvo sobre a) otra serie de de variables económicas} b) -balanzas de pagos, tipos de cambio, tipos de interés-; {uno de los argumentos/ digo que esta experiencia ha sido uno de los argumentos básicos para llegar al convencimiento de que [...].} (Maximino Carpio, Política Fiscal)*

(6) *[...] {Bueno pues a) estos nombres deverbales, porque veis que derivan de un verbo:} b) 'ataque' deriva de 'atacar' y 'conservación' de 'conservar', {tienen el mismo comportamiento sintáctico. [...]} (Soledad Varela, Morfología del Español)*

En estos tres casos la información a), susceptible de ser completada con un ejemplo, aparece en un marco conceptual que le confiere un grado de generalidad bajo, y hace referencia a clases de objetos más o menos delimitadas por el contexto (*algún tipo de material que no tiene; otra serie de variables económicas y estos nombres deverbales, porque veis que derivan de un verbo*). En el ejemplo se da la información b), consistente en el nombramiento de uno o más miembros de

El ejemplo como expresión de elementos de una clase.

esas clases *(sales; balanzas de pagos, tipos de cambio, tipos de interés; 'ataque' deriva de 'atacar' y 'conservación' de 'conservar')*. Nótese la brevedad de los ejemplos, que consisten en la mera enumeración de los elementos en cuestión, sin apenas complejidad sintáctica.

Las cosas cambian si aumenta el grado de generalidad, que es lo ocurre en los casos (7)-(13) que vienen a continuación:

(7) *[...] {a) Excluye exclusivamente a aquellos puestos de trabajo en las administraciones públicas que comportan, por las propias funciones de ese puesto, que comportan el ejercicio de autoridad pública;} b) es así que, por ejemplo, queda claro, es evidente que no está cerrado a la libre circulación de trabajadores, no se excluye del ámbito de la libre/ del derecho a la libre circulación de trabajadores, por ejemplo, los trabajos o los puestos docentes en universidades o en colegios públicos; en el sistema español -universidad pública-, los profesores somos funcionarios, pero estos puestos de funcionarios no comportan, no entrañan el ejercicio de una autoridad pública, y es así que estos puestos no pueden quedar reservados, para poneros un ejemplo bien claro, no quedan reservados a los propios nacionales; c) lo mismo podríamos decir de la medicina: los puestos de médicos en los hospitales públicos no pueden quedar reservados a los nacionales en la medida en que no comportan, no entrañan el ejercicio de autoridad pública. [...]} (Javier Díez-Hochleitner, Derecho Comunitario)*

(8) *[...] {O a) un fenómeno que se ha descubierto muy recientemente: es que rectifican los recintos, es decir, no es sólo que se reduzca el recinto;} b) por ejemplo recordamos en Conímbriga: en Conímbriga la muralla augustea y la muralla tardía no circulan por el mismo sitio, es decir, la muralla tardía reduce el perímetro de la ciudad y se asienta además en casas destruidas del período de/ o sea que está muy bien datada, ¿no? Sin embargo en Lugo o en Braga hay una rectificación, pero no hay una reducción, es decir, ehh unas veces se amplía; en Brácara resulta que el perímetro tardío amplía el espacio de la ciudad, y sin embargo en Lugo lo que sucede es que la ciudad se expansiona hacia otro sitio, eh; pero no hay rectificación del recinto; sin embargo en Itálica sí aparece que lo hay y en Conímbriga es claro que también lo hay. {Por tanto reducción de recintos y o rectificación.} (Carmen Fernández Ochoa, Arqueología de Roma)*

(9) *[...] {Ehh, a) la refutación de William James, como os indico en la transparencia, es que no es necesaria la conclusión que establecen los partidarios del inconsciente en este caso; la sensación de agrado puede ser directa y simple, no fraccionada por las partes, eh. ¿Se me entiende correctamente?} b) Igual que un olor: yo puedo sentir agradablemente el olor de un perfume sin tener por qué conocer y menos aún de tener que tener un conocimiento inconsciente de los elementos que forman parte de ese perfume, que por cierto muchos de ellos son desagradables. La sensación del perfume es directa, simple, no tengo por qué tener un conocimiento de las partes que la componen y menos aún un conocimiento inconsciente. {La séptima prueba, que sí fue ampliamente de/ presentada por distintos autores, es que [...].} (Pedro Chacón, Teoría Psicoanalítica)*

En estos tres casos asistimos a cierta fase del desarrollo de un tópico, en la que el profesor o profesora expone cierto hecho en términos generales o bastante abstractos. Así, en (7) el aserto a) expresa una excepción ('a los puestos de la administración que comportan el ejercicio de autoridad pública no se aplica el principio de la libre circulación de los trabajadores'), y el profesor opta en b) y c) por presentar ejemplos que describen casos concretos que escapan a esa excepción (esto es, que responden a la norma general): 'los puestos de profesor o médico son casos que no comportan el ejercicio de autoridad pública y, por tanto, se hallan sometidos al principio de la libre circulación de trabajadores'.

El ejemplo como ampliación de una fase del desarrollo de un tópico.

En (8) el aserto a) aconseja sin embargo, dada la generalidad de su alcance, que sea concretado, reducido a casos particulares. Y eso es lo que hace la profesora en el ejemplo b) que sigue, en donde se presentan algunos casos que diversifican y expanden, delimitándolo, el contenido del aserto inicial: a partir de la generalidad de que 'los recintos se rectifican', se explican, con datos más concretos, ciertos casos de 'rectificación': Conímbriga, Lugo y Braga, Brácara, etc., que se comparan y contrastan.

En (9) estamos ante una situación similar a las examinadas en (7) y (8), pero aquí la generalidad del aserto a) seguramente encierra aspectos cuyo alcance no perciben quienes escuchan (¿qué quiere decir eso de que una sensación pueda ser 'directa y simple', que se dé 'no fraccionada por las partes'?). Prueba de ello es que el profesor pregunta si se le entiende 'correctamente', lo que seguro suscita en el auditorio alguna reacción que le advierte de que tal comprensión no está libre de obstáculos. Quizá por esto presenta el profesor el ejemplo b), en el que explicita, sobre la base de una realidad cercana a la clase (*Igual que un olor: yo puedo sentir agradablemente el olor de un perfume {...}*), los elementos concretos que configuran los aspectos en cuestión ('el perfume tiene partes, ingredientes'; 'no es necesario tener un conocimiento consciente ni inconsciente de tales elementos para obtener la sensación final de ese perfume'; 'esa sensación es directa y simple').

Como se ve, los ejemplos mostrados arriba son instrumento eficaz con el que se amplía (se desarrolla) cierta fase del desarrollo de un tópico, fase que —ya lo sabemos— contiene información que es de carácter general o cuya comprensión no resulta fácil. Pero, a diferencia de los casos examinados en (4), (5) y (6), en los que acabamos de estudiar la extensión es significativamente mayor, así como la complejidad y variedad del contenido ofrecido.

Pero no queda aquí todo: en no pocas ocasiones el ejemplo se conforma según el patrón habitual de gestión del tópico, o, si se prefiere, el despliegue de un tópico se presenta con carácter de ejemplo. Sea como fuere, desde el punto de vista práctico tenemos lo mismo: la particularización de cierta información

El ejemplo como subtópico.

previa de carácter general o abstracto se lleva a cabo ahora mediante la información más concreta y cercana suministrada en un tópico (o, con más exactitud, un subtópico). Examinemos esta circunstancia en los casos (10)-(13):

(10) […] {a} Esto unido/ esta interna/ internacionalización de los mercados financieros unido a a la inmediata y amplia disponibilidad de información, hace que lo que ocurre en un país se refleje de forma casi simultánea en el resto de los países, sobre todo si se trata/ si los acontecimientos se originan en un país con suficiente capacidad de liderazgo mundial...} b.1) Una de las pruebas ehh acaso más patentes de esta inic/ en los momentos iniciales de esta gran internacionalización de los mercados se tuvo en el que ya ha pasado a la historia de la economía como el lunes negro de la bolsa de Nueva York, aquel dieciocho diecinueve de octubre de mil novecientos ochenta y siete, en el que la bolsa caía en una sola sesión en más de quinientos puntos... b.2) Rápidamente todas las bolsas se vieron arrastradas por esta crisis y a partir de entonces el/ la eh influencia que hay en las bolsas sobre todo de los grandes países y de cómo se transmiten las crisis de unas a otras, es un hecho bastante evidente. No tienen más que observar o leer cualquiera de nuestros eh de nuestros diarios con algún contenido económico cuando eh tratan de explicar los acontecimientos o la evolución de la bolsa de valores de Madrid, eh, que siempre o casi siempre la/ una de las razones o uno de los principales argumentos para explicar por qué subió o bajó la bolsa de Madrid en un/ en un determinado día, eh, se basa en que la de Nueva York había iniciado su sesión con una subida importante o con una bajada importante, de tal forma que ehh los analistas financieros casi siempre están mirando simultáneamente lo que ocurre en la bolsa de Madrid con lo que ocurre en la bolsa de Nueva York, ya que la bolsa de Madrid con muy pocos minutos de de desfase suele reflejar con bastante nitidez los movimientos de la bolsa de Nueva York. b.3) Éste eh éste es un fenómeno que nos da claramente idea de que las economías están totalmente interconectadas, de que esta interconexión es casi simultánea, de tal forma que se reflejan de de manera casi inmediata los acontecimientos que desequilibran un determinado mercado, y sobre todo en este caso en el mercado, el mercado de valores o en los mercados financieros es mucho más fácil detectarlo. […] (Maximino Carpio, Política Fiscal)

(11) […] {a} Y precisamente como uno no hace aquello que la ley espera que uno haga, es cuando se comete omisivamente el tipo, hm; sobre todo ya verán lo que luego denominaremos omisiones puras, que consisten precisamente en esto: la mera infracción de un deber.} b.1) Piensen ustedes por ejemplo en la omisión de deber de socorro, hm. b.2) Yo veo a alguien que está herido, hm; se produce una colisión de vehículos en la autopista cuando yo voy conduciendo; veo que los dos vehículos quedan ehh bastante destrozados, que eh los ocupantes de los mismos están heridos; pero decido no parar..., es decir, continúo adelante; evidentemente hay una acción, pero lo relevante es la omisión, la omisión; es decir, no hago aquello que la ley esperaba que yo hiciese, y lo que espera la ley que yo haga es socorrer a las víctimas del accidente; es decir, estoy incurriendo en una omisión del deber de socorro, hm, aquello que la ley pretende que yo haga, que es socorrer a las víctimas que se hallan eh en peligro o desamparadas, y como no lo hago, se me castiga. b.3) Mera omisión. {Hay otros tipos, sin embargo, que para consumarse […].} (Maite Álvarez, Derecho Penal)

(12) […] {Por tanto, a) estas torres que, como vemos, tienen una tipología muy variada, presentan o coexisten en un mismo/ coexisten en un mismo espacio o en un mismo territorio de una ciudad.} b.1) Y eso lo podemos ver por ejemplo en algunos casos bastante claros, por ejemplo el caso de Iruña, eh; la fortaleza de Iruña... b.2) Bien, la fortaleza de Iruña, [proyecta una transparencia] aquí la vemos, fijaros qué curioso: en esta parte de aquí, de aquí tenemos -yo creo que esto es un caso bastante prototípico- torres semicirculares; la estáis viendo: una puerta con unas torres semicirculares hm un único pasaje con torres semicirculares, a continuación torres semicirculares, un espacio enorme sin torres; aquí está el tema de las distancias, eh; a continuación una apertura en el muro y una serie de torres de tipo rectangular. Hoy por hoy la excavación de Iruña no se puede fechar en distintos momentos, porque, claro, ¿qué es lo primero, la tendencia primera cuando existen estas variedades tipológicas tan grandes? Es decir, hombre, pues esto se construye en este momento y esto se construye en este otro. No es verdad; es decir, hoy en día lo que está demostrado es, y se ha demostrado, que el que existan distintas torres no implica que existan momentos cronológicos, y esto creo que es importante ehh tenerlo en cuenta también. […] (Carmen Fernández Ochoa, Arqueología de Roma)

(13) […] {a) Además de la expansión hay otros ehh/ otras causas, como son la unificación de estados. La unificación de estados también puede llevar a la aparición, a la creación de comunidades bilingües.} b.1) Podríamos poner como ejemplo el caso de España, b.2) en el que la constitución de un estado, de un gran estado moderno, sobre todo a partir del ehh siglo dieciséis, favoreció la aparición de comunidades más o menos amplias bilingües en distintas partes del territorio peninsular; esa unificación ehh política llevó a la creación de comunidades bilingües en Galicia, llevó a la creación de comunidades bilingües en el País Vasco, llevó a la creación de comunidades bilingües en el dominio de la lengua catalana. {Tres causas llevamos por tanto: la expansión, la unificación, la colonización [...].} (Francisco Moreno Fernández, Sociología del Lenguaje)

La información a) presentada en (10) es considerablemente abstracta y ambigua, pues contiene sustantivos como *internacionalización, disponibilidad, información,* y expresiones cuya referencia es indeterminada: *lo que ocurre en un país; un país con suficiente {...}.* Además, la forma sintáctica en que esta información ha sido vertida no es precisamente sencilla: *Esta internacionalización {...} unido a {...} la disponibilidad {...} hace que lo que ocurre {...} se refleje en {...}, sobre todo si se trata del {...} se originan en {...}.* La unión de estos dos factores provoca, como vemos, que el aserto a) de (10) sea complejo y, por tanto, pueda plantear dificultades en cuanto a su comprensión se refiere. El profesor sale al paso de este problema proponiendo al auditorio el ejemplo b), con el que logra concretar el alcance del aserto anterior y deshacer la indeterminación de algunas de sus expresiones. Pero el ejemplo en cuestión se halla estructurado —como ya anunciamos en su momento— según el patrón usual de gestión de tópicos, por lo que presenta la introducción, desarrollo y cierre de un tópico. Así, en b.1) se introduce el tópico en cuestión ('el lunes negro de la bolsa de Nueva York como prueba de la internacionalización de los mercados'); b.2) muestra el desarrollo ('efectos en las demás bolsas; la bolsa de Madrid refleja lo que suceda en la de Nueva York, etc.'), y b.3) contiene el cierre ('las economías están interconectadas y lo que suceda en una repercute en las otras').

En (11) estamos ante una realidad similar a la anterior: la información contenida en a), concerniente a cierto tipo de delito que se comete por omisión, aunque de carácter general, no es tan compleja como en (10); el ejemplo b), con el que la profesora concreta diversos aspectos contenidos o relacionados con a), se halla conformado por el despliegue del tópico 'omisión del deber de socorro': b.1) introducción ('la omisión del deber de socorro'); b.2) desarrollo: 'no presto ayuda en un accidente, omito una acción que la ley me obliga a llevar a cabo e incurro en el delito'; b.3) cierre ('y esto es un caso de delito de mera omisión').

En (12) y (13) los asertos a) ('ciertas torres de tipología muy variada coexisten en un mismo espacio' y 'entre las causas del bilingüismo está la unificación de los estados', respectivamente) desembocan en los ejemplos b) que, si bien contienen la presentación y desarrollo de un tópico, sin embargo carecen, a diferencia de los casos anteriores, de la sección de cierre. Así, en el ejemplo de (12) se anuncia que se hablará de 'la fortaleza de Iruña' (b.1), cuyas características son enumeradas a continuación y constituyen el desarrollo de este tópico ('tipos de torres y secuencia de aparición de tales tipos', 'problemas de datación') (b.2); y en (13) se habla del 'caso de España' (en relación con el hecho de cómo la unificación de los estados crea situaciones de bilingüismo, claro está) (b.1), para proseguir con algunos datos que lo desarrollan ('la unificación política de España, a partir sobre todo del siglo XVI, llevó a la creación de comunidades bilingües en diversas zonas del territorio estatal') (b.2).

Dónde aparecen los ejemplos.

Si tenemos en cuenta la finalidad básica de los ejemplos (recordémosla: presentar información de cáracter particular en la que pueda integrarse otra más general o abstracta), no es de extrañar que éstos puedan aparecer en numerosos y diversos lugares de la lección. En efecto, basta con que se perciba que la información dada (o, en algunos casos, que va a darse) es importante y de carácter general o abstracto, para que se ofrezca un ejemplo cuya estructura dependerá, como acabamos de ver, del grado con que se muestren esos dos factores.

Los entornos más frecuentes en que se muestran los ejemplos son los siguientes:

a) Desarrollo de un tópico, tanto si corresponde a un tópico presentado en la explicación o si ha sido introducido en la respuesta a una pregunta planteada en algún momento (frecuentemente en la interacción previa al cierre de la lección):

(14)   En la explicación, en el desarrollo de un tópico:

[…] {a) Se llega a la producción de este resultado lesivo sin intención, debido a una falta de diligencia a la hora de actuar el sujeto […]}; b) **por ejemplo, yo voy conduciendo mi coche, hm, a excesiva velocidad, y en un paso de cebra hay un peatón que está cruzando y no me da tiempo a parar; freno, pero no llego a parar el coche debido a la excesiva velocidad y produzco el atropello del peatón; imagínense que lo mato; tengo la causación de una muerte; ¿es esa muerte querida por mí? En absoluto, estoy ante una muerte de carácter imprudente, que evidentemente se tiene que sancionar siempre menos que la muerte dolosa.** {Esto sí que es una regla general que no tiene excepciones en el código […].} (Maite Álvarez, Derecho Penal)

(15)   En la interacción previa el cierre de la lección, en el desarrollo del tópico constituyente de la respuesta del profesor:

[…] {a) Uno reconocería ahora mismo, ¿no? en la arquitectura popular un adobe porque en seguida se desmigaja, eh, no aguanta tanto como el ladrillo; pero no se fíen de los romanos: el adobe romano, no sé por qué, es durísimo, durísimo, durísimo;} b) **yo he visto, esto es una anécdota, pero yo he visto uno/ un obrero clavar un pico y sacar el adobe clavado en el pico..., es decir, bueno pues uno está acostumbrado al adobe prehistórico: cuidado, que no lo vas a encontrar en excavación a a mucha agua, mucho ast/ mucho perfil; no, porque uno se come un muro de adobe y uno se da cuenta después: es todo barro; 'ah, mira aquí por fin se ve que había algo que era un muro'. Esto no les va a pasar nunca en arqueología romana. Un adobe romano, les garantizo, les garantizo, que se van a poder romper uno si se empeñan con una piqueta, pero el siguiente ya no porque (xxx) la mano, el siguiente adobe es ya se queda incólume, eh, y se ve bien** […]. (Ángel Fuentes, Arqueología de Roma)

b) *Ejemplo* (uno o más ejemplos aparecen dentro de otro ejemplo):

(16) […] {a) Si ese resultado no se produce, el tipo se entiende como no consumado, y si no está consumado, por tanto estará en formas imperfectas de ejecución; será un tipo en grado de tentativa, ya sea acabada o inacabada, hm, por lo tanto con menor sanción penal, hm, pero el tipo en sí requiere ese resultado;} b) **por ejemplo, piensen ustedes en el tipo de homicidio. El tipo de homicidio, a') para estar ante un tipo de homicidio se requiere la causación de un resultado separado espaciotemporalmente de la acción, de la manifestación de voluntad. ¿En qué consiste la manifestación de voluntad? Pues c) en disparar, por ejemplo, en acuchillar, hm. Ahora bien, ¿qué necesito yo? a'') El resultado lesivo para el bien jurídico, es decir, el muerto; si no se produce la efectiva lesión al bien jurídico, si no se produce la muerte, yo no estoy ante un tipo de homicidio consumado. d) Yo disparo contra alguien y le causo heridas muy graves, ¿es un tipo de homicidio? Sí, pero incompleto, porque para castigar por el homicidio, al ser un tipo de resultado, requiere ese efectivo resultado; será un homicidio en grado de tentativa, eh, y como verán ustedes la tentativa tiene menor penalidad que la consumación.** {Hay otros tipos que no, hm […].} (Maite Álvarez, Derecho Penal)

(17) [...] {a) Lo que se está haciendo ahora en un trabajo que aúna la lexicografía con la morfología es tratar de dar reglas de formación de palabras en los/ en la introducción de los diccionarios, es decir, bueno usted será capaz, no sólo como hablante nativo sino como hablante extranjero, de crear las palabras que el español va a reconocer como palabras nativas [...], porque le vamos a dar la regla de producción,} **b) le vamos a decir por ejemplo que a') '-mente' solamente se agrega a adjetivos que sean de cualidad, pero no a adjetivos relacionales; c) por ejemplo, yo de 'ágil' puedo crear 'ágilmente'; de 'bueno' puedo crear 'buenamente', d) pero de por ejemplo hm, yo qué sé, un ehh un/ un adjetivo relacional, como por ejemplo pudiera ser ehh 'alimenticio', ¿verdad? ehh de 'alimenticio' no voy a crear 'alimenticiamente'; es imposible; ¿por qué?, porque es un adjetivo relacional.** *{Bueno pues entonces el diccionario en lugar de listar todos los posibles [...].} (Soledad Varela, Morfología del Español)*

En (16) el ejemplo b) contiene los asertos a') y a''), que provocan respectivamente la incrustación de los ejemplos c) y d). En (17) el ejemplo b) contiene el aserto a'), que provoca la incrustación de los ejemplos c) y d).

····▶ 2.6.

c) Inciso aclaratorio:

(18) [...] {Tipos dolosos son aquéllos en los cuales el sujeto realiza esa actividad queriendo, con voluntad, con voluntariedad, con voluntariedad -hombre, a) todos son voluntarios, pero me refiero con voluntariedad encaminada a la realización de determinado fin, a la consecución de determinado resultado:} **b) quiero hacer algo porque quiero llegar a un determinado sitio; quiero disparar porque quiero causar la muerte -tipo doloso de homicidio, hm-; presento un cheque falso en ventanilla en el banco porque quiero cobrar una cantidad de dinero, es decir, quiero realizar un engaño para obtener la disposición patrimonial, quiero estafar, hm.-** *[...] (Maite Álvarez, Derecho Penal)*

····▶ 2.4.

d) Argumentación:

(19) En una aclaración inserta en el desarrollo de un tópico:
[...] {Lo que aparece es una cosa muy bonita: son pisadas, la marca de una sandalia en en el ladrillo. (I) 1.a) Y esto es interesante porque muchas veces se ha dado como que estas sandalias son errores, eh; pasa: en un taller se hacen miles de ladrillos, hay muchas personas andando, y uno sin querer pisa un ladrillo que está secándose en el suelo.} 1.b) **Yo he visto por ejemplo huellas de perritos, de perritos, de los que pululaban por ahí por los talleres... ¡sí, sí!, de perritos de los más pequeños y tal, de los que están por allí: ratoneros, ¿no?** *{(II) 2.a) Ehh, bueno, esto es un error. Pero muchas veces estas marcas, que se ve que están hechas exprofeso, no son errores, y es muy interesante, porque son muy buenas, muy buen calzado el que aparece allí clavado, ¿no?...} 2.b)* **Ehh, los romanos, como nosotros ahora, como ustedes sobre todo, ehh, bueno, las señas de riqueza social tienen mucho que ver también de ostentación, tienen mucho que ver con el vestido,**

igual que ahora: las zapatillas éstas de deportes que valen veinte mil pese-
tas y treinta mil pesetas, eh, que las hay, cincuenta mil pesetas, llevan todas
'Adidas', ¿no? (*Ángel Fuentes, Arqueología de Roma*)

Los argumentos (I) y (II) contienen sendos ejemplos 1.b) y 2.b).

e) Cierre de cierta fase del desarrollo de un tópico:

(20) *[…] {Por tanto a) tendrá que presentar una solicitud de autorización a la*
comisión antes de otorgar la ayuda. -Todo esto os lo estoy contando con carácter muy
general en este eh lección segunda introductoria.-} b) **Lo veis permanentemente**
en los periódicos; veis permanentemente con Iberia, cómo Iberia está pen-
diente de la autorización -el estado en realidad- de la autorización de la co-
misión para poder otorgar las correspondientes ayudas. Veis, sin embargo,
que algunas otras empresas, que así creo que es el caso, eh, se zafan de este
tipo de obligaciones gracias a un estatuto de ente supuestamente de presta-
dor de un servicio público, como es Televisión Española; Televisión
Española es en cambio el chollo: ahí se puede dar todas las ayudas que se
quieran a pesar de que compite directamente con empresas -creo que
Televisión Española es sobre todo una empresa-, pero en fin estas historias
es harina de otro costal. […] (*Javier Díez-Hochleitner, Derecho Comunitario*)

f) Contraste (los ejemplos son parte de un contrastando):

→ 2.3.

(21) *[…] {En cuanto a la planta de la torres hm nosotros podemos decir que se*
mantienen o existen en este momento toda clase de torres, pero para que veáis un poco
la diferencia que hay entre las torres proyectadas en el momento altoimperial y las to-
rres tardías [proyecta una transparencia] […]: (I) 1.a) aquí tenemos por ejemplo
cómo serían las torres de unos re/ de un recinto altoimperial;} 1.b) **eh, tenemos las**
torres hacia adentro, eh; proyectadas hacia dentro; los/ […] la indicación de
los fosos que rodean al campamento; 1.c) **aquí tenemos otro ejemplo tam-**
bién, en neureta, las torres hacia dentro; 1.d) **y la variedad que ya en el Alto**
Imperio existen las puertas por ejemplo, ¿no? proyectadas hacia dentro,
cuadrangulares y semicirculares, un poquito semicirculares en ésta otra de
las puertas de aquí, de Weisenberg. *{(II) Sin embargo, 2.a) en el Bajo Imperio*
vamos a encontrar una tipología variadísima de torres, eh; aquí tenemos todos los/
todas las variantes que podéis imaginar:} 2.e) **las cuadrangulares, las rectangu-**
lares, las semicirculares, las redondas, las torres de abanico, las torres hm
poligonales, eh; *{2.a) y […] y algunos otros ejemplos todavía más complicados que*
van a aparecer en las puertas del Bajo Imperio:} 2.f) **simplemente una apertura en**
el muro, torres redondas; 2.g) **ésta sería por ejemplo al que nos hemos refe-**
rido anteriormente cuando hablábamos de las puertas, de torres semicircu-
lares proyectadas hacia el exterior (esto es una tipología de Petrikovitch que
sigue siendo válida ahora mismo); 2.h) **torres rectangulares hacia adentro;**
2.i) **y ésta aquí abajo, ahh, de aquí, la número cuatro, que es la puerta o el**

tipo de puerta -pues son torres de puerta-, éstas de aquí abajo que se llama de tipo (xxx), que es la que más se utiliza a partir sobre todo del siglo segundo y que de alguna forma recogerán algunas puertas también del período tardío. {Por tanto, estas torres que como vemos tienen una tipología muy variada presentan o coexisten en un mismo/ coexisten en un mismo espacio o en un mismo territorio de una ciudad. [...]} (Carmen Fernández Ochoa, Arqueología de Roma)

El contrastando (I) contiene los ejemplos 1.b), 1.c) y 1.d); el (II), los ejemplos 2.e)-2.i).

····▶ 2.7.

g) Resumen:

(22) [...] {Así que la morfología -retomo el comienzo- tiene tres apartados fundamentales: la flexión, la derivación y la composición, que tienen que ver con la manera como se puede complicar una palabra simple. Una palabra simple se puede complicar con la flexión obligatoriamente para entrar en la sintaxis: a) toda palabra tiene que estar flexionada en lenguas donde la flexión no solamente es de género y de número} b) **como en el español,** *{y en el caso del verbo, de tiempo y de modo, sino a) en lenguas }* c) **como el alemán** *{donde además hay casos: pues todo eso entrañaría estaría dentro del capítulo de la flexión. Las palabras se pueden complicar también para, digamos, formar nuevas palabras a partir de palabras más simples, y esto es lo que estudia la derivación y la composición, que es lo que se llama formación de palabras. Bien, derivación es cuando se hace por medio de afijos, morfemas afijales; composición es cuando se hace por medio de palabras simples -eso lo veremos el próximo día con más detenimiento-. Pero el hablante no solamente es/ puede reconocer/ el hablante nativo no solamente puede reconocer esos tres tipos de maneras de complicar la palabra, sino que conoce muchas más cosas con respecto a sus palabras: sabe cómo puede describirlas en sus partes, sabe partirlas, sabe además que esos morfemas que aparecen ahí a veces pueden aparecer bajo otra forma en otras palabras, sabe además que esas palabras se relacionan con otras del léxico bien porque comparten una raíz bien porque comparten un afijo, y a) sabe también que en algunos casos puede formar palabras a través de otras y en otros no:}* d) **pensad por ejemplo el prefijo 're', y voy a poner ahora un caso de otro morfema, de un morfema que no es sufijo sino que se coloca delante, ¿cómo se llaman esos morfemas que se colocan delante?**

Estudiante(s): (Se escucha mal. Se supone que contesta(n): **'Prefijos.'***)*

Profesora: **'Prefijos',** *efectivamente. Bueno pues 're-' es un prefijo que se añade a verbos, siempre tiene que haber aquí [señala lo escrito en la pizarra] un verbo al que se añada -no me estoy refiriendo al prefijo 're-' que aparece en 'rebotica', ¿verdad?, donde sí que se añade un nombre porque ése no es el prefijo productivo del español, sino el prefijo que indica una acción que se repite una vez más, con mayor exactitud o mayor precisión-; bueno pues a') eso se puede poner a verbos que indiquen una realización: no solamente una acción sino una acción que realiza algún efecto, que tiene algún efecto. e) Por ejemplo, si yo vuelvo a lavar una cosa, puedo 'relavarla', si yo escribo de nuevo una cosa, puedo 'reescribirla', ¿verdad? f) Este verbo [señala en la pizarra] puede* *formarse de nuevo en otro verbo que indique mayor precisión: 'yo reescribo el manuscrito', lo escribo con mayor exactitud o lo corrijo de alguna forma; pero, fijaos, g) un verbo por ejemplo como 'trabajar'; 'trabajar' es una acción, ¿verdad?, pero no es una acción que crea un efecto: yo no trabajo una cosa, no es un verbo transitivo en ese sentido que cree un efecto, no es una realización, es un verbo simplemente de acción; bueno pues ese verbo no permite el prefijo 're-': yo no puedo decir en español: 'fulanito está retrabajando', ¿verdad?, está volviendo a trabajar; a pesar de que podríamos pensar que un trabajo se puede hacer otra vez, no es posible utilizar 're-' con 'trabajar'; {luego en el prefijo 're-' los hablantes nativos saben, y eso es lo que tenemos que explicar en la gramática, ¿verdad? los morfólogos, y en vuestro caso vosotros como estudiantes tenéis que tratar de ver cuáles son las pautas de creación de palabras en español, tenemos que ver que hay que decir algo más: no solamente nos interesa que es verbo y no solamente un verbo de acción, sino un verbo que cree una/ un constructo de alguna forma, es decir que cree una realización [...].}* (Soledad Varela, *Morfología del Español*)

Los ejemplos b) y c) están incrustados en sus respectivos asertos a). El ejemplo d) contiene el aserto a'), que provoca la incrustación de los ejemplos e), f) y g).

h) Tormenta de ideas

(23) [...] *{Bien, pero además a) sabemos que las palabras pueden también cambiar de forma,}* b) **en virtud, por ejemplo, de la categoría gramatical que tengan;** b') **por ejemplo, 'forma' es un nombre, pero si yo de ese nombre quiero hacer un adjetivo, lo cambio ¿en qué?... Lo correspondiente a la 'forma' es ¿lo...?**
   Estudiante(s): (Se escucha mal. Se supone que contesta(n): **'Formal.'***)*
   Profesora: **'Formal'**, *efectivamente:* **le pongo a un nombre, 'forma'** *[escribe en la pizarra],* **le pongo una desinencia, '-al', por la cual un nombre cambia en adjetivo.** *{Bueno pues este tipo de cambios que pueden, como veis, operarse más de una vez [...].}* (Soledad Varela, *Morfología del Español*)

El ejemplo b'), incrustado en el ejemplo b), está elaborado por profesora y estudiantes.

En pocas palabras:

Los ejemplos se estructuran en función del grado de generalidad que revista la información previa que los provoca. Las estructuras básicas que adoptan expresan algún elemento o elementos de una clase, expanden cierta fase del desarrollo de un tópico, o convierten cierto tópico (que se hace subtópico) en parte del desarrollo de otro mayor. Los ejemplos, además, aparecen en diversos y numerosos lugares de la lección.

Se podría decir, a la vista de lo expuesto arriba, que los ejemplos siempre resultan ser expansiones de cierta información de carácter general o abstracto. Semejante expansión –ya lo hemos indicado– contribuye de forma decisiva, gracias a su flexibilidad, al desarrollo de numerosos componentes de la lección, sobre todo al de los tópicos. De ahí, seguramente, que el contenido de un ejemplo permita, para ajustarse a las necesidades que provocan tal expansión, la concurrencia de casi todas las modalidades de información. No obstante, y como es de suponer, hay modalidaddes más necesarias que otras en el marco del ejemplo. He aquí, en orden decreciente de importancia, las más comunes:

····> **1.3.2.**

a) Básica particular: Sin duda, el soporte fundamental y necesario del edificio que conforma un ejemplo. Se diferencia únicamente de la información básica (la que constituye el hilo fundamental de los tópicos que componen una lección) por su carácter particular, por representar una 'concreción' del contenido de la anterior. Sin este tipo de información no podría construirse un ejemplo.

> *(24) [...] {Por el convencimiento que se tenía en aquellos momentos de que a) en una situación con un desempleo masivo,} b) como es **el que sigue teniendo, sigue existiendo dentro de la Unión Europea, pero que ya en los primeros años noventa comenzó a ser uno de los principales/ una de las principales preocupaciones de la/ de los/ de las instituciones comunitarias,** {se entendía que había que tratar de coordinar políticas fiscales expansivas [...].} (Maximino Carpio, Política Fiscal)*

> *(25) [...] {Entonces, ¿qué ocurre? a) Que estamos tratando los sufijos, eh, los afijos llamados sufijos, como categorías de palabras, exactamente lo mismo:} b) **'casa' será igual que '-ción': entrará en el léxico como un sufijo categorizado para nombre, lo mismo que 'casa'; es un nombre y tendrá unos requisitos también específicos, y es que se dirá que '-ción' no puede ser una palabra que se inserte en el vocabulario español sin que se agregue previamente a una raíz; ésa es la diferencia entre '-ción' y 'casa'. 'Casa' puede operar sola dentro de la oración, no necesita más; mientras que '-ción' necesita soldarse a una base que tiene que ser un verbo por cierto para poder constituirse en un nombre que tenga luego virtualidad en la oración** ¿verdad?, {Bien, entonces, lo que vamos haciendo es [...].} (Soledad Varela, Morfología del Español)*

Como se ve, el contenido destacado en negrita es de carácter primario y principal (contribuye al desarrollo del tópico), y concreta el presentado en a). Esta información actúa de soporte para las otras: obsérvese cómo se sustentan en ella la expresión secundaria *como es* de (24) o la interactiva *¿verdad?* de (25).

b) Secundaria: Señala los diferentes aspectos discursivos que componen un ejemplo, entre los que merecen destacarse los relativos a la introducción del mismo.

····> 1.3.8.

(26) […] {a) Y por lo tanto se van a generar rentas fuera de de su propia ehh de de de su propia circunscripción o de su propio ámbito presupuestario...} **b) (i) Volviendo al ejemplo que había puesto en el primero eb en el primer grupo de argumentos sobre la necesidad de coordinación de las políticas fiscales:** *las políticas/ la política fiscal instrumentada por Estados Unidos en los primeros años ochenta tuvo unos efectos beneficiosos, pero también tuvo unos costes que no eb se frenaron dentro de sus propias fronteras, que trascendieron las propias fronteras de Estados Unidos... (ii)* **Uno de esos costes es** *el/ la subida o fue la subida de los tipos de interés a nivel internacional... (ii)* **Otro de esos costes fue** *la depreciación de la moneda en la segunda parte de la década... (ii)* **En este caso,** *unos países se vieron beneficiados y otros países se fue/ se vieron favorecidos, por lo que para unos pudo representar un coste un dolar más, un dólar devaluado, depreciado; para otros pudo representar un beneficio; lo mismo ocurrió con los tipos de interés: los países que fueran netamente acreedores de Estados Unidos y que fueran netamente exportadores, es decir, que tuvieran una balanza de pagos favorable, obtuvieron unos eb resultados beneficiosos para sí mismos. (iii)* **Es decir:** *que esa política que había estado aplicando Estados Unidos en los primeros años ochenta con unos elevados déficits públicos tuvo unos efectos externos positivos para al/ un grupo de países; para otros, entre ellos Alemania, Japón, fueron países favorecidos por este tipo de política. Otros países netamente ehh deudores o con una/ unos intercambios internacionales con Estados Unidos deficitarios, sufrieron una ehh penalización, es decir, soportaron los efectos externos, negativos que se habían originado con aquel tipo de políticas... […]* (Maximino Carpio, Política Fiscal)

(27) […] {a) Se reorganizan las defensas, se hacen fortificaciones de nueva planta,} **b) (i)** **por ejemplo** *en la zona de África o en algunos núcleos urbanos de Britania también existen fortificaciones en este momento. […]* (Carmen Fernández Ochoa, Arqueología de Roma)

En ambos casos (i) contiene información secundaria que indica que se está introduciendo un ejemplo. En (26), (ii) y (iii) expresan distintas partes del despliegue del tópico (desarrollo y cierre respectivamente) que conforma el ejemplo.

c) Resaltada y/o evaluada: Parte o toda la información primaria y principal de un ejemplo puede presentarse resaltada, evaluada o ambas cosas a la vez. No es de extrañar esta circunstancia, pues la misma función del ejemplo en la lección (facilitar la comprensión de información general) resulta reforzada con el empleo de los tipos de información aludidos.

····> 1.3.5.
1.3.7.

*(28) […] {a) Cuando se requiere la creación efectiva de una situación de peligro, hm, efectivamente se tiene que poner en peligro algún bien jurídico, aunque no lesionarlo, para que el tipo sea ya consumado, hm;} b) por ejemplo, el delito de conducción temeraria, eb. En el delito de conducción temeraria, **fíjense bien**, el legislador dice: 'el que condujere un vehículo a motor, o un ciclomotor', **hm**, artículo trescientos ochenta y uno del código, 'con temeridad manifiesta y pusiera en concreto peligro la vida o la integridad de las personas', es decir, que no basta con conducir temerariamente, hm […]. (Maite Álvarez, Derecho penal)*

*(29) […] {¿Os dais cuenta? a) Es en este sentido que se definía la libre circulación de capitales, en la medida necesaria para las otras libertades;} b) **constituiría una falacia decir que** el receptor de un servicio médico puede acudir a operarse a Alemania y sin embargo no permitirle la transferencia de los montantes dinerarios necesarios para efectuar el pago correspondiente de ese servicio. {Sin embargo, la evolución de la libre circulación de capitales […].} (Javier Díez-Hochleitner, Derecho Comunitario)*

*(30) […] b) Y eso lo podemos ver por ejemplo en algunos casos bastante claros, por ejemplo el caso de Iruña, eh; la fortaleza de Iruña… […]. La fortaleza de Iruña, aquí la vemos, **fijaros qué curioso:** en esta parte de aquí, de aquí tenemos -**yo creo que** esto es un caso bastante prototípico- torres semicirculares; la estáis viendo: una puerta con unas torres semicirculares **hm** un único pasaje con torres semicirculares, a continuación torres semicirculares, un espacio enorme sin torres; aquí está el tema de las distancias, **eb**; a continuación una apertura en el muro y una serie de torres de tipo rectangular. […] (Carmen Fernández Ochoa, Arqueología de Roma)*

En (28) la profesora resalta casi la totalidad del contenido primario del ejemplo. Para ello utiliza en distintos puntos elementos como *eh, hm,* o expresiones exhortativas como *fíjense bien*.

En (29) el profesor muestra su actitud ante cierto hecho mediante el empleo de la expresión *constituiría una falacia decir que {…}*.

En (30) la profesora evalúa y resalta distintos fragmentos del contenido primario del ejemplo mediante expresiones como *fijaros qué curioso* (amalgama para resaltar y evaluar), *yo creo que {…}* (evaluación) y *eh, hm* (resalte).

1.3.3.

d) De fondo: En numerosas ocasiones se hace necesario en un ejemplo el empleo de información de fondo, pues la información primaria principal en ejemplo necesita 'anclarse' en un marco conceptual previo conocido o fácilmente recuperable por el auditorio.

*(31) […] {a) La divisoria os podéis imaginar que en la práctica no es siempre sencilla, no es siempre sencilla.} b) **Como habréis podido también ver en algún caso en la prensa en el asunto probablemente de Cablevisión, habréis visto cómo el gran debate con Cablevisión fue determinar si estábamos ante un supuesto de concentración de empresas de dimensión comunitaria o de dimensión***

estrictamente española, *porque en un caso opera el derecho español de la competencia; en el otro opera el derecho comunitario de la competencia; y en un caso, cuando es el derecho comunitario de la competencia el que interviene o se aplica, es la comisión de las comunidades europeas la que interviene; cuando es el derecho nacional, son las autoridades españolas, en nuestro caso, el Tribunal de Defensa de la Competencia. [...] (Javier Díez–Hochleitner, Derecho comunitario)*

(32) [...] {a) La octava [...] tiene cierta vinculación con la noción romántica de inconsciente: la presencia de una vida inteligente a nivel instintivo en el mundo anu/animal o en el mundo natural [...].} b) **Pensar en las hormigas o en las abejas:** *nos sorprendemos de cómo de forma natural pueda diseñarse de forma inteligente formas de vida animal que a la propia razón humana le costaría bastante desarrollar con esa perfección. [...] (Pedro Chacón, Teoría Psicoanalítica)*

La información presentada en negrita es de fondo, pues actúa como base de la primaria presentada a continuación, facilitando la integración de la misma. Las expresiones *como habréis podido también ver {...}, habréis visto cómo {...}, pensar en {...}* implican el hecho de que la información que se presenta es ya conocida del auditorio.

e) **De carácter interactivo:** En cualquier punto del ejemplo puede hacer su aparición este tipo de información. Su mayor o menor frecuencia depende de las circunstancias y del estilo expositivo de la profesora o profesor.

1.3.9.

(33) [...] {a) Se trata también de que todos los productos comunitarios de todos los estados miembros reciban el mismo tratamiento en terceros países.} b) La ventaja negociadora de un país comercialmente y quizás políticamente, como puede ser Francia o como puede ser el Reino Unido o Alemania, podría colocar a los productos de esos países en posición de ventaja en las mercados internacionales, **¿no es cierto?,** *desvirtuando con ello la unidad del mercado. Lo mismo nos ocurriría a nosotros, España, en nuestras relaciones privilegiadas con ciertos países, y todos tenemos, los estados miembros, relaciones privilegiadas con alguien. [...] (Javier Díez-Hochleitner, Derecho Comunitario)*

(34) [...] {Derivación, efectivamente. Bien, pero a) sabemos que hay otra manera también de formar palabras en español,} b) por ejemplo, uniendo palabras simples y formando palabras complejas, **¿verdad?;** *{bueno pues esa otra rama de la morfología se denomina ¿la? [...]} (Soledad Varela, Morfología del Español)*

f) **Parentética:** Cuando el ejemplo es largo o su estructura es complicada, no es raro que encontremos incisos aclaratorios que delimiten, como en un conjunto de cajas chinas, distintos grados de particularización de la información ejemplar, o que simplemente aclaren algún aspecto de la misma.

1.3.4.
2.6.

(35) […] {Otras veces lo que aparece es el nombre del 'conditor', es decir, el pagano, el señor que paga, del que ha encargado la obra; en este caso no aparece 'ex officina' ni nada de este tipo: aparece el nombre suyo: a) 'fulanitus' tal cual, 'fulanitus' y todo lo que quiera aparecer, eh:} b) 'fulanitus' y su 'cursus honorum'; -bueno, no su 'cursus honorum' completo, pero sí algo identificativo: 'ex duo vir', 'ex' lo que sea-. […] (Ángel Fuentes, Arqueología de Roma)

(36) [···] {Pero por otro lado a) sabemos que las palabras también se pueden relacionar por los sufijos que comparten;} b) por ejemplo [señala en la pizarra], 'formal', que hemos visto antes, tiene la misma formación que 'general', y la mis/ -'general' en el sentido no del 'general de los ejércitos', sino lo 'genérico', ¿verdad?-, lo que/ el adjetivo 'general', y lo mismo por ejemplo que [escribe en la pizarra] 'observacional', o lo mismo que..., dadme otra...
Estudiante(s): ...
Profesora: 'Relacional' ¿verdad?- {Bien, todas esas palabras […].} (Soledad Varela, Morfología del Español)

(37) […] b) Esta mujer, que para salvaguardar su honra mataba al hijo recién nacido no era considerada una parricida, sino que cometía un delito de infanticidio, hm, infanticidio, que era un tipo privilegiado (I) -y decimos privilegiado porque la sanción penal que se imponía era una pena de prisión menor, es decir, de seis meses y un día a seis años, hm, frente a los veinte años de la conducta del parricida, siempre y cuando se diesen evidentemente la/ ehh los requisitos que el tipo de infanticidio requería, es decir, que fuera honoris causa-; bien, ¿qué pasaba con el padre que mata al hijo recién nacido, nacido exactamente por los mismos motivos, honoris causa, aunque un honoris causa ehh, ehh, un tanto distinto? (II) -Es decir, imagínense el que está casado con otra persona y no quiere que esa otra persona sepa que tiene un hijo extramatrimonial y decide darle muerte porque está casado, tiene cinco hijos y no quiere romper esa estructura familiar, y mata al hijo recién nacido.- Nunca podía ser un infanticida; la conducta es la misma, la motivación podía ser similar, pero el tipo exigía que exclusivamente fuese la madre el sujeto activo, y por tanto el privilegio, es decir, la reducción de penalidad, el rigor punitivo atenuado, solamente le correspondía a la madre, nunca al padre. […] (Maite Álvarez, Derecho penal)

Todos los incisos contenidos en estos casos son aclaratorios. Además, el (II) de (37) está estructurado como ejemplo.

En pocas palabras:

La modalidad de información que sobre todo sustenta a los ejemplos es la información de fondo particular; esta modalidad admite, además, de un modo y otro todas las demás.

A pesar de la importancia que tienen los ejemplos como mecanismo discursivo en el marco de la lección, no poseen sin embargo un conjunto tan abundante (como sí ocurre con otras operaciones discursivas) de elementos lingüísticos que señalen sus diversos aspectos. La razón de ello parece estar en que es posible asignar el estatus de ejemplo a cierta información sólo con que ésta admita ser interpretada como caso particular o concreción de otra, generalmente previa, más general o abstracta. De ahí que podamos hallar numerosos ejemplos sin marca alguna que indique su introducción:

(38) *[…] {Otras veces, a) las marcas que aparecen no tienen que ver con el dueño del taller, sino con controles internos de de la oficina, del taller:} b) puede aparecer una C, cien, doscientos, trescientos, y ser simplemente un control interno ehh un control de de esto que he hecho; una cosa así, diríamos ahora, organización interior […]. (Ángel Fuentes, Arqueología de Roma)*

(39) *[…] {a) El dólar sufrió unas oscilaciones también sin precedentes en los años anteriores...} b) Como un dato que puede reflejar este/ esta tensión de los mercados internacionales de divisas, simplemente indicar que, en tanto el dólar se había preciado, entre mil novecientos ochenta y uno a ochenta y cinco, un treinta por ciento frente al marco, entre el ochenta y seis y el noventa sufrió una depreciación del cuarenta y cinco por ciento; el comportamiento frente al yen no fue tan acusado, en cuanto que la primera parte de la década eh no se tradujo esta/ estos desequilibrios exteriores no se tradujeron en una apreciación del dólar frente al yen más que del nueve por ciento; sin embargo la depreciación que se observó en la segunda parte de la década, del ochenta y cinco y el noventa/ el ochenta y seis noventa, fue del cuarenta por ciento... {Como consecuencia de ello la desconfianza en los mercados […].} (Maximino Carpio, Política Fiscal)*

(40) *[…] {Fijaros que a) cada vez que se adopta una directiva de armonización el artículo treinta y seis deja en principio de jugar,} b) porque si se trata de determinar cuáles son los aditivos permitidos en las legislaciones estatales, y esas legislaciones se armonizan, evidentemente no cabrá a partir de ese momento que ningún estado miembro -Dinamarca, con su legislación más avanzada en materia de protección de consumidores o Alemania también es el caso- no podrán negarse a admitir invocando el artículo treinta y seis productos fabricados en España, puesto que esos productos en todo caso respetan la legislación armonizada o la directiva de armonización de las legislaciones de los estados miembros. {¿Me habéis seguido en esta explicación? […]} (Javier Díez-Hochleitner, Derecho Comunitario)*

(41) *[…] {a) Es frecuente que una de las lenguas se utilice con ciertos fines sociales, mientras que la otra o las otras se utilicen con funciones y con fines diferentes;} b) hay situaciones en las que una de las lenguas es utilizada sobre todo en contextos*

familiares, mientras que la otra lengua es utilizada sobre todo en ámbitos formales: en la administración, en la esfera digamos laboral, en los medios de comunicacion social. Hay un reparto pues funcional del uso/ en el uso de las lenguas. [...] (Francisco Moreno Fernández, Sociología del lenguaje)

Cuando la circunstancia anterior no se da, los indicadores que aparecen admiten ser agrupados en las siguientes categorías:

····> 3.4.

a) La entonación permite en numerosos casos, sobre todo cuando no se emplea ningún otro recurso verbal, indicar que se está introduciendo un ejemplo. Para ello, lo que se hace en tales ocasiones es que la información correspondiente al ejemplo se la reviste de un tono que resulta más bajo que el de los segmentos del entorno ([↗] simboliza 'entonación descendente' y [↘], 'entonación ascendente').

(42) [...] *{Y las consecuencias que esta falta de coordinación tuvo sobre a) otra serie de de variables económicas} b)* [↘] *-balanzas de pagos, tipos de cambio, tipos de interés-;* [↗] *uno de los argumentos/ digo que esta experiencia ha sido uno de los argumentos básicos para llegar al convencimiento de que [...].} (Maximino Carpio, Política Fiscal)*

(43) [...] *{a) Que estas palabras y otras muchas:}* ↘ *b) 'correduría', 'corretear', etcétera,* ↗ *{todas esas comparten una misma parte que [...].} (Soledad Varela, Morfología del Español)*

(44) [...] *{Bien, a) éste recordáis por tanto que era un/ una fase}:* ↘ *b) aquí tendríamos las murallas de Caesaraugusta, de Barcino, de Pax Julia, de Emerita, de Coninbriga, etcétera. O sea un grupo del que ya hemos hablado* ↗ *[...]. (Carmen Fernández Ochoa, Arqueología de Roma)*

(45) [...] *{a) Nos encontramos con que junto a este derecho de la competencia tenemos un derecho nacional de la competencia.}* ↘ *b) En España, lo sabéis, tenemos la ley de defensa de la competencia, del ochenta y nueve, con un Tribunal de Defensa de la Competencia.* ↗ *[...] (Javier Díez-Hochleitner, Derecho Comunitario)*

Al parecer, esta posibilidad está reservada sobre todo a cuando el ejemplo sirve para mencionar los elementos de una clase (es lo que ocurre en (42), (43) y (44)), y menos en otras circunstancias, como pueden ser que el ejemplo admita ser interpretado como inciso o que la información contenida en él sea breve y conocida (o supuestamente conocida) para el auditorio (lo que sucede en (45)).

b) *La expresión "por ejemplo"* es sin duda la más común para indicar que se está poniendo un ejemplo.

(46) [...] {a) *Quitándole aquellos elementos que se consideran perniciosos o negativos,}* b) *cribando, quitándole **por ejemplo** componentes arenosos que con inconvenientes, {o añadiéndole, con algún tipo de material que no tiene [...].}* (Ángel Fuentes. Arqueología de Roma)

(47) [...] {a) *Es decir, dejan de construirse los fosos y se confía la defensa al grosor del muro, se confía la defensa al grosor del muro; es verdad que hemos documentado algunos fosos en algunas murallas tardorromanas, pero hm/}* b) ***por ejemplo**, en Lugo se ha documentado en las excavaciones de hace dos años un foso a quince metros de la muralla, es decir, bastante lejos; no tiene nada que ver con los fosos que conocemos para para la época altoimperial, que estaban prácticamente pegados al fuerte y que algunos ya los hemos proyectado aquí, en clase; {es decir, que la muralla se convierte en una defensa pasiva [...].}* (Carmen Fernández Ochoa, Arqueología de Roma)

(48) [...] {a) *Prohíbe a estas empresas que ocupan una posición dominante el abuso, o abusar de esta posición dominante,}* b) ***por ejemplo** estableciendo precios depredatorios o estableciendo condiciones abusivas a los consumidores de los productos que ofrece esta empresa, etcétera, etcétera. [...]* (Javier Díez-Hochleitner, Derecho comunitario)

(49) [...] {*Por tanto si nosotros queremos describir de una manera completa todo eso que conocemos a propósito de las palabras complejas [...], a) no solamente tendremos que describir cómo están compuestas [...] ¿verdad?}* b) ***Por ejemplo**, no solamente tendremos que decir que un verbo como 'formalizar' está formado primero de un nombre, 'forma', al cual se le agrega un adjetivo, 'formal', al cual se re/ se le agrega un sufijo verbal, 'formalizar', y al cual se le agregan luego las desinencias propias de la primera conjugación, porque '-iza' es un sufijo que siempre impone la primera conjugación. {Digo que no solamente tenemos que hablar de la estructura interna [...].}* (Soledad Varela, Morfología del Español)

La expresión en cuestión aparece tanto al comienzo como intercalada en las primeras palabras del cuerpo del ejemplo. En algunos casos, además, adopta la forma reducida *ejemplo*:

(50) [...] {a) *Es decir, ehh, las líneas o barreras del limen, como puntos defensivos, sí se mantienen, pero lo que se hace es fortificar los centros urbanos.}* b) ***Ejemplo**: ya hemos hablado de Roma, quizá siendo uno de los primeros ejemplos el año doscientos setenta doscientos setenta y cinco, y otros muchos que veremos aquí. [...]* (Carmen Fernández Ochoa, Arqueología de Roma)

*c) **Como*** es también usado con cierta frecuencia para introducir un ejemplo, dado que una de sus funciones consiste en asignar elementos a clases.

(51) […] *{a) Si se trata de una economía con la suficiente capacidad e influencia en las demás, como para que haya después unos efectos retroalimentadores de aquella ehh/ de aquel impacto inicial,} b) **como** sería el caso de Estados Unidos, {esta eh independencia no es tan clara, esta independencia o esta/ este aislamiento que la propia economía tiene en cuanto a sus variables internas.} b) Estados Unidos puede -acaso sea el único país en estos momentos- puede instrumentar una determinada política fiscal o monetaria al margen de lo que están realizando el resto de los países; primero porque es una economía lo suficientemente potente como para que, a través de los efectos multiplicadores que su comercio exterior tiene sobre el resto de las economías, parte de de ese efecto expansivo o contractivo se revierta nuevamente a través de las propensiones marginales a la importación que el resto de los países tienen de productos norteamericanos. Sin embargo, el resto de los países, entre ellos el nuestro por supuesto, a pesar de que el de que de/ que ehh al unirse con otros países en los que las orientaciones de las políticas fiscales y políticas monetarias van siendo cada vez, van estando cada vez más coordinadas, sin embargo todavía no tienen esa capacidad de liderazgo, como tiene la economía norteamericana. {Bueno, ehh, no quisiera que […].} (Maximino Carpio, Política Fiscal)*

(52) […] *{a) Actualmente estos ehh centros son sobre todo estos puntos de encuentro, son sobre todo puntos de encuentro de política internacional.} b) Pensad en ciudades **como** Nueva York, donde acuden muchos ehh/ muchas personas procedentes del muchos lugares del mundo para participar en las instituciones internacionales que allí tienen su sede; o pensad en Bruselas, donde también acuden a vivir durante un tiempo determinado al menos mucha gente procedente de países muy diferentes, y eso obliga a que la ciudad en parte se haga bilingüe o multilingüe, y eso obliga a la gente que va a vivir allí a hacer práctica, a poner en práctica también ehh un bilingüismo… {Ésas son las causas principales, sabiendo que luego cada pueblo tiene su historia […].} (Francisco Moreno Fernández, Sociología del Lenguaje)*

En (51) el ejemplo se articula sobre el hecho de que 'la economía de los Estados Unidos' es un elemento asignable a la clase que pudiéramos denominar 'economía con suficiente capacidad e influencia en las demás y que provoque efectos retroalimentadores de cierto impacto'. En (52) se asigna 'Nueva York' a la clase 'ciudad cosmopolita'.

d) En otras ocasiones resulta suficiente para introducir y mantener un ejemplo la alusión, mediante pronombres personales, desinencias verbales o ambas cosas, a quienes participan en el acto de la lección. Este procedimiento presenta sobre todo tres posibilidades:

d.1) Cuando la persona que enseña se alude a sí misma, cierta información se particulariza en relación con otra más general y surge de ello un ejemplo:

la profesora o profesor se convierte, así, en personaje del pequeño drama contenido en la información en cuestión, que se hace, por todo esto, más cercana a la experiencia de quienes escuchan.

(53) […] {a} Es decir, ante el aprovisionamiento de la oficina, le es más fácil tener lo que más gastan, que es la/ el combustible, cerca, que la tierra: la tierra se puede llevar en carros, eh:} b) **yo me** llevo veinte carros de tierra y con eso hago un montón de ladrillos; pero, ¿saben la cantidad de leña que tengo que acarrear para hacer esos ladrillos? No son veinte carros, pueden ser doscientos carros. De manera que, bueno, se hacen cuentas y se hace así, eh, se hace así. […] (Ángel Fuentes, Arqueología de Roma)

(54) […] {Bien, pues resulta que a) el nombre que se deriva de él, que es 'ataque', se construye en la oración, se va a plasmar en la oración exactamente con los mismos argumentos que el verbo del que deriva, es decir, va a tener [escribe en la pizarra] un agente y va a tener un paciente,} b) con lo cual **yo voy** a poder decir 'el ataque a la fortaleza' o 'de la fortaleza por los soldados'; la construcción sintáctica varía porque ahora estamos ante un nombre y por tanto la articulación (xxx) sintáctica va a ser distinta, pero los papeles semánticos, lo que llamamos los argumentos semánticos que acompañan a ese deverbal, a ese nombre deverbal, son los mismos, porque los hereda de su verbo. […]. (Soledad Varela, Morfología del Español)

(55) […] {a} Si no se produce la efectiva lesión al bien jurídico, si no se produce la muerte, yo no estoy ante un tipo de homicidio consumado.} b) **Yo** disparo contra alguien y le causo heridas muy graves, ¿es un tipo de homicidio? Sí, pero incompleto, porque para castigar por el homicidio, al ser un tipo de resultado, requiere ese efectivo resultado; será un homicidio en grado de tentativa, eh, y como verán ustedes la tentativa tiene menor penalidad que la consumación. {Hay otros tipos que no, hm […].} (Maite Álvarez, Derecho Penal)

d.2) Si hay alusión al auditorio, normalmente se establece mediante el uso de ciertos verbos en imperativo o de otros en futuro imperfecto o perfecto o en presente de indicativo (acompañados o no del pronombre de tercera persona del plural *ustedes*, nunca del pronombre de segunda persona del plural *vosotros/-as*, y en algunas ocasiones, cuando no adoptan la forma imperativa, del adverbio temporal *ya* o de *como*), en fórmulas que casi siempre aparecen al comienzo del ejemplo. Por un lado:

Imagínense (ustedes) (que) {…}

Pensad en {…}

Recuerden (ustedes) (que) {…}

Suponed {…}, etc.

Por otro:

Habréis visto (que) {…}

(Ya) habrán oído hablar (ustedes) de {…}

Ya conocéis {…}

(Ya) sabréis que {…},

(Ya) saben (ustedes) que {…},

Como (ya) sabéis, etc.

Obsérvese que el significado de los verbos utilizados en estas expresiones hace siempre referencia a procesos o estados mentales relacionados con la recuperación o almacenamiento de información. Por ello, cuando se introduce un ejemplo mediante estos indicadores, se apunta a que la información contenida en el mismo es en parte conocida o fácilmente recuperable (o se supone que así es) por parte de quienes escuchan.

2.5.3.d

(56) […] {Por ejemplo, tienen, dentro de estos tipos de delitos contra la administración, a) la destrucción de documentos, hm; en la destrucción de documentos, de documentos públicos o de documentos oficiales, dice el código penal que 'el funcionario público que destruyere un documento'} -b) **imagínense** *el juez, hm, que destruye las pruebas de un sumario para no inculpar, hm, por ejemplo a un cuñado suyo; dice: 'bueno, para que mi cuñado no esté ehh no sea juzgado', destruye unas pruebas que están incardinadas en el ámbito de un sumario; al estar ya en un/ en el sumario tienen esa categoría, adquieren esa categoría de documento público o de documento oficial. […] (Maite Álvarez, Derecho Penal)*

(57) […] {Y por otra parte, a) las declaraciones administrativas dirigidas exclusivamente a controles estadísticos; cualquier otra medida queda prohibida.} b) **Habéis visto** *en la prensa, hace no muchos años, quizás un par de años, casos como el asunto Bordesa; asunto Bordesa en el cual au/ en España se detiene a un ciudadano comunitario por transportar en un maletín más de cinco millones de pesetas por territorio comunitario. La legislación española era hasta ese momento una legislación que no permitía por razones de control también de los movimientos de capital, justificados en razones de seguridad, blanqueo de capital, etcétera, no permitía, no permitía el transporte en mano de más de cinco millones de pesetas; las transferencias de más de cinco millones de pesetas, siendo libres de acuerdo con la legislación española, debían de hacerse a través de movimientos bancarios, para permitir con ello un mayor control. Pues bien, el asunto llegó al Tribunal de Justicia de las Comunidades Europeas y el Tribunal de Justicia de las Comunidades Europeas declaró que esa medida, que podía, quizá estaría justificada, sin embargo es contraria, es contraria a la libre circulación de mercancías, y hemos tenido que modificar nuestra legislación a los efectos incluso de permitir estos movimientos de capitales en mano incluso. {Bien, con esto si os parece hemos terminado […].} (Javier Díez-Hochleitner, Derecho Comunitario)*

(58) […] {a) La octava […] tiene cierta vinculación con la noción romántica de inconsciente: la presencia de una vida inteligente a nivel instintivo en el mundo anu/ animal o en el mundo natural […].} b) **Pensad** *en las hormigas o en las abejas: nos*

sorprendemos de cómo de forma natural pueda diseñarse de forma inteligente formas de vida animal que a la propia razón humana le costaría bastante desarrollar con esa perfección. [...] (Pedro Chacón, Teoría psicoanalítica)

d.3) La alusión a los participantes en la lección también puede hacerse a través del uso inclusivo de pronombres y desinencias verbales de primera persona del plural.

(59) *[...] {a) La apertura, el crecimiento de la apertura internacional, opera en el sentido inverso de esta pretensión de controlar, de eh aplicar una política económica de corte nacional, es decir, una política económica autónoma es una cierta pérdida de soberanía...,} b) que por una parte lo esta**mos** observando eh... en los países que han decidido voluntariamente integrarse dentro de lo que en estos momentos conoce**mos** como la Unión Europea o dentro del Sistema Monetario Europeo, {y que de/ en otros casos no es una pérdida voluntaria de soberanía [...].} (Maximino Carpio, Política Fiscal)*

(60) *[...] {a) En virtud del artículo ciento trece, por tanto, ningún estado miembro puede adoptar actos normativos que incidan en la regulación de los intercambios con terceros países, ningún estado miembro puede celebrar acuerdos comerciales con terceros países...} b) España se adhirió hace no mucho tiempo a la Comunidad Europea, y una de las primeras cosas que hic**imos** fue desmantelar **nuestra** red de acuerdos comerciales: desmantelados, directamente; sustituidos por acuerdos comunitarios... [...] (Javier Díez-Hochleitner, Derecho Comunitario)*

(61) *[...] {a) Sin tener conciencia, sin prestar atención a los principios lógicos que subyacen a esos comportamientos.} b) Normalmente sol**emos** pensar y hablar sin atacar el principio de contradicción; no dec**imos** que a la vez dos cosas son verdaderas y falsas al mismo tiempo y bajo el mismo aspecto, o manten**emos** el principio de tercio excluso, eh. [...] (Pedro Chacón, Teoría Psicoanalítica)*

(62) *[...] {a) En otros casos la asimilación se produce eh muy rápidamente;} b) tene**mos** ehh casos de. hispanos que llegan a los Estados Unidos o llegan a Canadá, y que en seguida se asimilan; los recién llegados ehh siguen utilizando evidentemente su lengua, sobre todo en los ámbitos familiares, pero puede darse el caso de que ya los hijos de esos ehh inmigrantes ya no hablen la lengua de sus padres aunque sus padres les hablen a ellos en su lengua; puede darse esa circunstancia: que un hijo le hable a los padres en inglés y los padres les hablen a los hijos en español; eso quiere decir que a partir de ese/ de esa generación ya se ha comenzado a dar una una ruptura en una comunidad lingüística y desde luego ya la segunda generación, esa lengua de los inmigrantes puede desaparecer; esto es una posibilidad. {Pero hay otros casos. [...]} (Francisco Moreno Fernández, Sociología del Lenguaje)*

Estos casos muestran con claridad que la alusión simultánea a profesor o profesora y estudiantes aproxima de algún modo cierta información al ámbito experiencial de unas y otras personas y favorece su interpretación como ejemplo.

d.4) La alusión inclusiva también se puede llevar a cabo con el apoyo de casi todos los verbos considerados en d.2), en fórmulas como:

Imaginemos (que) {…}

Supongamos (que) {…}

Recordemos (que) {…}

Pensemos en {…}

Como (ya) sabemos

Ya lo sabemos

(Ya) hemos hablado de {…}, etc.

(63) *[…] {¿En qué consiste la unión aduanera? a) Consiste en configurar el territorio comunitario} b)* -**supongamos que** *[hace un dibujo en la pizarra] ése es el territorio de los quince estados miembros- {como un único territorio a los efectos de imposición de aranceles, de aranceles respecto de la importación de terceros países,} b) de manera que* **supongamos que** *esto es Alemania, que esto es Italia, que esto es España o esto es Francia, o Dinamarca también lo pondremos -perdonar que me haya salido más pequeña, eh-; significa que el producto procedente de Argentina va a estar gravado de la misma forma entre por Dinamarca [señala sucesivamente en el dibujo], por Francia, por Alemania, por España: exactamente de la misma forma; para ello lo que hacemos, o lo que hace el Tratado CE es transferir, prever en primer lugar la supresión de los aranceles nacionales en las importaciones de terceros países para crear, para articular un arancel exterior común. […] (Javier Díez-Hochleitner, Derecho Comunitario)*

(64) *[…] {a) los cambios que se operan en la palabra, en virtud de su concordancia con otras o del régimen que impone un verbo a una palabra,} b) por ejemplo,* **pensemos en en** *en lenguas que tengan casos como es por ejemplo el alemán, bueno pues el hecho de que un nombre sea el objeto directo de un verbo va a acarrear una terminación determinada, el acusativo por ejemplo, ¿verdad?, o en latín, que también habéis estudiado; a) bueno, pues ese tipo de cambios formales de la palabra se engloban bajo la denominación de la flexión; por tanto, la flexión es una de las partes que comprende la morfología, ¿verdad?... […] (Soledad Varela, Morfología del Español)*

(65) *[…] {Primero, a) porque compartan una misma raíz, lo que se llama un mismo étimo, es decir, porque la raíz que compartan sea la misma,} b) por ejemplo,* **sabemos que** *eh, yo qué sé, una palabra como [escribe en la pizarra] ehh 'corredor', -bueno, 'correr', o 'corredor' o 'correveidile', eh, que sería un compuesto de esos extraños del español, porque es todo un sintagma lo que se ha hecho, compuesto: 'corre-ve-i-di-le': fijaos todos los elementos que hay ahí- que estas palabras y otras muchas […]. (Soledad Varela, Morfología del Español)*

(66) *[…] {a) Es decir, ehh, las líneas o barreras del limen, como puntos defensivos, sí se mantienen, pero lo que se hace es fortificar los centros urbanos.} b) Ejemplo:* **ya hemos hablado de** *Roma, quizá siendo uno de los primeros ejemplos el año*

doscientos setenta doscientos setenta y cinco, y otros muchos que veremos aquí. […] (Carmen Fernández Ochoa, *Arqueología de Roma*)

(67) […] {a) *O un fenómeno que se ha descubierto muy recientemente: es que rectifican los recintos, es decir, no es sólo que se reduzca el recinto;*} b) *por ejemplo* **recordemos** *en Conímbriga: en Conímbriga la muralla augustea y la muralla tardía no circulan por el mismo sitio, es decir, la muralla tardía reduce el perímetro de la ciudad y se asienta además en casas destruidas del período de/ o sea que está muy bien datada, ¿no?* […] (Cármen Fernández Ochoa, *Arqueología de Roma*)

e) Como es de suponer, es frecuente, para marcar la introducción de un ejemplo y mantenerlo, que se empleen total o parcialmente y a un mismo tiempo los instrumentos verbales considerados en b), c) y d). Las combinaciones resultantes son diversas, siendo sin embargo las más comunes las que reseñamos a continuación.

e.1) Como por ejemplo {…}/como {…} por ejemplo:

(68) […] {*Sobre todo en las últimas dos décadas, que ehh han eh profundizado en esta necesidad; de hecho, a) la coordinación que se ha llevado desde algunas instituciones,*} b) **como por ejemplo** *del/ desde el Fondo Monetario Internacional en cuanto a la eh/ en cuanto a los tipos de cambio, implicaba de alguna forma el mantenimiento de esta coordinación, implicaba el que las políticas fiscales utili/ empleadas instrumentadas en los distintos países, no divergieran mucho entre sí... {Pero ha sido a raíz de la experiencia sobre todo de los años ochenta […].}* (Maximino Carpio, *Política Fiscal*)

(69) […] {a) *Pensemos en en en lenguas que tengan casos*} b) **como** *es* **por ejemplo** *el alemán, {bueno pues el hecho de que un nombre sea el objeto directo de un verbo va a acarrear una terminación determinada […].}* (Soledad Varela, *Morfología del español*)

(70) […] {a) *Hay un reparto bien claro de las funciones; veis que no es la situación de 'una lengua-su dialecto'},* b) *porque ehh una variedad* **como** *el andaluz* **por ejemplo** *se puede utilizar en los medios de comunicación social, se puede utilizar en contextos formales; eso no ocurre con estas dos variedades del árabe a la que/ a las que me estoy eh refiriendo. {¿De acuerdo?* […]} (Francisco Moreno Fernández, *Sociología del Lenguaje*)

e.2) Por ejemplo + verbo en primera persona singular del presente de indicativo (los más frecuentes: *decir, querer, recordar, ver*):

(71) […] {a) *Caurium, Conímbriga, hm, Astúrica, Gijón, Tiermes, están en unos valores que oscilan porque los encintados no tienen, en toda la zona del encintado, no tienen a veces la misma anchura, y también por razones de tipo topográfico, eh.*} b) **Recuerdo por ejemplo** *el caso de Gijón, que conozco un poquito, que ehh hay una zona que es justamente la que linda con las termas, que que la muralla se mantiene*

sistemáticamente en cuatro sesenta metros, y cuando llegamos a la parte de la mura-
lla que rodea las termas la muralla tiene tres diez o tres cuarenta, y además tiene ya
un trazado mucho más lineal que en las otras zonas; está claramente en función de
eso, pero curiosamente lo que sucede es que se estrecha la muralla, ehh, diríamos el
lienzo, pero se amplía la zapata, hm; entonces hay mucha más zapata y mucha menos
altura del lienzo, y eso está en función de la ordenación que lleva la ciudad, las ter-
mas de la ciudad, que están, digamos, pegadas a la muralla, y están utilizando la za-
pata de la muralla como pasillo, de salida de una/ de la parte/ de una parte de las ter-
mas […]. (Carmen Fernández Ochoa, Arqueología de Roma)

(72) *[…] {a) El verbo [escribe en la pizarra] 'atacar' se se construye con un*
agente y con un paciente; el agente es el que luego se va sintácticamente a reflejar
como un sujeto, y el paciente como el llamado complemento directo o como objeto;}
b) si yo digo por ejemplo *'los soldados atacan la fortaleza', 'los soldados' es el agen-*
te, 'atacar' es un verbo de acción, 'la fortaleza' es lo que se ataca, el objeto atacado, es
decir, si fuera un ser humano sería el paciente en sentido ehh más evidente; si no, ha-
blamos del objeto afectado. {Bien, pues resulta que el nombre que deriva de él, que es
'ataque', se construye […].} (Soledad Varela, Morfología del Español)

e.3) *Por ejemplo* + verbo en primera persona del plural del presente de indicativo (los más frecuentes: *decir, hablar de, suponer, tener (que))*:

(73) *[…] {a) Ese sufijo es '-a-l'} b) porque, fijaos,* **por ejemplo** *en 'género', que*
termina en '-o', también **decimos** *'general', o sea que siempre se pierde la vocal final*
[…]. (Soledad Varela, Morfología del Español)

(74) *[…] {a) Pero después hay unas variantes enormes,} b) y* **tenemos, por ejem-**
plo, *la de Coria, eh; la de Gerona […]. (Carmen Fernández Ochoa, Arqueología de Roma)*

(75) *[…] {a) Luego le podemos dar una clasificación semántica.} b)* **Hablamos**
por ejemplo de *nombres de cualidad como es '-idad';* **hablamos de** *nombres de ac-*
ción como es 'ataque' u 'observación'; **hablamos de** *nombres de posi/ de adjetivos de*
posibilidad como es '-ble', o de adjetivos de cualidad como pueda ser '-eza' -o '-ez',
perdón- […]; {pero lo que nos interesa más a efectos de la morfología es cuál sea su
categoría y cuál sea su derivación; eso es interesante: la trayectoria derivativa. […]}
(Soledad Varela, Morfología del Español)

e.4) *Por ejemplo* + *tene*r en segunda persona plural (tú/ustedes) del presente
de indicativo:

(76) *[…] {a) Se llama tipos especiales propios a aquellas situaciones, a aquellos*
tipos en los cuales el ordenamiento jurídico en este tipo especial no ha previsto la co-
rrespondiente conducta común, no ha previsto el correspondiente tipo común, es
decir, que yo me encuentro ante un tipo, ante un delito que exclusivamente puede ser,
con el ejemplo que hemos puesto, cometido por un funcionario público, es decir, un

particular que quiera realizar esa conducta no puede.} b) **Por ejemplo, tienen***, dentro de estos tipos de delitos contra la administración, la destrucción de documentos, hm; en la destrucción de documentos, de documentos públicos o de documentos oficiales, dice el código penal que 'el funcionario público que destruyere un documento' […] (Maite Álvarez, Derecho Penal)*

e.5) Por ejemplo + segunda persona del plural (tú/ustedes) en imperativo (los más frecuentes: *pensar en, recordar*):

(77) […] {En segundo lugar, a) hay una conducta que también recoge esta misma situación cometida por un particular, hm;} b) **piensen ustedes por ejemplo en** *el delito de detención ilegal, la detención ilegal; hay un tipo que dice: 'el funcionario público que detuviere ilegalmente a un ciudadano', hm; es un tipo especial impropio, porque correlativamente a éste -'el funcionario público que detuviere ilegalmente a otro'-, nos encontramos con otro tipo que dice: 'el particular que detuviere ilegalmente a otro'; de ahí que cuando nos encontremos ante un sujeto funcionario que con la colaboración de un particular lleva a cabo una detención ilegal, el funcionario público es autor de la detención ilegal por el tipo especial impropio, y el particular no es colaborador en esa detención ilegal, sino que a su vez es autor de una detención ilegal cometida por particular, hm, es decir, no son supuestos de o no van a dar lugar a supuestos de participación, sino que van a dar lugar a supuestos de distinas autorías por distintos tipos, eh, ya que el código penal prevé para unos una sanción y para otros otra, en función precisamente de la distinta perspectiva que viene dada por el sujeto que comete la conducta. {¿De acuerdo? ¿Ha quedado claro? ¿Alguna duda? Si tienen dudas, ya saben, eh, interrumpan... Bien […].} (Álvarez, Derecho penal)*

(78) […] {Por tanto, el alcance del artículo cien a es mucho más amplio: a) no es necesario que la legislación afecte directamente} b) **-recordar el ejemplo de** *la legislación danesa sobre catalizadores que ayer poníamos aquí-, {ya no hay que ir a una afectación directa […].} (Javier Díez-Hochleitner, Derecho comunitario)*

f) Hay, en fin, una serie de fórmulas que, integrando aspectos anteriores con otros surgidos de circunstancias discursivas más concretas, muestran una estructura más compleja y cumplen, por ello, de diversas formas la función de anunciar un ejemplo (o ejemplos):

f.1) *Podría ponerse como ejemplo de {…}*

Podríamos poner como ejemplo el caso de {…}

Vamos a poner un ejemplo {…}

Ya vamos a acudir a ejemplos hispanos: los tenemos en {…}

f.2) *Lo ejemplifica de forma clara con el siguiente ejemplo: {…}*

Lo vais a ver en seguida {…}

Para poneros un ejemplo bastante claro: {…}

Para que se hagan una idea: {…}

Simplemente por conectaros con la realidad: {…}

Y eso lo podemos ver por ejemplo en algunos casos bastante claros, por ejemplo {…}

f.3)   Lo mismo podríamos decir de {…}

Podemos hacer referencia a otras muchas {…}

f.4)   Les ponía el ejemplo de {…}

Todas ellas anuncian, como es lógico, la introducción de un ejemplo, pero cada grupo agrega a esta función básica algún rasgo particular. Así, en f.1) se alude a la intención de presentar un ejemplo; en f.2) se hace referencia a que las dificultades para comprender cierta información se resolverán con el ejemplo siguiente; en f.3) tenemos un instrumento eficaz para seguir introduciendo ejemplos; en f.4), en fin, se indica que el ejemplo se repite.

Ni que decirse tiene que estas fórmulas, aunque responden a un patrón discursivo que les confiere cierta unidad y asegura que sea reconocida la función básica que desempeñan, pueden exhibir gran variedad de formas. Aquí hemos presentado los casos más frecuentes aparecidos en el corpus analizado.

*(79) […] {a) Dentro de los ambitos públicos podríamos también distinguir una larga serie de dominios o de ámbitos.} b) **Vamos a poner un ejemplo:** las ceremonias religiosas, los actos parlamentarios, las conferencias ehh universitarias, los mítines políticos... […] (Francisco Moreno Fernández, Sociología del Lenguaje)*

*(80) […] {Primero, a) no podía ser financiada con el presupuesto comunitario, porque el presupuesto comunitario no tiene suficiente entidad como para llevar a cabo una política fiscal expansiva eh como la que se requería para salir de ese nivel de desempleo masivo...} b) **Para que se hagan una idea:** el presupuesto comunitario representa en estos momentos algo menos del dos por ciento del PIB de toda la comunidad, cuando los presupuestos nacionales están en unos niveles entre el cuarenta el que menos, cuarenta y cinco y hasta el cincuenta por ciento del total del presupuesto nacional. {Entonces difícilmente se podía instrumentar una política fiscal expansiva mediante un instrumento de tal poca entidad […].} (Maximino Carpio, Política Fiscal)*

*(81) […] (No reproducimos la información a); lo siguiente es parte de un ejemplo correspondiente a tal información:) b) De forma que la comunidad pueda legislar, pueda intervenir legislativamente en la medida en que resulte necesario para el desarrollo o para re/ realización del proceso de integración. Vamos a ver en el tema tercero cuál es alcance y el juego de estas competencias exclusivas compartidas: no es el tema de la actual lección. […] Política de medio ambiente. (Comienza otro ejemplo; su información a) es la misma que para el ejemplo anterior:) b') **Podemos hacer referencia a otras muchas, por ejemplo,** política en materia de educación, política en materia de cultura; son estas dos políticas donde las competencias que se atribuyen*

a la comunidad son muy limitadas. En materia de cultura ni siquiera son competen-
cias legislativas: son competencias para emprender acciones de fomento en el ámbito
de la cultura, acciones de fomento en el ámbito de la cultura, para favorecer los in-
tercambios culturales, el conocimiento de las culturas diversas de nuestros países, en
el conjunto de la Comunidad Europea; no son ni siquiera competencias de carácter le-
gislativo. {Bien, todas estas políticas y ámbitos de actuación comunitaria son […].}
(Javier Díez-Hochleitner, Derecho Comunitario)

(82) […] {Ehh, a) la segunda prueba es, bueno, todos los casos en que de hecho
actuamos por hábito, por aprendizaje, que nos ha costado bastante bastante atención
y esfuerzo, inteligencia, desarrollar unas determinadas actitudes que después cumpli-
*mos de forma automática sin que nos demos cuenta de ello.} b) **Les ponía el ejem-***
***plo** de que -yo confieso, no se lo digan a la policía, pero yo confieso- esta mañana he*
venido conduciendo inconscientemente mi coche a esta facultad en grandes tramos,
mientras iba pensando en otras cosas, y sin embargo actuaba inteligentemente pues-
to que no he fallado absolutamente nada en el reconocimiento de las distancias del
coche que venía de frente o el reconocimiento de las luces de los semáforos: paraba
inteligentemente mi coche en el sitio oportuno. […] (Pedro Chacón, Teoría
Psicoanalítica)

En pocas palabras:

Los ejemplos no siempre presentan indicadores: basta con colocar información particular junto a otra más general para que aquélla pueda ser to-
mada como ejemplo. Cuando hay indicadores, éstos aluden generalmente a
la operación de particularizar cierta información: *por ejemplo, como,* alusión a
las personas que intervienen en la clase, etc. Los indicadores aparecen con
frecuencia combinados.

LA ACLARACIÓN

Jenaro Ortega Olivares y María Labarta Postigo
Universidad de Granada y Universidad de Cádiz

La aclaración es un instrumento discursivo con el que se ayuda de diversos modos a la comprensión de lo que se esté exponiendo. Aparece frecuentemente en forma de inciso (como interrupción en alguna sección de la lección), y menos en respuestas, paráfrasis y fases conclusivas.

2.6.1. Introducción

Para hacernos una idea de en qué consiste este mecanismo discursivo, consideremos los siguientes ejemplos:

(1) *En el desarrollo de un tópico:*
[…] {Pues bien, en función de estos estudios de paramentos los módulos son los que aquí siguen…} Atención, porque esto es solamente vale para epo/ para Italia; en España esto está sin hacer todavía… este trabajo está sin hacer… En España y en la mayoría de los sitios, porque aquí no tenemos bolli latericci desgraciadamente, eh; se está haciendo, se está haciendo, pero esto solamente vale para Italia. Nos es útil aproximativamente, pero así es. {El módulo de Augusto Claudio es éste que tienen aquí [señala en la proyección de una transparencia] […].} (Ángel Fuentes, Arqueología de Roma)

(2) *En un ejemplo:*
[…] {Ésta es una parte también de nuestro conocimiento morfológico; no solamente es la estructura interna de las palabras, sino también su forma, es decir, lo que se llama los alomorfos…, que pueden presentar alo/…} -¿recordáis?, lo mismo que en fonología hablábamos de los alófonos, es decir los sonidos otros de un mismo sonido general, pues este 'alo-', del latín 'alos', la misma palabra que tenemos en 'aleatorio', ¿verdad?-, {quiere decir los que tienen otra forma siendo el mismo morfema, tienen una forma distinta […].} (Soledad Varela, Morfología del español)

(3) *En el desarrollo de un tópico:*
[…] {Plantean un problema no solamente importante sino que abren a la psicología unas perspectivas/…} -Es que no os he leído un segundo texto, pero aprovecho para hacerlo; en otro lugar un poco más adelante de su obra dice William James: "Todos estos hechos" -son hechos clínicos, eh; no de la psicología normal académica, sino los hechos de la patología clínica de los enfermos histéricos- "todos esos hechos tomados en conjunto constituyen de forma incuestionable el comienzo de una investigación

que está destinada a arrojar nueva luz en los abismos más profundos de nuestra naturaleza. De un modo concluyente comprueban una cosa, y es -¿qué es lo que comprueban esos hechos a juicio de William James?- que nunca debemos tomar el testimonio de una persona, por muy sincero que sea el testimonio de que ella no ha sentido nada, como una prueba negativa de que no ha habido sensacion allí." {Ese paso es importante […].} (Pedro Chacón, Teoría Psicoanalítica)

(4) En la respuesta a una pregunta formulada por un estudiante:

[…] Estudiante: {¿Tiene algo que ver si al ser un/ un tipo doloso se consuma o no se consuma? ¿Influye en la consumación que sea doloso o no?

Profesora: No, no, no.} El que sea doloso o no, no influye en la consumación; lo que influye en la consumación es que el tipo sea de resultado, hm, o que no lo sea. Si el tipo es de resultado se me exige forzosamente que se haya producido la lesión al bien jurídico; por lo tanto, si no se llega a producir la efectiva lesión al bien jurídico, estoy en forma de tentativa {y […].} (Maite Álvarez, Derecho Penal)

(5) Tras la interacción previa el cierre de la lección:

[…] {¿Qué más?… Os animo, aunque no os lo voy a dar como algo obligatorio, porque si no estaríais todos los días leyendo un montón de cosas, os animo a que leáis el artículo de Ferguson.} Vais a oír, si no lo habéis hecho ya, el término de diglosia muy a menudo. Lo vais a leer incluso en la prensa, lo vais a oír en los medios de comunicación social. ¡Ojo!, que cuando se habla de diglosia, se habla de un concepto digamos muy amplio. Cuando se habla de diglosia digamos fuera del ámbito de los especialistas, se habla de un concepto/ haciendo alusión a un concepto muy amplio. Cuando se habla de diglosia se habla normalmente normalmente de la diglosia de Fishman, no se habla de la/ del concepto de diglosia tal cual lo definió Ferguson. Pero vosotros como lingüistas, filólogos especialistas en cuestiones relacionadas con ehh el uso de la lengua, debéis saber qué es lo que se propuso en el año cincuenta y nueve por parte de Ferguson, en qué términos se expuso; si luego eso ha derivado hacia otros terrenos más amplios, menos especializados, más, digamos, vulgares, pues es ehh algo que no se puede evitar, pero hay que saber en cada momento a qué se está la gente cuando habla de diglosia, y normalmente fuera de la especialidad cuando se habla de diglosia se habla de una diglosia al estilo de Fishman, es decir, dos lenguas, dos dialectos, dos variedades, dos lo que sea que se utilizan con fines diferentes. ¿De acuerdo?… {La semana que viene entonces […].} (Francisco Moreno Fernández, Sociología del Lenguaje)

El ejemplo (1) está tomado de una clase sobre arqueología romana, y muestra cómo el profesor, tras indicar que va a presentar y explicar los módulos, abre un inciso, antes de iniciar tal proceso, en el que ofrece información para que se sitúe en sus debidos límites el alcance del tema. En este caso el profesor intenta corregir cierto supuesto que al respecto pueda darse en quienes escuchan, a saber, el que el método de los módulos se aplique también en España y otros lugares. Realizada esta corrección y terminado, por tanto, el inciso, se comienzan la presentación y explicación anunciadas al principio.

En (2), extraído de una clase sobre morfología, se ve cómo la profesora, en el transcurso del desarrollo de un tópico, utiliza el término técnico 'alomorfos'. Seguramente percibe que este concepto resulta extraño para buena parte del público, y decide interrumpir su explicación para ofrecer algunos datos sobre el mismo. Así, como en el ejemplo anterior, también aquí se crea un inciso y se ofrece en él información al respecto: la profesora pone en relación el concepto recientemente presentado con otro similar ya conocido ('alófonos') o con otro término más común ('aleatorio'). Asegurada así la comprensión del término, la explicación prosigue.

El caso (3), elegido esta vez en una clase de psicología, presenta unas circunstancias en cierto modo distintas de los ejemplos anteriores: como en ellos, se interrumpe la explicación, pero en este caso el profesor lo hace para reparar cierto error que percibe ha cometido en el transcurso de su exposición (no ha leído en el momento adecuado cierto texto que hubiera servido de base para la mejor comprensión de lo que está exponiendo o lo que va a exponer). Como se ve, este inciso rompe abruptamente las expectativas de transición, es decir, presenta un contenido en cierto modo incoherente con lo previamente expuesto. Concluido el inciso (y reparado el error), continúa la explicación.

(4) procede de una clase de derecho en que se trataron ciertos tipos de delito. Pero en esta ocasión hay una diferencia respecto a los tres ejemplos comentados, y es que la profesora no introduce ningún inciso: su contribución constituye la respuesta a una pregunta planteada por un estudiante, respuesta cuyo contenido delimita o precisa ciertos aspectos al parecer mezclados o confusos en la pregunta en cuestión. Sin embargo, la información ofrecida responde a la misma finalidad que aparece en los dos ejemplos considerados: favorecer la comprensión de algo.

En (5), sacado de una clase sobre sociología del lenguaje, tampoco hay, como en el anterior, inciso alguno. Sin embargo, no responde aquí el profesor a una pregunta, sino que, aprovechando que se está en la fase de interacción previa al cierre de la lección y que al parecer no hay más preguntas, ocupa los pocos minutos que quedan de clase en aclarar algún aspecto de algo susceptible de provocar algún equívoco. Es obvio el carácter conclusivo (o de recomendación) que posee el fragmento.

Definición y función.

En consecuencia, por una parte, se pudiera decir que la 'aclaración' es un mecanismo gracias al cual la profesora o profesor sale al paso de las necesidades de compresión del auditorio en relación con cierto aspecto de la información dada o que se va a dar en cierto momento del desarrollo de la clase. Como su propio nombre indica, su finalidad consiste en 'aclarar', esto es, delimitar o precisar lo que, por diversos motivos, pudiera entorpecer la comprensión de determinados elementos de información, o conducir a equívocos o inferencias incorrectas.

Por otra parte, los momentos en que este mecanismo se utiliza son sobre todo dos: primero, en cualquier momento del desarrollo de la clase, cuando la persona que enseña perciba la necesidad de facilitar la comprensión, en los términos vistos, de algo: en este caso se presenta como inciso, esto es, como la interrupción de una secuencia; segundo, en respuesta a preguntas planteadas en la clase, en paráfrasis (usual cuando se comenta o amplifica la opinión de otras personas) o en etapas conclusivas (por ejemplo, en el cierre de un tópico o de varios, en resúmenes de los mismos, etc., si el profesor o profesora considera oportuno destacar, precisar o delimitar aspectos de información previamente considerados).

Cuándo aparece.

En lo que sigue consideraremos con algún detalle estas dos posibilidades de uso de la aclaración.

Aclaración como inciso

2.6.2.

Cuando la aclaración se formula en forma de inciso, el contenido ofrecido es generalmente *información de fondo*, la cual, como sabemos, es de carácter primario y auxiliar y sirve de apoyo a una mejor comprensión e integración de otros elementos de contenido más relevantes.

····❯ **1.3.3.**

(6) Tras anuncio de desarrollo de un tópico:
[…] *{Una vez que el barro se ha amasado} -eso que ven ahí es un dibujo de/ casi etnográfico: eso se hace todavía así, ¿no?; ehh se hace así: se pisa con los pies eh, se amasa con los pies-, {una vez que se hace esto, se pasa sencillamente a sacar las piezas […].} (Ángel Fuentes, Arqueología de Roma)*

(7) En el desarrollo de un tópico:
[…] *{El psicofisiólogo Helmholtz creyó que solamente podía ser explicable las percepción, por ejemplo nuestra percepción visual, si presuponemos que hay una actividad inteligente en la mente humana que procesa esa información visual, y nos la presenta de forma bien distinta a como de hecho nos viene directamente afectada por los sentidos.} Me explico: como bien sabéis la imagen visual que podemos tener de un objeto externo en primer lugar en la retina es plana, no tiene/ esa fotografía no es tridimensional; hay que combinar y hacer coincidir las dos imágenes de los dos ojos; por decirle en un lenguaje casi metafórico, darle la vuelta, y hacer unos cálculos bastante complejos para que la relación entre tamaño y distancia nos den la sensación de profundidad. Todo eso a juicio de Schopenhauer y de Helmholtz solamente es posible por la actividad mental: no viene directamente de la sensación, no están los datos de los sentidos; es una elaboración de la mente, una elaboración de la cual el sujeto no tiene la menor idea; por lo tanto es/ podemos estar hablando de una actividad mental inconsciente. {Pues bien, la refutación de […].} (Pedro Chacón, Teoría Psicoanalítica)*

(8) En un ejemplo:

[…] {Un verbo como eh 'atacar', que es un verbo de acción, puede formar un nombre de acción, 'ataque', pero un verbo como 'amar', que es un verbo estatico, no es un verbo de acción, eh} -uno no hace nada para amar, sino que es un sentimiento del alma que no entraña una acción-, {no va a crear nombres de acción, no voy a tener 'amación' ni 'amamiento' […].} (Soledad Varela, Morfología del Español)

(9) En un ejemplo:

[…] {Bien, ¿qué pasaba con el padre que mata al hijo recién nacido, nacido exactamente por los mismos motivos, honoris causa, aunque un honoris causa ehh, ehh, un tanto distinto?} -Es decir, imagínense el que está casado con otra persona y no quiere que esa otra persona sepa que tiene un hijo extramatrimonial y decide darle muerte porque está casado, tiene cinco hijos y no quiere romper esa estructura familiar, y mata al hijo recién nacido.- {Nunca podía ser un infanticida; la conducta es la misma, la motivación podía ser similar, pero el tipo exigía que exclusivamente fuese la madre el sujeto activo […].} (Maite Álvarez, Derecho Penal)

En el ejemplo (6) el profesor está explicando cómo amasaban el barro los antiguos romanos y se apoya para ello en la proyección de una transparencia. Se proyecta un dibujo que representa cómo se amasaba el barro con los pies. El inciso aclara el carácter del dibujo y corrige el posible supuesto erróneo de que esa técnica haya dejado de usarse en la actualidad.

El ejemplo (7) muestra otra situación: el profesor expone primero cierta información relevante (la opinión de Helmholtz en cuanto al funcionamiento de la percepción), pero como lo hace de una manera quizá excesivamente condensada y abstracta —lo que sin duda es un reto para la comprensión—, decide introducir un inciso que aclare algunos extremos de esa información.

La situación que recogen los ejemplos (8) y (9) es parecida a la anterior. En (8) la profesora expone en el inciso la causa de cierto hecho; en (9) la profesora, tras plantear una pregunta retórica, decide abrir un inciso en el que ofrece un ejemplo que ayude a comprender mejor el alcance de la misma y, sobre todo, el alcance de la respuesta que sigue.

Como se ve, en todos estos casos se ofrece información del tipo mencionado arriba. El carácter de fondo y, por tanto, auxiliar de esta información es —con las precisiones necesarias— generalmente comparable a la que suele ofrecerse en las notas a pie de página de ciertos textos escritos (piénsese en las ediciones anotadas de textos clásicos, por ejemplo).

En todos estos ejemplos, además, se comprueba la facilidad con que se establecen, por parte de quienes escuchan, los lazos de coherencia entre la información ofrecida en el inciso aclaratorio y la ofrecida en las secciones que lo circundan. Se podría decir que el marco conceptual activado para uno y otras se mantiene dentro de ciertos límites, esto es, en el inciso se habla de cosas que se integran sin esfuerzo, sin ruptura de expectativas, en aquéllas de las que se acaba de hablar o de las que se va a hablar inmediatamente.

En otras ocasiones, sin embargo, tender un puente entre la información del inciso y la de las secciones que lo circundan no resulta tan fácil. En estos casos lo que ocurre es que, por la causa que sea, el marco conceptual se amplía o sus límites no se establecen con precisión, lo que provoca cierta ruptura de expectativas. La consecuencia de todo ello es que la comprensión del inciso resulta más laboriosa. En estas circunstancias, los incisos no ofrecen información de fondo, como en los ejemplos (6-9), sino *información parentética*.

Aclaración e información parentética.

┉┉> 1.3.4.

(10) *Tras una aclaración (a su vez incluida en la presentación de un tópico):*
[…] {Ehh, diríamos que hay otro tercer elemento, otra tercera causa explicativa, y yo creo que es una de las fundamentales, que serían los cambios que se producen en la poliorcética de este momento; es decir…, }-bueno, la poliórcetica es el arte de la fortificación, sabéis, ¿no? Primer tratado de poliorcética -hago un paréntesis- eh se/ lo escribe Filón de Bizancio en doscientos veinticinco aproximadamente, no se sabe muy bien la fecha. Él lo escribe sobre la base de muchos elementos helenísticos, de cómo estaban funcionando las fortalezas mediterráneas en su época; {y lo que sucede es que durante la pax romana hay una especie de estancamiento en la poliorcética: tampoco es necesario en ese momento que se avance mucho más. Y lo que sucede es que a partir del siglo tercero hay motivos por los cuales la poliorcética empieza a cambiar, es decir, el Imperio que estaba defendido por hombres, como os dije antes, pasa a ser defendido por murallas. […] (Carmen Fernández Ochoa, Arqueología de Roma)

(11) *En el desarrollo de un tópico:*
[…] {¿Cómo es un horno romano? Les voy a poner un esquema… De éstos se conocen muchos, eh; se han excavado muchos, y muchos en excavación también, ¿no? Seguramente Vicente nos puede contar algo, que estuvo hace poco en una excavación de uno, ¿verdad Vicente?… ehh… Los hornos son prácticamente como los que conocemos ahora en los tejares.} Si al/ si alguna vez tienen la oportunidad de ir a un pueblo… ehh, váyanse a un tejar -ya hay pocos funcionando, eh; aún quedan algunos porque la gente reclama ladrillos de este tipo, ¿no?, para construcciones muy modernas; ahora son muy caros, ¿no?: muy buen material; los ladrillos ahora son malísimos-, ehh, todavía quedan algunos en uso; pero si pueden vayan a un tejar; vayan, que se aprende muchísimo, ¿no? {Son grandes obras eh, son obras de infraestructura muy notable, que necesitan además unos condicionamientos espaciales […].} (Ángel Fuentes, Arqueología de Roma)

(12) *Se interrumpe el desarrollo de un tópico:*
[…] {Éstos son los dos ejes, las dos patas fundamentales de este derecho de la competencia, que es un derecho a la competencia que va a actuar de forma paralela al derecho interno de la competencia, al derecho interno de la competencia, porque/,} perdonar; hay un dato que se me olvidaba dar en relación con el artículo noventa y dos noventa y tres: ayudas públicas a las empresas, ayudas estatales a las empresas. Hemos visto, uno, prohibición; dos, excepcionalmente se pueden otorgar ayudas, pero, tres, para ello es necesario la autorización de la comisión, ¿de acuerdo? En síntesis, artículos ochenta y cinco ochenta y seis; hemos visto artículo ochenta y cinco: acuerdos anticompetitivos entre empresas prohibidos; dos, abuso de posición dominante

por las empresas que están en situación de sit/ posición dominante, prohibidas también; se me olvidó decir que el artículo ochenta y cinco ochenta y seis, el control del respeto de sus artículos ochenta y cinco ochenta y seis y la sanción de los incumplimientos del artículo ochenta y cinco ochenta y seis por las empresas incumbe también a la comisión de las comunidades europeas, comisión que está incluso facultada no solamente para realizar verificaciones en las empresas, en la actividad de las empresas, sino incluso, llegado el caso, está habilitada para imponer multas, multas a las empresas que infrinjan estas reglas del artículo ochenta y cinco ochenta y seis; {y,} simplemente quería hacer un apunte, {este derecho comunitario de la competencia […].} (Javier Díez-Hochleitner, Derecho Comunitario)

(13) En el desarrollo de un tópico:
[…] {Este tipo de peligro, este adelanto de las barreras de protección -que, ya les digo, es un técnica que cada vez se viene empleando más y que, como veremos en su momento hmm tiene sus riesgos, es decir, supone una mayor intromisión del derecho penal cada vez en el ámbito de nuestra vida; por lo tanto ehh no deja de estar exenta de peligros eh -esto lo verán ustedes en Derecho Penal tres-, pero ya verán cómo las construcciones de los nuevos tipos delictivos, por ejemplo, todos los delitos socioeconómicos se construyen con esta técnica de tipos de peligro, es decir, no hace falta por ejemplo que se ehh -[la profesora intenta imponer silencio] ts- produzca el efectivo perjuicio patrimonial para que ya la conducta sea sancionada: basta las/ ma/ la producción de maniobras tendentes a que se produzca el daño en el patrimonio para que m/ se dé el castigo, hm; es una técnica como les digo cada vez más es/ empleada, y ya verán ustedes que no exenta de riesgos en cuanto al principio de legalidad y en cuanto al principio de seguridad jurídica-; {bien, como les decía, este peligro puede ser concreto o abstracto, hm […].} (Maite Álvarez, Derecho Penal)

En (10) la profesora, que está explicando las causas del amurallamiento romano, utiliza un término técnico que posiblemente resulta desconocido para la clase: 'poliorcética', y, consciente de esta circunstancia, anuncia que va abrir un inciso de cierta extensión para explicar qué es la poliorcética. Hay, como se ve, un salto temático: se pasa de hablar de las causas del amurallamiento a exponer algunos datos sobre el término en cuestión.

En (11), el profesor se propone explicar la estructura de los hornos romanos. En el inicio de su explicación establece una comparación entre el horno romano y los existentes en los tejares actuales. Podría haber proseguido su explicación sin corte alguno, pero lo cierto es que la interrumpe para exponer cierta suerte de comentario personal acerca de la conveniencia de visitar un tejar, así como su opinión sobre la calidad de los ladrillos actuales (quizá esto se deba al deseo de acercar la realidad contada a la realidad vivida). Vemos con claridad que se rompe con cierta brusquedad el hilo de la explicación, se toma otro camino que quiebra no pocas expectativas del auditorio y se retoma, finalmente, la dirección abandonada.

En (12) el profesor está desarrollando ciertos aspectos de unos artículos del

Derecho Comunitario, y en determinado momento de ese desarrollo se percata de que ha olvidado exponer algunos datos concernientes a un aspecto ya tratado. Decide, por tanto, abrir un paréntesis en ese punto aunque esto resulte inesperado para quienes escuchan. Esta decisión quizá se deba a que el profesor piense, sobre la marcha de su explicación, que si no los expone en ese preciso momento ello entorpecerá la comprensión de lo que a exponer a continuación, o se olvidará completamente de ello o no lo podrá hacer después. Sea como fuere, lo cierto es que hay una especie de retroceso en la explicación, un abandonar el marco conceptual actual para volver a otro previamente visitado.

En (13) la profesora trata la cuestión, concerniente al Derecho Penal, de que los legisladores establecen como delito el simple hecho de crear situaciones que puedan resultar peligrosas para otras personas. En un momento dado, justamente antes de entrar en la exposición de las clases de peligro establecidas por la ley, que es lo que seguramente espera oír la clase, la profesora rompe esta previsión y se explaya en la exposición de las consecuencias que tal circunstancia pueda tener para la privacidad de las personas y para ciertos principios legales. La causa de esta ruptura podría ser que la profesora considera oportuno insertar, justamente en ese punto de su explicación, algunos datos que ayuden al auditorio a valorar la trascendencia de este extremo legal. Concluido el inciso, se reanunda la explicación con la tipología de los peligros esperada.

Estas dos modalidades de información con que suelen construirse, como acabamos de ver, los incisos aclaratorios no excluyen, como podrá suponerse, el uso de otros tipos de información. Es bastante común encontrar ejemplos en los que la información de fondo o la parentética resultan resaltadas y/o evaluadas.

Aclaración e información resaltada y evaluada.

┅► 1.3.5.
   1.3.7.

(14) En el desarrollo de un tópico:
[...] {Es decir, que lo que la ley prevé, hm, es la infracción de un determinado deber, y precisamente cuando el sujeto infringe el cumplimiento de ese deber, es decir, cuando no realiza aquello que es esperado por el ordenamiento jurídico, es cuando infringe el tipo, hm;} **tengan cuidado: no piensen en** *la omisión como un simple no hacer, es decir, quedarse tumbado mirando y no hacer nada,* **eh***; uno puede hacer muchas cosas, pero lo que no hace precisamente es aquello que la ley espera que uno haga, y precisamente como uno no hace aquello que la ley espera que uno haga, es cuando se comete omisivamente el tipo,* **hm***; sobre todo ya verán lo que luego denominaremos omisiones puras, que consisten precisamente en esto: la mera infracción de un deber. Piensen ustedes por ejemplo en la omisión de deber de socorro,* **hm***. Yo veo a alguien que está herido, hm; se produce una colisión de vehículos en la autopista cuando yo voy conduciendo; veo que los dos vehículos quedan ehh bastante destrozados, que eh los ocupantes de los mismos están heridos; pero decido no parar..., es decir, continúo adelante; evidentemente hay una acción, pero lo relevante es la omisión, la omisión;*

*es decir, no hago aquello que la ley esperaba que yo hiciese, y lo que espera la ley que yo haga es socorrer a las víctimas del accidente; es decir, estoy incurriendo en una omisión del deber de socorro, **hm**, aquello que la ley pretende que yo haga, que es socorrer a las víctimas que se hallan eh en peligro o desamparadas, y como no lo hago, se me castiga. Mera omisión. {Hay otros tipos, sin embargo, que para consumarse […].}* (Maite Álvarez, Derecho Penal)

(15) En el desarrollo de un tópico:
*[…] {En primer lugar} -no es que sea una técnica **muy difícil**, **muy compleja**, pero, bueno, **tiene su cosa**, ¿no?, ehh, la técnica es **muy sencilla**, **muy sencilla**-; {se trata simplemente de amasar barro... amasar barro previamente seleccionado […].}* (Ángel Fuentes, Arqueología de Roma)

(16) En el desarrollo de un tópico:
*[…] {Pues bien, en función de estos estudios de paramentos los módulos son los que aquí siguen...} **Atención**, porque esto es solamente vale para epo/ para Italia; en España esto está sin hacer todavía... este trabajo está sin hacer... En España y en la mayoría de los sitios, porque aquí no tenemos bolli latericci **desgraciadamente, eh**; se está haciendo, se está haciendo, pero esto solamente vale para Italia. **Nos es útil aproximativamente, pero así es**. {El módulo de Augusto Claudio es éste que tienen aquí [señala en la proyección de una transparencia] […].}* (Ángel Fuentes, Arqueología de Roma)

Los incisos aclaratorios de estos tres casos contienen, como se habrá visto, información de fondo, pero ofrecida de diferente manera. Así, en (14) la encontramos resaltada, esto es, la profesora incluye en su discurso ciertas señales que facilitan la comprensión (por ejemplo, *hm*) o advierten de la importancia que reviste la información que se va a ofrecer o acaba de ser ofrecida (por ejemplo: *tengan cuidado; no piensen en; eh*).

En (15) el profesor *evalúa* la información de fondo, es decir, emite algún tipo de valoración al respecto (lo que, dicho sea de paso, quizá no sea más que otro modo de resaltar), y señala esta operación mediante la expresión de ciertos juicios al respecto en cuya formulación intervienen recursos verbales tales como el uso de ciertos adjetivos *(difícil, sencillo, complejo)* o alguna frase hecha *(tiene su cosa)*.

En (16), además de *resaltarla*, el profesor *evalúa* la información de fondo. En esta ocasión, tales operaciones quedan indicadas con la ayuda de recursos verbales tales como *atención* (para resaltar), *desgraciadamente* (para evaluar), *eh* (para resaltar la evaluación precedente), o *Nos es útil aproximativamente, pero así es* (comentario valorativo).

Lo mismo ocurre cuando se utiliza información parentética.

(17) Tras el cierre de cierta fase en el desarrollo de un tópico:
[…] {En otras palabras explicado: se transfiere a las instituciones comunitarias esa competencia soberana, el que consiste en el establecimiento de aranceles para las

Ejemplos

Estrategias discursivas

importaciones de terceros países, de forma que las instituciones comunitarias esta-
blezcan y gestionen un arancel único, un arancel único para las importaciones de ter-
ceros países.} Paréntesis: decíamos ayer que en el sistema comunitario normalmente
la competencia legislativa cuando se transfiere a la comunidad europea ello no im-
plica necesariamente -creo que lo decíamos ayer-, no implica necesariamente la
transferencia de las competencias en materia de ejecución administrativa. ¿Lo decía-
mos ayer?... ¿No?, pues lo he dicho entonces en otro sitio; ehh, lo que se va a transfe-
rir a la Comunidad Europea es la competencia para la articulación de un arancel ex-
terior común y su gestión permanente, la revisión de los derechos arancelarios anual-
mente, etcétera; pero después eso no significa que los estados miembros no tengamos
*aduanas nacionales y no tengamos agentes de aduanas; sin embargo, **nuestros agen-***
tes de aduanas, nuestros agentes de aduanas nacionales,** lo que **van a hacer
***es ejecutar, van a ejecutar** el arancel exterior común fijado por la Comunidad*
*Europea; y **adelanto un dato más que quizá los que no lo conozcan les va a***
***sorprender:** ese arancel, fijado por la/ por la Comunidad Europea y ejecutado por*
*nuestros funcionarios nacionales, **va a ir parar a las arcas comunitarias;** cons-*
tituye uno -lo veremos en el tema cuatro-, uno de los recursos propios de la
Comunidad Europea, con el que se financia la Comunidad Europea; esos derechos
*arancelarios **pasan directamente a las arcas, a las arcas de Bruselas; fijaros***
*además que los aranceles o el arancel exterior común va a ser **un único arancel,** y*
***un arancel** que va a actuar en las fronteras exteriores del territorio comunitario,*
puesto que en las fronteras interiores entre nosotros no hay aranceles: hay libre cir-
culación de mercancías. ¿Me estáis siguiendo bien? [...] (Javier Díez-Hochleitner,
Derecho Comunitario)

(18) Tras el cierre de un tópico, y antes de introducir otro tópico:
[...] {Libre prestación de servicios, como veis, que os he referido de forma muy
sucinta.} No es otra mi pretensión en este tema segundo que eh, aclaro para los que
estáis visitándonos, que es una eh clase, una sesión todavía de introducción al curso
de Derecho Comunitario; en lo que nos preocupamos en estas clases introductorias es
en dar la visión de conjunto de lo que es la Unión Europea, la Comunidad Europea,
antes de entrar en el estudio técnico-jurídico propio de esta licenciatura de Derecho,
*el estudio técnico-jurídico del sistema del ordenamiento comunitario. Pero es **difícil***
hablar del ordenamiento jurídico comunitario si no sabemos lo que es la Comunidad
*Europea. Para explicar Derecho Civil en España no es **necesario** explicar lo que es*
*España; **nadie sabe lo que es España, por supuesto, pero todos tenemos nues-***
tro propio concepto y por tanto partimos ya de esa premisa: sabéis lo que es
***España, cada uno se representa España como le parece,** entramos directamen-*
*te en el Derecho Civil español. No ocurre lo mismo con la Unión Europea; **nos vemos***
***en** esas facultades **en la necesidad de** empezar explicando lo que es la Unión*
*Europea, porque **me temo que** el conocimiento, el nivel cultural de nuestros países,*
*no solamente en España, en lo que se refiere a los temas europeos es todavía, **me***
***temo, bajo,** y por tanto est/ estas nociones iniciales son **necesarias.** Todo esto para*
*explicar que luego va a ser **mucho más difícil** lo que vamos a estudiar y **mucho más***
***técnico...** {Bien, vamos a pasar entonces a la tercera de las libertades que es [...].}*
(Javier Díez-Hochleitner, Derecho Comunitario)

(19) En el desarrollo de un tópico:

[…] {Dicen que eso se hace porque existen/ en un mismo recinto puede haber muchas funciones diferentes, muchas condiciones topográficas diferentes, y a lo mejor no es necesario que se haga todo, o que sean todas de la misma forma,} entre otras cosas porque -y aquí meto un inciso- porque ehh la determinación de la construcción de una muralla, los costos, es decir, el pago de la construcción de una muralla, y la inspiración en la construcción de una muralla, ehh, en principio los costos, son municipales, **eh***; los paga el municipio; la inspiración es una inspiración militar, aunque la muralla sea civil, porque los e/ los arquitectos y los ingenieros que trabajan en esto son militares en muchos casos. No sabemos/ hay algún autor que dice que también serían en algunos casos soldados;* **yo** **pienso que** *en algún momento más tardío a lo mejor; en/ a principios del siglo tercero* **no lo sé o no lo sabemos con certeza***. Pero,* **sí que es verdad que** *ehh digamos que quienes están en la ciudad son los que pagan, los que proponen y los que determinan un poco todos estos aspectos. […]*
(Carmen Fernández Ochoa, Arqueología de Roma)

En (17) el profesor lleva la atención del auditorio sobre ciertos elementos de la información parentética presentada, para *resaltarla*, y lo hace recurriendo al empleo de ciertas reiteraciones *(agentes de aduanas y nuestros agentes de aduanas nacionales; van a hacer es ejecutar y van a ejecutar; va a ir a parar a las arcas comunitarias y pasan directamente a las arcas, a las arcas de Bruselas; un único arancel y un arancel)* o mediante recursos verbales más explícitos *(adelanto un dato más que quizá los que no lo conozcan les va a sorprender; fijaros)*. Las reiteraciones, además de destacar cierta información, aligeran y facilitan el proceso de comprensión.

2.2.

En (18) el profesor *evalúa* algunos elementos de la información parentética. Para ello formula juicios en los que intervienen adjetivos como *difícil, necesario, bajo, técnico*, cuyo significado es particularmente apto para establecer valoraciones, o en los que intervienen expresiones deónticas como *nos vemos en la necesidad de*, o expresiones mitigadoras como *me temo que*, con las que el profesor consigue ofrecer su visión particular de los hechos.

En (19) la información parentética es *resaltada* y *evaluada*. Obsérvense las pistas que la profesora ofrece al respecto: por un lado, *eh*, elemento que es colocado inmediatamente al final de la información que pretende resaltar; por otro, *yo pienso que, no lo sé, no lo sabemos con certeza, sí que es verdad que,* expresiones que traducen con claridad la actitud de la profesora en relación con la información a que las aplica.

La aclaración y otras modalidades de información.

Los tipos de información que intervienen en los incisos aclaratorios considerados hasta el momento son, sin duda, los fundamentales o más representativos y frecuentes, pero no los únicos. En efecto, si las circunstancias así lo aconsejan, el inciso aclaratorio puede dar cabida a otras modalidades de información, como la *información básica particular*, la *información conclusiva*, la *información de carácter interactivo* y la *información secundaria*. Esto ocurre sobre todo cuando el inciso es extenso.

1.3.

(20) En el desarrollo de un tópico:

*[…] {Es decir, que lo que la ley prevé, hm, es la infracción de un determinado deber, y precisamente cuando el sujeto infringe el cumplimiento de ese deber, es decir, cuando no realiza aquello que es esperado por el ordenamiento jurídico, es cuando infringe el tipo, hm;} tengan cuidado: no piensen en la omisión como un simple no hacer, es decir, quedarse tumbado mirando y no hacer nada, eh; uno puede hacer muchas cosas, pero lo que no hace precisamente es aquello que la ley espera que uno haga, y precisamente como uno no hace aquello que la ley espera que uno haga, es cuando se comete omisivamente el tipo, hm; (1) **sobre todo ya verán lo que luego denominaremos omisiones puras, que consisten precisamente en esto: la mera infracción de un deber. (2) Piensen ustedes por ejemplo en la omisión de deber de socorro, hm. Yo veo a alguien que está herido, hm; se produce una colisión de vehículos en la autopista cuando yo voy conduciendo; veo que los dos vehículos quedan ehh bastante destrozados, que eh los ocupantes de los mismos están heridos; pero decido no parar..., es decir, continúo adelante; evidentemente hay una acción, pero lo relevante es la omisión, la omisión; es decir, no hago aquello que la ley esperaba que yo hiciese, y lo que espera la ley que yo haga es socorrer a las víctimas del accidente; es decir, estoy incurriendo en una omisión del deber de socorro, hm, aquello que la ley pretende que yo haga, que es socorrer a las víctimas que se hallan eh en peligro o desamparadas, y como no lo hago, se me castiga. (3) Mera omisión.** {Hay otros tipos, sin embargo, que para consumarse […].} (Maite Álvarez, Derecho Penal)*

(21) En el desarrollo de un tópico:

*[…] {La séptima prueba, que sí fue ampliamente de/ presentada por distintos autores, es que en muchos casos/} -ninguno de estos fenómenos es es falso, (1) **como veis**; todos son fenómenos reales del comportamiento humano; lo que está en discusión es si para explicarnos satisfactoriamente esos hechos o esos fenómenos del comportamiento humano tenemos necesidad o está justificado apelar a la hipótesis de un inconsciente psicológico, o la psicología puede tener propuestas alternativas que nieguen la existencia de ese inconsciente psicológico, porque esos mismos hechos se dejen explicar de igual manera o mejor por otras propuestas. (2) **Todo esto lo estoy diciendo como paso (3)-espero que me estéis entendiendo- (2) previo a qué es lo que introduce Freud, cuál fue la ruptura freudiana psicoanalítica a partir de su análisis de los casos clínicos de la histeria, de la neurosis; pero antes conviene hacerse cargo de cómo estaba planteado el problema, por decirlo así, desde el ámbito académico de la psicofisiología y de la propia psicología (4)¿no? (5) Seguimos con nuestro balance, en fin, que está haciendo a final del siglo diecinueve, mil novecientos ochenta, William James, de los argumentos que hasta entonces habían presentado a favor del inconsciente.** {Muchos habían afirmado es que es/ de hecho no solamente pensamos sino que actuamos en nuestra vida diaria […].} (Pedro Chacón, Teoría Psicoanalítica)*

En (20) (ejemplo ya considerado para otros propósitos) se recoge un inciso de cierta extensión (los hay, ciertamente, mayores), en el que aparecen diversos tipos de información: la información de base se diversifica aquí en *información secundaria*, que en este caso sirve para indicar que el asunto tratado volverá a serlo posteriormente (planificación de discurso): (1) *{...} sobre todo ya verán lo que luego denominaremos omisiones puras, que consisten precisamente en esto: la mera infracción de un deber {...}*; después, en *información básica particular*, esto es, información que explicita otra, previa, de carácter general: (2) *{...} Piensen ustedes por ejemplo en la omisión de deber de socorro, hm. Yo veo a alguien que está herido, hm; se produce una colisión de vehículos en la autopista cuando yo voy conduciendo; veo que los dos vehículos quedan ehh bastante destrozados, que eh los ocupantes de los mismos están heridos; pero decido no parar..., es decir, continúo adelante; evidentemente hay una acción, pero lo relevante es la omisión, la omisión; es decir, no hago aquello que la ley esperaba que yo hiciese, y lo que espera la ley que yo haga es socorrer a las víctimas del accidente; es decir, estoy incurriendo en una omisión del deber de socorro, hm, aquello que la ley pretende que yo haga, que es socorrer a las víctimas que se hallan eh en peligro o desamparadas, y como no lo hago, se me castiga {...}*; por último, en información conclusiva, que sirve para cerrar el conjunto de elementos que conforma el inciso: (3) *{...} Mera omisión {...}*.

(21) es también un inciso extenso, en el que la información parentética se despliega del siguiente modo: por un lado, adopta la forma de *información de carácter interactivo,* es decir, con aquella información que crea determinada relación o contacto entre quien enseña y quienes escuchan: (1) *{...} como veis {...}*; (3) *{...} espero que me estéis entendiendo {...}*, y (4) *{...} ¿no? {...}*. Por otro, se muestra como información secundaria, pues el profesor, primero, justifica el porqué del desarrollo presentado en la explicación hasta ese momento (planificación de discurso): (2) *{...} Todo esto lo estoy diciendo como paso {...} previo a qué es lo que introduce Freud, cuál fue la ruptura freudiana psicoanalítica a partir de su análisis de los casos clínicos de la histeria, de la neurosis; pero antes conviene hacerse cargo de cómo estaba planteado el problema, por decirlo así, desde el ámbito académico de la psicofisiología y de la propia psicología {...}*; después, informa al auditorio de que el inciso va a terminar y de cómo se reanuda la explicación interrumpida (planificación de discurso): (5) *{...} Seguimos con nuestro balance, en fin, que está haciendo a final del siglo diecinueve, mil novecientos ochenta, William James, de los argumentos que hasta entonces habían presentado a favor del inconsciente {...}*.

2.6.3. Características formales y recursos lingüísticos de la aclaración como inciso

Cualquiera que sea la estructura elegida para la información que contienen, los incisos aclaratorios presentan algunas características formales que conviene destacar:

1) Siempre se marcan el comienzo y el final mediante sendas pausas, y la entonación puede adquirir un tono más bajo en relación con la de los elementos circundantes:

····▶ 3.2.
3.4.

(22) En ejemplo:
*[...] {Bueno pues 're-' es un prefijo que se añade a verbos, siempre tiene que haber aquí [señala lo escrito en la pizarra] un verbo al que se añada} /(PC)-**no me estoy refiriendo al prefijo 're-' que aparece en 'rebotica', ¿verdad?, donde sí que se añade un nombre, porque ése no es el prefijo productivo del español, sino el prefijo que indica una acción que se repite una vez más, con mayor exactitud o mayor precisión-**; /(PF) {bueno pues eso se puede poner a verbos que indiquen una realización [...].} (Soledad Varela, Morfología del Español)*

(23) En ejemplo:
*[...] {Como ustedes habrán leído en el periódico, habrán leído en los informativos, han sido detenidas la propietaria de la guardería y una de las ehm [...] profesoras cuidadoras que trabajaban en el centro, hm. Bien, la imputación previa eh} /(PC) -**estamos en una fase de instrucción, es decir, todavía no hay nada seguro-**, /(PF) {pero la imputación bajo la cual se ha realizado la detención ha sido la de homicidio imprudente [...].} (Maite Álvarez, Derecho Penal)*

(24) En el desarrollo de un tópico:
*[...] {La novena prueba/} /(PC) -**os he puesto entre paréntesis el nombre de Schopenhauer porque es verdad que fue él uno de los que/ lo formuló explícitamente en el siglo diecinueve y is/ y en lo que está pensando lo cita literalmente William James...-** /(PF) {Schopenhauer igual que al/ en unos años Wundt, ¿no?, y también [...].} (Pedro Chacón, Teoría Psicoanalítica)*

Hemos señalado en estos tres ejemplos las pausas de comienzo: /(PC), y las pausas finales: /(PF). En (24) el descenso tonal de la melodía entonativa es acusado, y, así, queda marcado claramente el carácter incidental de la información ofrecida. Este descenso no es tan pronunciado, aunque suficiente, en (23), y en (22) apenas se percibe. Se comprueba, pues, la importancia que tienen las pausas (cuya duración es variable) en el reconocimiento de un inciso aclaratorio: en numerosas ocasiones son el único medio utilizado para marcar el comienzo y el final del mismo, como ocurre en (22). La entonación, siendo importante, parece supeditarse a las pausas, pues suma sus efectos al de éstas. Así, en (24) el inciso está marcado muy claramente: a los efectos de las pausas se unen los de un descenso acusado en el tono de la melodía entonativa; sin embargo, el inciso de (23), presentado con un descenso tonal no tan perceptible, queda delimitado con menor claridad. El que el empleo del descenso tonal se subordine a la aparición de las pausas quizá se deba, sobre todo, a la causa siguiente: a menor extensión del inciso, mayor probabilidad del recurso entonativo; a mayor extensión, menor o nula aparición del mismo, pues resulta difícil mantener por mucho tiempo el descenso tonal.

2) En algunas ocasiones se incluye, al final o muy cerca del final, un apéndice de carácter interactivo:

(25) En ejemplo:
*[…] {Por ejemplo [señala en la pizarra], 'formal', que hemos visto antes, tiene la misma formación que 'general', y la mis/} -'general' en el sentido no del 'general de los ejércitos', sino lo 'genérico', **¿verdad?**-, {lo que/ el adjetivo 'general' […].}* (Soledad Varela, Morfología del Español)

(26) En el desarrollo de un tópico:
*[…] {Tipos dolosos son aquéllos en los cuales el sujeto realiza esa actividad queriendo, con voluntad, con voluntariedad, con voluntariedad} -hombre, todos son voluntarios, pero me refiero con voluntariedad encaminada a la realización de determinado fin, a la consecución de determinado resultado: quiero hacer algo porque quiero llegar a un determinado sitio; quiero disparar porque quiero causar la muerte -tipo doloso de homicidio, hm-; presento un cheque falso en ventanilla en el banco porque quiero cobrar una cantidad de dinero, es decir, quiero realizar un engaño para obtener la disposición patrimonial, quiero estafar, **hm**-, {mientras que los culposos, hm, culposos […].}* (Maite Álvarez, Derecho Penal)

(27) En una tormenta de ideas:
*[…] {Bien, y ahora a ese adjetivo} -ya quito la '-r' [borra la '-r' en la palabra escrita en la pizarra] porque efectivamente el verbo no se ha quedado más que con la vocal temática, **¿verdad?** del verbo-, {ahora creo/ quiero crear una/ un nombre en '-edad', ¿verdad? […].}* (Soledad Varela, Morfología del Español)

(28) Tras el cierre de cierta fase en el desarrollo de un tópico:
*[…] {En otras palabras explicado: se transfiere a las instituciones comunitarias esa competencia soberana, el que consiste en el establecimiento de aranceles para las importaciones de terceros países, de forma que las instituciones comunitarias establezcan y gestionen un arancel único, un arancel único para las importaciones de terceros países.} Paréntesis: decíamos ayer que en el sistema comunitario normalmente la competencia legislativa cuando se transfiere a la comunidad europea ello no implica necesariamente -creo que lo decíamos ayer-, no implica necesariamente la transferencia de las competencias en materia de ejecución administrativa […]. Fijaros además que los aranceles o el arancel exterior común va a ser un único arancel, y un arancel que va a actuar en las fronteras exteriores del territorio comunitario, puesto que en las fronteras interiores entre nosotros no hay aranceles: hay libre circulación de mercancías. **¿Me estáis siguiendo bien?** […]* (Javier Díez Hochleitner, Derecho Comunitario)

En estos ejemplos encontramos los apéndices *¿verdad?*, *hm* y *¿Me estáis siguiendo?* En (25), (26) y (28) aparecen inmediatamente antes de la pausa final que cierra el inciso; en (27) está intercalado en la sección final. No son estos tres apéndices los únicos en aparecer en estas circunstancias, pues pueden hacerlo también otros como *¿no?*, *¿sí?*, *eh*, *¿de acuerdo?*, *¿estamos?*, *¿comprendido?*, etc.

Las funciones de estas expresiones son muy variadas. Es más, casi siempre su uso conlleva la realización simultánea de más de una de tales funciones. Sea como fuere, lo cierto es que, aparte de cumplir otras finalidades (que no trataremos aquí), cuando aparecen en el inciso en la posición ya mencionada, estos apéndices son eficaces instrumentos para señalar el final del mismo; su efecto se suma entonces al de la pausa final y, de presentarse, al del descenso tonal.

3) Cuando se prevé que el inciso va a ser extenso o se considera que va a romper demasiadas expectativas, o se prevén ambas cosas a la vez, no es infrecuente que se lo introduzca recurriendo a expresiones que explicitan que se va a emprender o acaba de emprenderse esta operación. En el primer caso tal expresión es colocada al comienzo, tras la pausa inicial; en el segundo, se intercala en algún punto no muy alejado del comienzo del inciso.

(29) *En el desarrollo de un tópico:*
[…] {Cambian de tamaño… eh; cambian de tamaño… ehh, cambian también de grosor, sobre todo de grosor; también cambia la llagadura…} -¿Conocen este término, llagadura?… La llagadura es el espacio de masa que se pone entre ladrillo y ladrillo en un paramento… Puede ser mayor o puede ser menor, incluso el remate visto. Esto es masa, esto es masa, argamasa, para sujetarlo [señala una parte de un dibujo que acaba de hacer en el encerado]. Puede ser un módulo de este tipo [señala algunos aspectos del dibujo], o puede ser un módulo de este tipo [dibuja y señala], en el que ven se deja más espesor: ésta es la llagadura… Hagan una prueba: váyanse ustedes por Madrid, por el Madrid de los Austrias, y miren los edificios de ladrillo y verán cómo eh en el siglo diecisiete o por ahí las llagaduras pueden ser hasta cinco centímetros o más…, cinco centímetros o más…, y en momentos diferente han sido más pequeñas. En fin, ehh, esto ha cambiado a lo largo del tiempo también en la época romana, incluso la terminación de la llagadura. Hay llagaduras que se quedan así [dibuja y señala]… Hay veces que lo que se hace es esto [dibuja y señala]… con una media caña, se pasa una media caña… entonces se queda así [dibuja y señala]… Otras veces lo que se hace es al contrario… Se hace una cosa como ésta [dibuja y señala]… Se hace una doble caña. Todos estos datos relativos a las llagaduras son importantes.- {Bueno, pues midiendo anchura, tamaño… llagaduras de los ladrillos del paramento […].} (Ángel Fuentes, *Arqueología de Roma*)

(30) *En el desarrollo de un tópico:*
[…] {Dicen que eso se hace porque existen/ en un mismo recinto puede haber muchas funciones diferentes, muchas condiciones topográficas diferentes, y a lo mejor no es necesario que se haga todo, o que sean todas de la misma forma,} -entre

*otras cosas porque -y **aquí meto un inciso**- porque ehh la determinación de la cons-*
trucción de una muralla, los costos, es decir, el pago de la construcción de una mura-
lla, y la inspiración en la construcción de una muralla, ehh, en principio los costos,
son municipales, eh; los paga el municipio; la inspiración es una inspiración militar,
aunque la muralla sea civil, porque los e/ los arquitectos y los ingenieros que trabajan
en esto son militares en muchos casos. No sabemos/ hay algún autor que dice que tam-
bién serían en algunos casos soldados; yo pienso que en algún momento más tardío a
lo mejor; en/ a principios del siglo tercero no lo sé o no lo sabemos con certeza. Pero,
sí que es verdad que ehh digamos que quienes están en la ciudad son los que pagan,
los que proponen y los que determinan un poco todos estos aspectos.- [...] (Carmen
Fernández Ochoa, Arqueología de Roma)

(31) En un contraste:
[...] {Bien, pues, si hasta ahora hemos visto buen/ el balance final que en mil no-
vecientos ochenta podía presentar William James como representante de la psicología
*académica de su tiempo, radicalmente negativa a la noción de inconsciente} -**recor-***
***dar** las palabras con las que empezaba su párrafo: "admitir la noción de estados men-*
tales inconscientes sería el medio supremo que nos permitiría creer en psicología
cuanto nos vienera en gana y transformar lo que podría llegar a ser una ciencia en un
amasijo de fantasías"-, {William James cree después de presentar todas esas refuta-
ciones que por fin ¿no? resultaría fácil escapar del laberinto [...].} (Pedro Chacón,
Teoría Psicoanalítica)

(32) En el desarrollo de un tópico:
[...] {Vamos a comenzar en primer lugar por ehh una distinta estructuración en
*función de los sujetos que cometen el delito} -**bueno, previamente decirles que***
estas distintas clasificaciones que vamos a llevar ehh a cabo, que vamos a realizar, no
son contrapuestas entre sí, hm, sino que un tipo, hm, en función de la perspectiva que
tomemos, puede tener varias características; por lo tanto, no son clasificaciones ex-
cluyentes, sino que en muchos casos son clasificaciones de carácter complementario;
{bien, empezando por los sujetos, es decir, por aquellas personas que pueden llevar a
cabo un hecho delictivo [...].} (Maite Álvarez, Derecho Penal)

(33) En una tormenta de ideas:
[...] {¿De dónde vien/ vendrá 'edificabilidad'?, ¿cuál es lo más primitivo de esa
palabra?... 'Edificio', ¿verdad?... Y de 'edificio', ¿qué hago yo?... 'Edificar'; fijaos que
*quito '-io', eh;} -porque **antes no lo he contado**: si hay dos vocales y ambas son eh*
átonas y forman un diptongo ellas dos, también se cancelan, o sea que esa regla de
cancelación vocálica que hemos puesto antes ele/ formalizada sirve no solamente para
una sola vocal sino también para un diptongo, así que no diga/ no diríamos 'edifi-
cioar', sino que quitamos '-io', porque ahora de 'edificio', que es un nombre, voy a
crear un verbo, 'edificar', hm-. [...] (Soledad Varela, Morfología del Español)

En (29) el profesor introduce en determinado momento de su explicación
un término que posiblemente desconozca la clase: 'llagadura', y abre un inciso para aclararlo. Obsérvese que, además, se advierte de esta nueva situación

con una pregunta: *¿Conocen este término, llagadura?*, la cual actúa como señal de apertura del inciso.

En (30) la expresión que utiliza la profesora, intercalada esta vez en cierto punto del inicio del inciso, explicita claramente la naturaleza de la operación emprendida: *y aquí meto un inciso.*

En (31) la expresión en cuestión resulta ser una petición: *recordar*, con la cual, además de señalar la introducción del inciso, el profesor invita al alumnado a que recupere información ya presentada y útil para la comprensión de lo que se está exponiendo.

En (32) la profesora anuncia un tópico, pero, antes de comenzar el desarrollo del mismo, decide hacer una aclaración y marcar este corte con la expresión: *bueno, previamente decirles que {…}.* El elemento *bueno* está aquí usado para indicar que se abre una suspensión. *Previamente decirles* alude con claridad al hecho de que va a presentarse, antes del desarrollo esperado, cierta información incidental útil.

En (33) se ve que en un momento dado la explicación se torna conflictiva, pues aborda un aspecto cuya comprensión requiere algunos datos de los que carece la clase. He ahí la razón por la que la profesora introduzca un inciso aclaratorio. En esta ocasión la expresión para presentarlo es: *antes no lo he contado.* Esta fórmula, como se ve, además de cumplir la función presentadora, explicita la causa que justifica la introducción de la aclaración.

Obviamente, las expresiones comentadas no son las únicas que podemos oír para anunciar un inciso. La variedad es considerable según sean las circunstancias y el estilo particular del profesor o la profesora. A continuación presentamos un buen número de ellas (extraídas todas del corpus examinado), en el que incluimos las contenidas en los ejemplos anteriores:

a) *aclaro que {…}*
   bueno, previamente decirles que {…}
   hago un paréntesis
   nos paramos aquí un momento
   paréntesis: decíamos ayer que {…}
   si me permitís un paréntesis
   y aquí meto un inciso

b) *(no) me estoy refiriendo a {…}*
   es decir
   me explico

c) *piensen que/en {...}*

  ¿recordáis?

  recordar

d) *atención*

  tengan cuidado

e) *es que no os he leído un segundo texto, pero aprovecho para hacerlo*

  perdonad: hay un dato que se me olvidaba dar en relación con {...}

  porque + [alguna expresión indicativa del proceso incidental: *antes no lo he contado; y esto os lo digo ahora,* etc.]

  se me había olvidado ponerlo

f) *que* + [alguna expresión indicativa del proceso incidental: *ya les digo; como les decía; como ya hemos visto,* etc.]

g) *¿Conocen este término?*

  Lo sabéis, ¿no?

Las del grupo a) tienen como única función anunciar la introducción del inciso. Las de los grupos restantes, en cambio, cumplen, además de ésta, otras funciones. Así, las del grupo b) sirven también para anunciar que se va a suministrar más información que ayude a comprender, distinguir, etc. mejor lo que se esté exponiendo; las de c) invitan a traer momentáneamente al primer plano de la atención cierta información ya tratada o existente en el acervo de conocimientos de la clase, y que es conveniente para lo que se está explicando; las de d) conllevan alguna indicación para el resalte de información; las de e) responden a incisos reparadores, esto es, aquéllos en los que, aunque a destiempo, se presentará información que debiera haber sido introducida antes; la de f) introduce incisos de insistencia, es decir, incisos con los que la profesora o el profesor insiste en la presentación de cierta información ya tratada o que destaca la importancia o alcance de lo que se está explicando; finalmente, las de g) son preguntas que, de suscitar en quienes escuchan la debida respuesta, pueden dar pie a un inciso.

4) Habida cuenta de que el inciso casi siempre supone la suspensión momentánea de una secuencia y que ésta puede llevarse a cabo con brusquedad (por ejemplo, a mitad de un sintagma, quebrando súbitamente la melodía tonal, etc.), la profesora o el profesor, consciente de que esta circunstancia puede ser un obstáculo serio en la comprensión, reanuda –terminado ya el inciso–, mediante alguna reformulación o repetición que reconstruye o repara el eslabón roto, la explicación suspendida en cierto momento anterior, y con ello restablece la continuidad de la cadena discursiva principal.

(34) *En un inciso, tras una tormenta de ideas:*
[…] {Profesora: //Que se va consumando, hm.} [Escribe en la pizarra.] -Dentro de los tipos de resultado -se me había olvidado ponerlo y por eso, ejem, eh- existen los que se llaman de consumación permanente y de consumación instantánea. Consumación permanente significa que el tipo se consuma en un primer momento, pero la situación de antijuricidad, la situación de ilicitud, o si quieren la situación de lesión al bien jurídico tutelado o protegido, se prolonga en el tiempo. ¿Cuándo cesa? En este caso cuando el sujeto es puesto en libertad; pero hasta que el sujeto no es puesto en libertad, esa situación de ilicitud, esa situación de lesión permanece, es decir [corte en la cinta] (...) en los cuales se produce el único momento, la lesión al bien eh jurídico, hm, en el mismo momento en que se produce la lesión, [comienza un ejemplo] por ejemplo en el homicidio: una vez producida la muerte, ahí se produce la lesión al bien jurídico, ahí se produce el resultado, y eso no dura en el tiempo, simplemente el instante en el cual se produce esta lesión, hm. Eso permite, fíjense bien, en los tipos de resultado permanentes, hm, como la consumación se va renovando, es decir/ [comienza una aclaración] -en el tipo instantáneo, una vez de producida la muerte, hm, ya no cabe participar en ese delito, porque ya se ha producido el resultado- como la consumación se va renovando, y no se hallan, digamos, plenamente hasta que no se produce la efectiva cesación o/ de lesión al bien jurídico, durante todo ese tiempo sí que cabe participar, hm, porque no ha finalizado lo que denominamos el iter criminis, es decir, todo el camino, todo el recorrido de actividad delictiva, eh; por tanto, aunque se hayan consumado con la mera detención, como permance la situación de ilicitud, cabe ir incorporándose, hm, para colaborar en esa situación de ilicitud, y por tanto cabe la participación aunque con anterioridad se haya producido la lesión o consumación al bien jurídico. ¿De acuerdo?...- **{Bien, como les decía, vamos a continuar entonces. En función de la clase de acción nos encontramos ante las denominadas formas comisivas […].}** (Maite Álvarez, Derecho Penal)

(35) *Tras una pausa para descansar, antes de introducir un tópico nuevo:*
{Bien, vamos a continuar.} *Me/ me señala con/ con mucha precisión vuestra profesora Carmen Martínez, que veréis que sabe mucho más que yo, que en el asunto Bordesa que comentaba -no lo he explicado del todo bien, tiene toda la razón- no se trata de que nuestra legislación prohibiera las ehh exportaciones o movimiento de capital en mano de más de cinco millones de pesetas, sino que quedaban sometidos a una autorización administrativa previa, y eso es lo que condena el Tribunal de Justicia: dice 'no, autorización previa no; libertad sin necesidad de autorización previa', precisión que agradezco porque en efecto no no lo había explicado correctamente.* **{Bien, vamos a continuar […].}** *(Javier Díez-Hochleitner, Derecho Comunitario)*

(36) Tras anuncio de desarrollo de un tópico:

*[…] {**Una vez que el barro se ha amasado**} -eso que ven abí es un dibujo de/ casi etnográfico: eso se hace todavía así, ¿no?; ebb se hace así: se pisa con los pies eh, se amasa con los pies-, {**una vez que se hace esto**, se pasa sencillamente a sacar las piezas […].}* (Ángel Fuentes, Arqueología de Roma)

(37) En el desarrollo de un tópico:

*[…] {**Bien, pues ocurre que estas palabras como 'conservación' o como 'ataque', que derivan de verbos y que se llaman nombres derivados, nombres también deverbales**} -deverbales: que vienen de verbos; esa preposición 'de-' se va a utilizar con el valor etimológico de 'lo que procede de', como en el latín, es decir, 'de lo que viene de'; 'deverbal' es algo que viene de un verbo; 'denominal' es una forma que viene de un nombre; 'deadjetival' una palabra que viene de un adjetivo; o sea que lo vamos a utilizar en el sentido de 'procedente de' o 'proveniente de'-, {**bueno pues estos nombres […].**}* (Soledad Varela, Morfología del Español)

(38) En el desarrollo de un tópico:

*[…] {**El psicofisiólogo Helmboltz creyó que solamente podía ser explicable las percepción, por ejemplo nuestra percepción visual, si presuponemos que hay una actividad inteligente en la mente humana que procesa esa información visual, y nos la presenta de forma bien distinta a como de hecho nos viene directamente afectada por los sentidos.}** Me explico: como bien sabéis la imagen visual que podemos tener de un objeto externo en primer lugar en la retina es plana, no tiene/ esa fotografía no es tridimensional; hay que combinar y hacer coincidir las dos imágenes de los dos ojos; por decirle en un lenguaje casi metafórico, darle la vuelta, y hacer unos cálculos bastante complejos para que la relación entre tamaño y distancia nos den la sensación de profundidad. Todo eso a juicio de Schopenhauer y de Helmboltz solamente es posible por la actividad mental: no viene directamente de la sensación, no están los datos de los sentidos; es una elaboración de la mente, una elaboración de la cual el sujeto no tiene la menor idea; por lo tanto es/ podemos estar hablando de una actividad mental inconsciente. {**Pues bien, la refutación de/...**} Voy con un poco de rapidez. Espero que lo entendáis, puesto que el objetivo no es tanto, de esta clase, centrarnos en William James; lo que quiero es simplemente recuperar la problematicidad que tuvo la noción de inconsciente para a continuación ver cómo se plantea desde un ámbito clínico, y por qué, cuáles son las razones que le llevan a Freud a colocarlo en el centro de la psicología, eh; si algo/ creo que es suficiente simplemente hacer ese repaso, ¿no? Si alguno está más interesado se le da la referencia completa de los textos de William James y la polémica que en esa/ en esos tiempos se suscitó. {**Pero para nuestro objetivo basta recordar que William James considera que de nuevo estas inferencias inconscientes no son necesarias apelando a los argumentos que […].**}* (Pedro Chacón, Teoría Psicoanalítica)

El ejemplo (34) muestra cómo, tras concluirse un inciso de extraordinaria complejidad y considerable extensión (reproducimos aquí sólo una parte), la profesora, que percibe hasta qué punto puede esta circunstancia perturbar la comprensión (la clase podría perder irremisiblemente el hilo principal de la explicación), remite, mediante las fórmulas adecuadas, al punto de partida: *Bien, como les decía, vamos a continuar entonces. En función de la clase de acción nos encontramos ante las denominadas formas comisivas {...}.* Con *bien* (elemento de compleja funcionalidad discursiva) establece que el inciso ya ha concluido y se reanuda la explicación principal; con *como les decía, vamos a continuar entonces,* remite a que el hilo central de la explicación quedó interrumpido y a que va a reanudarse su desarrollo ahora; con *En función de la clase de acción nos encontramos ante las denominadas formas comisivas,* en fin, ofrece las palabras clave que ayuden a la clase a recomponer lo que en concreto se estaba tratando en el momento de la interrupción, y se tienda, así, un puente entre ese punto lejano y el desarrollo inmediatamente posterior.

En (35) se recoge lo siguiente: tras una pausa para descansar (la clase duraba hora y media), el profesor indica que va a comenzar la segunda parte de la sesión, pero decide, antes de seguir adelante, aclarar algo relativo a la primera parte, por lo que recurre a un inciso de cierta extensión. Concluido éste, repite la indicación del comienzo: *bien, vamos a continuar.* La repetición enmarca con claridad el principio y el final del inciso.

En (36) el profesor interrumpe súbitamente el desarrollo del tópico principal, introduce a continuación el inciso y, al fin, se recompone el desarrollo interrumpido. Las expresiones que sirven para establecer esta recomposición significan, al menos en cuanto al estado de cosas aludido, lo mismo (esa fase de elaboración de los ladrillos en que el barro ya ha sido amasado), pero no son formalmente idénticas: *una vez que el barro se ha amasado* y *una vez que se hace esto.* Son, como se ve, expresiones equivalentes.

En (37), la profesora introduce un inciso con el que aclara el significado de un término, y recompone el desarrollo interrumpido, a saber, el representado por el fragmento *{...} ocurre que estas palabras como 'conservación' o como 'ataque', que derivan de verbos y que se llaman nombres derivados, nombres también deverbales {...},* con la expresión *estos nombres,* mucho más breve, que condensa en su referencia todo el sentido de la expresión anterior. Y no sólo hace esto: también marca el final del inciso y el comienzo del reanudamiento del desarrollo considerado, recurriendo a la expresión *bueno pues {...}.*

En (38) las cosas son algo más complicadas. El hilo de la explicación es el siguiente: exposición de la opinión de Helmholtz y, a continuación, exposición de la refutación que de ella hace William James. Obsérvese qué hubiera ocurrido si el profesor no hubiera intercado en tal explicación nada menos que dos incisos: *El psicofisiólogo Helmholtz creyó que solamente podía ser explicable la percepción, por ejemplo nuestra percepción visual, si presuponemos que hay una actividad inteligente en la mente humana que procesa esa información visual, y nos la presenta de forma bien distinta a como de hecho nos viene directamente afectada por los sentidos. {Primer inciso} {L}a refutación del... {Segundo inciso} William James considera que de nuevo estas inferencias inconscientes no son necesarias apelando a los argumentos que*

{...}. (Hemos eliminado todas las expresiones que conciernen a los incisos.) En medio del fragmento queda la expresión inconclusa *La refutación del...,* que respondía a la intención de presentar la refutación de William James, intención rápidamente abandonada para dejar paso al segundo inciso. Terminado éste, se emprende de nuevo la refutación en cuestión, aunque reformulada esta vez así: *William James considera que {...} estas inferencias {...} no son necesarias {...}.* Ahora, si volvemos a insertar los incisos, vemos con claridad la función que desempeñan, así como la eficacia de las expresiones reasuntivas *pues bien* y *pero para nuestro objetivo basta recordar que {...},* colofones respectivamente del primero y segundo inciso y puentes para el restablecimiento del desarrollo interrumpido.

Como antes veíamos en el caso de las expresiones utilizadas para anunciar un inciso, también las que acabamos de examinar son abundantes y, según sean las circunstancias discursivas y el modo de expresarse del profesor o profesora, muy variadas. Presentamos a continuación las que aparecen en el corpus examinado (incluimos en la relación las contenidas en los ejemplos anteriores):

a) *Bien, {...}*

   Bien, como les decía, {...}

   Bien, como les decía, vamos a continuar entonces; {...}

   Bien, empezando {...}

   Bien, vamos a continuar; {...}

   Bien, vamos a pasar entonces a {...}

   Bien, volvamos entonces a {...}

   Bueno, {...}

   Bueno, vamos a volver a {...}

b) *Bien, pues {...}*

   Bueno(,) pues {...}

   Pues bien {...}

c) *Pero para nuestro objetivo basta recordar que {...}*

Los elementos *bien* y *bueno* son recursos abundantemente empleados, como se ve. Tal como quedan recogidos en a), cumplen la función de indicar el final de inciso. Pueden ir acompañados o no de otros elementos: alguna reformulación del contenido previamente interrumpido, expresiones planificadoras del discurso (*como les decía; como les decía, vamos a continuar entonces; empezando;* etc.), o ambas cosas a la vez.

En b) encontramos a *bien* y *bueno* en compañía de *pues*. Esta conjunción puede aparecer tanto antepuesta como pospuesta a *bien* y *bueno* (aunque en nuestro corpus nunca aparece antepuesta a *bueno*); además, puede mediar una breve pausa entre *bueno* y *pues*. La función que cumplen *bien* y *bueno* en estas circunstancias es ligeramente distinta de la anterior. En efecto, también aquí marcan el final de un inciso, pero al mismo tiempo se indica, gracias a la aportación de *pues*, que la información siguiente está estrechamente ligada a la previamente interrumpida, o que lo está tanto con ella como con la presentada en el inciso.

En c) tenemos una muestra del estilo particular de un profesor, una manifestación entre las muchas posibles que podemos oír para cerrar un inciso y remitirnos a la información suspendida.

> **En pocas palabras:**
>
> La aclaración como inciso intenta deshacer posibles obstáculos en la comprensión de la información principal ofrecida. Las modalidades de información que la integran más frecuentemente son la información de fondo, la parentética, la resaltada, la evaluada y la secundaria.
>
> El inciso suele presentar unas características formales claras (pausas, entonación, indicadores de apertura y final, etc.) y dispone también de numerosos recursos lingüísticos para señalar sus diferentes aspectos estructurales.

La aclaración en respuestas, paráfrasis y fases conclusivas | 2.6.4.

Además de como incisos, las aclaraciones, según dijimos en su momento, pueden aparecer también en otras circunstancias: en las respuestas que la profesora o el profesor da a las preguntas que le plantea la clase, en secciones parafrásticas (usualmente surgidas en el desarrollo de un tópico) y las fases conclusivas (generalmente en el desarrollo o en el cierre de un tópico). No son éstos los únicos lugares en que puede darse una aclaración no incidental, pero sí son sin duda los más frecuentes.

(39) *En la respuesta a una pregunta formulada por un estudiante:*
[…] Estudiante: {Pero, por ejemplo, si no se ha consumado y/ y era doloso, tendrá más pena que si no se ha consumado y era culposo...
Profesora: Evidentemente,} pero la distinción no es por la consumación, sino que

*en cuanto/ en lo que afecta al elemento subjetivo, es decir, que las conductas cometi-
das dolosamente siempre, siempre, no hay excepción, se sancionan más que las cometidas culposamente, porque en una quiero directamente, mientras que en la otra
se produce el resultado pero debido a mi negligencia, no porque yo quiera, digamos,
la infracción de la norma, eh; el grado de motivación de la norma en un caso u otro
es menor, o persigue una distinta motivación en el sujeto, por lo tanto se sancionan
más unas que otras, hm; pero no, eh, afecta a la consumación, es decir, son criterios
distintos, eh [...]. (Maite Álvarez, Derecho Penal)*

(40) En el desarrollo de un tópico:
*[...] {Fijaos que es importante la diferencia entre lo que antes comentaba y lo que
dice Ferguson en su artículo de 1959...} Ferguson dice: hay situaciones lingüísticas en
el mundo en la que/ en las que se utilizan dos variedades de la misma lengua; una de
esas variedades es una variedad superpuesta, es una variedad altamente codificada,
es vehículo de una literatura, se aprende a través de la escuela, a través de un proceso de enseñanza formal; se utiliza en la lengua escrita una de las variedades de la lengua; mientras que la otra variedad se utiliza para la conversación ordinaria; la primera no se utiliza nunca para la conversación ordinaria, cotidiana; la segunda, sí...
Pero estamos hablando de dos variedades de una lengua, y esto obliga a hacer otra precisión: no estamos hablando de las típicas situaciones de la lengua normativa o estándar, como se dice normalmente en el ámbito de la sociología del lenguaje -aunque
creo que tiene algunos problemas el uso del concepto de estándar, pero ya lo veremos
en su momento también-; no se trata de las situaciones donde hay un modelo de lengua normativa y luego los dialectos, es decir, no se trata de la situación que pueda
darse en España, donde hay una zona amplia donde se utiliza una modalidad llamada castellano, y otra zona, entre otras, donde se utiliza una modalidad llamada andaluz. No se trata de dialectos de la misma lengua: se trata de variedades más divergentes. Los dialectos ehh no se ajustan a las características que aparecen en la definición
de diglosia. Por lo tanto no es una situación típica de 'lengua normativa-dialecto'. Son
variedades de una misma lengua, pero más alejadas de lo que están estas lenguas y
estos dialectos ehh a los que hago alusión como los que se dan en España por ejemplo... {Para explicar este concepto Ferguson trabaja con el cuatro situaciones diferentes [...]}. (Francisco Moreno Fernández, Sociología del Lenguaje)*

(41) Como fase conclusiva de cierta parte del desarrollo de un tópico:
*[...] {Reconoce la eficacia normativa, la eficacia como norma jurídica del con-
venio colectivo, y la fuerza vinculante de los convenios. Id recordando los términos
porque en lecciones posteriores vamos a ir desarrollando exactamente el contenido de
estos conceptos,}* **pero que nos vayan quedando claros por tanto algunos conceptos claves, algunos elementos absolutamente definidores de nuestro sistema de relaciones laborales.** *Esos elementos son... que la negociación colectiva,
cualquier forma de negociación colectiva, en aplicación estricta del artículo treinta y
siete uno de la Constitución da como resultado convenios colectivos que son normas
jurídicas, convenios colectivos que tienen fuerza vinculante, y que sólo, ¡eso sí!, para
los que cumplan las reglas del estatuto, a eso añadiremos la eficacia personal general;
pero que no cumpla el estatuto/ que no se cumpla -perdón- el estatuto y que no se*

tenga, por tanto, eficacia personal general, no niega que se tengan los dos elementos que derivan de la propia Constitución: la fuerza vinculante y la eficacia normativa, la/ el rango de norma jurídica que tienen en nuestro sistema... […] (Yolanda Valdeolivas García, Derecho Laboral)

Es evidente en estos tres ejemplos la finalidad de 'aclarar' algo confuso o susceptible de provocar inferencias erróneas. En (39), además, la profesora corrige, mediante su aclaración, un supuesto falso implicado en la pregunta, y recompone para quien la planteó el proceso deductivo correcto. Sin embargo, en (40) el profesor comenta las palabras de otra persona, y delimita y precisa el alcance conceptual del contenido de las mismas. Estamos ante un caso evidente de paráfrasis que, además, contiene en su fase final información de carácter conclusivo: *Por lo tanto no es una situación típica de 'lengua normativa-dialecto'. Son variedades de una misma lengua, pero más alejadas de lo que están estas lenguas y estos dialectos ehh a los que hago alusión como los que se dan en España por ejemplo...* En (41), en fin, la profesora emprende el resumen de algunos conceptos previamente tratados, resumen que adopta el tono propio de una aclaración destinada a distinguir las relaciones ocultas de ciertos conceptos. El carácter conclusivo del conjunto es evidente, habida cuenta de que se están resumiendo algunos aspectos ya tratados.

┅┅┅▶ 2.7.

Por otro lado, la estructura y los recursos lingüísticos de estas aclaraciones se remiten a otros mecanismos discursivos utilizados en la lección magistral. En efecto, en (40) y (41) se recurre al contraste, y en (39) se utiliza, además de éste, la argumentación. Como tratamos en otro lugar con detalle estos mecanismos, no insistiremos aquí en ellos. Esto no quiere decir que carezcan de fórmulas que marquen con claridad que se emprende una aclaración, se está ya en ella o la estamos terminando. Es cierto que su uso no está muy extendido (normalmente parece que son suficientes las marcas de contraste y argumentación), pero en algunas ocasiones aparecen y adoptan formas diversas en función de las circunstancias discursivas y el estilo personal de quien enseña. Así, por ejemplo, en (41) la profesora advierte de la necesidad de tener claros ciertos conceptos, advertencia que le sirve para indicar que va a comenzar una aclaración: *pero que nos vayan quedando claros por tanto algunos conceptos claves, algunos elementos absolutamente definidores de nuestro sistema de relaciones laborales.*

┅┅┅▶ 2.3.
2.4.

En pocas palabras:

La aclaración fuera de inciso, en las circunstancias arriba examinadas, insiste en determinada información y destaca determinados aspectos comprometidos, desde el punto de vista de su comprensión y asimilación.

Jenaro Ortega Olivares y María Labarta Postigo
Universidad de Granada y Universidad de Cádiz

La operación de resumir es esencial en el transcurso de una lección, pues permite, por un lado, ofrecer información ya tratada para situar la información nueva –el resumen recapitulativo–, y, por otro, conocer de antemano lo que se expondrá y el modo en que va a hacerse –el sumario–. El resumen aparece generalmente en circunstancias muy determinadas, en las que cumple diversas funciones particulares, admite estar integrado por diversos tipos de información, y posee numerosas expresiones que señalan en el discurso sus peculiaridades estructurales.

2.7.1.   Introducción

Consideremos estos ejemplos, como primera aproximación a la operación de resumir en el marco de la lección magistral:

(1) En el planteamiento del tópico general:
[...] Ayer comenzamos a hablar de diglosia, perdón, de bilingüismo, desde un punto de vista social... Habíamos tratado durante la semana anterior lo que tiene que ver con el bilingüismo individual, viendo los distintos tipos de bilingüismo, y ayer comenzamos a hablar de de bi/ bilingüismo, de comunidades ehh bilingües. Y nos habíamos quedado en la explicación de las causas históricas que suelen llevar a la formación, a la creación de comunidades bilingües... De entre las múltiples causas que hay (causas que son tan diversas como la historia de todos los pueblos), entre las múltiples causas hay como digo ayer comentamos la de las situaciones coloniales o la de las ehh situaciones poscoloniales, y pusimos algunos ejemplos relacionados con situaciones sociolingüísticas del continente africano... Evidentemente podíamos seguir comentando mucho más, muchos más ejemplos, pero lo importante es aquí ver un tipo general de de causa, el hecho que unas naciones colonicen ciertos territorios eh normalmente alejados de sus fronteras y den lugar a una expansión de su lengua por esos nuevos territorios provocando situaciones de lenguas en contacto y la aparición de múltiples fenómenos ehh lingüísticos consecuencia de ese contacto de lenguas. {Pero hay más causas, hay más causas históricas que llevan a la creación de comunidades bilingües [...].} (Francisco Moreno Fernández, Sociología del Lenguaje)

(2) Tras la presentación, desarrollo y cierre de diversos tópicos:
[...] Así que la morfología -retomo el comienzo- tiene tres apartados fundamentales: la flexión, la derivación y la composición, que tienen que ver con la manera como se puede complicar una palabra simple. Una palabra simple se puede complicar con la flexión obligatoriamente para entrar en la sintaxis: toda palabra tiene que estar flexionada en lenguas donde la flexión no solamente es de género y de número como en el español, y

en el caso del verbo de tiempo y de modo, sino en lenguas como el alemán donde además hay casos: pues todo eso entrañaría estaría dentro del capítulo de la flexión. Las palabras se pueden complicar también para, digamos, formar nuevas palabras a partir de palabras más simples, y esto es lo que estudia la derivación y la composición, que es lo que se llama formación de palabras. Bien, derivación es cuando se hace por medio de afijos, morfemas afijales; composición es cuando se hace por medio de palabras simples {eso lo veremos el próximo día con más detenimiento [...].} (Soledad Varela, Morfología del Español)

(3) Entre el final de un tópico y la introducción del siguiente:
[…] Bueno, dicho esto, vamos a dar un paso y a tratar un asunto que tiene que ver con la lección siguiente, que allí veremos ehh de manera mucho más meticulosa, aunque ahora vamos a presentar lo que es la base principal del concepto. Me refiero, como he dicho antes, al concepto de diglosia. Ya que he adelantado en parte en qué consiste la diglosia, voy a a hacer la caracterización general, pero completa, de lo que es la diglosia y después veremos otros detalles cuando lleguemos a esa lección. Para lo que vamos a ver ahora a propósito de la diglosia os voy a repartir este folio, donde aparecen dos cosas: en primer lugar una definición general; es un poco larga, por eso os la doy en en fotocopia. Una definición general de diglosia [el profesor gestiona con el grupo el reparto de las fotocopias] […]. Veréis, como digo, que en la hoja hay una definición un poco larga del concepto de diglosia, y en la parte de abajo hay un esquema propuesto por Fishman y que podéis encontrar también en el libro que tenéis como lectura obligatoria: el de 'Sociología del Lenguaje' de Fishman, el que está publicado por la editorial Cátedra; ahí lo podéis encontrar [comentario personal del profesor (chiste)] {…}. (Francisco Moreno Fernández , Sociología del Lenguaje)

Se ve con claridad en los dos primeros ejemplos que quienes enseñan presentan información que ya ha sido tratada –información conocida (o supuestamente conocida), por tanto, para el auditorio–, y que lo hacen mostrando los aspectos esenciales de la misma, sin mencionar los menos importantes. En (3), sin embargo, la situación es distinta: el profesor presenta una visión general de cómo será la organización del discurso siguiente (qué se presentará, por qué, de qué modo, etc.).

Así las cosas, se puede afirmar, de entrada, que el resumen presenta dos vertientes: una está vuelta al pasado, a lo que ya ha sido expuesto; la otra mira al futuro, y sirve para delimitar qué se expondrá y cómo se estructurará tal exposición. En la primera el resumen adopta el carácter de *recapitulación*; en la segunda, el de *sumario*. (En lo que sigue generalmente usaremos, por comodidad, los términos *resumen* y *sumario* para referirnos respectivamente a uno y otro tipo.)

El·resumen recapitulativo

2.7.2.

Funciones y lugares en que aparece.

Se podría afirmar, en principio, que los puntos en que es posible resumir algo parecen estar en cierto modo predeterminados. En efecto, las circunstancias que permiten la introducción de un resumen suelen ser las siguientes:

a) Cuando se impone introducir información 'nueva', esto es, no conocida o no tratada (o supuestamente no conocida o no tratada) por la clase, el sentido común aconseja que, para una comprensión eficaz, se parta de elementos ya tratados –y por tanto conocidos–, en que se puedan integrar los elementos nuevos que van a ser expuestos. Esta necesidad se presenta sobre todo, y no exclusivamente, en dos momentos de la explicación. El primero de ellos es el que está recogido en (1) o en este otro ejemplo:

(4) Como recapitulación, en el planteamiento del tópico general:

[…] {Bien, vamos a retomar la explicación de ayer.} Para hacerlo, os recuerdo que estamos en el tema segundo, queriendo dar en esta introducción todavía al curso de Derecho Comunitario una panorámica general de los contenidos materiales de la Unión Europea; una Unión Europea que consta de, como vimos, tres pilares: las comunidades europeas como núcleo de la integración, proceso de integración; y dos ámbitos de cooperación intergubernamental: la PESC y la CAII, comunidades europeas que, como sabéis, son tres: la CECA, la CEEA -Comunidad Europea de Energía Atómica, la CE. Estábamos ayer desarrollando los contenidos de la CE; como sabéis, los dos principios objetivos son la integración económica que, como sabéis, constituye un objetivo de plena integración, es el objetivo; y junto a la integración económica los avances hacia una unión política, que tienen lugar sobre todo a partir del Tratado de la Unión Europea. La integración económica, veíamos ayer, intenta realizarse a través de dos vías; por una parte, la realización de un mercado común, rebautizado en el Acta Única Europea como mercado interior; y por otra parte, la unión económica y monetaria. Veíamos que el mercado común tiene una dimensión interna y una dimensión externa; en su dimensión interna el mercado común -mercado interior- se traduce en la realización de cuatro libertades básicas y, por otra parte, en la puesta en marcha de una serie de políticas comunes, una serie de políticas comunitarias, es decir/ lo lo vamos a desarrollar más tarde; y dentro de las libertades -éste es el punto en el que nos quedábamos ayer- veíamos que la primera de esas libertades es la libre circulación de mercancías; en segundo lugar, la libre prestación de servicios y la libertad de establecimiento; en tercer lugar, la libre circulación de trabajadores; y, por último, la libre circulación de capitales. Ayer comenzamos a desarrollar los contenidos de la libre circulación de mercancías; os comentaba que la libre circulación de mercancías comporta la supresión en primer lugar de aranceles y restricciones cuantitativas, pero que no basta con esa supresión de aranceles y restricciones cuantitativas, que es una realidad en el territorio comunitario desde el año sesenta y ocho, sino que además se prohíbe toda medida de efecto equivalente a una restricción cuantitativa, concepto que vimos ayer y que aparece en el artículo treinta del Tratado CE. Veíamos además que ese artículo treinta comporta -o esta libre circulación de mercancías regulada en el artículo treinta y treinta y seis, entre otros preceptos del Tratado CE-, veíamos que comporta a su vez el reconocimiento de la autonomía o libertad legislativa de los estados miembros en materia de producción industrial y en materia de comercialización de productos, y que, consecuentemente, el artículo treinta va a comportar lo que, en síntesis de lo que ayer explicábamos, podemos llamar el reconocimiento mutuo de las legislaciones de los estados miembros en el sentido, como veíamos ayer, de que un producto, un producto fabricado y comercializado en Alemania de conformidad con

las leyes alemanas -autonomía legislativa a estos efectos- con el límite del artículo treinta de la prohibición de restricciones cuantitativas de los aranceles y de las medidas de efecto equivalente, es un producto que va a poder circular libremente por el territorio comunitario, y se va a tener que permitir su comercialización en el territorio español, aun cuando no haya sido fabricado ni comercializado de conformidad con nuestras leyes, sino con las alemanas; la única excepción a ese sistema de reconocimiento mutuo de legislaciones está en el propio artículo treinta y seis, con las excepciones que ayer reseñábamos: de orden público, sa/ salud pública, moralidad pública, etcétera..., todo ello. Ponía de relieve, ayer veíamos la necesidad de una armonización legislativa, la necesidad de una armonización legislativa: quedan prohibidas las restricciones, quedan prohibidos los aranceles, quedan prohibidas las medidas de efecto equivalente; ello da lugar a un sistema de reconocimiento mutuo de legislaciones dentro de la autonomía legislativa que en la materia conserva cada estado, y todo ello nos lleva a la necesidad de una armonización, de una armonización legislativa; necesidad que es cada vez más acuciante en la medida en que las legislaciones de los estados miembros son cada vez más incisivas en la protección fundamentalmente de ciertos valores, como la protección de los consumidores, la protección del medio ambiente, etcétera, etcétera; la diversidad legislativa y la intensidad legislativa en nuestros países obliga a una armonización legislativa si queremos que el sistema funcione, si queremos que el sistema funcione. Veíamos ayer que esa armonización legislativa estaba ya prevista en el Tratado CE en su versión originaria, y lo estaba en el artículo cien del Tratado CE; artículo cien que, como veíamos ayer, establece un mecanismo para la armonización de legislaciones. Sin embargo, y en este punto nos quedábamos ayer, el artículo cien del Tratado CE, recordad, que es un artículo que, por una parte, establece un procedimiento decisorio muy estricto, muy riguroso, en la medida en que la adopción de los actos de armonización legislativa a través del artículo cien se verifica a través de decisiones adoptadas por unanimidad en el seno del Consejo, y la unim/ unanimidad de los quince estados miembros en el Consejo podéis imaginar que no es sencilla; una armonización a través de un procedimiento que previa nunim/ unanimidad del Consejo, y que por lo tanto es difícil, que se traduce en directivas, en directivas, como actos normativos de armonización, y por último que tiene un alcance, ese artículo cien, bastante limitado. El artículo cien prevé la facultad de que el Consejo por unanimidad adopte directivas de armonización legislativas, pero que tengan por objeto únicamente las legislaciones, entendido legislaciones en sentido estricto, es decir, las leyes, reglamentos, medidas administrativas de los estados miembros que tengan por objeto o que afecten, y lo subrayo, directamente, directamente al establecimiento o al funcionamiento del mercado común. El resultado es que en los años ochenta nos encontramos cada vez más claramente con una necesidad de armonización legislativa y sin embargo con un cauce, una vía para esa armonización que es insuficiente. Lo cierto es que el artículo cien ha producido a lo largo de los años un/ una producción normativa, ha arrojado una producción normativa a través de directivas de armonización bastante, bastante modesto, un resultado bastante modesto: no son muchas las directivas que han podido ser aprobadas por la vía del artículo cien. Es por ello que os decía ayer que el Acta Única Europea, el Acta Única Europea del ochenta y seis, que modifica los estados constitutivos, una de las grandes aportaciones que hace a la realización del mercado común, rebautizado como mercado interior, va a ser la introducción de un nuevo artículo cien a, un nuevo artículo cien a que

va a tener por objeto de nuevo favorecer, fomentar la armonización de las legislacio-
nes de los estados miembros en este campo; un artículo cien a que presenta diversas
variantes respecto al artículo cien. {Y me voy a fijar en las diferencias más relevantes.
En primer lugar [...].} (Javier Díez-Hochleitner, Derecho Comunitario)

Como en (1), presenta aquí el profesor abreviadamente lo tratado en clases anteriores, y ello le servirá para delimitar un marco de contenido que albergue y justifique la introducción del tópico general de la lección. Las profesoras y profesores recurren generalmente al resumen cuando construyen el 'planteamiento del tópico general' (el resumen es parte esencial de esta sección).

El segundo de los momentos que tratamos corresponde a cuando, durante el desarrollo de un tópico, se impone la introducción de un subtópico y, por ello, la construcción de un marco conocido o tratado que sirva de puente para su integración, como en los casos siguientes:

(5) En la introducción de un tópico, como base para la presentación del mismo:
[...] No sé si recordaréis: cuando en la asignatura del cuatrimestre anterior ha-
blamos de ehh la conversación, y hablamos de los conceptos de etnografía de la co-
municación, ehh en ese momento hice alusión a un concepto que es el concepto de
situación comunicativa, ¿lo recordáis?, una situación comunicativa que venía perfi-
lada por el tema tratado en la situación, por los participantes, por las intenciones,
por el contexto en el que se desarrolla ehh una comunicación determinada; era el
concepto de situación comunicativa. {Pues bien, el concepto de situación comuni-
cativa es un concepto ehh paralelo [...].} (Francisco Moreno Fernández , Sociología
del Lenguaje)

(6) Tras el anuncio de un tópico, como paso previo a la introducción de nuevos
subtópicos:
[...] {Bien, volvamos a entonces a especificar más en concreto lo que pretende
la morfología, la morfología que trata de dar cuenta del conocimiento que tienen los
hablantes -en este caso los hablantes del español- de su vocabulario tanto para crear
nuevas palabras como para reconocer palabras ya de su léxico y saberlas descompo-
ner.} Bueno pues uno de los conocimientos que tiene el hablante -y el que nosotros
tenemos que describir si queremos dar cuenta de lo que es la morfología entendida
como competencia del hablante nativo a propósito del uso y de la construcción de pa-
labras de su lengua, de su vocabulario-, bien una de ellas es como digo la estructura
interna de las palabras complejas, es decir, el hablante es capaz de hacer esa des-
composición en morfemas, como lo hemos hecho antes, 'forma', 'formal', 'formali-
zar', e incluso podríamos crear un nombre después de 'formalizar'; ¿qué nombre po-
dríamos crear?
Estudiante(s): (Se escucha mal. Se supone que contesta(n): "Formalización".)
Profesora: 'Formalización', efectivamente. Podríamos crear un nombre con/ en '-
ción', puesto que tenemos un verbo y '-ción' lo único re/ el único requisito que tiene
es que aquella parte a la que se agregue tiene que ser siempre un verbo. Bueno pues
esa estructura interna de las palabras complejas es parte del conocimiento de un

hablante nativo y cualquier gramático que trate de describir ese conocimiento interno tiene que dar cuenta de eso, de la estructura de las palabras complejas. {Pero otra cosa que conocemos los hablantes de una lengua es que [...].} (Soledad Varela, Morfología del Español)

En (5) el profesor se halla en el desarrollo de cierto tópico (que podríamos llamar 'Observaciones sobre el bilingüismo social') y necesita introducir un subtópico, a saber, la noción de 'ámbito' o 'dominio en que se utilizan las lenguas'. No lo hace, como se puede apreciar, abruptamente, sino que, con un resumen, invita al auditorio a que 'recuerde' cierta información ya dada en su momento. Con esta información, que actúa de soporte, el profesor facilita la comprensión y justifica lo que a continuación va a presentar, esto es, el subtópico aludido.

En (6) la profesora expresa su intención de desarrollar cierto tópico (al que se le podría dar el título de 'Objetivo concreto de la morfología en tanto que conocimiento lingüístico de los hablantes'), y, como para facilitar la comprensión de los datos que constituirán ese desarrollo, resume, solicitando la colaboración de sus estudiantes y mediante una breve 'tormenta de ideas', cierta información presentada y tratada en diversos puntos de la explicación previa. La finalidad de este resumen es la del ejemplo anterior: traer a un primer plano de la memoria de quienes escuchan algunos datos ya conocidos que sirvan de eslabón en el proceso de introducir información nueva.

b) Cuando se acaban de exponer ciertos aspectos de contenido, generalmente por vez primera y detalladamente, el profesor o profesora puede repetir de modo abreviado el conjunto de tales aspectos mostrando sus elementos fundamentales o más sobresalientes. Esta circunstancia explica que generalmente se eche mano del resumen en dos ocasiones, a saber, inmediatamente después de alguna sección del desarrollo de un tópico, y en el cierre de un tópico.

(7) Tras la exposición de tres tópicos:
[...] Tres causas llevamos por tanto: la expansión, la unificación, la colonización [...]. (Francisco Moreno Fernández, Sociología del lenguaje)

(8) En el desarrollo de un tópico:
[...] {Se me entiende, ¿no? Bueno, o ¿se entiende lo que quiere decir William James?} Digo, uno de los/ de las posibilidades que algunos habían extraído para argumentar a favor de la idea de inconsciente es la experiencia bastante generalizada que podemos hacer de nuestras propias vidas -por eso os estoy poniendo estos ejemplos-, de reconocer nosotros mismos que en un determinado momento hemos experimentado algo que después vemos que en realidad no era así, lo que sentíamos o creemos ver, que en realidad lo que se ocultaba es otro sentimiento distinto, aunque creímos que era ese/ -autoengaños que después son reconocidos-, y de ahí se pretende deducir: ¡ah!

yo entonces lo que pasaba es que quería a esta persona, aunque en el fondo me esta-
ba enfadando siempre con ella, yo creí que la odiaba, pero ahora me veo que en el
fondo lo que estaba es enganchado con ella y realmente tenía un/ estaba enamorado,
¿no?; eso se da/ es bastante común, ¿no? Es más, ya me lo dijeron mis amigos; ellos sí
que me dijeron 'bueno tú', yo les decía que no y claramente, conscientemente; no era
consciente en nada de que estuviera enamorado, pero después tuve que reconocer que
era verdad; yo me equivocaba'. Es decir, inconscientemente estaría enamorado. Es un
inconsciente que se parece más al inconsciente psicoanalítico: habría sentimientos,
motivaciones de los cuales el propio sujeto no es consciente, ¿no?, y que sólo con un
esfuerzo posterior se desvela que realmente estaba pegando o estaba allí presente.
William James lo que cree es que aquí se está razonando mal; se está confundiendo,
creyendo que estamos hablando de la misma idea, de la primera y de la segunda, sólo
que en dos estados distintos: un sentimiento primero, pero inconsciente, y ese mismo
sentimiento, el mismo, hecho consciente después, ¿no? ¿Es un sentimiento en este caso
estar enamorado? William James dice que no, que los dos sentimientos se pueden re-
ferir al mismo sujeto, al mismo chico o a la misma chica, eh; pero eso no hace que los
dos sentimientos sean el mismo en dos estados diferentes, como uno más claro y otro
más oscuro o uno consciente y otro inconsciente, sino que son dos ideas distintas,
una/ o dos sentimientos distintos, o uno siempre habría que describirlo de forma po-
sitiva, pues es un sentimiento ambivalente de/ en que el sujeto tiene manía y se ve en
cambio nervioso en presencia del otro, en fin lo podéis especificar como queráis: eso
es la única realidad del primero. La segunda es simplemente una reflexión sobre el pri-
mero, pero que no la modifica. La segunda idea es otra idea diferente: estás en una
nueva situación; es tan consciente como la primera, sólo que distinta: cuando uno re-
conoce que está enamorado, aunque el objeto de ese amor sea el mismo. No sé si ha
quedado claro, lo he/ dentro de la rotundidad que establece William James identifi-
cando una vida psíquica y vida consciente con/ vida mental con con conciencia, cual-
quier representación mental que pueda dirigirse a un mismo objeto en dos momentos
distintos lo va a considerar como sensaciones diferentes, distintas: no que la anterior
sea inconsciente y la misma idea sea consciente después: no es que estuviera ya antes
sólo que tapada y ahora se descubre y pasa a ser descubierta; lo que había antes es lo
que había a nivel consciente: eso es lo único que había.[…] (Pedro Chacón, Teoría
Psicoanalítica)

(9) Tras cierta cierta fase del desarrollo de un tópico:

[…] {El secuestro consiste en encerrar o detener a una persona, hm: éste es el tipo
básico de secuestro: el que encierra o detiene a un sujeto, hm; a continuación el le-
gislador prevé dos situaciones distintas: cuando el encerrado o detenido fuese puesto
en libertad antes de los tres días, hm, tiene una pena menor que cuando al sujeto se
le pone en libertad, hm, antes de los quince días, y luego a partir de los quince días ya
la pena es distinta, es decir, hay varios escalones.} Conducta básica: encerrar o dete-
ner; liberarlo antes de tres días: menor pena; liberarlo antes de los quince días: mayor
pena que en el primer supuesto, pero menor pena que en el tercer estadio, que es
cuando se libera al sujeto después de los quince días de encerrarle o detenerle. {Bien,
[comienza una tormenta de ideas] ¿cuándo se produce la consumación de este tipo?
¿Cuándo se consuma/ cuándo se consuma la detención ilegal? […]} (Maite Álvarez,
Derecho Penal)

(10) Resumen recapitulativo del desarrollo, hasta cierto momento, de un tópico:

[…] Repetición de la jugada: en una situación comunicativa hay unos hablantes, hay unos temas, hay unas intenciones, hay un contexto; en un dominio o ámbito hay unos temas, hay unos participantes, hay unas intenciones, unos objetivos, hay un contexto; la diferencia está en que el dominio supone un uso significativo desde el punto de vista social y funcional, es decir, los miembros de la comunidad reconocen el dominio como una situación especial, puesto que, como he añadido al final, los dominios suelen estar institucionalizados. […]. (Francisco Moreno Fernández, Sociología del Lenguaje)

(11) Tras el desarrollo de un tópico, como cierre del mismo:

[...] Resumo los dos comentarios ehh estos dos comentarios finales sobre el bilingüismo social... A la hora de explicar y entender cómo es, cómo funciona el bilingüismo social, hay que tener en cuenta que las lenguas pueden cumplir funciones diferentes dentro de una misma comunidad: en este caso se puede hablar del concepto de diglosia, que luego explicaré más detenidamente... A la hora de explicar y de entender el bilingüismo social, hay que tener en cuenta también el tipo de ambito o de dominio en el que se utilizan las lenguas [...]. (Francisco Moreno Fernández, Sociología del Lenguaje)

En estos cinco casos los profesores y la profesora tratan de mostrar lo esencial de la información previamente expuesta: en (7), (8), (9) y (10) destacan los subtópicos que hasta el momento han ocupado el desarrollo de un tópico mayor. Las diferencias entre estos cuatro ejemplos son notables, sin embargo: mientras que en (7) se recurre a nombrar escuetamente los tópicos tratados, en (8) el resumen ocupa cierta extensión para repetir –eliminados algunos elementos– buena parte de la información presentada antes, y en (9) y (10) estamos ante un resumen en su forma, cabría decir, más común. Obsérvese, además, la finalidad que opera en estos casos: en (7) se marca el final de una sección, el final de una serie de tópicos, y sólo eso; en (8) estamos en el desarrollo de un tópico, no en el final del mismo, y dada, a juicio del profesor, la complejidad de la información expuesta, se opta por detener el desarrollo para repetir tal información de manera resumida y favorecer así su comprensión por la clase; en (9) y (10) se marca el final de determinada fase del desarrollo de un tópico y se ofrece una versión más simple y organizada –y por tanto más fácil de recordar– de lo que antes ha sido expuesto con cierta prolijidad.

En (11) el profesor recoge en el resumen los puntos esenciales de toda la información que ha constituido el desarrollo del tópico previo, y señala con ello el cierre del éste y el paso a otra sección.

Por otro lado, conviene destacar que es muy frecuente la información resumida en el cierre de alguna fase del desarrollo, como en (9) y (10), y, especialmente, en el cierre de un tópico, como en (11), lugares éstos en los que obviamente adquiere carácter 'conclusivo', esto es, se constituye en indicación de cómo se está construyendo estructuralmente el discurso: señalando que estamos, respectivamente, en el final de una fase del desarrollo de un tópico y en el final de un tópico, y que en ambos casos se abre el discurso a otra sección. El cierre de más de un tópico se puede ver con claridad en (2), donde la profesora muestra los elementos esenciales de lo expuesto antes y cierra con ello el desarrollo de un conjunto de tópicos.

 2.6.

c) Cuando la profesora o el profesor se ve en la necesidad de intercalar un inciso aclaratorio, puede surgir el problema de que la información que en él vaya a introducirse esté más o menos alejada del marco temático activado para el desarrollo de la explicación principal. Si es esto lo que ocurre, la información reservada al inciso ha de integrarse en una base (en un marco temático *ad hoc*, generalmente relacionado con el marco temático de la explicación principal). Esta base adopta la forma de un resumen y contiene información que, procedente de diversos momentos lectivos (de la lección actual o de otras), es 'recordada' para la ocasión.

(12) En inciso:
[…] {Perdonar; hay un dato que se me olvidaba dar en relación con el artículo noventa y dos noventa y tres: ayudas públicas a las empresas, ayudas estatales a las empresas.} Hemos visto, uno, prohibición; dos, excepcionalmente se pueden otorgar ayudas, pero, tres, para ello es necesario la autorización de la comisión, ¿de acuerdo? En síntesis, artículos ochenta y cinco ochenta y seis; hemos visto artículo ochenta y cinco: acuerdos anticompetitivos entre empresas prohibidos; dos, abuso de posición dominante por las empresas que están en situación de sit/ posición dominante, prohibidas también; {se me olvidó decir que el artículo ochenta y cinco ochenta y seis […].} (Javier Díez-Hochleitner, Derecho Comunitario)

(13) En inciso:
[…] {Paréntesis:} decíamos ayer que en el sistema comunitario normalmente la competencia legislativa cuando se transfiere a la comunidad europea ello no implica necesariamente -creo que lo decíamos ayer-, no implica necesariamente la transferencia de las competencias en materia de ejecución administrativa. {¿Lo decíamos ayer?... ¿No?, pues lo he dicho entonces en otro sitio; ehh, lo que se va a transferir a la Comunidad Europea es la competencia para la articulación de un arancel exterior común y su gestión permanente […].} (Javier Díez-Hochleitner, Derecho Comunitario)

Como se ve, en ambos casos el profesor anuncia el inciso y proporciona el resumen que 'encaje' la información que ha motivado la interrupción y que se expondrá a continuación. Obsérvese cómo, de no existir este resumen, tal información rompería demasiadas expectativas en el auditorio y se correría el riesgo de que no fuese comprendida o provocara no poca confusión.

d) Hay mecanismos discursivos especialmente proclives a que su aplicación requiera el uso del resumen. Es el caso del contraste y la argumentación. Los elementos que componen el primero, los 'contrastandos', son susceptibles de contener información resumida, pues así pueden perfilarse con mayor claridad los aspectos que van a ser comparados y enfrentados. Es lo que ocurre en el ejemplo siguiente:

----> **2.3.**
----> **2.4.**

(14) En el desarrollo de un tópico:
[…] Simplemente quiero aclarar que estos dos ordenamientos comunitario y nacional de la competencia no se superponen, sino que operan en ámbitos distintos. Simplificando mucho las cosas, diré simplemente que el derecho comunitario de la competencia actúa, opera, interviene cuando nos encontramos con actividades, acuerdos, operaciones que tienen una dimensión comunitaria, que trascienden, por tanto, las fronteras estatales. Por el contrario, será de aplicación el derecho de la competencia nacional e intervendrán los órganos nacionales de la competencia cuando la operación, el acuerdo de que se trate anticompetitivo, simplemente, simplemente produzca sus efectos dentro del territorio de un solo estado miembro. {La divisoria os podéis imaginar que en la práctica no es siempre sencilla, no es siempre sencilla. […]}
(Javier Díez-Hochleitner, Derecho Comunitario)

Aquí, el profesor, tras anunciar el contraste entre dos bloques de información *(Simplemente quiero aclarar que estos dos ordenamientos comunitario y nacional de la competencia no se superponen, sino que operan en ámbitos distintos {…})*, expone el primero de ellos: *Simplificando mucho las cosas, diré simplemente que el derecho comunitario de la competencia actúa, opera, interviene cuando nos encontramos con actividades, acuerdos, operaciones que tienen una dimensión comunitaria, que trascienden, por tanto, las fronteras estatales,* que funciona como el primer contrastando, y a continuación expone, tras marcar la oposición *(por el contrario),* el segundo bloque: *será de aplicación el derecho de la competencia nacional e intervendrán los órganos nacionales de la competencia cuando la operación, el acuerdo de que se trate anticompetitivo, simplemente, simplemente produzca sus efectos dentro del territorio de un solo estado miembro,* que funciona como el segundo contrastando. Obsérvese que estos bloques son sendos resúmenes de información presentada previamente con cierto detalle. Como se ve, y por lo que respecta a la comprensión y asimilación de la información expuesta, a la eficacia del contraste se suma aquí la claridad del resumen.

En términos parecidos podemos hablar del otro mecanismo aludido, la argumentación. Si imaginamos este recurso discursivo desde un punto de vista polifónico, esto es, como varias voces (los argumentos) enfrentadas en busca de una conclusión, no es raro que las voces de los otros, tanto si son argumentos como contraargumentos, sean ofrecidas en forma de resumen. Como en el contraste, la economía del resumen es eficacísima en el mecanismo argumentativo. Consideremos el ejemplo siguiente:

(15) En una tormenta de ideas:

[…] {Profesora: No, no, no. no; tch, tch, tch.} Él me dice/ él me dice que el se-cuestro, el delito de secuestro, se consuma en el mismo momento en que se produce la privación de libertad, que ahí ya se produce la lesión del bien jurídico, que ahí ya se ha producido el resultado -es un tipo de resultado, no de mera actividad, eh-, que ahí ya se ha producido el resultado. {Y yo le digo: bueno, una vez que ya algo lo tengo acabado, pues como ya está acabado, no cabe intervenir en algo que ya está hecho… […].} (Maite Álvarez, Derecho Penal)

Se está en el desarrollo de una tormenta de ideas y, ante la respuesta de alguien, la profesora reacciona con una aclaración (que supone útil para el resto de la clase). La aclaración resulta estructurada como una argumentación, como si, *grosso modo*, dijera: 'usted afirma que tal cosa y tal cosa (argumento de entrada), pero yo le opongo a lo que usted ha afirmado esta otra cosa (contraargumento); por tanto, de aquí se deduce que tal y tal cosa (conclusión)'. Lo que propuso el estudiante es el argumento de entrada, presentado por la profesora como voz ajena: *Él me dice/ él me dice que el secuestro, el delito de secuestro, se consuma en el mismo momento en que se produce la privación de libertad, que ahí ya se produce la lesión del bien jurídico, que ahí ya se ha producido el resultado -es un tipo de resultado, no de mera actividad, eh-, que ahí ya se ha producido el resultado* (la voz de la profesora vuelve momentáneamente en un inciso aclaratorio: *-es un tipo de resultado, no de mera actividad, eh-*). Después de esto, aparece la voz de la profesora y presenta el contraargumento: *Y yo le digo: bueno, una vez que ya algo lo tengo acabado, pues como ya está acabado, no cabe intervenir en algo que ya está hecho {…}*. Repárese en que el argumento presenta una versión abreviada de lo que el estudiante propuso, un resumen, en fin, de lo que dijo.

Modalidades de información que lo componen.

⋯➤ 1.3.3.

Llegados a este punto, conviene que hagamos algunas precisiones sobre las modalidades de información que se pueden encontrar en el resumen. Como sabemos, la finalidad básica de este mecanismo consiste sobre todo en presentar en sus elementos esenciales información ya tratada y, por tanto, conocida para el auditorio. Por tanto, el sustrato fundamental con que se construye responde a lo que hemos denominado *información de fondo*. Es natural que así sea, habida cuenta de que todas las funciones concretas del resumen nacen de esta finalidad más general que acabamos de ver. En efecto, todos los usos arriba considerados (introducción del tópico general y otros tópicos, cierres de fases de desarrollo de tópicos y cierres de tópicos, etc.) descansan en el hecho de manipular información tratada y, así, conocida, y se diferencian por la finalidad perseguida.

No es, sin embargo, este tipo de información el único en aparecer en el resumen: la *información de fondo* admite ser revestida, excepción hecha de la *información básica* y la *información básica particular*, de cualquiera de los otros tipos de información: *conclusiva, evaluada, resaltada, parentética, de carácter interactivo* y *secundaria*. Ya hemos visto, en relación con cierta función del resumen, el carácter conclusivo que éste puede asumir. Veamos ahora, en el ejemplo que sigue, cómo se manifiestan los otros tipos:

····> **1.3.**

(16) Tras la presentación, desarrollo y cierre de diversos tópicos:

[...] (1.1) **Así que** *la morfología (1.2)* -**retomo el comienzo**-*(1.1) tiene tres apartados fundamentales: la flexión, la derivación y la composición, que tienen que ver con la manera como se puede complicar una palabra simple. Una palabra simple se puede complicar con la flexión obligatoriamente para entrar en la sintaxis: toda palabra tiene que estar flexionada en lenguas donde la flexión no solamente es de género y de número como en el español, y en el caso del verbo de tiempo y de modo, sino en lenguas como el alemán donde además hay casos: (1.1.1)* **pues todo eso** *entrañaría estaría dentro del capítulo de la flexión. (1.3) Las palabras se pueden complicar también para,* **digamos**, *formar nuevas palabras a partir de palabras más simples, (1.3.1)* **y esto es** *lo que estudia la derivación y la composición, que es lo que se llama formación de palabras. (1.4)* **Bien**, *derivación es cuando se hace por medio de afijos, morfemas afijales; composición es cuando se hace por medio de palabras simples (1.5)* -**eso lo veremos el próximo día con más detenimiento**-*. (1.6)* **Pero** *el hablante* **no solamente** *es/ puede reconocer/ el hablante nativo* **no solamente** *puede reconocer esos tres tipos de maneras de complicar la palabra,* **sino que** *conoce muchas más cosas con respecto a sus palabras: sabe cómo puede describirlas en sus partes, sabe partirlas, sabe además que esos morfemas que aparecen ahí a veces pueden aparecer bajo otra forma en otras palabras, sabe además que esas palabras se relacionan con otras del léxico bien porque comparten una raíz bien porque comparten un afijo, y sabe también que en algunos casos puede formar palabras a través de otras y en otros no: (1.7)* **pensad por ejemplo** *el prefijo 're-', (1.8)* **y voy a poner ahora un caso de otro morfema**, *de un morfema que no es sufijo sino que se coloca delante, (1.7.1) ¿cómo se llaman esos morfemas que se colocan delante?*

Estudiante(s): (Se escucha mal. Se supone que contesta(n): "Prefijos.")

Profesora: 'Prefijos', efectivamente. (1.7.2) **Bueno pues** *'re-' es un prefijo que se añade a verbos, siempre tiene que haber aquí [señala lo escrito en la pizarra] un verbo al que se añada (1.7.2.1) -no me estoy refiriendo al prefijo 're-' que aparece en 'robotica', (1.7.2.1.1) ¿verdad?, donde sí que se añade un nombre, porque ése no es el prefijo productivo del español, sino el prefijo que indica una acción que se repite una vez más, con mayor exactitud o mayor precisión-; (1.7.3)* **bueno pues** *eso se puede poner a verbos que indiquen una realización, no solamente una acción sino una acción que realiza algún efecto, que tiene algún efecto. (1.7.4)* **Por ejemplo**, *si yo vuelvo a lavar una cosa, puedo 'relavarla', si yo escribo de nuevo una cosa, puedo 'reescribirla' (1.7.4.1) ¿verdad? (1.7.4) Este verbo puede formarse de nuevo en otro verbo que indique mayor precisión: (1.7.4.2) 'yo reescribo el manuscrito', lo escribo con mayor exactitud o lo corrijo de alguna forma; (1.7.5)* **pero**, *(1.7.5.1)* **fijaos**, *(1.7.5) un verbo* **por ejemplo** *como 'trabajar'; 'trabajar' es una acción (1.7.5.2) ¿verdad?, (1.7.5) pero no es una acción que crea un efecto: (1.7.5.3) yo no trabajo una cosa, (1.7.5) no es un verbo transitivo en ese sentido que cree un efecto, no es una realización, es un verbo simplemente de acción; (1.7.6)* **bueno pues** *ese verbo no permite el prefijo 're-':*

(1.7.6.1) yo no puedo decir en español: 'fulanito está retrabajando' (1.7.6.1.1) ¿verdad?, (1.7.6.1) está volviendo a trabajar; a pesar de que (1.7.6.2) **podríamos pensar que** *un trabajo se puede hacer otra vez, (1.7.6.3)* **no es posible** *utilizar 're-' con 'trabajar'; (1.7.7)* **luego** *en el prefijo 're-' los hablantes nativos saben, (1.7.7.1) y eso es* **lo que tenemos que explicar** *en la gramática (1.7.7.2)* **¿verdad?** *(1.7.7.1) los morfólogos, y en vuestro caso vosotros como estudiantes* **tenéis que tratar de ver** *cuáles son las pautas de creación de palabras en español,* **tenemos que ver** *que hay que decir algo más: no solamente* **nos interesa que** *es verbo y no solamente un verbo de acción, sino un verbo que cree una/ un constructo de alguna forma, es decir que cree una realización... {¿Sí? [La profesora da la palabra a una estudiante que quiere preguntar algo.] [...]} (Soledad Varela, Morfología del Español)*

El resumen reproducido arriba (que al final resultó interrumpido por la pregunta de una estudiante) es extenso y presenta una estructura de considerable complejidad, por lo que contiene muestras de los tipos de información aludidos. Así, a la *información de fondo*, sustrato de todo el conjunto, se superponen modalidades de información como las siguientes:

i) De fondo (estructurada en contraste):

(17)
(1.6) **Pero** *el hablante* **no solamente** *es/ puede reconocer/ el hablante nativo* **no solamente** *puede reconocer esos tres tipos de maneras de complicar la palabra,* **sino que** *conoce muchas más cosas con respecto a sus palabras: sabe cómo puede describirlas en sus partes, sabe partirlas, sabe además que esos morfemas que aparecen ahí a veces pueden aparecer bajo otra forma en otras palabras, sabe además que esas palabras se relacionan con otras del léxico bien porque comparten una raíz bien porque comparten un afijo, y sabe también que en algunos casos puede formar palabras a través de otras y en otros no [...].*

La información contenida en este fragmento fue expuesta con más detalle en otro momento de la lección. Para producir un mejor realce de su alcance, la profesora ha creído conveniente presentarla como contraste.

2.3.

ii) Conclusiva:

(18)
(1.1) **Así que** *la morfología (1.2) -retomo el comienzo- (1.1) tiene tres apartados fundamentales: la flexión, la derivación y la composición, que tienen que ver con la manera como se puede complicar una palabra simple. Una palabra simple se puede complicar con la flexión obligatoriamente para entrar en la sintaxis: toda palabra tiene que estar flexionada en lenguas donde la flexión no solamente es de género y de número como en el español, y en el caso del verbo de tiempo y de modo, sino*

Estrategias discursivas

en lenguas como el alemán donde además hay casos: (1.1.1) **pues todo eso** *entraña-ría estaría dentro del capítulo de la flexión. (1.3) Las palabras se pueden complicar también para,* **digamos***, formar nuevas palabras a partir de palabras más simples, (1.3.1)* **y esto es** *lo que estudia la derivación y la composición, que es lo que se llama formación de palabras. (1.4)* **Bien***, derivación es cuando se hace por medio de afijos, morfemas afijales; composición es cuando se hace por medio de palabras simples (1.5)* **-eso lo veremos el próximo día con más detenimiento***-.*

(19)
(1.7.7) **luego** *en el prefijo 're-' los hablantes nativos saben, (1.7.7.1) y eso es* **lo que tenemos que explicar** *en la gramática (1.7.7.2)* **¿verdad?** *(1.7.7.1) los morfó-logos, y en vuestro caso vosotros como estudiantes* **tenéis que tratar de ver** *cuáles son las pautas de creación de palabras en español,* **tenemos que ver** *que hay que decir algo más: no solamente* **nos interesa que** *es verbo y no solamente un verbo de acción, sino un verbo que cree una/ un constructo de alguna forma, es decir que cree una realización... [...].*

En (18) se recogen las ideas esenciales cuyo desarrollo pormenorizado ocupó la primera parte de la lección. Este fragmento marca con claridad el cie-rre de varios tópicos. Incluso dentro de él hallamos fases conclusivas como éstas:

(20)
(1.1.1) **pues todo eso** *entrañaría estaría dentro del capítulo de la flexión.*

(21)
(1.3.1) **y esto es** *lo que estudia la derivación y la composición, que es lo que se llama formación de palabras.*

En (19) estamos ante la fase conclusiva de un ejemplo, donde éste resulta recapitulado y con la que se cierra la información presentada en (1.6).

iii) Evaluada:

(22)
(1.3) Las palabras se pueden complicar también para, **digamos***, formar nuevas palabras a partir de palabras más simples [...].*

(23)
[...] a pesar de que (1.7.6.2) **podríamos pensar que** *un trabajo se puede hacer otra vez, (1.7.6.3)* **no es posible** *utilizar 're-' con 'trabajar'; (1.7.7)* **luego** *en el pre-fijo 're-' los hablantes nativos saben, (1.7.7.1) y eso es* **lo que tenemos que expli-car** *en la gramática (1.7.7.2)* **¿verdad?** *(1.7.7.1) los morfólogos, y en vuestro caso*

*vosotros como estudiantes **tenéis que tratar de ver** cuáles son las pautas de creación de palabras en español, **tenemos que ver** que hay que decir algo más: no solamente **nos interesa que** es verbo y no solamente un verbo de acción, sino un verbo
que cree una/ un constructo de alguna forma, es decir que cree una realización... [...]*

La profesora muestra su actitud en relación a los hechos que expone.
Obsérvese en (22) el uso de *digamos*, o en (23) el de expresiones como *podríamos pensar que, no es posible, lo que tenemos que explicar, tenéis que tratar de ver, tenemos que ver y nos interesa que {...}*.

iv) Resaltada:

> (24)
> *(1.7.5) **pero**, (1.7.5.1) **fijaos**, (1.7.5) un verbo **por ejemplo** como 'trabajar';
> 'trabajar' es una acción (1.7.5.2) **¿verdad?**, (1.7.5) pero no es una acción que crea
> un efecto: (1.7.5.3) yo no trabajo una cosa, (1.7.5) no es un verbo transitivo en ese
> sentido que cree un efecto, no es una realización, es un verbo simplemente de acción
> [...].*

La profesora pide atención para el ejemplo que sigue, habida cuenta de que
en él va a presentar ciertos datos necesarios para la comprensión del desarrollo posterior.

v) De fondo particular (en ejemplo):

> (25)
> *(1.7) **pensad por ejemplo** el prefijo 're-', (1.8) **y voy a poner ahora un caso
> de otro morfema,** de un morfema que no es sufijo sino que se coloca delante, (1.7.1)
> ¿cómo se llaman esos morfemas que se colocan delante?*
> *Estudiante(s): (Se escucha mal. Se supone que contesta(n): "Prefijos.")*
> *Profesora: 'Prefijos', efectivamente. (1.7.2) **Bueno pues** 're-' es un prefijo que se
> añade a verbos, siempre tiene que haber aquí [señala lo escrito en la pizarra] un verbo
> al que se añada (1.7.2.1) -no me estoy refiriendo al prefijo 're-' que aparece en 'rebo-
> tica', (1.7.2.1.1) ¿verdad?, donde sí que se añade un nombre, porque ése no es el pre-
> fijo productivo del español, sino el prefijo que indica una acción que se repite una vez
> más, con mayor exactitud o mayor precisión-; (1.7.3) **bueno pues** eso se puede poner
> a verbos que indiquen una realización, no solamente una acción sino una acción que
> realiza algún efecto, que tiene algún efecto. (1.7.4) **Por ejemplo**, si yo vuelvo a lavar
> una cosa, puedo 'relavarla', si yo escribo de nuevo una cosa, puedo 'reescribirla'
> (1.7.4.1)**¿verdad?** (1.7.4) Este verbo puede formarse de nuevo en otro verbo que in-
> dique mayor precisión: (1.7.4.2) 'yo reescribo el manuscrito', lo escribo con mayor
> exactitud o lo corrijo de alguna forma; (1.7.5) **pero**, (1.7.5.1) **fijaos**, (1.7.5) un verbo
> **por ejemplo** como 'trabajar'; 'trabajar' es una acción (1.7.5.2) **¿verdad?**, (1.7.5)*

pero no es una acción que crea un efecto: *(1.7.5.3) yo no trabajo una cosa, (1.7.5) no es un verbo transitivo en ese sentido que cree un efecto, no es una realización, es un verbo simplemente de acción; (1.7.6)* **bueno pues** *ese verbo no permite el prefijo 're': (1.7.6.1) yo no puedo decir en español: 'fulanito está retrabajando' (1.7.6.1.1)* **¿verdad?**, *(1.7.6.1) está volviendo a trabajar; a pesar de que (1.7.6.2)* **podríamos pensar que** *un trabajo se puede hacer otra vez, (1.7.6.3)* **no es posible** *utilizar 're-' con 'trabajar'; (1.7.7)* **luego** *en el prefijo 're-' los hablantes nativos saben, (1.7.7.1) y eso es* **lo que tenemos que explicar** *en la gramática (1.7.7.2)* **¿verdad?** *(1.7.7.1) los morfólogos, y en vuestro caso vosotros como estudiantes* **tenéis que tratar de ver** *cuáles son las pautas de creación de palabras en español,* **tenemos que ver** *que hay que decir algo más: no solamente* **nos interesa que** *es verbo y no solamente un verbo de acción, sino un verbo que cree una/ un constructo de alguna forma, es decir que cree una realización...*

Como se ve, el ejemplo reproducido aquí tiene una estructura compleja: su desarrollo, además de presentar una pequeña tormenta de ideas en (1.7.1) y los incisos (1.8) y (1.7.2.1), que examinaremos unas líneas más abajo, contiene nada menos que cinco ejemplos internos: (1.7.4), que a su vez contiene (1.7.4.2); (1.7.5), que a su vez contiene (1.7.5.3), y (1.7.6.1). Además, y dicho sea de paso, los cuatro primeros ejemplos forman un contraste: (1.7.4) y (1.7.4.2) configuran el primer contrastando, y (1.7.5) y (1.7.5.3) el segundo; el quinto ejemplo (1.7.6.1) forma parte de la recapitulación del contraste.

vi) Parentética:

(26)
(1.5) -eso lo veremos el próximo día con más detenimiento- [...]

(27)
(1.2) -retomo el comienzo- [...]

(28)
(1.8) y voy a poner ahora un caso de otro morfema, de un morfema que no es sufijo sino que se coloca delante [...].

(29)
(1.7.2.1) -no me estoy refiriendo al prefijo 're-' que aparece en 'rebotica', (1.7.2.1.1) **¿verdad?**, *donde sí que se añade un nombre, porque ése no es el prefijo productivo del español, sino el prefijo que indica una acción que se repite una vez más, con mayor exactitud o mayor precisión- [...]*

Estamos ante incisos que rompen en mayor o menor medida las expectativas de transición del lugar en que aparecen. (26), (27) y (28) apuntan a la planificación del discurso, en tanto que (29) tiene un marcado carácter metalingüístico.

⟶ 2.6.1.

vii) De carácter interactivo:

(30)
(1.7.1) ¿cómo se llaman esos morfemas que se colocan delante?
Estudiante(s): (Se escucha mal. Se supone que contesta(n): "Prefijos.")
Profesora: 'Prefijos', efectivamente […].

(31)
(1.7.2.1) -no me estoy refiriendo al prefijo 're-' que aparece en 'rebotica', (1.7.2.1.1) ¿verdad? […]

(32)
(1.7.4) **Por ejemplo**, *si yo vuelvo a lavar una cosa, puedo 'relavarla', si yo escribo de nuevo una cosa, puedo 'reescribirla' (1.7.4.1)¿verdad? […]*

(33)
(1.7.5) **pero**, *(1.7.5.1)* **fijaos,** *(1.7.5) un verbo* **por ejemplo** *como 'trabajar'; 'trabajar' es una acción (1.7.5.2) ¿verdad? […]*

(34)
(1.7.6.1) yo no puedo decir en español: 'fulanito está retrabajando' (1.7.6.1.1) ¿verdad?, (1.7.6.1) está volviendo a trabajar […]

(35)
(1.7.7.1) y eso es **lo que tenemos que explicar** *en la gramática (1.7.7.2) ¿verdad? […]*

La realidad interactiva de la clase se refleja también en el resumen que estamos comentando. La profesora solicita (como en otros muchos momentos del desarrollo de esta lección) la colaboración de quienes la escuchan, en este caso para recuperar información, para, al menos en algún momento, construir el resumen juntos. Es por ello por lo que aparece esa pequeña tormenta de ideas que reproducimos en (30).

Por otro lado, la profesora recurre numerosas veces al uso del apéndice *¿verdad?*, como vemos en (32)-(35), mediante el cual solicita retroalimentación al auditorio (algo así como '¿comprenden?' o '¿aceptan lo que acabo de decir o estoy diciendo'?), al tiempo que abre un hueco en el que otras personas podrían intervenir verbalmente.

viii) Secundaria:

(36)
(1.1) **Así que** *la morfología […]*

(37)
(1.2) -retomo el comienzo-

(38)
(1.1.1) **pues todo eso** *entrañaría estaría dentro del capítulo de la flexión […].*

(39)
(1.3.1) **y esto es** *lo que estudia la derivación y la composición, que es lo que se llama formación de palabras […].*

(40)
(1.4) **Bien**, *derivación es cuando se hace por medio de afijos, morfemas afijales; composición es cuando se hace por medio de palabras simples […].*

(41)
*(1.5) -**eso lo veremos el próximo día con más detenimiento**-*

(42)
(1.6) **Pero** *el hablante* **no solamente** *es/ puede reconocer/ el hablante nativo* **no solamente** *puede reconocer esos tres tipos de maneras de complicar la palabra,* **sino que** *conoce muchas más cosas con respecto a sus palabras […].*

(43)
(1.7) **pensad por ejemplo** *el prefijo 're-' […].*

(44)
(1.8) **y voy a poner ahora un caso de otro morfema**, *de un morfema que no es sufijo sino que se coloca delante [tormenta de ideas].*

(45)
(1.7.2) **Bueno pues** *'re-' es un prefijo que se añade a verbos, siempre tiene que haber aquí [señala lo escrito en la pizarra] un verbo al que se añada [inciso] […].*

(46)
(1.7.3) **bueno pues** *eso se puede poner a verbos que indiquen una realización, no solamente una acción sino una acción que realiza algún efecto, que tiene algún efecto […].*

(47)
(1.7.4) **Por ejemplo**, *si yo vuelvo a lavar una cosa, puedo 'relavarla' […].*

(48)
(1.7.5) **pero** *[…].*

(49)
(1.7.5) *un verbo* **por ejemplo** *como 'trabajar'; 'trabajar' es una acción (1.7.5) pero no es una acción que crea un efecto: [ejemplo]; (1.7.5) no es un verbo transitivo*

en ese sentido que cree un efecto, no es una realización, es un verbo simplemente de acción [...].

> (50)
> (1.7.6) **bueno pues** *ese verbo no permite el prefijo 're-': [ejemplo]; a pesar de que [...].*

> (51)
> (1.7.7) **luego** *en el prefijo 're-' los hablantes nativos saben [...].*

Es natural que un caso tan complejo como éste haya abundancia de información secundaria. De ahí que encontremos en él abundantes expresiones que indican las diversas operaciones discursivas que en cada momento se estén empleando. Comprobamos, así, los siguientes aspectos:

a) (37) *{...} -retomo el comienzo-{...}* indica que va a comenzar el resumen que estamos analizando; (41) *{...} -eso lo veremos el próximo día con más detenimiento- {...}* interrumpe el flujo de información sobre algo y se advierte que la continuación del mismo se hará en otro momento; (44) *{...} y voy a poner ahora un caso de otro morfema {...}* contiene información incidental que alude a cómo se va a organizar el discurso siguiente; (40) *{...} Bien {...}*, que aparece en la fase conclusiva que compone el comienzo del resumen, marca el final de cierta sección de la misma y el inicio de otra (algo así como decir: 'hasta aquí, esto; y a partir de aquí, esta otra cosa'); (45) *{...} Bueno pues {...}* (46) *{...} bueno pues {...}* y (50) *{...} bueno pues {...}* hacen alusión al hecho de que en cierto momento se interrumpió el hilo principal de la exposición (para introducir algo: inciso, ejemplo, etc.) y que ahora se vuelve, como cerrando un bucle, a ese momento; estamos, pues, ante un elemento 'reanudador'. La finalidad de todas estas expresiones es, como se ve, la de indicar algún tipo de organización del discurso.

b) (36) *Así que {...}*, (38) *pues todo eso {...}*, (39) *y esto es {...}* y (51) *luego {...}* son indicadores de que se va a presentar información conclusiva y, según sea el caso, cierres de secciones.

c) (43) *pensad por ejemplo {...}*, (47) *Por ejemplo {...}* y (49) *[...] por ejemplo {...}* advierten de que va a comenzar una sección cuya información tiene un estatus diferente del que presentaba la información previa; indican, pues, que comienza un ejemplo.

d) (42) *Pero {...} no solamente {...} no solamente {...} sino que {...}* y (49) *{...} pero {...}* son marcas que estructuran constrastes.

····▷ 2.5.

Hasta aquí hemos considerado qué es el resumen, en qué circunstancias aparece en la lección magistral y qué tipos de información presenta. Se impone ahora que nos detengamos en otra faceta del mismo: las expresiones que manifiestan los diversos aspectos de la operación de resumir (una de ellas ya ha sido presentada, aunque de paso: (37) -*retomo el comienzo*-). Para ello, partamos de los siguientes ejemplos:

(52) *En el planteamiento del tópico general:*
[...] *Ehh,* **recordaréis que el último día estuvimos desarrollando el tema correspondiente a** la deuda pública... **Estuvimos elaborando un modelo a partir del cual conseguimos llegar a algunas conclusiones sobre** *cuál es cuál es el nivel adecuado de deuda pública de un país, ehh, con los datos que podíamos prever o ya históricos de España.* **Pudimos llegar** *también* **a algunas conclusiones sobre** *qué posibilidades tiene nuestra economía de cumplir los criterios de Maastricht, de los que tanto se habla en estos momentos...* **Con eso dábamos por concluida la tercera parte del programa,** *que la habíamos dedicado toda ella,* **si recordáis, a una reconsideración de** *los efectos del déficit público y de la financiación del mismo;* **tratábamos en esa parte de ver de forma crítica** *cuáles son las consecuencias de un elevado déficit público, sobre todo teniendo en cuenta los efectos que ese déficit público tiene en //[corte en la cinta]// [...] las recomendaciones que ha estado siguiendo la OCDE o que ha estado dando la OCDE a los países, ehh, que pertenecen al a este/ a esta organización, de cuáles eran esas conclusiones en las políticas fiscales. {Nos vamos a centrar en un tema básico, que es el de la necesidad de coordinación de estas políticas fiscales [...].}* (Maximino Carpio, Política Fiscal)

(53) *En el planteamiento del tópico general:*
[...] *{Bueno,}* **la primera cuestión que tendríamos que tratar sería recordar un poco en dónde estábamos hace un mes,** *que es basante largo, ¿verdad?, y* **recordáis que habíamos hablado de** *distintos momentos del amurallamiento en el Imperio Romano y sobre todo en la Península Ibérica.* **Y habíamos tratado un poco** *ehh la importancia que habían tenido los amurallamientos de época augustea, es decir, lo que llamaba yo en aquel momento los encintados de la paz o del prestigio, ¿no?, y esta denominación en parte viene porque hm en este momento, justamente en este período, en el período augusteo lo que se detecta es un fenómeno casi contradictorio, es decir, estamos en la pax romana y a la vez hay, o se construyen, muchas murallas... Ehh, Pierbrot dice que es casi el/ dice que es el paisaje del simbolismo augusteo transmitido a través de las colonias que se fundan en este momento. Entonces, diríamos que en este primer momento, que* **ya hemos visto** *algunos de sus aspectos, ehh el amurallamiento presenta unas características particulares que es/ pues son murallas con un espesor bastante pequeño, dos metros, un metro ochenta, dos metros cincuenta; una altura no superior a cuatro o seis metros; es decir, que son murallas que lo que están pretendiendo decirnos sobre todo es que están delimitando el poderio*

eh de la ciudad, es decir, ese espacio sagrado: **recordemos** *que las murallas en este sentido son res sanctae, que es como les llama Galo en el siglo segundo; es decir, es algo que tiene que ver no directamente con el derecho divino, pero sí tiene que ver con la presencia, digamos con una protección especial de las divinidades o de la divinidad, y en este sentido, pues, ehh, son murallas que no pretenden defender en un sentido estricto, sino que lo que pretenden es delimitar topográficamente el espacio en el que se está funcionando y manifestar de alguna forma el prestigio; son murallas simbólicas, es decir, eh, lo que está fuera de la muralla es lo que no es la urbanitas romana, lo que no es la ciudadanía romana de alguna manera. Bien,* **éste recordáis por tanto que era un/ una fase:** *aquí tendríamos las murallas de Caesaraugusta, de Barcino, de Pax Julia, de Emerita, de Coninbriga, etcétera. O sea un grupo* **del que ya hemos hablado,** *y ehhh, habría después una evolución en el amurallamiento de todo el Imperio, que tendría su repercusión posterior en la Península Ibérica, y es que a partir de la segunda mitad del siglo tercero cambia completamente la idea y la imagen de la muralla, hm; entonces entraríamos di/ diríamos que a partir sobre todo ya de finales del siglo segundo ehh nos vamos a encontrar un fenómeno bastante distinto: no se trata ya de murallas que prefiguran lo que es la civitas, la ciudad, es decir, murallas simbólicas solamente, sino que entra en la composición estructural y tipológica de lo que es una muralla, entran otros elementos como los que derivan de los problemas estratégicos y defensivos que tiene el Imperio en este momento. {Entonces esto es lo que vamos a analizar un poquito más a fondo, es decir, por qué hay esas variaciones, por qué se produce ese fenómeno de amurallamiento […].} (Carmen Fernández Ochoa, Arqueología de Roma)*

(54)
En el planteamiento del tópico general:

[…] {Bien, vamos a retomar la explicación de ayer.} Para hacerlo, os recuerdo que estamos en el tema segundo, queriendo dar en esta introducción todavía al curso de Derecho Comunitario una panorámica general de los contenidos materiales de la Unión Europea; una Unión Europea que consta de, **como vimos,** *tres pilares: las comunidades europeas como núcleo de la integración, proceso de integración; y dos ámbitos de cooperación intergubernamental: la PESC y la CAII, comunidades europeas que, como sabéis, son tres: la CECA, la CEEA -Comunidad Europea de Energía Atómica-, la CE.* **Estábamos ayer desarrollando** *los contenidos de la CE;* **como sabéis,** *los dos principios objetivos son la integración económica que,* **como sabéis,** *constituye un objetivo de plena integración, es el objetivo; y junto a la integración económica los avances hacia una unión política, que tienen lugar sobre todo a partir del Tratado de la Unión Europea. La integración económica,* **veíamos ayer,** *intenta realizarse a través de dos vías; por una parte, la realización de un mercado común, rebautizado en el Acta Única Europea como mercado interior; y por otra parte, la unión económica y monetaria.* **Veíamos que** *el mercado común tiene una dimensión interna y una dimensión externa; en su dimensión interna el mercado común -mercado interior- se traduce en la realización de cuatro libertades básicas y, por otra parte, en la puesta en marcha de una serie de políticas comunes, una serie de políticas comunitarias, {es decir/ lo lo vamos a desarrollar más tarde;} y dentro de las libertades -***éste es el punto en el que nos quedábamos ayer***- **veíamos que** *la primera de esas libertades es la libre*

circulación de mercancías; en segundo lugar, la libre prestación de servicios y la libertad de establecimiento; en tercer lugar, la libre circulación de trabajadores; y, por último, la libre circulación de capitales. **Ayer comenzamos a** *desarrollar los contenidos de la libre circulación de mercancías;* **os comentaba que** *la libre circulación de mercancías comporta la supresión en primer lugar de aranceles y restricciones cuantitativas, pero que no basta con esa supresión de aranceles y restricciones cuantitativas, que es una realidad en el territorio comunitario desde al año sesenta y ocho, sino que además se prohíbe toda medida de efecto equivalente a una restricción cuantitativa, concepto que vimos ayer y que aparece en el artículo treinta del Tratado CE.* **Veíamos además** *que ese artículo treinta comporta -o esta libre circulación de mercancías regulada en el artículo treinta y treinta y seis, entre otros preceptos del Tratado CE-,* **veíamos que** *comporta a su vez el reconocimiento de la autonomía o libertad legislativa de los estados miembros en materia de producción industrial y en materia de comercialización de productos, y que, consecuentemente, el artículo treinta va a comportar lo que, en síntesis de lo que ayer explicábamos, podemos llamar el reconocimiento mutuo de las legislaciones de los estados miembros en el sentido,* **como veíamos ayer**, *de que un producto, un producto fabricado y comercializado en Alemania de conformidad con las leyes alemanas -autonomía legislativa a estos efectos- con el límite del artículo treinta de la prohibición de restricciones cuantitativas de los aranceles y de las medidas de efecto equivalente, es un producto que va a poder circular libremente por el territorio comunitario, y se va a tener que permitir su comercialización en el territorio español, aun cuando no haya sido fabricado ni comercializado de conformidad con nuestras leyes, sino con las alemanas; la única excepción a ese sistema de reconocimiento mutuo de legislaciones está en el propio artículo treinta y seis, con las excepciones que* **ayer reseñábamos**: *de orden público, sa/ salud pública, moralidad pública, etcétera..., todo ello. Ponía de relieve,* **ayer veíamos** *la necesidad de una armonización legislativa, la necesidad de una armonización legislativa: quedan prohibidas las restricciones, quedan prohibidos los aranceles, quedan prohibidas las medidas de efecto equivalente; ello da lugar a un sistema de reconocimiento mutuo de legislaciones dentro de la autonomía legislativa que en la materia conserva cada estado, y todo ello nos lleva a la necesidad de una armonización, de una armonización legislativa; necesidad que es cada vez más acuciante en la medida en que las legislaciones de los estados miembros son cada vez más incisivas en la protección fundamentalmente de ciertos valores, como la protección de los consumidores, la protección del medio ambiente, etcétera, etcétera; la diversidad legislativa y la intensidad legislativa en nuestros países obliga a una armonización legislativa si queremos que el sistema funcione, si queremos que el sistema funcione.* **Veíamos ayer** *que esa armonización legislativa estaba ya prevista en el Tratado CE en su versión originaria, y lo estaba en el artículo cien del Tratado CE; artículo cien que, como veíamos ayer, establece un mecanismo para la armonización de legislaciones. Sin embargo,* **y en este punto nos quedábamos ayer**, *el artículo cien del Tratado CE, recordad, que es un artículo que, por una parte, establece un procedimiento decisorio muy estricto, muy riguroso, en la medida en que la adopción de los actos de armonización legislativa a través del artículo cien se verifica a través de decisiones adoptadas por unanimidad en el seno del Consejo, y la unim/ unanimidad de los quince estados miembros en el Consejo podéis imaginar que no es sencilla; una armonización a través de un procedimiento que previa nunim/ unanimidad del Consejo, y que por lo tanto es difícil, que se traduce en directivas, en*

*directivas, como actos normativos de armonización, y por último que tiene un alcan-
ce, ese artículo cien, bastante limitado. El artículo cien prevé la facultad de que el
Consejo por unanimidad adopte directivas de armonización legislativas, pero que tengan por objeto únicamente las legislaciones, entendido legislaciones en sentido estricto, es decir, las leyes, reglamentos, medidas administrativas de los estados miembros
que tengan por objeto o que afecten, y lo subrayo, directamente, directamente al establecimiento o al funcionamiento del mercado común. El resultado es que en los años
ochenta nos encontramos cada vez más claramente con una necesidad de armonización legislativa y sin embargo con un cauce, una vía para esa armonización que es insuficiente. Lo cierto es que el artículo cien ha producido a lo largo de los años un/ una
producción normativa, ha arrojado una producción normativa a través de directivas de
armonización bastante, bastante modesto, un resultado bastante modesto: no son muchas las directivas que han podido ser aprobadas por la vía del artículo cien. Es por ello
que **os decía ayer** que el Acta Única Europea, el Acta Única Europea del ochenta y seis,
que modifica los estados constitutivos, una de las grandes aportaciones que hace a la
realización del mercado común, rebautizado como mercado interior, va a ser la introducción de un nuevo artículo cien a, un nuevo artículo cien a que va a tener por objeto de nuevo favorecer, fomentar la armonización de las legislaciones de los estados
miembros en este campo; un artículo cien a que presenta diversas variantes respecto al
artículo cien. {Y me voy a fijar en las diferencias más relevantes. En primer lugar
[…].} (Javier Díez-Hochleitner, Derecho Comunitario)*

(55)
En el planteamiento del tópico general:

{Bueno.} **Como recordarán, en la clase anterior habíamos iniciado**, *dentro
de la asignatura de teoría de Psicoanalítica,* **el primero de los temas**, *que consistía
justamente en el análisis histórico y conceptual de la noción de inconsciente, tal como
se elaboró en el pensamiento occidental antes de Freud, {y en la de hoy teníamos que
prose/ proseguir con ese análisis iniciado ya, con la trayectoria del propio Freud, en la
gestación del psicoanálisis;}* **tal como recordarán, por resumir muy brevemente en qué lugar de esa historia conceptual nos encontrábamos..., en la clase
anterior estuvimos analizando** *cómo la noción de inconsciente psicológico había
nacido justamente de forma paralela a la propia noción de mente y de conciencia en
el pensamiento moderno, en el mismo momento en que desde Descartes se plantea un
mundo interno diferenciado del mundo externo, con sus representaciones propias, a
las cuales tiene acceso el ojo interior de nuestra propia conciencia; surge en seguida
la sospecha de que en ese teatro de las representaciones haya una cara oculta o ideas
o representaciones que no estén presentes en la conciencia; dicho de otra manera: si
existen o no ideas o representaciones inconscientes.* **Como recordarán**, *el debate ya
se planteó en la filosofía del siglo XVII, con pensadores a favor de esta noción: es el
caso prototípico de Leibniz y su teoría de las pequeñas percepciones, y furibundos
contradictorios de la noción de inconsciente, como es el caso de los empiristas ingle-
ses: tanto Locke, del cual leíamos algunos textos, como el caso de Berkeley, para quien
justamente la existencia se/ coincide se identifica con el ser percibido; sería tanto
para Locke como para Berkeley un contrasentido afirmar que existen ideas que no son
ideadas o sentimientos que no son sentidos... percepciones que no son percibidas. Ehh,*
les recordaba que *en esa historia hay un momento singular, de enorme importancia,*

para la tematización del inconsciente, pero que en cambio para nosotros tiene menos valor. Me estoy refiriendo a la reivindicación del inconsciente que hicieron los románticos, tanto los filósofos como los poetas, puesto que en ellos el inconsciente toma un carácter que podemos denominar metafísico más que estrictamente psicológico, digamos. **Recuperamos** *la historia de/ la noción de inconsciente psicológico y la polémica sobre si existe o no existe, si es necesario recurrir a ella para explicar las conductas humanas. Justamente en un momento crucial como es en la segunda mitad del siglo XIX, con el surgimiento de la psicología científica, de nuevo los debates persiguen a unos y a otros.* **Nos encontramos con -estoy simplemente recordando lo del día pasado para situar la clase de hoy-, nos encontramos** *a filósofos firmes partidarios de la existencia de un inconsciente psicológico: es el caso de Schopenhauer, es el caso de Carus, el caso de Eduard von Hartmann, y filósofos igualmente detractores del psicoanálisis, como el padre de la psicología fenomenológica, Brentano... y también dentro de la propia psicología empírica, mientras que durante una cierta etapa tanto Wundt como sobre todo el psicofisiólogo Helmholtz defendieron la existencia de inferencias inconscientes,* **nos encontramos, y en este punto es el que hoy tendremos que proseguir con el análisis,** *con psicólogos relevantes, del cual puede ser un buen representante William James, quiens/ quien en su obra fundamental 'Principios de Psicología', escrita en 1890, dedica un capítulo en sus páginas introductorias a la refutación de todos los argumentos que hasta ese momento se han presentado a favor de un subconsciente psicológico.* **Si recuerdan***, el juicio de William James* **era** *taxativo: introducir la noción de inconsciente en la psicología supondría creer cuanto nos venga en gana en psicología y destruir la posibilidad de que la psicología fuera una cienca natural... {Lo que ahora tenemos que hacer es analizar uno a uno los argumentos que presenta William James puesto que viene a resumir... en forma clara los que antes de él se han presentado a favor del inconsciente, y cómo uno a uno William James considera que ninguno de esos argumentos son válidos, cómo los refuta, ¿eh? Creo que* **éste es el punto en el que nos quedamos en la clase anterior***, o sea que empiezo con el análisis [...]. (Pedro Chacón, Teoría Psicoanalítica)*

(56)
En el desarrollo de un tópico:
[...] {Esto nos enlaza con la/ el tercer argumento hm que les había indicado al principio, que redunda o que refuerza la necesidad de coordinación de las políticas fiscales a nivel internacional; me refiero a la existencia de efectos externos... derivados de la interdependencia de las políticas económicas.} **Como recordaréis, vuestros programas de Hacienda Pública...** *un efecto externo, un efecto económico externo, puede ser tanto positivo como negativo;* **decíamos en aquellos momentos que, cuando explicábamos estos temas allá en vuestros cursos segundo me parece o tercero de la carrera,** *que se produce un efecto externo cuando un agente económico inicia una acción que afecta al bienestar de otro agente económico, sin que el mercado tenga instrumentos para compensar por ese efecto que ha provocado hm..., no tiene el instrumento o el el elemento básico del mercado que es el precio, cuando el efecto provocado sobre el nivel de bienestar de otro agente económico se compensa mediante un mayor o menor precio //[interrupción de la cinta]// [...].}*
(Maximino Carpio, Política Fiscal)

(57)

En el desarrollo de un tópico:

[…] {Simplemente quiero aclarar que estos dos ordenamientos comunitario y nacional de la competencia no se superponen, sino que operan en ámbitos distintos.} **Simplificando mucho las cosas, diré simplemente que** *el derecho comunitario de la competencia actúa, opera, interviene cuando nos encontramos con actividades, acuerdos, operaciones que tienen una dimensión comunitaria, que trascienden, por tanto, las fronteras estatales. Por el contrario, será de aplicación el derecho de la competencia nacional e intervendrán los órganos nacionales de la competencia cuando la operación, el acuerdo de que se trate anticompetitivo, simplemente, simplemente produzca sus efectos dentro del territorio de un solo estado miembro. {La divisoria os podéis imaginar que en la práctica no es siempre sencilla, no es siempre sencilla. […]}* (Javier Díez-Hochleitner, Derecho Comunitario)

(58)

En una tormenta de ideas:

[…] {Profesora: No, no, no. no; tch, tch, tch.} **Él me dice/ él me dice que** *el secuestro, el delito de secuestro, se consuma en el mismo momento en que se produce la privación de libertad, que ahí ya se produce la lesión del bien jurídico, que ahí ya se ha producido el resultado -es un tipo de resultado, no de mera actividad, eh-, que ahí ya se ha producido el resultado. {Y yo le digo: bueno, una vez que ya algo lo tengo acabado, pues como ya está acabado, no cabe intervenir en algo que ya está hecho… […].}* (Maite Álvarez, Derecho Penal)

Son numerosas y variadas, como puede apreciarse, las expresiones utilizadas para marcar que se está configurando como resumen un fragmento de discurso. Así, encontramos algunas que presentan la información de base enmarcada en las coordenadas discursivas en que tal información fue expuesta originalmente. Expresiones como :

{…} {recordaréis} que el último día estuvimos desarrollando el tema correspondiente a {…}

{…} Estuvimos elaborando un modelo a partir del cual conseguimos llegar a algunas conclusiones sobre {…}

{…} Pudimos llegar {…} a algunas conclusiones sobre {…}

{…} Con eso dábamos por concluida la tercera parte del programa {…}

{…} habíamos dedicado {…} a una reconsideración de {…}

{…} tratábamos en esa parte de ver de forma crítica {…}

{…} Y habíamos tratado un poco {…}

{…} {recordáis que} habíamos hablado de {…}

{…} éste {recordáis} por tanto que era un/ una fase: {…}

{…} Estábamos ayer desarrollando

{…} Ayer comenzamos a desarrollar {…}

{…} que ayer reseñábamos {…}

{…} Ponía de relieve, ayer veíamos {…}

{…} {Como recordarán,} en la clase anterior habíamos iniciado {…} el primero de los temas que consistía jutamente en {…}

{…} en la clase anterior estuvimos analizando {…}

{…} les recordaba que {…}

{…} Recuperamos {…}

{…} Nos encontramos con {…}

{…} {Como recordaréis,} vuestros programas de Hacienda Pública {…} decíamos en aquellos momentos que, cuando explicábamos estos temas allá en vuestros cursos segundo me parece o tercero de la carrera, que {…}

introducen o se adjuntan a la información de fondo que corresponda, pero cada una lo hace reflejando el origen discursivo de tal información. Da ahí que todas se formen con algún marcador temporal o espacial y algún verbo o frase verbal que denote alguno de los procesos discursivos posibles en la lección (verbos y frases verbales metadiscursivas, cabría decir). Con los primeros se alude a las coordenadas espacio-temporales en que fue presentada por vez primera la información: *el último día, la tercera parte del programa, en esa parte, ayer, en la clase anterior,* etc.; con los segundos, siempre en pasado, se expresa el modo en que fue presentada, discursivamente hablando, la aludida información en esas coordenadas: *estuvimos desarrollando, estuvimos elaborando, conseguimos llegar a algunas conclusiones, pudimos llegar a algunas conclusiones, dábamos por concluida, habíamos dedicado a una consideración, tratábamos de ver de forma crítica, habíamos tratado un poco, habíamos hablado de, éste era una fase, estábamos desarrollando, comenzamos a desarrollar, reseñábamos, ponía de relieve, veíamos, habíamos iniciado el primero de los temas, estuvimos analizando, recordaba, recuperamos, nos encontramos con, decíamos, explicábamos estos temas,* etc.

Hay otras expresiones que aluden directamente, de un modo u otro, al hecho de que estamos construyendo un resumen. A esta finalidad responden las que siguen:

{…} retomo el comienzo {…}

{…} la primera cuestión que tendríamos que tratar sería recordar un poco en dónde estábamos hace un mes {…}

{…} en síntesis de lo que ayer explicábamos {…}

{…} por resumir muy brevemente en qué lugar de esa historia conceptual nos encontrábamos {…}

{...} estoy simplemente recordando lo del día pasado para situar la clase de hoy {...}

{...} Simplificando mucho las cosas, diré simplemente que {...}

{...} éste es el punto en el que nos quedábamos ayer {...}

{...} y en este punto nos quedábamos ayer {...}

{...} y en este punto es el que hoy tendremos que proseguir con el análisis {...}

{...} Él me dice/ él me dice que {...}

Bastantes de estas fórmulas contienen, como sucedía en el grupo anterior, indicadores temporales como *ayer, hace un mes, {lo d}el día pasado, hoy,* etc., o de lugar: *el comienzo, dónde estábamos {hace un mes}, en qué lugar de {...}, éste es el punto en el que {...}, en este punto {...}, en este punto es en el que {...},* etc.. Pero las coordenadas espacio-temporales se supeditan en esta ocasión a otras expresiones que, por un lado, denotan algún aspecto esencial del proceso de resumir: *retomo {el comienzo}, recordar un poco {en dónde estábamos hace un mes}, en síntesis de {lo que ayer explicábamos}, por resumir muy brevemente {en qué lugar de esa historia...}, estoy simplemente recordando {lo del pasado para situar la clase de hoy}, simplificando mucho las cosas diré simplemente {...},* etc.; o que, por otro, indican que se está iniciando un resumen, como sucede con la expresión *la primera cuestión que tendríamos que tratar sería recordar un poco dónde estábamos hace un mes,* o que termina el resumen y comienza la sección siguiente (normalmente la del nombramiento del tópico general o de alguno particular): *{éste es el punto} en el que nos quedábamos {ayer}, y {en este punto} nos quedábamos {ayer}, y {en este punto es el que hoy} tendremos que proseguir con el análisis,* etc. Por último, comprobamos la existencia de fórmulas introductorias de resumen como *Él me dice que {...}.* Es obvio que se trata de procedimientos que sirven básicamente para expresar la voz de otra persona (en el estilo indirecto, por ejemplo), pero igualmente es verdad que no pocas veces en la reproducción de esa voz interviene la voluntad recapitulativa de la persona intermediaria. De ahí que podamos considerar también las fórmulas de este tipo como indicadores de inicio de un resumen.

La función básica del resumen consiste, como ya hemos dicho, en 'recordar' (es decir, traer a un primer plano) información tratada (y, por tanto conocida o supuestamente conocida) en algún momento anterior, para favorecer la presentación de información novedosa. No es extraño, por tanto, que en el desarrollo de un resumen, en especial en el de aquéllos de mayor extensión, se inserten expresiones que señalan ese carácter 'ya conocido (por haber sido tratado antes, generalmente)' de la información de fondo a que resulten adheridas. He aquí las más frecuentes:

{…} recordáis {…}

{…} recordáis que {…}

{…} recordaréis {…}

{…} recordemos {…}

{…} Como recordarán {…}

{…} como recordaréis {…}

{…} si recordáis {…}

{…} si recuerdan {…}

{…} tal como recordarán {…}

{…} os comentaba que {…}

{…} os decía ayer que {…}

{…} del que ya hemos hablado {…}

{…} como sabéis {…}

{…} Veíamos además que {…}

{…} veíamos ayer {…}

{…} Veíamos ayer que {…}

{…} veíamos que {…}

{…} como veíamos ayer {…}

{…} como vimos {…}

{…} ya hemos visto {…}

Las expresiones formadas con *recordar* aluden al proceso de 'recuperar' para el momento información ya tratada, algo que equivale a como si se dijera más o menos: 'recupérese ahora esta información ya explicada' o 'esta información ya fue explicada, y la pueden recuperar' (según sean los demás elementos que conforman la expresión). De ahí que el verbo nunca esté en pasado, sino en alguna forma de imperativo, como petición al auditorio, o en futuro o en presente con *si*, para destacar el carácter hipótetico del proceso.

Las constituidas con los verbos *comentar, decir, hablar* y *ver* introducen o presentan la información dando alguna indicación acerca del modo discursivo con que ésta fue presentada por primera vez. Así, *comentar* indica que la información de base a que se aplica fue expuesta en su momento en forma de 'comentario' (desarrollo evaluado de un tópico); *decir* y *hablar* (en su sentido de 'dar informacion sobre algo', 'tratar') apuntan a la exposición de un tópico, evaluado o no; *ver*, que en este contexto es, por la generalidad de su significado, un verbo comodín, puede substituir a los anteriores.

Las expresiones que contienen el verbo *saber* también introducen o presentan información en el resumen, pero en este caso se incide en el carácter 'conocido' de la misma, algo así como decir: 'la información que presento/introduzco ya la conocen'.

Conviene, en fin, resaltar el innegable carácter interactivo que muestran todas las expresiones que hacen referencia al proceso de resumir. En efecto, siempre hay alusión a quienes participan en la clase: mediante desinencias o pronombres de segunda persona (generalmente en plural): *os, les, vuestros, recordaréis, recordarán*, etc.; mediante desinencias o pronombres de primera persona en plural inclusivo: *veíamos, reseñábamos, tendríamos, explicábamos*, etc., o mediante la desinencia o el pronombre personal de primera persona en singular: *yo, retomo, diré,* etc.

En pocas palabras:

El resumen recapitulativo aparece sobre todo en el planteamiento del tópico general, tras ciertas secciones del desarrollo de un tópico, en fases conclusivas y de cierre, y en algunas aclaraciones, argumentaciones y contrastes. Sea cual sea la función particular que adopte en cada ocasión, siempre cumple la función básica de presentar información ya tratada que sirva para otra cosa (situar un tópico, concluir, repetir para una mejor comprensión, etc.).

Las modalidades de información que componen este tipo de resumen son variadas, pero las más representativas son la información de fondo y la secundaria. Además, son numerosas y variadas las expresiones que señalan los aspectos de esta operación discursiva.

2.7.4. El sumario

Jenaro Ortega Olivares
Universidad de Granada

Hasta aquí hemos considerado la operación de resumir referida al pasado, es decir, aplicada a información previamente tratada. Pero no se agota en ello la aplicabilidad del resumen. Examinemos estos ejemplos:

(59) Entre el final de un tópico y la introducción del siguiente:
[…] Bueno, dicho esto, vamos a dar un paso y a tratar un asunto que tiene que ver con la lección siguiente, que allí veremos ehh de manera mucho más meticulosa, aunque ahora vamos a presentar lo que es la base principal del concepto. Me refiero,

como he dicho antes, al concepto de diglosia. Ya que he adelantado en parte en qué consiste la diglosia, voy a a hacer la caracterización general, pero completa, de lo que es la diglosia y después veremos otros detalles cuando lleguemos a esa lección. Para lo que vamos a ver ahora a propósito de la diglosia os voy a repartir este folio, donde aparecen dos cosas: en primer lugar una definición general; es un poco larga, por eso os la doy en en fotocopia. Una definición general de diglosia [el profesor gestiona con el grupo el reparto de las fotocopias] [...]. Veréis, como digo, que en la hoja hay una definición un poco larga del concepto de diglosia, y en la parte de abajo hay un esquema propuesto por Fishman y que podéis encontrar también en el libro que tenéis como lectura obligatoria: el de 'Sociología del Lenguaje' de Fishman, el que está publicado por la editorial Cátedra; ahí lo podéis encontrar [comentario personal del profesor (chiste)] {...}. (Francisco Moreno Fernández, Sociología del Lenguaje)

(65) En el cierre de la lección:
[...] Bueno, ehh, nos quedaría en esta parte ver cuál era la función de la política fiscal, ¿hm?, en la/ en el tema de mañana la vamos a desarrollar, para ver sobre todo cómo alguna de las recomendaciones que en aquellos momentos estaban haciendo para la orientación de políticas fiscales -estamos hablando de final/ la la segunda mitad de los setenta y primeros ochenta- todavía están pendientes y ahora mismo siguen considerándose como elementos imprescindibles de reforma, de en concreto nuestro sistema presupuestario; ya llevamos década y media de desfase en algunos casos y ahora/ ya veremos mañana cómo en la política fiscal, ehh, esa década y media es/ está prácticamente sin haber hecho nada de lo que en aquellos momentos la OCDE estaba recomendando, o muy poco se ha hecho, muchos programas, proyectos, etc., pero que en la realidad no se han traducido en grandes reformas de/ sobre todo de las formas de elaborar, de controlar y de hacer que el presupuesto cumpla la función para el que fue creado; todo eso lo veremos mañana. [...] (Maximino Carpio, Política Fiscal)

(66) En el cierre de la lección:
[...] {Vamos, me parece... Voy a mirar la hora. Me parece que estamos agotando el tiempo.} Quiero adelantaros, para no para no asustaros, que en este desarrollo del tema segundo hemos cubierto, digamos, el grueso, hemos cubierto {-Carmen me mira y me dice 'me estás robando clases, te comprometiste a terminar la semana que viene y no lo vas a hacer'; bueno lo voy a intentar-}, hemos cubierto el ochenta por ciento de este cuadro, de las explicaciones correspondientes a este cuadro; nos queda el próximo día hablar de la unión económica y monetaria, tema que voy a abordar de forma bastante rápida, para pasar a la unión política después, y últimamente ya, pero de forma muy somera, hablar de la pesca y la caza. La semana que viene empezaremos, por lo tanto terminaremos, por favor el lunes terminaremos con esta explicación del tema segundo e iniciaremos, lo adelanto, la explicación de uno de los temas más importantes del programa, que es el tema tercero. {Lo vais a tener que dominar aunque sólo sea porque os vamos a examinar de ese tema tres con bastante rigor [...].} (Javier Díez-Hochleitner, Derecho Comunitario)

En estos tres casos no se resume, como se ve, información tratada con anterioridad. Lo que aquí se plantea es algo diferente: en (59) se exponen sobre todo las líneas maestras acerca de cómo se va a organizar el discurso siguiente (la exposición de cierto tópico y, en concreto, la manera en que va a presentarse su desarrollo); en (60) también se dan pistas sobre un discurso posterior, pero en este caso, más que sobre cómo será estructurado, se hace hincapié en lo fundamental de cierto contenido que merecerá desarrollo posterior; en (61), finalmente, también encontramos plasmados estos dos aspectos, pero aquí aparecen en proporción más ajustada. De un modo u otro, en los ejemplos propuestos el profesor siempre está haciendo algo que pudiera llamarse 'planificación del discurso', esto es, ofrece un adelanto del contenido que se explicará después, al tiempo que establece cómo se llevará a cabo esa explicación.

Funciones y lugares en que aparece.

Como sucedía con el resumen recapitulativo, hay determinados momentos del desarrollo de la lección que favorecen la aparición del sumario. Comentaremos a continuación los más sobresalientes:

a) Un lugar en el que puede hacerse necesario el sumario, dada su finalidad planificadora, es, sin duda, el planteamiento del tópico general. Este lugar, que es algo así como la cabeza de la lección, es donde suelen aparecer los resúmenes recapitulativos y los sumarios más extensos y complejos. Consideremos los ejemplos siguientes:

(62) En el planteamiento del tópico general:
[…] Nos vamos a centrar en un tema básico, que es el de la necesidad de coordinación de estas políticas fiscales: por qué es necesario que las políticas fiscales de, en este caso concreto, de los países que forman el conjunto de la eh OCDE deben tener unas pautas de comportamiento similares. En la segunta parte de este/ o en los temas siguientes de esta/ de esta parte cuarta desarrollaremos las experiencias de la política fiscal en España, eh, de las tres últimas décadas. Finalmente dejaremos una parte, ehh, que podría corresponderse o un tema que podría desarrollarse tanto en esta parte de experiencias de políticas fiscales, como en la parte siguiente; ehh, lo hemos dejado para la/ el apartado siguiente puesto que la política fiscal en la Unión Europea es más propia de lo que en estos momentos consideramos que es el contexto de una política fiscal hm instrumentada a un nivel supranacional, puesto que ya no se trata de recomendaciones en muchos casos, sino de exigencias: {hay líneas de política fiscal, como todos hemos podido ver ya a lo largo de de distintos temas pasados, que nos van a venir impuestas por nuestra pertenencia a la Unión Europea, y nos están viniendo ya impuestas si queremos eh cumplir unos determinados/ unas determinadas condiciones de cara al eh uno de enero de mil/ o a pertenecer a partir del uno de enero de mil novecientos noventa y nueve a la moneda única;} por lo tanto, aunque ahí trataríamos de un aspecto relacionado con políticas fiscales, experiencias de políticas fiscales, he preferido ese apartado o ese tema trasladarlo a eh al apartado siguiente en el que voy a analizar ehh la distribución de competencias en esa organización o en esa instrumentación de las políticas fiscales entre distintos niveles de gobierno, comenzando por el nivel supranacional, que tendríamos a la Un/ Unión Europea, siguiendo por el nivel central, y a continuación re/ descenderemos hasta el nivel autonómico y local a

ver si estos últimos niveles tienen algo que decir en cuanto a la instrumentalización de las políticas fiscales... {Comenzando pues dentro de/ del tema que hoy nos ocupa de las políticas fiscales, la instrumentación de las políticas fiscales en la OCDE, decía que iba a tratar de justificar la necesidad de coordinación a nivel internacional de estas políticas fiscales. [...]} (Maximino Carpio, Política fiscal)

(63) En el planteamiento del tópico general:
[...] {Entonces, hm,} yo querría hoy hacer dos cosas. Una primera parte de la clase dedicarla a un poco comentar las causas del amurallamiento tardío y retraernos un poco al principio eh, y ehh analizarlas un poquito más y también el tema de la tipología con algunos ejemplos; está/ recordáis que habíamos empezado a hablar de Barcelona o de León, en algunas cosas concretas tomando como base la documentación que vosotros tenéis fotocopiada, ¿no?, y..., bueno, estuve hablando con Cristóbal a ver si me iluminaba un poco sobre este particular [...], pero tampoco me iluminó mucho, con lo cual luego llamé a Paula, que tampoco estaba porque eran los únicos teléfonos que tenía, y al final pues dije 'bueno, pues voy a montármelo yo como me parezca para seguir avanzando', hm, y entonces, por eso digo, la primera parte vamos a ver un poco qué pasa con el problema del amurallamiento y de la tipología, y la segunda parte vamos a comentar la cuestión de la cronología y proyectaremos en un tercer/ en una tercera instancia eh diapositivas que tengan que ver con lo que estamos viendo, y ya analizaríamos ahí casos concretos de Hispania. Aunque yo con toda la exposición lo que voy a hacer es ir introduciendo ejemplos que tienen que ver con la Península Ibérica hm. [...] (Carmen Fernández Ochoa, Arqueología de Roma)

En (62) el profesor no sólo expone a grandes trazos qué contenido tratará en la lección, sino que, dando no pocos detalles del proceso, organiza el concerniente a otras lecciones sucesivas, y ofrece además una justificación de la organización propuesta.

En (63) la profesora también organiza el contenido de la lección, pero es más prolija en la especificación de cómo planificará los diversos aspectos del mismo. También tenemos, como antes, una justificación (de naturaleza más coloquial) del plan discursivo propuesto.

Merece la pena que destaquemos la utilidad que ofrecen los sumarios en esta posición: el mapa que dibujan para el auditorio no sólo describe los caminos que en cuanto a contenido y discurso se recorrerán durante la lección, sino también aquéllos otros que, tanto en lo uno como en lo otro, se harán en lecciones venideras.

b) La segunda oportunidad para que aparezca un sumario está en las secciones de cierre. Así, las profesoras y profesores suelen introducir un sumario en el paso de una fase del desarrollo de un tópico a otra, en el paso de un tópico a otro (esto es, tras el cierre conclusivo de uno y la presentación del otro) y, sobre todo, en el cierre de la lección. Estos extremos se perciben con claridad en los ejemplos (59), (60) y (61) de arriba y en este otro:

(64) En el desarrollo de un tópico, entre distintas fases de tal desarrollo:

[...] A propósito del bilingüismo social, quisiera ehh añadir dos comentarios generales, para pasar después ehh a un aspecto que tiene que ver con el tema siguiente del temario, que es el de la diglosia, pero que vamos a anticipar aquí, porque tiene que ver directamente con el bi/ con el bilingüismo social, que estamos tratando en este momento. Los dos aspectos que quiero comentar a propósito del bilingüismo social ehh son los siguientes: En primer lugar, [desarrollo del primer aspecto] Y antes de hablar más de diglosia, quisiera comentar el el otro aspecto al que antes aludía en relación con el bilingüismo social, y es que [desarrollo del segundo aspecto]. [...]
(Francisco Moreno Fernández, Sociología del lenguaje)

En (64) el profesor se halla en el desarrollo de cierto tópico y decide, para ciertos elementos del mismo que va a presentar, dar cumplida noticia de su intención de hacerlo (quizá porque tales elementos no vengan muy a cuento pero interese por otras razones presentarlos aquí: obsérvese la justificación) y de cómo se va a construir esa presentación.

En (59) tenemos un buen de ejemplo de cómo se puede construir una buena transición entre el final de un tópico y el comienzo de otro: las indicaciones que ofrece el profesor delimitan con claridad en dónde se está, lo que se ha hecho, hacia dónde se va y cómo, lo que permite al auditorio mantenerse en el buen camino, esto es, saber en cada momento en qué lugar se está del universo discursivo de la lección.

En (60) y (61) se nos muestran sendos sumarios en el cierre de la lección. En ambos hay abundantes noticias acerca de qué se tratará en las lecciones futuras (sobre todo en (60)) y de cómo este contenido será organizado discursivamente (especialmente en (61)). Al igual que en el caso anterior, también aquí percibimos la conveniencia de este recurso: la clase dispone, al final de la lección, de un programa que marca las líneas maestras de lo que se hará después, lo que indudablemente ayuda a mantener la conexión de una lección y la siguiente.

Modalidades de información que lo componen.
••••▶ **1.3.3.**
••••▶ **1.3.8.**

En cuanto a cómo es la información que conforma el sumario, encontramos en él dos estratos fundamentales: uno contiene *información de fondo*, el otro, *información secundaria*. Veamos esta realidad en un ejemplo que ya conocemos:

(65) En el planteamiento del tópico general:

[...] [Entonces, hm,} **yo querría hoy hacer dos cosas. Una primera parte de la clase dedicarla a** *un poco comentar las causas del amurallamiento tardío y* **retraernos un poco al principio** *eh, y ehh* **analizarlas un poquito más y también el tema de** *la tipología* **con algunos ejemplos; está/ recordáis que habíamos empezado a hablar de** *Barcelona o de León,* **en algunas cosas concretas tomando como base la documentación que vosotros tenéis fotocopiada, ¿no?,**

*y..., **bueno, estuve hablando con Cristóbal a ver si me iluminaba un poco
sobre este particular [...]**, pero tampoco me iluminó mucho, con lo cual
luego llamé a Paula, que tampoco estaba porque eran los únicos teléfonos
que tenía, y al final pues dije 'bueno, pues voy a montármelo yo como me
parezca para seguir avanzando', hm, y entonces, por eso digo, **la primera
parte vamos a ver un poco qué pasa con** el problema del amurallamiento y de la
tipología, **y la segunda parte vamos a comentar** la cuestión de la cronología y
proyectaremos en un tercer/ en una tercera instancia eh diapositivas que
tengan que ver con lo que estamos viendo, **y ya analizaríamos ahí** casos concretos de Hispania. **Aunque yo con toda la exposición lo que voy a hacer es ir
introduciendo** ejemplos que tienen que ver con la Península Ibérica hm. [...]*
(Carmen Fernández Ochoa, Arqueología de Roma)

Obsérvese la cantidad de expresiones resaltadas en negrita: corresponden a
la información secundaria, es decir, a aquella que expresa qué se está haciendo, qué se va a hacer o qué se ha hecho, discursivamente hablando, con la información de fondo. Ésta última información, presentada en cursiva, aparece
en este caso parcamente (sobre todo si pensamos en la abundancia de la anterior) y consiste algo así como el nombramiento (en el título, podríamos decir)
de los tópicos que se expondrán en su momento.

En otros casos se invierte esta proporción entre los dos tipos básicos de información del sumario. Es lo que acontece en otro ejemplo, ya presentado:

(66) En el cierre de la lección:
*[...] {Bueno, ehh,} **nos quedaría en esta parte ver cuál era** la función de la
política fiscal, ¿hm?, en la/ **en el tema de mañana la vamos a desarrollar, para
ver sobre todo cómo** algunas de las recomendaciones que en aquellos momentos estaban haciendo para la orientación de políticas fiscales {-estamos hablando de final/
la la segunda mitad de los setenta y primeros ochenta-} todavía están pendientes y
ahora mismo siguen considerándose como elementos imprescindibles de reforma, de
en concreto nuestro sistema presupuestario; ya llevamos década y media de desfase en
algunos casos y ahora/ **ya veremos mañana cómo** en la política fiscal, ehh, esa década y media es/ está prácticamente sin haber hecho nada de lo que en aquellos momentos la OCDE estaba recomendando, o muy poco se ha hecho, muchos programas,
proyectos, etc., pero que en la realidad no se han traducido en grandes reformas de/
sobre todo de las formas de elaborar, de controlar y de hacer que el presupuesto cumpla la función para el que fue creado; **todo eso lo veremos mañana.** [...]*
(Maximino Carpio, Política fiscal)

Aquí, como se ve, predomina la información de fondo. Obsérvese que, si
eliminamos las expresiones de información secundaria, lo que nos resulta es
algo parecido a un *abstract*, esto es, ese tipo de sumario que suele aparecer al
comienzo de los artículos publicados en revistas especializadas.

Si bien se mira, los sumarios son, pudiéramos decir, propuestas acerca de lo que se tratará y de cómo se llevará esto a cabo. Toda propuesta supone la existencia de alguien a quien va destinada, así como la plasmación, de un modo u otro, de la actitud que, respecto a su contenido, muestra quien la hace. Es por ello por lo que podemos hallar *información evaluada* y *de carácter interactivo* en el ámbito del sumario. Veamos, como ejemplos de la primera, estos casos:

➠ 1.3.7.
➠ 1.3.9.

(67) *En el cierre de la lección:*
*[...] La semana que viene empezaremos, por lo tanto terminaremos, por favor el lunes terminaremos con esta explicación del tema segundo e iniciaremos, lo adelanto, la explicación de **uno de los temas más importantes** del programa, que es el tema tercero. [...]} (Javier Díez-Hochleitner, Derecho Comunitario)*

(68) *En el cierre de la lección:*
*[...] Bueno, ehh, nos quedaría en esta parte ver cuál era la función de la política fiscal, ¿hm?, en la/ en el tema de mañana la vamos a desarrollar, para ver sobre todo cómo alguna de las recomendaciones que en aquellos momentos estaban haciendo para la orientación de políticas fiscales -estamos hablando de final/ la la segunda mitad de los setenta y primeros ochenta- **todavía** están pendientes y ahora mismo siguen considerándose como elementos **imprescindibles** de reforma, de en concreto nuestro sistema presupuestario; **ya llevamos** década y media de desfase en algunos casos y ahora/ ya veremos mañana cómo en la política fiscal, ehh, esa década y media es/ está **prácticamente sin haber hecho nada** de lo que en aquellos momentos la OCDE estaba recomendando, o **muy poco se ha hecho, muchos** programas, proyectos, etc., **pero que en la realidad no** se han traducido en **grandes** reformas de/ sobre todo de las formas de elaborar, de controlar y de hacer que el presupuesto cumpla la función para el que fue creado; todo eso lo veremos mañana. [...] (Maximino Carpio, Política Fiscal)*

En (67) el profesor advierte de la importancia que, respecto de otros, reviste cierto tema. En (68) percibimos la actitud (o la opinión) del profesor respecto de los hechos aludidos en las expresiones que contienen los elementos evaluativos resaltados: 'es negativo para la economía que esas recomendaciones imprescindibles todavía no se hayan realizado; es negativo que sólo se hayan emprendido unas pocas, cuando ya debieran estar todas concluidas; es negativo que se hable de grandes proyectos, etc., pero que no se cumplan'. El efecto de la evaluación, sumado al propio del sumario, es poderoso: no sólo se informa de cómo se organizará la exposición de cierto contenido en clases posteriores, sino que se advierte de la importancia y alcance del mismo.

Encontramos también, como hemos dicho, información de carácter interactivo. Volvamos a algunos ejemplos ya conocidos para observar cómo se presenta:

Estrategias discursivas

(69) En el cierre de la lección:

[...] {Vamos, me parece... Voy a mirar la hora. Me parece que estamos agotando el tiempo.} Quiero adelantaros, para no para no asustaros, que en este desarrollo del tema segundo hemos cubierto, digamos, el grueso, hemos cubierto {-Carmen me mira y me dice 'me estás robando clases, te comprometiste a terminar la semana que viene y no lo vas a hacer'; bueno lo voy a intentar-}, hemos cubierto el ochenta por ciento de este cuadro, de las explicaciones correspondientes a este cuadro; nos queda el próximo día hablar de la unión económica y monetaria, tema que voy a abordar de forma bastante rápida, para pasar a la unión política después, y últimamente ya, pero de forma muy somera, hablar de la pesca y la caza. La semana que viene empezaremos, por lo tanto terminaremos, por favor el lunes terminaremos con esta explicación del tema segundo e iniciaremos, lo adelanto, la explicación de uno de los temas más importantes del programa, que es el tema tercero. {Lo vais a tener que dominar aunque sólo sea porque os vamos a examinar de ese tema tres con bastante rigor [...].} (Javier Díez-Hochleitner, Derecho Comunitario)

(70) En el cierre de la lección:

[...] [Bueno, ehh,} nos quedaría en esta parte ver cuál era la función de la política fiscal, ¿hm?, en la/ en el tema de mañana la vamos a desarrollar, para ver sobre todo cómo alguna de las recomendaciones que en aquellos momentos estaban haciendo para la orientación de políticas fiscales [...]. (Maximino Carpio, Política Fiscal)

(71) En el desarrollo de un tópico, entre distintas fases de tal desarrollo:

[...] {A propósito del bilingüismo social,} quisiera ehh añadir dos comentarios generales, para pasar después ehh a un aspecto que tiene que ver con el tema siguiente del temario, que es el de la diglosia, pero que vamos a anticipar aquí [...]. (Francisco Moreno Fernández, Sociología del Lenguaje)

En estos ejemplos encontramos tanto la alusión que el profesor hace al auditorio, que es el destinatario de lo que se propone en el sumario (*adelantaros*, *asustaros*), como la que hace a sí mismo (*quiero, adelanto, quisiera*). También interesa que destaquemos las numerosas ocasiones en que el profesor alude a quienes lo escuchan y a sí mismo a un tiempo, inclusivamente (**hemos**, *nos*, *empezaremos, terminaremos, inciaremos, vamos*), así como la actitud cortés, no impositiva, que el profesor manifiesta mediante las formas {*nos*} *quedaría* y *quisiera*. El efecto de todo ello, como podrá suponerse, no es otro que reconocer explícitamente la presencia de las personas que participan en el acto comunicativo, y al mismo tiempo delimitar con claridad las relaciones interpersonales que se estén dando.

Recursos lingüísticos del sumario | 2.7.5.

El aspecto final que adopte el sumario puede ser variado, como variadas son las circunstancias en que surge y las necesidades a que responde. No obstante, todas estas modalidades suelen contener tres ingredientes principales:

a) la futuridad de las acciones discursivas mencionadas;

b) la expresión de que la profesora o profesor tiene la intención de hacer-las;

c) el nombramiento de tópicos, y

d) la indicación de cómo se desarrollarán uno o varios tópicos o una o va-rias lecciones.

A estos componentes fundamentales se pueden añadir otros cuya aparición es ocasional. Los más usuales son:

e) introducción de información (discursiva o no) ya conocida que actúe de soporte para algún componente esencial;

f) justificación de alguna decisión discursiva, e

g) indicación de coordenadas espacio-temporales discursivas.

Todo ello lo veremos mejor con la ayuda de algunos ejemplos (los fragmen-tos resaltados en negrita contienen uno o más de los componentes básicos; los presentados en cursiva, alguno o algunos de los ocasionales; la letras del inicio de tales fragmentos se correponden con las asignadas arriba a tales componentes):

(72) [...] (a, b, d) **Vamos a dar un paso y a tratar un asunto** (g) *que tiene que ver con la lección siguiente,* (a, d) **que** (g) *allí* **veremos ebh de manera mucho más meticulosa,** (d) **aunque** (g) *ahora* (a, b, d) **vamos a presentar lo que es la base principal del concepto.** (c) **Me refiero,** (e) *como he dicho antes,* **al concep-to de** *diglosia.* (e) *Ya que he adelantado en parte en qué consiste la diglosia,* (a, b, d) **voy a a hacer la caracterización general, pero completa, de lo que es** *la di-glosia* (g) *y después* (a, d) **veremos otros detalles** (g) *cuando lleguemos a esa lec-ción.* [...] *(Francisco Moreno Fernández, Sociología del Lenguaje)*

(73) [...] (e) *Quiero adelantaros,* (f) *para no para no asustaros,* que (g) *en este desarrollo del tema segundo* (e) *hemos cubierto, digamos, el grueso, hemos cubierto* [...], *hemos cubierto el ochenta por ciento de este cuadro, de las explicaciones co-rrespondientes a este cuadro;* (c, d) **nos queda** (g) *el próximo día hablar de la unión económica y monetaria,* (a, b, c, d) **tema que voy a abordar de forma bastante rápida, para pasar a** *la unión política* (g) *después,* (g) *y últimamente ya,* **pero de forma muy somera, hablar de la** *pesca y la caza.* (g) *La semana que viene* (a, d) **empezaremos, por lo tanto terminaremos** [...], (g) *el lunes* (a, d) **terminare-mos con esta explicación del tema segundo e iniciaremos, lo adelanto, la explicación de uno de los temas más importantes del programa, que es el tema tercero.** [...] *(Javier Díez-Hochleitner, Derecho Comunitario)*

(74) [...] (a, d) **Nos quedaría** (g) en esta parte **ver** cuál era la función de la política fiscal, ¿hm?, (g) en la/ en el tema de mañana (a, b, d) **la vamos a desarrollar, para ver sobre todo** cómo algunas de las recomendaciones que en aquellos momentos estaban haciendo para la orientación de políticas fiscales [...], todavía están pendientes y ahora mismo siguen considerándose como elementos imprescindibles de reforma, de en concreto nuestro sistema presupuestario; ya llevamos década y media de desfase en algunos casos y ahora/ (g) ya (a, d) **veremos** (g) mañana cómo en la política fiscal, ehh, esa década y media es/ está prácticamente sin haber hecho nada de lo que en aquellos momentos la OCDE estaba recomendando, o muy poco se ha hecho, muchos programas, proyectos, etc., pero que en la realidad no se han traducido en grandes reformas de/ sobre todo de las formas de elaborar, de controlar y de hacer que el presupuesto cumpla la función para el que fue creado; (a, d) **todo eso lo veremos** (g) mañana. [...] (Maximino Carpio, Política Fiscal)

Si se extraen del lugar que ocupan en estos ejemplos y en el corpus examinado las expresiones de uno y otro tipo, y las agrupamos por los rasgos comunes más significativos que muestren, obtenemos los siguientes grupos:

i) Expresiones que recogen la futuridad, la intención del profesor o profesora y alguna información concerniente a qué se expondrá (información de fondo) y cómo se llevará esto a cabo (nombramientos del tópico, en qué orden se expondrá la información o los tópicos, con qué detalle, por qué una cosa antes que otra, etc.):

{Aunque} vamos a presentar lo que es la base principal del concepto

En el que {…} me voy a detener

En el que voy a analizar ehh {…}

La vamos a desarrollar, para ver sobre todo {..}

Los dos aspectos que quiero comentar a propósito de {…} son los siguientes

Nos vamos a centrar en un tema básico, que es el de {…}

Para lo que vamos a ver ahora a propósito de {…} os voy a repartir este folio, donde aparecen dos cosas: {…} una definición general; es un poco larga {…}; una definición general de {…}; y hay un esquema propuesto por {…} y que podéis encontrar también en el libro que tenéis como lectura obligatoria: {…} ahí lo podéis encontrar.

Pero de forma muy somera, hablar de la {…}

Que vamos a anticipar

{Querría} dedicarla a un poco comentar {…} y retraernos un poco al principio {…} y {…} analizarlas un poquito más y también el tema de {…} con algunos ejemplos.

Tema que voy a abordar de forma bastante rápida, para pasar a {…}

Vamos a dar un paso y a tratar un asunto {...}; me refiero {...} al concepto de {...}

Vamos a ver un poco qué pasa con {...} y vamos a comentar la cuestión de {...}

Voy a a hacer la caracterización general, pero completa, de lo que es {...}

Yo con toda la exposición lo que voy a hacer es ir introduciendo ejemplos que tienen que ver con {...}

ii) Expresiones que recogen la futuridad y alguna indicación sobre qué se va a exponer (información de fondo) y cómo se llevará esto a cabo (igual que en i)):

Anticipo que {...}

Deberíamos retomar un poco algunos aspectos que traíamos {...} y centrarnos fundamentalmente en {...}

Dejaremos una parte que podría corresponderse o un tema que podría desarrollarse {...}

Desarrollaremos {...}

Empezaremos, por lo tanto terminaremos {...}, terminaremos con esta explicación del tema segundo e iniciaremos {...} la explicación de uno de los temas más importantes del programa, que es el tema tercero.

Lo adelanto

Nos queda hablar de {...}

Nos quedaría {...} ver cuál era {...}

Nos quedaría ver {...}

Por lo tanto, aunque {...} trataríamos de un aspecto relacionado con {...}, he preferido ese apartado o ese tema trasladarlo a eh al apartado siguiente.

Que veremos ehh de manera mucho más meticulosa

Quisiera añadir dos comentarios generales, para pasar {...} a un aspecto {...} que es el de {...}

Quisiera comentar el otro aspecto {...} y es que {...}

Todo eso lo veremos

Veréis, como digo, que {...} hay una definición un poco larga del concepto de {...}

Veremos {...}

Veremos otros detalles

Y proyectaremos {...} diapositivas que tengan que ver con lo que estamos viendo, y {...} analizaríamos {...}

Yo querría {...} hacer dos cosas

iii) Expresiones que delimitan las coordenadas espacio-temporales discursivas, es decir, los lugares y momentos en que se hizo, se hace o se hará algo concerniente a la organización discursiva de la lección:

A lo largo de de distintos temas pasados

Ahí

Ahora

Allí

Aquí

Antes

Antes de {…}

Comenzando por {…},

Cuando lleguemos a esa lección

Después

El lunes

El próximo día

El punto donde estábamos el día anterior

En algunas cosas concretas

En esta parte

En este desarrollo del tema segundo

En este momento

En este tema

En la hoja

En la parte de abajo

En la segunta parte de este/ o en los temas siguientes de esta parte cuarta

En el tema de mañana

En primer lugar

En una tercera instancia

Finalmente

Hoy

La primera parte

La segunda parte

La semana que viene

Luego

Mañana

Que tiene que ver con el tema siguiente del temario

Que tiene que ver con la lección siguiente

Siguiendo por {…}

Tanto en esta parte de {…} como en la parte siguiente

Una primera parte de la clase

Y a continuación descenderemos hasta {…}

Y después

Y últimamente ya

Ya

iv) Expresiones que presentan información ya conocida o recuperada (en algún caso también se expresa la intencionalidad) y que actúan de soporte de alguna de las consideradas en i) o ii); generalmente presentan el verbo en pasado:

Al que {…} aludía en relación con {…}

Como he dicho

Como todos hemos podido ver

Haciendo memoria de {…} yo había pensado que {…}

Que estamos tratando

Quiero adelantaros {…} que hemos cubierto, digamos, el grueso, hemos cubierto {…}, hemos cubierto el ochenta por ciento de este cuadro, de las explicaciones correspondientes a este cuadro.

Recordáis que habíamos empezado a hablar de {…} o de {…}, {…} tomando como base la documentación que vosotros tenéis fotocopiada

Ya que he adelantado en parte {…}

v) Expresiones usadas como justificación de alguna decisión discursiva (la disposición de los tópicos, la relación de un tópico con otro, la extensión de una explicación, etc.):

Lo hemos dejado para la/ el apartado siguiente puesto que {…}

Para no asustaros

Por eso os la doy en fotocopia

Porque habíamos avanzado bastante

Porque tiene que ver directamente con {…}

Estrategias discursivas

Las caracterizaciones que arriba hemos presentado sobre el resumen recapitulativo y el sumario pudieran hacer pensar que estas dos maneras de resumir no aparecen juntas. La evidencia, sin embargo, prueba lo contrario: ciertamente pueden aparecer una separada de otra, pero no es menos cierto que en numerosas ocasiones aparecen unidas, ya sea en forma de secuencia, una tras otra, ya mezcladas. Es más, hay que decir que resulta difícil hallar una modalidad pura, sin elementos de la otra: frecuentemente el resumen recapitulativo contiene alguna expresión remitida al futuro, propia de los sumarios, y, al revés, bastantes veces un sumario contiene expresiones remitidas al pasado, como en el resumen recapitulativo. He aquí unos ejemplos que reflejan algunas de estas posibilidades (se presentan en cursiva los resúmenes recapitulativos y en negrita los sumarios):

(75) En el planteamiento del tópico general:
[…] Ehh, recordaréis que el último día estuvimos desarrollando el tema correspondiente a la deuda pública... Estuvimos elaborando un modelo a partir del cual conseguimos llegar a algunas conclusiones sobre cuál es cuál es el nivel adecuado de deuda pública de un país, ehh, con los datos que podíamos prever o ya históricos de España. Pudimos llegar también a algunas conclusiones sobre qué posibilidades tiene nuestra economía de cumplir los criterios de Maastricht, de los que tanto se habla en estos momentos... Con eso dábamos por concluida la tercera parte del programa, que la habíamos dedicado toda ella, si recordáis, a una reconsideración de los efectos del déficit público y de la financiación del mismo; tratábamos en esa parte de ver de forma crítica cuáles son las consecuencias de un elevado déficit público, sobre todo teniendo en cuenta los efectos que ese déficit público tiene en //[corte en la cinta]//
[…] las recomendaciones que ha estado siguiendo la OCDE o que ha estado dando la OCDE a los países, ehh, que pertenecen al a este/ a esta organización, de cuáles eran esas conclusiones en las políticas fiscales. **Nos vamos a centrar en un tema básico, que es el de la necesidad de coordinación de estas políticas fiscales: por qué es necesario que las políticas fiscales de, en este caso concreto, de los países que forman el conjunto de la eh OCDE deben tener unas pautas de comportamiento similares. En la segunta parte de este/ o en los temas siguientes de esta/ de esta parte cuarta desarrollaremos las experiencias de la política fiscal en España, eh, de las tres últimas décadas. Finalmente dejaremos una parte, ehh, que podría corresponderse o un tema que podría desarrollarse tanto en esta parte de experiencias de políticas fiscales, como en la parte siguiente; ehh, lo hemos dejado para la/ el apartado siguiente puesto que la política fiscal en la Unión Europea es más propia de lo que en estos momentos consideramos que es el contexto de una política fiscal hm instrumentada a un nivel supranacional, puesto que ya no se trata de recomendaciones en muchos casos, sino de exigencias: hay líneas de política fiscal, como todos hemos podido ver ya a lo largo de de distintos temas pasados,**

que nos van a venir impuestas por nuestra pertenencia a la Unión Europea, y nos están viniendo ya impuestas si queremos eh cumplir unos determinados/ unas determinadas condiciones de cara al eh uno de enero de mil/ o a pertenecer a partir del uno de enero de mil novecientos noventa y nueve a la moneda única; por lo tanto, aunque ahí trataríamos de un aspecto relacionado con políticas fiscales, experiencias de políticas fiscales, he preferido ese apartado o ese tema trasladarlo a eh al apartado siguiente en el que voy a analizar ehh la distribución de competencias en esa organización o en esa instrumentación de las políticas fiscales entre distintos niveles de gobierno, comenzando por el nivel supranacional, que tendríamos a la Un/ Unión Europea, siguiendo por el nivel central, y a continuación re/ descenderemos hasta el nivel autonómico y local a ver si estos últimos niveles tienen algo que decir en cuanto a la instrumentalización de las políticas fiscales... {Comenzando pues dentro de/ del tema que hoy nos ocupa de las políticas fiscales, la instrumentación de las políticas fiscales en la OCDE, decía que iba a tratar de justificar la necesidad de coordinación a nivel internacional de estas políticas fiscales. [...]} (Maximino Carpio, Política Fiscal)

(76) *En el planteamiento del tópico general:*
[...] {Bueno, vamos a ver, ehh,} **haciendo memoria del punto donde estábamos el día anterior, ehh, yo había pensado que deberíamos retomar un poco algunos aspectos que traíamos en este tema y centrarnos fundamentalmente en el mundo tardío ya, ¿no?, porque habíamos avanzado bastante. Entonces, hm, yo querría hoy hacer dos cosas. Una primera parte de la clase dedicarla a un poco comentar las causas del amurallamiento tardío y retraernos un poco al principio eh, y ehh analizarlas un poquito más y también el tema de la tipología con algunos ejemplos; está/ recordáis que habíamos empezado a hablar de Barcelona o de León, en algunas cosas concretas tomando como base la documentación que vosotros tenéis fotocopiada, ¿no?,** {y..., bueno, estuve hablando con Cristóbal a ver si me iluminaba un poco sobre este particular {-hola, Esperanza, pasa-}, pero tampoco me iluminó mucho, con lo cual luego llamé a Paula, que tampoco estaba porque eran los únicos teléfonos que tenía, y al final pues dije 'bueno, pues voy a montármelo yo como me parezca para seguir avanzando', hm, y entonces, por eso digo,} **la primera parte vamos a ver un poco qué pasa con el problema del amurallamiento y de la tipología, y la segunda parte vamos a comentar la cuestión de la cronología y proyectaremos en un tercer/ en una tercera instancia eh diapositivas que tengan que ver con lo que estamos viendo, y ya analizaríamos ahí casos concretos de Hispania. Aunque yo con toda la exposición lo que voy a hacer es ir introduciendo ejemplos que tienen que ver con la Península Ibérica hm.** {Bueno,} la primera cuestión que tendríamos que tratar sería recordar un poco en dónde estábamos hace un mes, que es basante largo, ¿verdad?, y recordáis que habíamos hablado de distintos momentos del amurallamiento en el Imperio Romano y sobre todo en la Península Ibérica. Y habíamos tratado un poco ehh la importancia que habían tenido los amurallamientos de época augustea, es decir, lo que llamaba yo en aquel momento los encintados de la paz o del prestigio, ¿no?, y esta denominación en parte

viene porque hm en este momento, justamente en este período, en el período augus-
teo lo que se detecta es un fenómeno casi contradictorio, es decir, estamos en la 'pax
romana' y a la vez hay, o se construyen, muchas murallas... Ehh, Pierbrot dice que es
casi el/ dice que es el paisaje del simbolismo augusteo transmitido a través de las co-
lonias que se fundan en este momento. Entonces, diríamos que en este primer mo-
mento, que ya hemos visto algunos de sus aspectos, ehh el amurallamiento presenta
unas características particulares que es/ pues son murallas con un espesor bastante
pequeño, dos metros, un metro ochenta, dos metros cincuenta; una altura no superior
a cuatro o seis metros; es decir, que son murallas que lo que están pretendiendo de-
cirnos sobre todo es que están delimitanto el pomerio eh de la ciudad, es decir, ese es-
pacio sagrado: recordemos que las murallas en este sentido son 'res sanctae', que es
como les llama Galo en el siglo segundo; es decir, es algo que tiene que ver no directa-
mente con el derecho divino, pero sí tiene que ver con la presencia, digamos con una
protección especial de las divinidades o de la divinidad, y en este sentido, pues, ehh,
son murallas que no pretenden defender en un sentido estricto, sino que lo que pre-
tenden es delimitar topográficamente el espacio en el que se está funcionando y ma-
nifestar de alguna forma el prestigio; son murallas simbólicas, es decir, eh, lo que está
fuera de la muralla es lo que no es la 'urbanitas romana', lo que no es la ciudadanía
romana de alguna manera. Bien, éste recordáis por tanto que era un/ una fase: aquí
tendríamos las murallas de Caesaraugusta, de Barcino, de Pax Julia, de Emerita, de
Coninbriga, etcétera. O sea un grupo del que ya hemos hablado, y ehh, habría después
una evolución en el amurallamiento de todo el Imperio, que tendría su repercusión
posterior en la Península Ibérica, y es que a partir de la segunda mitad del siglo ter-
cero cambia completamente la idea y la imagen de la muralla, hm; entonces entrarí-
amos di/ diríamos que a partir sobre todo ya de finales del siglo segundo ehh nos
vamos a encontrar un fenómeno bastante distinto: no se trata ya de murallas que pre-
figuran lo que es la 'civitas', la ciudad, es decir, murallas simbólicas solamente, sino
que entra en la composición estructural y tipológica de lo que es una muralla, entran
otros elementos como los que derivan de los problemas estratégicos y defensivos que
tiene el Imperio en este momento. {Entonces esto es lo que vamos a analizar un po-
quito más a fondo, es decir, por qué hay esas variaciones, por qué se produce ese fe-
nómeno de amurallamiento [...].} (Carmen Fernández Ochoa, Arqueología de Roma)

(77) *En el desarrollo de un tópico, entre distintas fases de tal desarrollo:*
[...] {A propósito del bilingüismo social,} **quisiera ehh añadir dos comenta-**
rios generales, para pasar después ehh a un aspecto que tiene que ver con
el tema siguiente del temario, que es el de la diglosia, pero que vamos a
anticipar aquí, porque tiene que ver directamente con el bi/ con el bilin-
güismo social, que estamos tratando en este momento. Los dos aspectos que
quiero comentar a propósito del bilingüismo social ehh son los siguientes:
En primer lugar, *hay que tener en cuenta que habitualmente en las comunidades*
bilingües, en las comunidades de habla en las que se utiliza más de una lengua, es
frecuente que se dé un reparto funcional en el uso de las lenguas: es frecuente que
una de las lenguas se utilice con ciertos fines sociales, mientras que la otra o las otras
se utilicen con funciones y con fines diferentes; hay situaciones en las que una de las
lenguas es utilizada sobre todo en contextos familiares, mientras que la otra lengua

es utilizada sobre todo en ámbitos formales: en la administración, en la esfera diga-
mos laboral, en los medios de comunicacion social. Hay un reparto pues funcional
del uso/ en el uso de las lenguas. Cuando esto se produce es posible es posible hablar
de un concepto específico que se maneja en sociología del lenguaje, que es el con-
cepto de diglosia, en el que luego me voy a detener; por tanto, anticipo que una di-
glosia consiste en el uso de dos lenguas al menos..., cuando esas lenguas cumplen
funciones diferentes dentro de una misma comunidad... **Y antes de hablar más de**
diglosia, quisiera comentar el el otro aspecto al que antes aludía en rela-
ción con el bilingüismo social, y es que *a la hora de explicar el uso de las len-*
guas en una comunidad, es muy importante tener en cuenta el ámbito, el dominio
en el que se utilizan esas lenguas. Resumo los dos comentarios ehh estos dos comen-
tarios finales sobre el bilingüismo social: a la hora de explicar y de entender cómo es,
cómo funciona el bilingüismo social, hay que tener en cuenta que las lenguas pue-
den cumplir funciones diferentes dentro de una misma comunidad: en este caso se
puede hablar del concepto de diglosia, que luego explicaré más detenidamente. A la
hora de explicar y de entender el bilingüismo social hay que tener en cuenta también
el tipo de ámbito o de dominio en el que se utilizan las lenguas. {Bueno, dicho esto,}
vamos a dar un paso y a tratar un asunto que tiene que ver con la lección
siguiente, que allí veremos ehh de manera mucho más meticulosa, aunque
ahora vamos a presentar lo que es la base principal del concepto. Me re-
fiero, como he dicho antes, al concepto de diglosia. Ya que he adelantado
en parte en qué consiste la diglosia, voy a a hacer la caracterización gene-
ral, pero completa, de lo que es la diglosia y después veremos otros deta-
lles cuando lleguemos a esa lección. Para lo que vamos a ver ahora a pro-
pósito de la diglosia os voy a repartir este folio, donde aparecen dos cosas:
en primer lugar una definición general; es un poco larga, por eso os la doy
en en fotocopia. Una definición general de diglosia [el profesor gestiona
con el grupo el reparto de las fotocopias] [...]. Veréis, como digo, que en la
hoja hay una definición un poco larga del concepto de diglosia, y en la
parte de abajo hay un esquema propuesto por Fishman y que podéis en-
contrar también en el libro que tenéis como lectura obligatoria: el de
'Sociología del Lenguaje' de Fishman, el que está publicado por la editorial
Cátedra; ahí lo podéis encontrar *[comentario personal del profesor (chiste)]*
[...]. (Francisco Moreno Fernández, Sociología del Lenguaje)

Tanto en (75) como en (76) estamos al comienzo de la lección, en el planteamiento de un tópico general, y en ambos casos hay una muestra de uno y
otro tipo de resumen. En (75) aparece primero el resumen recapitulativo y el
sumario después, mientras que en (76) ocurre a la inversa. (77) es ilustrativo
de cómo se puede organizar el desarrollo de un tópico: adviértase la importancia que adquieren en este proceso la intercalación de sumarios más o menos
extensos y de algún resumen recapitulativo.

En pocas palabras:

El sumario es un instrumento esencial en el conjunto de la lección magistral: permite, llegado el caso, hacer saber a quienes escuchan qué se va a explicar y cómo, es decir, se ofrecen los elementos esenciales que constituirán una exposición futura (inmediata o lejana). Como el resumen recapitulativo, el sumario también aparece en determinados puntos de la lección: el planteamiento del tópico general y tras numerosas secciones de cierre (de fases de desarrollo de un tópico, de un tópico, de la lección).

Las modalidades de información que componen más frecuentemente el sumario son la información de fondo, la secundaria y la de carácter interactivo.

Los recursos lingüísticos que sirven para marcar los diferentes aspectos del sumario son variados y numerosos.

3. RECURSOS FÓNICOS EN LA CLASE MAGISTRAL

Dolors Poch Olivé
Universitat Autònoma de Barcelona

3.1. RECURSOS AL SERVICIO DE LA TRANSMISIÓN DE INFORMACIÓN RELEVÁNTE

Desde el punto de vista de la transmisión de información en el seno de un discurso determinado, trátese de una clase magistral o de un discurso de cualquier otro tipo, la oradora o el orador, en este caso, la persona que enseña, se ve siempre constreñida por el carácter lineal del mismo: las palabras emitidas se encadenan y ordenan una detrás de otra. Así, en la persecución de la eficacia informativa, el profesorado se ve obligado a elegir un punto de partida inicial alrededor del cual estructurará toda la información que quiere transmitir. Ahora bien, no toda esta información tiene el mismo carácter: una parte de ella consistirá, probablemente, en un resumen de información ya transmitida, sea en clases anteriores o sea en otras partes del mismo discurso, otra parte tendrá como característica primordial hablar sobre el propio discurso (al enseñar, con frecuencia, explicamos en cuántas partes se dividirá la clase o anunciamos los diversos temas que trataremos en el transcurso de la misma), una tercera parte estará integrada por los conceptos nuevos que explicaremos durante el transcurso de la clase, etc. El mencionado carácter lineal del discurso oral obligará a quien enseña a utilizar una serie de recursos para marcar los diversos tipos de información de tal modo que el auditorio, compuesto por estudiantes, perciba qué tipo de información está recibiendo en cada momento.

En las clases magistrales que se imparten habitualmente en la universidad española, pueden diferenciarse, a efectos de los recursos fónicos, cuatro tipos de información importante a los cuales debe ser sensible el estudiantado extranjero ya que su identificación redunda en la comprensión de los contenidos transmitidos. Estos cuatro tipos de información son: la infomación nueva, la información sobre el propio discurso, las recapitulaciones y las opiniones que emite el profesor o la profesora sobre los contenidos que imparte. Indicaremos a continuación, a partir de ejemplos extraídos de las clases que constituyen el corpus del proyecto, los principales recursos fónicos que se utilizan como indicadores de estos diversos tipos de información.

La información nueva

> La información "nueva" constituye, propiamente, el contenido de la clase magistral cuyo objetivo último es, precisamente, la transmisión de dicha información al alumnado. Para transmitirla eficazmente se utilizan una serie de técnicas, ligadas a los aspectos fónicos del discurso, que se analizan a continuación.

Información nueva.

La información que denominamos "nueva" es la concerniente al contenido, propiamente dicho, del discurso. Imaginemos una clase magistral sobre Astronomía: en ella, se explicarán y desarrollarán nociones y conceptos propios de la ciencia que estudia los astros. Algunos de esos conceptos serán ya conocidos por el alumnado (sea porque los han aprendido en etapas anteriores de su formación, sea porque han sido explicados en clases anteriores) y no constituirán una información "nueva" ni la persona que enseña les prestará especial atención en su exposición. Otros conceptos, en cambio, se definirán y explicarán por primera vez en la clase magistral: en ese caso, y siempre desde el punto de vista de los recursos fónicos, la actitud de la profesora o profesor será distinta puesto que su modo de hablar cambiará, con respecto al del resto de la clase magistral, durante el tiempo que se refiera a ellos.

Véamoslo, en la práctica: es especialmente significativa la lentitud del habla y la precisión en la articulación de cada uno de los sonidos que componen los enunciados siguientes.

1) ... decimos que son . tipos . penales . comunes . hm aquellos tipos . aquellos delitos . que pueden . ser. cometidos . por . cualquier . persona . es decir . cualquier . sujeto . hm . puede ser . autor del mismo . independientemente . de . ehh . de cualquier condición ... (Maite Álvarez, Derecho Penal)

2) ... estos tipos especiales pueden ser de dos clases . lo que llamamos . tipos especiales propios . y los denominados . TIPOS . especiales . IMpropios ( ) se llama tipos especiales propios . a aquellas situaciones . a aquellos tipos . en los cuales . el ordenamiento jurídico . en este tipo . especial . no ha previsto . la . CORRESpondiente . conducta . común ... (Maite Álvarez, Derecho Penal)

3) ... sin una cierta armonización homogeneización o articulación . de las políticas fiscales . sobre todo de aquellos países con mayor influencia internacional . eh o difícilmente se pueden mantener una cierta estabilidad en las grandes variables económicas . estabilidad que es necesaria para que . la economía se desarrolle ... (Maximino Carpio, Política Fiscal)

4) ... como consecuencia de ello la desconfianza. en los mercados internacionales fue creciente ... el . elevado endeudamiento . al que había llegado . eh Estados

Unidos . siguió minando la confianza en el dólar . y esto se tradujo . en un inten-to por parte de Estados Unidos . de introducir al final de la década . presiones o condiciones proteccionistas . en los mercados internacionales ... (Maximino Carpio, Política Fiscal)

5) ... el tratado CE en los artículos que he señalado. consagra . la libertad ... de . establecimiento de los nacionales ... tanto personas físicas como personas jurídi-cas . de un estado miembro . en . el territoio en el conjunto del territorio comuni-tario ...(Javier Díez-Hochleitner, Derecho Comunitario)

6) ... lo que hace el tratado CE . es afirmar . el derecho . de todo particular . a pres-tar sus servicios. de forma temporal . ésta es la diferencia con la del estableci-miento . de forma temporal en el territorio . de otro estado miembro . A PARTIR . del estado miembro en el que se encuentra . establecido ... (Javier Díez-Hochleitner, Derecho Comunitario)

7) ... Y diríamos . que como dato . tipológico importante para este período . sería el que . empiezan a planificarse torres proyectadas . hacia . el . exterior ... (Carmen Fernández Ochoa, Arqueología de Roma)

8) ... Galieno a partir del 268 . es . el primer emperador . según . si damos cré-dito a la historia augusta . que va . a empezar a desarrollar una actividad . de re-paración y fortificación de murallas . y también de murallas ciudadanas ... (Ángel Fuentes, Arqueología de Roma)

9) ... el "opus testaceum" . o aparejo testáceo . es el que se realiza con material yA nO . natural . ya no tal como se encuentra en la naturaleza . previamente traba-jado . semielaborado . sino con material que necesita que requiere una elabora-ción . en este caso es la arquitectura de tiErra ... (Ángel Fuentes, Arqueología de Roma)

10) ... Éste y el hormigón son la esencia . de la arquitectura romana . e/ es el mo-delo el sistema de construcción más difundido . en época imperial . y desde luego la mayor parte de los mÁs importantes edificions romanos . sOn . de esta vAriante de construcción ... (Ángel Fuentes, Arqueología de Roma)

11) ... Una Posible Causa de creación de comunidades bilingües es . la expansión de . unos pueblos sobre otros territorios ... la expansión de unos pueblos determi-nados sobre territorios diferentes . ejemplos en la historia de Europa hay muchos... (Francisco Moreno Fernández, Sociología del Lenguaje)

12) ... No Todos los casos de inmigración eh tienen las mismas características . hay inmigrantes que se asimilan enseguida ehh a la sociedad en la que se acaban de instalar . hay inmigrantes que pierden en el transcurso de una o dos generaciones su lengua . y hay grupos inmigrantes que mantienen durante bastantes genera-ciones su lengua y su cultura ... (Francisco Moreno Fernández, Sociología del Lenguaje)

13) ... habría una segunda dirección de pensamiento filosófico-jurídico . científi-co-jurídico . en este momento en que estamos analizando . que sería aquella que tienen que ver más . con lo que se ha llamado la escuela del derecho libre . la escuela del derecho libre . ehh . para la cual . el punto de inflexión del derecho . no es tanto la norma . la norma positiva la norma legal como la actuación del juez ... (Yolanda Valdeolivas García, Derecho Laboral)

14) ... El deREcho . en la sociedad . tiene una presencia , me parece que es indudable . tiene una presencia . diaria . en cantidad . y en calidad . hm que no PUEde de ninguna manera . olvidarse . no puede de ninguna manera desconocerse ... (Yolanda Valdeolivas García, Derecho Laboral)

15) ... la morfología trata de la estructura interna de las palabras es decir COmo . las palabras se forman . Para . digamos aglutinando morfemas . construir . palabras complejas ... (Soledad Varela, Morfología del Español)

16) ... lo que pretende la morfología . la morfología que trata de dar cuenta del conocimiento que tienen los hablantes . en este caso los hablantes del español . de su vocabulario . tanto para crear nuevas palabras como para reconocer palabras ya de su léxico y saberlas descomponer ... (Soledad Varela, Morfología del Español)

La velocidad.

Del análisis de estos ejemplos se desprenden una serie de observaciones que permiten establecer cuáles son los recursos fónicos que se utilizan para introducir información nueva en una clase magistral. En primer lugar, hay que señalar que la velocidad a la que se habla disminuye cuando se explican nociones que se pueden considerar "nuevas", es decir, cuando se desarrollan conceptos por primera vez. Ello no quiere decir, ni mucho menos, que todas las personas que enseñan hablen a la misma velocidad cuando introducen información nueva, sino que esta disminución de la velocidad de elocución se efectúa con relación a la velocidad propia de cada una. En los ejemplos contenidos en el CD-ROM de las clases puede verse que los diversos profesores y profesoras, cuando explican conceptos nuevos, hablan a velocidades distintas pero, lo que es fundamental, es tener presente que siempre hablan, en dichos ejemplos, mucho más lentamente que en otros momentos de la clase. Desde el punto de vista, pues, del público estudiantil, el cambio de velocidad de elocución es significativo por cuanto afecta al contenido de la explicación, de manera que deben considerarlo como un índice fónico importante que vehicula información sobre la estructura de la clase y que tiene consecuencias a la hora de tomar apuntes.

La articulación.

Por otra parte, y en relación con el cambio de velocidad, puede observarse también que, durante la introducción de información nueva, el modo de pronunciar los distintos sonidos que constituyen los enunciados es, también, especial: el profesorado procura, en estos casos, articular con la mayor precisión posible. Es evidente que el habla rápida no permite esta precisión de manera que en dicha situación, en muchos casos, algunos sonidos se confunden (por ejemplo cuando aparecen dos vocales seguidas los timbres se mezclan o bien una de ellas no se pronuncia), otros pueden desaparecer (por ejemplo la consonante de terminaciones en -ado) y, finalmente, en el caso de grupos consonánticos, aparecen simplificaciones (por ejemplo la pronunciación [sesto] de una palabra como "sexto"). En cambio, el habla lenta permite que el hablante, el profesor o la profesora en este caso, disponga de más tiempo para articular cada uno de los sonidos del enunciado y, por tanto, la precisión articulatoria es mayor en estas circunstancias. Este índice, pues, íntimamente relacionado con la velocidad de elocución, constituye también una pista de carácter fónico sobre el tipo de información que se transmite.

Finalmente, y como tercer indicio fónico importante, hay que señalar que, en numerosas ocasiones, y ello puede verse y oírse también en los ejemplos seleccionados, se realizan unas pausas muy breves entre las palabras que constituyen los enunciados que transmiten información nueva. Hay que insistir en que dichas pausas son mínimas, pero son perceptibles para el oído, y asociadas, por tanto, a los otros indicadores fónicos constituyen importantes marcas sobre el tipo de información que se está transmitiendo.

Pausas breves.

La información sobre el propio discurso

3.1.2.

Información de ayuda y apoyo.

Con el fin de facilitar el seguimiento de la clase, quien imparte una lección magistral suele proporcionar al estudiantado una serie de informaciones sobre el propio discurso. Dichas informaciones versan, generalmente, sobre las partes en que se dividirá la clase, sobre la lista de temas que se tratarán en ella, sobre la manera en que se enlaza el contenido de la clase con el conjunto del programa, etc. Este tipo de información es, desde luego, nueva para el alumnado pero no posee el mismo estatus que la información nueva de la que se ha tratado en el apartado 1.1. En el caso actual, se trata de una información que sirve de ayuda y apoyo pero que no es crucial para seguir adecuadamente el desarrollo y la exposición de los principales conceptos de la asignatura. Esto se refleja también en la utilización de los recursos fónicos ya que, cuando transmite este tipo de información, la profesora o profesor se expresa de manera distinta a cuando dicha información nueva afecta a ideas y conceptos esenciales.

Veamos, a continuación, algunos ejemplos significativos de transmisión de información sobre el propio discurso:

17) ... *en la segunda parte de éste / o en los tEmas siguientes de esta / de esta parte cuarta . desarrollaremos . las experiencias de la política fiscal en España eh . de las*

tres últimas décadas ... finalmente dejaremos una parte . ehhh . que podría corresponderse o un tema que podría desarrollarse tanto en esta parte de experiencias de políticas fiscales . como en la parte siguiente ... (Maximino Carpio, Política Fiscal)

18) *... vamos a hablar hoy . del tema . relativo . a la esTRUCTUra . de los tipos penales (...) como paso previo . ya . claramente introductorio . a la estructura del tipo . y a un análisis dogmático . del . delito . hm . entonces vamos a hablar . de los distintos elementos . y de las distintas . estructuras . en las cuales se pueden configurar los distintos . ehhh . tipos penales ... (Maite Álvarez, Derecho Laboral)*

19) *... vamos a retomar la explicación de ayer ... para hacerlo ... os recuerdo que estamos en el tema segundo queriendo dar en esta introducción todavía al curso de derecho comunitario . una panorámica general de los contenidos materiales de la Unión Europea ... (Javier Díez-Hochleitner, Derecho Comunitario)*

20) *... yo querría hacer dos cosas. Una primera parte de la clase . dedicarla . a un poco comentar . las causas del amurallamiento tardío . y retraernos un poco al principio . eh y ehh analizarlas un poquito más . y también el tema de la tipología . con algunos ejemplos ... (Carmen Fernández Ochoa, Arqueología de Roma)*

21) *... vamos a seguir con nuestro ... con nuestro tema de arquitectura romana ... con nuestros eh . sistemas constructivos . con el "dilicia" . el día último habíamos hablado del "opus citatum" . si mal no recuerdo . del "incertum" también del "incertum" . bueno . pues hoy empezamos con uno que es . particularmente enjundioso . vamos a empezar hoy a hablar . del ... "opus testaceum" ... del aparejo testáceo . de ladrillos ... de adobes ... la construcción en tierra ... (Ángel Fuentes, Arqueología de Roma)*

22) *... ayer hablamos de las situaciones coloniales. Se os ocurre alguna más o no ... vamos a hacer la lista rápidamente y a partir de ahí comentamos algunos ejemplos ... (Francisco Moreno Fernández, Sociología del Lenguaje)*

23) *... voy a enumerar seis . principales . grupos . de. posiciones seis principales grupos de posiciones que . con variantes internas con MUchas variantes internas se enmarcarían en ese contexto genérico de . las tendencias. ehh . sociológico-jurídicas ... (Yolanda Valdeolivas García, Derecho Laboral)*

24) *... como sabéis comenzamos hoy la primera clase de morfología del español la morfología descriptiva del español . ehh os daré al final de la clase el programa y lo mismo la bibliografía y la comentaremos luego ... (Soledad Varela, Morfología del Español)*

A la vista de estos ejemplos, entresacados de las distintas clases analizadas, puede observarse que, por encima de las distintas maneras de hablar propias de cada una de las personas que enseñan, existen dos rasgos fónicos cuya utilidad explotan todas y que, por lo tanto, pueden considerarse como indicios claros de que quien expone está proporcionando información sobre el discurso: las pausas y la entonación.

Cuando se explica al alumnado de qué se va a hablar, por regla general, lo que se hace es una enumeración de los distintos conceptos y/o temas que se abordarán durante la lección magistral. Una enumeración está compuesta por una serie de términos, de mayor o menor extensión (es decir, puede tratarse únicamente de palabras o puede tratarse de enunciados completos) que, oralmente, se separan por una pequeña pausa para que los oyentes sean capaces de distinguir cada una de las unidades del conjunto. Así, puede obsevarse en los ejemplos que se realizan pausas separando cada uno de los temas y / o conceptos que forman parte de la enumeración de las cuestiones que se tratarán durante la clase.

Las pausas.

Relacionada con la estructura de la enumeración está la utilización que se hace, en estos casos, de la entonación. En el marco de las enumeraciones, el final de cada uno de los términos de las mismas es de carácter suspensivo, indicando así que no ha terminado lo que se está diciendo sino que la curva entonativa da a entender, al oyente, que hay más información. Dicho en otras palabras, la parte final de la curva entonativa no es descendente ni ascendente sino plana (suspensiva), de tal manera que capta la atención del alumnado que, frente a dicha entonación, adoptan una actitud de espera de la información que falta.

La entonación.

Los rasgos fónicos más característicos de la información sobre el discurso están constituidos por las pausas que se realizan entre las distintas partes de los enunciados y por la especial terminación de la curva entonativa.

Las recapitulaciones

3.1.3.

En el contexto de la clase magistral, se entiende por recapitulación aquella parte del discurso en la que se recogen, someramente, los principales conceptos que se han desarrollado durante la exposición, de tal forma que este resumen sirva como punto de referencia para el público oyente. La parte del discurso en la que suelen realizarse, generalmente, la mayor parte de las recapitulaciones, es el comienzo de la clase, en cuyo caso la información que contienen es la referida al contenido de la clase anterior, y tienen como función situar al estudiantado en un punto determinado de la explicación de tal modo que pueda, sin problemas, enlazar lo que se dijo el día anterior con los contenidos nuevos que van a desarrollarse en la clase del día.

Recapitulaciones al comienzo de la clase.

Veamos, a continuación, algunos ejemplos de recapitulaciones:

25) ... *recordaréis que el último día . estuvimos .desarrollando ... el tema correspondiente a la deuda pública ... estuvimos . elaborando un modelo . a partir del cual . conseguimos llegar a algunas conclusiones sobre . cuál es cuál es el nivel adecuado de deuda pública en un país ... (Maximino Carpio, Política Fiscal)*

26) ... *se prohíbe toda . medida . de efecto equivalente a una restricción cuantitativa . concepto que vimos ayer . y . que . aparece en el artículo TREINta del tratado*

CE ... veíamos además . que ese artículo 30 comporta . o esta libre circulación de mercancías regulada . en el artículo 30 y 36 . entre otros preceptos del tratado CE . veíamos que comporta . a su vez . el reconocimiento de la autonomía o libertad legislativa de los estados miembros ... (Javier Díez-Hochleitner, Derecho Comunitario)

27) *... bueno la primera cuestión . que tendríamos que tratar . sería . recordar un poco . en donde estábamos hace un mes . que es bastante largo verdad y recordáis que habíamos hablado . de distintos momentos del amurallamiento en el Imperio Romano . y sobre todo en la Península Ibérica . Y habíamos tratado un poco . ehh la importancia que habían tenido . los amurallamientos de época augustea ...* (Carmen Fernández Ochoa, Arqueología de Roma)

28) *... Ayer comenzamos a hablar de diglosia perdón de bilingüismo desde un punto de vista social ... habíamos tratado durante la semana anterior lo que tiene que ver con el bilingüismo individual . viendo los distintos tipos de bilingüismo . y ayer comenzamos a hablar de de bi/bilingüismo social o colectivo . y habíamos ehh explicado algunos tipos de bilingüismo social de comunidades bilingües ...* (Francisco Moreno Fernández, Sociología del Lenguaje)

Velocidad rápidad. Desde el punto de vista de los recursos fónicos, es un rasgo común de las recapitulaciones presentar una velocidad de elocución relativamente rápida puesto que se asume que el contenido informativo de las recapitulaciones resulta familiar al alumnado de manera que no es necesario utilizar los recursos que sirven para hacer hincapié en la importancia de contenidos nuevos.

Objetivo. Por otra parte, una recapitulación es, también, una enumeración y, por tanto, la entonación suspensiva y las pausas que, como hemos visto en el apartado anterior, tienen como función individualizar las unidades de una enumeración, son utilizadas también, en este caso, con el objetivo de marcar las fronteras entre las diversas unidades de contenido de las recapitulaciones.

3.1.4. Las opiniones o la información evaluada

Objetivo. En algunos casos, quien imparte una clase magistral introduce, expone sus propias opiniones sobre el tema que está desarrollando, sobre las opiniones que defienden otras personas o acerca de los estudios que, sobre el tema, han realizado otros investigadores. Desde el punto de vista de la estructura de la clase, las opiniones del profesor sirven para situar al alumnado en una perspectiva determinada de análisis de un problema que se considera que es la adecuada, pues no hay que olvidar que una de las funciones de la clase magistral es proporcionar a los estudiantes el punto de vista que el profesor considera mejor para comprender y ponderar aspectos diversos del conocimiento, trátese de la materia que se trate. Ya hemos mencionado más arriba que uno de los objetivos de la clase magistral es ofrecer un enfoque crítico de la disciplina y ello sólo puede lograrse si quienes enseñan transmiten opiniones a sus estudiantes.

Como es lógico, e igual que ocurría en los casos anteriores, el modo de hablar del profesor o de la profesora, durante los fragmentos de la clase en que emite opiniones, es particular y distinto de otros momentos de la clase que persiguen objetivos distintos. Veamos ahora, en el CD-ROM, cómo se lleva a cabo la oralización de una serie de fragmentos de las diversas clases en los que las personas que exponen evalúan información:

29) ... *lo hemos dejado para la / el apartado siguiente puesto que . la política fiscal en la Unión Europea es más propia de lo que en estos momentos . consideramos que es el contexto de una política fiscal m . instrumentada a un nivel supranacional puesto que ya no se trata de recomendaciones en muchos casos . sino de exigencias ... (Maximino Carpio, Política Fiscal)*

30) ... *decirles . que . estas distintas clasificaciones que vamos a llevar . ehh . a cabo . que vamos a realizar no son contraPUEStas entre sí . hm sino que un tipo hm . en función . de la perspectiva que tomemos . puede tener . varias . características . por lo tanto no son . clasificaciones EXCLUyentes . sino que en muchos casos . son . clasificaciones . de carácter . complementario ... (Maximino Carpio, Política Fiscal)*

31) ... *en los años 80 . nos encontramos . cada vez, más claramente . con una NECEsidad de armonización legislativa y sin embargo . con un cauce . una vía para esa armonización . que es INsuficiente . lo cierto es que el artículo 100 . ha producido a lo largo de los años un ... / una producción normativa . ha arrojado una producción normativa a través de directivas de armonización . basTANte ... basTANte modesto . un resultado . bastante modesto ... (Javier Díez-Hochleitner, Derecho Comunitario)*

32) ... *Y yo . aquí . simplemente APUNto que hay un ejército móvil o comitatense y hay un ejer / ejército . de frontera o limitaneo y sabéis que Arce ha estudiado esto . profundamente para España ... (Carmen Fernández Ochoa, Arqueología de Roma)*

33) ... *en primer lugar no es que sea una técnica muy difícil . muy compleja . pero bueno . tiene su cosa . no ehhh . la técnica es muy sencilla . se trata simplemente de . amasar barro ... amasar bArro . previamente seleccionado . y . someterlo a un proceso dE . cocción . o desecación . desecación o por fuego . o natural . al sol . y entonces sale . o el ladrillo o el adobe ... (Ángel Fuentes, Arqueología de Roma)*

34) ... *En Qué se diferencia entonces una situación comunicativa de un ámbito o un dominio ... la verdad es que es bastante complicado ... ehh distinguir*

perfectamente entre un concepto y otro porque como acabaréis de ver hay muchos elementos comunes ... (Francisco Moreno Fernández, Sociología del Lenguaje)

35) ... bien ahí hay me parece algo muy importante y es . llamar la atención . digo en esta primera dirección de pensamiento . eh . algo muy importante . y es llamar la atención sobre que efectivamente el derecho es algo que surge en un contexto social . que tiene unas consecuencias sociales ... (Yolanda Valdeolivas García, Derecho Laboral)

Características de las emisión de opiniones.

Desde el punto de vista estrictamente fónico, la emisión de opiniones se caracteriza porque, durante ella, se habla a una velocidad relativamente rápida y, sobre todo, porque el volumen de la voz está sometido a altibajos, no es regular. En algunos casos, como se habrá visto analizando los ejemplos proporcionados, el volumen de la voz es más alto cuando, de alguna manera, la profesora o profesor enuncia que dará su opinión (es el caso del ejemplo número 32 con el término APUNTO). Elevar el volumen sirve, en ese caso, para advertir al alumnado del tipo de contenido que se va a transmitir. En otros casos, en cambio, se disminuye el volumen cuando se emiten secuencias como "me parece" lo cual sirve también para captar la atención de quien escucha que, tal vez, no espera dicho descenso. Cuando se utiliza dicha estrategia lo que se emite, entonces, con un volumen de voz más elevado es la opinión misma de quien expone. Se trata, pues, de dos estrategias diferentes pero que tienen la misma finalidad: en ambos casos se provoca un cambio en las características fónicas del discurso que funciona como indicador de que hay que prestar atención a lo que se va a decir.

En pocas palabras:

1) Para transmitir información nueva: disminución de la velocidad a la que se habla, pronunciación de los sonidos muy cuidada, pausas breves entre las palabras.

2) Para transmitir información sobre el propio discurso: enumeración de lo que se va a decir marcada por pausas, entonación suspensiva que indica que se transmitirá más información.

3) Recapitulaciones: velocidad relativamente rápida puesto que la información ya es conocida, enumeración marcada por pausas, entonación suspensiva.

4) Opiniones o información evaluada: velocidad relativamente rápida, volumen de la voz sometido a altibajos para llamar la atención.

En este apartado se presenta la utilización que se hace de las pausas durante la clase magistral en función de los distintos objetivos de la comunicación en cada momento del discurso.

Características

El habla está constituida por una sucesión de "tiempos de actividad" y de "tiempos de reposo". Durante los primeros se produce la emisión de las secuencias sonoras y, a los segundos, les corresponden silencios. Dichos silencios, normalmente denominados pausas, comportan un cese completo de la actividad verbal y durante ellos no se emite ningún sonido. Sería, sin embargo, erróneo considerar que las pausas son equivalentes a la nada o, dicho en otras palabras, no porque aparezca un silencio dejan de producirse fenómenos significativos para el discurso: durante las pausas se produce, en realidad, una importante actividad respiratoria y, sobre todo, cognitiva que tiene como finalidad contribuir a la estructuración de dicho discurso, en nuestro caso la clase magistral. Se realizan pausas para respirar, para buscar las palabras adecuadas, para planificar adecuadamente el contenido del mensaje, para poner de relieve determinadas ideas, etc.

En el contexto del discurso académico, y específicamente de la clase magistral, aparecen dos tipos principales de pausas que cumplen diferentes funciones en la globalidad del discurso:

- Pausas no relevantes.
- Pausas relevantes para la transmisión de la información.

Pausas no relevantes

Pueden considerarse pausas no relevantes todas aquellas que no estén directamente relacionadas con el contenido del discurso, que se realizan con finalidades diversas pero ninguna de ellas tiene que ver con la comprensión, por parte del alumnado, de la información que se está transmitiendo. Con el fin de analizar dichas pausas no relevantes y su utilización por quien enseña durante la clase magistral, puede visualizarse, en el CD-ROM , la oralización de los ejemplos que se transcriben a continuación y que constituyen, a su vez, algunos de los materiales utilizados por el profesor J. Ortega en su análisis textual de la lección magistral. Consideremos el siguiente fragmento:

36) ... Bueno, vamos a ver, ehh, haciendo memoria del punto donde estábamos el día anterior, ehh, yo había pensado que deberíamos retomar un poco algunos aspectos que tratamos en este este tema, y centrarnos fundamentalmente en el mundo tardío ya, ¿no?, porque habíamos avanzado bastante; entonces, uhm, yo querría hoy hacer dos cosas; la primera parte de la clase dedicarla a un poco comentar las causas del amurallamiento tardío, y retraernos un poco al principio, ehh, y, ehh, analizarlas un poquito más, y también el tema de la tipología, con algunos ejemplos. Está/ recordáis que habíamos empezado a hablar de Barcelona o de León, en algunas cosas concretas tomando como base la documentación que vosotros tenéis fotocopiada ¿no?, ... (Carmen Fernández Ochoa, Arqueogía de Roma)

En él aparecen numerosas pausas que no tienen relevancia ninguna para la transmisión de la información: después de *vamos a ver*, después de *ehh*, después de *¿no?*, después de *entonces*, después de *Está*, etc... Se trata de pausas durante las cuales se pretende buscar la palabra adecuada o bien parece que durante ellas se intenta organizar el pensamiento de manera que lo que se diga a continuación sea coherente. En todos estos casos, no es necesario prestar especial atención a este recurso fónico puesto que, en ellos, su utilización no está al servicio directo de la transmisión de información. Igual ocurre en el siguiente ejemplo también utilizado por el profesor Jenaro Ortega:

37) ... Los primeros años ochenta, el déficit público de los Estados Unidos sufrió un crecimiento no sólo en cuanto a su magnitud, medida en términos de producto interior bruto, sino sobre todo en uno de los componentes, que es el componente estructural de ese déficit. Recordaréis que cuando hablamos en temas anteriores del déficit público, dijimos que tan importante como el nivel de déficit era el conocer la composición de ese déficit, y era muy distinta la/ eran muy distintas las consecuencias de un mismo déficit público en función de que procedieran de un componente estructural o de un componente coyuntural... Bueno, en los primeros años ochenta en Estados Unidos se constató claramente ese hecho, puesto que, aun cuando la economía estaba creciendo de forma importante, el déficit crecía ehh en el equivalente a tres puntos del PIB básicamente por el componente estructural, de tal forma que, junto con/ este elevado déficit público que necesitaba una financiación muy fuerte, junto con el escaso ahorro, escasa capacidad de ahorro que se observaba en Estados Unidos en esos/ en esa primera parte de la década de los ochenta, se tradujo en una subida de los tipos de interés reales durante todos los años ochenta... Es cierto que en un primer momento la subida de los tipos de interés, la primera parte de la década de los ochenta, en Estados Unidos se pudo justificar por las políticas monetarias restrictivas que se estaban practicando con el fin de contener los elevados def/ los el/ la elevada inflación, que se había heredado de la década anterior, pero a partir del año ochenta y tres, incluso ya en el año ochenta y dos, la política monetaria se relaja, se instrumenta una política monetaria acomodaticia, a pesar de lo cual los tipos de interés continuaron creciendo, debido a los continuos déficits públicos, y sobre todo al hecho de que esos déficits venían ocasionados por su componente estructural, es decir, aquel componente que no se ve eliminado ni

siquiera cuando la economía crece al máximo nivel, al máximo nivel potencial ...
(Maximino Carpio, Política Fiscal)

Objetivo.

Igual que en el caso anterior, se observa aquí la aparición de numerosas pausas irrelevantes: de búsqueda mental de términos adecuados, de "rectificación" (casos en los que el profesor o profesora parece que va a decir una palabra cuando, en realidad, va a decir otra y rectifica interrumpiendo la producción de la primera) o de titubeo (en los que inicia varias veces la producción de una misma palabra). Finalmente, aparecen también aquí algunas pausas durante las cuales la persona que expone parece ordenar su pensamiento. Se trata, en estos casos, de situaciones en las que se produce una importante actividad cognitiva en la mente del profesor o profesora pero durante la cual no hay emisión sonora.

En todas estas situaciones, las pausas que se realizan no son importantes para el público oyente: no tienen ningún significado especial que contribuya a la comprensión del conjunto del discurso. El estudiantado extranjero, por tanto, no necesita prestarles especial atención para seguir adecuadamente la clase magistral. Es importante también añadir que, para una persona extranjera, sea de la nacionalidad que sea, no es difícil identificar este tipo de pausas y saber prescindir de ellas pues constituyen un fenómeno generalizado en todas las lenguas y, sin ninguna duda, está acostumbrada a que las realicen también los profesores y profesoras de sus universidades de origen cuando las clases se dan en la lengua materna.

Pausas relevantes para la transmisión de la información

3.2.3.

Finalidades.

Ya se ha mencionado que existe una segunda clase de pausas que cumple una función fundamental en la transmisión de la información y, de manera indirecta, hemos comentado su funcionamiento en el apartado dedicado a la organización de la información durante la clase magistral. Si se centra ahora la atención sobre dichas pausas veremos que se utilizan con finalidades distintas:

a) Durante la explicación de ideas o conceptos cruciales, para recalcar la importancia de los mismos y para permitir la toma de notas o apuntes de lo que está diciendo el profesor. Fijémonos en algunos de los ejemplos, ya analizados con otros fines en el apartado 1.1., pero centrándonos ahora en el análisis de las pausas:

38) *... decimos que son . tipos . penales . comunes .hm . aquellos tipos . aquellos delitos . que pueden . ser. cometidos . por . cualquier . persona . es decir . cualquier . sujeto . hm . puede ser . autor del mismo . independientemente . de . ehh . de cualquier condición .. (Maite Álvarez, Derecho Penal)*

La pausa entre *comunes* y *aquellos* permite introducir la definición y advierte, además, implícitamente, al estudiantado de que debe anotar o, por lo menos, fijarse especialmente en lo que va a seguir. El resto de las pausas que el profesor va realizando a lo largo de la definición del concepto de *tipo penal* tienen, como es lógico, la misma finalidad.

En el ejemplo siguiente se pueden observar los mismos fenómenos:

39) (...) estos tipos especiales pueden ser de dos clases . lo que llamamos . tipos especiales propios . y los denominados . TIPOS . especiales . IMpropios ( ) se llama tipos especiales propios . a aquellas situaciones . a aquellos tipos . en los cuáles . el ordenamiento jurídico . en este tipo . especial . no ha previsto . la . CORRESpondiente . conducta . común ... (Maite Álvarez, Derecho Penal)

Aquí, las pausas que venimos analizando las encontramos entre *clases* y *lo*, y también entre *impropios* y *se*.

Si visualizamos la oralización de los ejemplos que se recogen a continuación encontraremos más casos de pausas de esta clase:

40) ... el tratado CE en los artículos que he señalado . consagra . la libertad ... de . establecimiento de los nacionales ... tanto personas físicas como personas jurídicas . de un estado miembro . en . el territoio en el conjunto del territorio comunitario ... (Javier Díez-Hochleitner, Derecho Comunitario)

41) ... lo que hace el tratado CE . es afirmar . el derecho . de todo particular . a prestar sus servicios. Comunitarios de forma temporal . esta es la diferencia con la del establecimiento . de forma temporal en el territorio . de otro estado miembro . A PARTIR . del estado miembro en el que se encuentra . establecido ... (Javier Díez-Hochleitner, Derecho Comunitario)

b) Las pausas, como también se ha visto anteriormente, son importantes en aquellas partes del discurso en las que la persona que enseña introduce información sobre la propia clase magistral. Es el caso de las enumeraciones de los conceptos que se van a tratar, durante las cuales las pausas actúan como elemento estructurador, de tal forma que adquieren una gran importancia para la comprensión del segmento de clase en el que se insertan. También ahora, para ilustrar esta cuestión, se recurrirá a ejemplos ya utilizados:

42) ... en la segunda parte de este / o en los tEmas siguientes de esta / de esta parte cuarta. desarrollaremos . las experiencias de la política fiscal en España eh . de las tres últimas décadas ... finalmente dejaremos una parte . ehhh . que podría corresponderse o un tema que podría desarrollarse tanto en esta parte de experiencias de política: fiscales . como en la parte siguiente ... (Maximino Carpio, Política Fiscal)

Recursos fónicos en la clase magistral

En este ejemplo son especialmente significativas las pausas que el profesor realiza entre *siguientes* y *parte*, entre *décadas* y *finalmente* y entre *parte* y que *podría*

43) ... *yo querría hacer dos cosas. Una primera parte de la clase . dedicarla . a un poco comentar. las causas del amurallamiento tardío . y retraernos un poco al principio . eh y ehh analizarlas un poquito más . y también el tema de la tipología . con algunos ejemplos ... (Carmen Fernández Ochoa, Arqueología de Roma)*

Igual que en el ejemplo anterior, es importante aquí, para el propósito que se está analizando, la pausa realizada por la profesora entre *principio* y *analizarlas*.

44) ... *vamos a seguir con nuestro ... con nuestro tema de arquitectura romana ... con nuestros eh . sistemas constructivos . con el "dilicia" . el día último habíamos hablado del "opus citatum" . si mal no recuerdo . del "incertum" también del "incertum". bueno . pues hoy empezamos con uno que es . particularmente enjundioso . vamos a empezar hoy a hablar . del ... "opus testaceum" ... del aparejo testáceo . de ladrillos... de adobes ... la construcción en tierra ... (Ángel Fuentes, Arqueología de Roma)*

Finalmente, en este tercer ejemplo, hay que subrayar las pausas realizadas ente *nuestro* y *con nuestro*, entre *nuestros* y *sistemas*, entre *enjundioso* y *vamos* y entre *del* y *opus testaceum*.

c) Observemos, en los ejemplos recogidos a continuación, y que han sido también utilizados en el apartado 1.3., que cuando se realizan recapitulaciones que, desde el punto de vista formal, constituyen un caso específico de enumeración, la persona que habla se vale de las pausas para separar los términos de la misma. Por tanto, se trata de un caso más en el que las pausas desempeñan una función importante para la comprensión de la clase magistral por parte del público estudiantil:

45) ... *recordaréis que el último día . estuvimos . desarrollando ... el tema correspondiente a la deuda pública ... estuvimos . elaborando un modelo . a partir del cual . conseguimos llegar a algunas conclusiones sobre . cuál es cuál es el nivel adecuado de deuda pública en un país ... (Maximino Carpio, Política Fiscal)*

46) ... *se prohíbe toda . medida . de efecto a una restricción cuantitativa . concepto que vimos ayer . aparece en el artículo TREINta del tratado CE ... veíamos además . que ese artículo 30 comporta . o esta libre circulación de mercancías regulada . en el artículo 30 y 36 . entre otros preceptos del tratado CE . veíamos que comporta . a su vez . el reconocimiento de la autonomía o libertad legislativa de los estados miembros... (Javier Díez-Hochleitner, Derecho Comunitario)*

47) ... *bueno la primera cuestión . que tendríamos que tratar sería . recordar un*

*poco . en donde estábamos hace un mes es bastante largo verdad y recordáis que ha-
bíamos hablado . de distintos momentos del amurallamiento en el Imperio Romano .
y sobre todo en la Península Ibérica . Y habíamos tratado un poco . ehh la importancia que habían tenido . los amurallamientos de época augustea ...* (Carmen Fernández
Ochoa, Arqueología de Roma)

*48) ... Ayer comenzamos a hablar de diglosia perdón de bilingüismo desde un
punto de vista social ... habíamos tratado durante la semana anterior lo que tiene que
ver con el bilingüismo individual . viendo los distintos tipos de bilingüismo . y ayer
comenzamos a hablar de de bi/bilingüismo social o colectivo . y habíamos ehh explicado algunos tipos de bilingüismo social de comunidades bilingües ...* (Francisco
Moreno Fernández, Sociología del Lenguaje)

Como conclusión, pues, creemos que los datos contenidos en los ejemplos
analizados permiten apuntar la idea de que, por lo que respecta a las pausas
relevantes para la organización del discurso, el estudiantado extranjero debe
tener presente que las funciones de dichas pausas se circunscriben, principalmente, a las tres que hemos mencionado y que es importante, para poder seguir la clase con el máximo aprovechamiento, ser capaz de detectar su aparición durante la clase magistral.

En pocas palabras:

Funciones de las pausas en la clase magistral:

1) Pausas no relevantes: no relacionadas con el contenido del dicurso, se
relacionan con finalidades diversas (por ejemplo, respirar) pero no están relacionadas con la comprensión.

2) Pausas relevantes para la transmisión de información: se realizan para
recalcar la importancia de los conceptos cruciales, para indicar que se entra
en un segmento distinto de la clase magistral y para realizar recapitulaciones.

EL VOLUMEN DE LA VOZ

En este apartado se presenta la forma en que se utiliza el volumen de la voz, durante la clase magistral, en función de los distintos objetivos de la comunicación en cada momento del discurso.

Características

El volumen de la voz es un recurso fónico, a disposición de los y las hablantes, que se utiliza constantemente pero que, en cambio, suele recibir muy poca atención en los manuales de Fonética y en la bibliografía tradicional sobre el tema. Desde el punto de vista de la caracterización de dicho recurso, es muy fácil proporcionar una definición del mismo: se puede decir que el volumen es el resultado de la fuerza con la que se producen los distintos enunciados. Que la intensidad sea mayor o menor y, por tanto, que quien enseña hable más fuerte o más flojo, depende de la energía empleada en la articulación de los sonidos. Cuanta más energía se utilice durante la producción de los enunciados, mayor intensidad poseerá el resultado obtenido, el volumen de la voz será más elevado y la pronunciación de los sonidos se ajustará a estas características. De ello se deduce que el volumen de la voz es un recurso fónico que no tiene entidad "per se", es decir, que sólo se perciben las diferencias de volumen durante la producción de los sonidos ya que la cantidad de energía empleada se refleja en las propiedades de los mismos. La situación es distinta en el caso de otros recursos: las pausas, por ejemplo, analizadas en el apartado anterior, contrastan con los sonidos pues cuando hay pausa hay silencio, la emisión de los sonidos y las pausas no se pueden producir a la vez. En cambio, con el volumen de la voz no ocurre así: sólo se puede apreciar dicho recurso fónico analizando su repercusión sobre los sonidos. Así, la utilización de este recurso fónico está estrechamente relacionada, como hemos visto que lo estaban las características de los sonidos, con el contenido informativo de la clase y, desde este punto de vista, es utilizado por la persona que expone: en este caso el profesor o la profesora.

La elevación del volumen de la voz posee, principalmente, dos efectos diferentes sobre los enunciados emitidos y, en la clase magistral, se utiliza uno u otro según el efecto que quiera provocar en el público. Dichos efectos, que se analizarán a continuación, son:

Objetivos.

- Conseguir una mayor precisión articulatoria.
- Marcar contrastes entre distintos tipos de información.

La precisión articulatoria

Se ha analizado ya, en el apartado referente a la transmisión de la información relevante que, en estos casos, el profesor o la profesora habla más despacio de lo habitual, articula con más precisión y, por tanto, eleva el volumen de su voz con respecto a otros fragmentos del discurso que no contienen información de este tipo. Recordemos, tan sólo, algunos ejemplos ya comentados en el mismo sentido, que pueden ayudar a percibir mejor este fenómeno:

49) ... *el "opus testaceum" . o aparejo testáceo . es el que se realiza con material yA nO . natural . ya no tal como se encuentra en la naturaleza . previamente trabajado . semielaborado . sino con material que necesita que requiere una elaboración . en este caso es la arquitectura de tiErra ... 257... (Ángel Fuentes, Arqueología de Roma)*

50) ... *Éste y el hormigón son la esencia . de la arquitectura romana . e/ es el modelo el sistema de construcción más difundido . en época imperial . y desde luego la mayor parte de los mAs importantes edificios romanos . sOn . de esta vAriante de construcción ... (Ángel Fuentes, Arqueología de Roma)*

51) ... *Una Posible Causa de creación de comunidades bilingües es . la expansión de . unos pueblos sobre otros territorios ... la expansión de unos pueblos determinados sobre territorios diferentes . ejemplos en la historia de Europa hay muchos ... (Francisco Moreno Fernández, Sociología del Lenguaje)*

52) ... *No Todos los casos de inmigración eh tienen las mismas características . hay inmigrantes que se asimilan enseguida ehh a la sociedad en la que se acaban de instalar . hay inmigrantes que pierden en el transcurso de una o dos generaciones su lengua . y hay grupos inmigrantes que mantienen durante bastantes generaciones su lengua y su cultura ... (Francisco Moreno Fernández, Sociología del Lenguaje)*

53) ... *habría una segunda dirección de pensamiento filosófico-jurídico . científico-jurídico . en este momento en que estamos analizando . que sería aquella que tienen que ver más . con lo que se ha llamado la escuela del derecho libre . la escuela del derecho libre . ehh . para la cual . el punto de inflexión del derecho . no es tanto la norma . la norma positiva la norma legal como la actuación del juez ... (Yolanda Valdeolivas García, Derecho Laboral)*

(54) ... *El deREcho . en la sociedad . tiene una presencia , me parece que es indudable . tiene una presencia . diaria . en cantidad . y en calidad . hm que no PUEde de ninguna manera . olvidarse . no puede de ninguna manera desconocerse ... (Yolanda Valdeolivas García, Derecho Laboral)*

En todos los ejemplos se observan los mismos fenómenos de habla lenta, de inversión de una importante cantidad de energía durante la producción de los enunciados y, como consecuencia, de aumento del volumen de la voz.

Otra forma de analizar este fenómeno consiste, por ejemplo, en tratar de representar visualmente, mediante los instrumentos de análisis que proporciona un Laboratorio de Fonética Experimental, las vocales emitidas durante la transmisión de una información relevante y efectuar una comparación con la representación visual de un conjunto de vocales emitidas durante la transmisión de una información menos relevante para la comprensión de la clase magistral. Así se ha hecho tomando como base la clase del profesor Maximino Carpio. Sin entrar en las precisiones tecnológicas que, en ocasiones, exige la explicación de un experimento sobre el sonido, se presenta, a continuación, la representación de 150 vocales pronunciadas por el profesor Carpio y que corresponden a situaciones en las que explica conceptos nuevos y fundamentales para la comprensión de la materia:

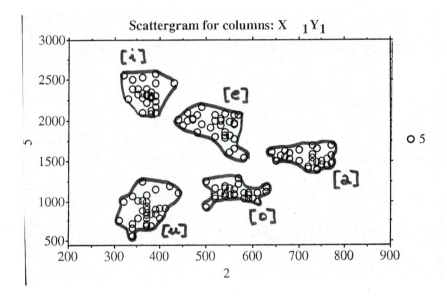

En el gráfico pueden identificarse perfectamente cinco zonas, correspondientes a cada una de las vocales, en las que se concentran las realizaciones de [i e a o u]. Cada una de estas zonas está separada por una distancia relativamente importante la cual constituye un indicio de que las vocales se diferencian perfectamente las unas de las otras.

El gráfico siguiente permite visualizar la representación de 150 vocales realizadas por el profesor Maximino Carpio en fragmentos del discurso que no contienen información relevante:

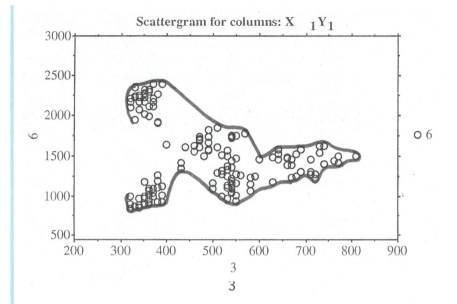

Como puede observarse fácilmente, en este caso no es posible separar adecuadamente los grupos de vocales. Ello debe interpretarse en el sentido de que, cuando no se transmite información relevante, y ya lo hemos mencionado anteriormente, el volumen de la voz es más bajo y la pronunciación de los sonidos es mucho más relajada con lo cual las diferencias entre ellos no son tan claras como en el caso en que se emiten con una articulación más precisa.

Se han visto, pues, dos maneras distintas de presentar el mismo fenómeno: el análisis estrictamente auditivo que ha consistido en visualizar, en el CD-ROM, la oralización de una serie de ejemplos y el análisis que permite realizar la tecnología existente en un laboratorio de fonética. Los resultados de ambos análisis son coincidentes pues ponen de manifiesto los mismos efectos que producen los cambios de volumen de voz sobre las realizaciones de los sonidos.

3.3.3. Los contrastes entre distintos tipos de información

Tipos de contrastes.

Los ejemplos siguientes constituyen, todos ellos, fragmentos de clases magistrales en los que la profesora o profesor emite sus propias opiniones sobre determinados aspectos de la materia que explica y han sido ya utilizados en el apartado referente a la organización de la información en la clase magistral. Visualicémoslos, en el CD-ROM, centrando ahora nuestra atención en los cambios que se perciben en el volumen de la voz de la profesora o profesor.

55) ... lo hemos dejado para la / el apartado siguiente puesto que . la política fiscal en la Unión Europea es más propia de lo que en estos momentos . consideramos que es el contexto de una política fiscal m . instrumentada a un nivel supranacional puesto que ya no se trata de recomendaciones en muchos casos . sino de exigencias ... (Maximino Carpio, Política Fiscal)

56) ... decirles . que . estas distintas clasificaciones que vamor a llevar . ehh . a cabo . que vamos a realizar no son contraPUEStas entre sí . hm sino que un tipo hm . en función . de la perspectiva que tomemos . puede tener . varias . características . por lo tanto no son . clasificaciones EXCLUyentes . sino que en muchos casos . son . clasificaciones . de carácter . complementario ... (Maite Álvarez, Derecho Penal)

57) ... en los años 80 . nos encontramos . cada vez , más claramente . con una NECEsidad de armonización legislativa y sin embargo . con un cauce . una vía para esa armonización . que es INsuficiente . lo cierto es que el artículo 100 . ha producido a lo largo de los años un ... / una producción normativa . ha arrojado una producción normativa a través de directivas de armonización . basTANte ... basTANte modesto . un resultado . bastante modesto ... (Javier Díez-Hochleitner, Derecho Comunitario)

58) ... Y yo . aquí . simplemente APUNto que hay un ejército móvil o comitatense y hay un ejer / ejército . de frontera o limitaneo y sabéis que Arce ha estudiado esto . profundamente para España ... (Ángel Fuentes, Arqueología de Roma)

Del análisis de estos fragmentos se desprende que, en algunos de ellos, el volumen de la voz es más alto cuando la persona que enseña utiliza alguna estrategia mediante la que enuncia que va a dar su opinión (es el caso del ejemplo número 32 con el término APUNTO). Elevar el volumen sirve, en ese caso, para advertir al alumnado del tipo de contenido que se va a transmitir. En otros casos, en cambio, quien expone disminuye el volumen cuando emite secuencias como *me parece* lo cual sirve también para captar la atención del público que, tal vez, no espera dicho descenso. Cuando se utiliza esta estrategia lo que se emite, entonces, con un volumen de voz más elevado, es la opinión misma de quien enseña. Se trata, pues, de dos estrategias diferentes pero que tienen la misma finalidad: en ambos casos se provoca un cambio en las características fónicas del discurso que funciona como indicador de que hay que prestar atención a lo que el profesor o la profesora van a decir. Quedan, pues, claramente de manifiesto con estos ejemplos, los efectos que el volumen de voz es capaz de provocar en los oyentes con la finalidad de hacerles conscientes de que se va a producir o se está produciendo un cambio en el tipo de información que el profesor o profesora transmite durante la clase magistral.

En pocas palabras:

1) El volumen de la voz aumenta o disminuye, durante la clase magistral, cuando se emiten opiniones. En todo caso, la emisión de una opinión va acompañada de un cambio en el volumen de la voz con respecto al volumen al que se estaba hablando.

2) Los cambios de volumen indican siempre un cambio en el tipo de información que se va a transmitir.

3.4. LA ENTONACIÓN

En este apartado se presenta la utilización que se hace de la entonación durante la clase magistral en función de los distintos objetivos de la comunicación en cada momento del discurso.

3.4.1. Características

La entonación puede definirse como la línea melódica del enunciado. Cualquier enunciado que una o un hablante emita posee, siempre, una curva melódica determinada y no se puede dar el caso de que una frase no presente, durante su producción, una serie de ascensos y descensos en su melodía. La entonación es, por tanto, un universal del lenguaje ya que es un fenómeno que se da en todas las lenguas, pero su manifestación es distinta en cada una de ellas: las curvas melódicas correspondientes a enunciados imperativos son diferentes según las lenguas, igual ocurre con la formulación de preguntas o con las oraciones causales o con las consecutivas. De hecho, muchas veces se producen problemas de incomprensión cuando se habla con una persona extranjera, o cuando se habla una lengua extranjera, debidos a la realización inadecuada de la curva entonativa.

Importancia del final.

Así pues, es necesario prestar especial atención a este recurso fónico debido a su importancia en el habla. La parte más importante de la curva melódica, por lo que respecta a la cantidad de información que contiene, es siempre, el final. Es la parte de la curva que está sujeta a mayor cantidad de variaciones y en la que se concentra, por tanto, más información, pues a cada variación le corresponde la expresión de una u otra información: no es lo mismo que el final sea descendente, ascendente o plano (suspensivo). En el primer caso, el descenso indica que ahí acaba una unidad informativa, en el segundo caso el ascenso suele marcar que se trata de una pregunta y, en el tercer caso, la suspensión implica que se interrumpe el flujo de información por unos momentos pero que la transmisión de información relacionada con lo anterior va a continuar inmediatamente.

Curvas descendentes.

En el caso de la clase magistral, hemos visto ya en la primera parte de esta guía, la utilización que hace el profesorado de la entonación suspensiva en el caso de las enumeraciones. Hay que señalar también que, dado el tipo de información que contiene la clase magistral, la mayoría de los enunciados que la constituyen presenta una curva entonativa con final descendente. Dicho tipo de entonación es el habitual en frases de contenido informativo a las cuales les corresponde un patrón melódico de carácter afirmativo o aseverativo, es decir, un patrón que comienza con un ligero ascenso durante el que se enuncia aquello de lo que se habla y que termina con un descenso durante el que se dice algo de aquello de lo que se habla.

Enunciados interrogativos.

Ahora bien, en las clases magistrales se utilizan también, con una cierta frecuencia, enunciados interrogativos que cumplen distintas finalidades en el seno de ellas. Analizaremos, a continuación, desde el punto de vista fónico, el uso de los enunciados interrogativos por parte de quienes enseñan. Las preguntas que se suelen efectuar durante la clase magistral pueden dividirse en dos grandes categorías:

- Preguntas que exigen reacción por parte del alumnado.
- Preguntas retóricas.

Las preguntas que exigen reacción

3.4.2.

Clasificación.

Las preguntas que se formulan durante la clase magistral y que exigen reacción por parte del estudiantado pueden clasificarse en dos grupos en función del contenido de las mismas y del perfil entonativo que presentan. Dichas categorías son las siguientes:

a) Preguntas de confirmación: Se trata de preguntas que se formulan para obtener, del alumnado, su conformidad con lo que les está proponiendo o con la hipótesis que ha formulado. Veamos, por escrito y en el CD-ROM, algunos ejemplos:

59) ... la mayoría de ustedes puede venir a las cinco, no? (...) y luego ya. habla con sus compañeros. si es que pueden llegar tarde . les parece bien? ... (Ángel Fuentes, Arqueología de Roma)

60) ... la clase que pretendo dar es una clase lo más parecida posible a las clases que damos habitualmente, de acuerdo?... (Francisco Moreno Fernández, Sociología del Lenguaje)

61) ... el objeto directo de un verbo va a acarrear una terminación determinada al acusativo por ejemplo, verdad? ... (Soledad Varela, Morfología del Español)

62) ... sabemos que hay otra manera también de formar palabras en español por ejemplo uniendo palabras simples y formando palabras compuestas, verdad? ... (Soledad Varela, Morfología del Español)

63) ... todos esos verbos pensamos por ejemplo de género general pues podemos hacer también generalizar, verdad? ... (Soledad Varela, Morfología del Español)

La estructura entonativa es la misma en todos estos ejemplos: la primera parte de la frase es enunciativa, el profesor o la profesora afirman alguna cosa y, a continuación, formulan una breve pregunta, con entonación ascendente, cuya finalidad es obtener, del alumnado, la confirmación de lo dicho anteriormente. La respuesta recibida, y esperada por quien enseña, suele ser un cabeceo afirmativo de sus estudiantes o un tímido "sí" emitido en grupo. Si se produjera una reacción distinta a ésta, la pregunta no habría funcionado como se esperaba y se vería alterado el ritmo deseado de la clase.

b) Preguntas de elicitación: Se trata de casos en los que se tiene como objetivo que los y las estudiantes participen activamente en la clase, opinen sobre algo o contesten, realmente, a la pregunta que se formula. Veamos algunos ejemplos:

64) ... ¿Qué estudia la morfología? ¿Quién me lo puede decir? ... (Soledad Varela, Morfología del Español)

65) ...¿ yo puedo sobre esto formar un verbo sobre formal qué tipo de verbo podría formar? ... (Soledad Varela, Morfología del Español)

66) ... ¿después de formalizar qué nombre podríamos crear? ... (Soledad Varela, Morfología del Español)

67) ... Hay más causas históricas que llevan a la creación de comunidades bilingües ... ¿Qué causa se os ocurre? ... (Francisco Moreno Fernández, Sociología del Lenguaje)

68) ... no hay que dar nada por conocido . ¿cómo se hace un ladrillo? lo saben?... (Ángel Fuentes, Arqueología de Roma)

Recursos fónicos en la clase magistral

Como se desprende de estos ejemplos, todas estas preguntas tienen en común el hecho de que, en ellas, el profesor o la profesora esperan una respuesta clara por parte de la clase. No basta, en este caso, con un mero asentimiento sino que la contestación debe ser explícita y no debe contener ambigüedades. En cuanto al perfil de la curva entonativa correspondiente a este tipo de preguntas, es sustancialmente diferente del que presentaban las preguntas de confirmación analizadas en el apartado anterior. En el presente caso, la entonación interrogativa afecta al conjunto del enunciado envolviendo todas las palabras que lo constituyen. La estructura entonativa interrogativa comienza en el pronombre interrogativo y acaba con un perfil claramente ascendente que abarca buena parte del enunciado.

Así pues, con respecto a las preguntas formuladas durante la clase magistral que exigen una reacción por parte del alumnado, podemos afirmar que, según la finalidad que se persigue (obtener tan sólo una confirmación o bien obtener una respuesta clara), existen dos clases de preguntas y, por tanto, dos tipos de curva entonativa bien deferenciados a los cuales debe estar atento el público para identificar adecuadamente el tipo de información que está recibiendo.

Las preguntas retóricas

Finalmente, con respecto a las preguntas realizadas durante la clase magistral, hay que señalar que se utiliza una buena cantidad de preguntas retóricas, es decir, que no esperan ningún tipo de respuesta por parte del alumnado y cuya finalidad es hacer que el discurso avance marcando el paso de una idea a otra. Veamos, como en casos anteriores, en el CD-ROM, y en el texto, algunos ejemplos de ellas:

69) ... *¿quién puede cometer esta conducta? . única y exclusivamente el funcionario público ... (Maite Álvarez, Derecho Penal)*

70) ... *yo disparo contra alguien y le causo . heridas MUY graves . ¿es un tipo de homicidio? sí pero Incompleto ... (Maite Álvarez, Derecho Penal)*

71) ... *¿Cómo va a haber libre circulación de productos agrícolas . si cada uno de nuestros estados . mantiene políticas de intervenciones . en el sector . agrícolas distintos? Si en un estado miembro se. priman determinados cultivos . se subvencionan otros ... (Javier Díez-Hochleitner, Derecho Comunitario)*

72) ... *¿cuáles son los cambios que se producen? En primer lugar hay . una clarísima reducción de tropas ... (Carmen Fernández Ochoa, Arqueología de Roma)*

73) ... los besales . son los de arriba . los más pequeñitos. que son . un ladrillo . partido por la mitad. que incluso a su vez . se puede subdividir . ¿para qué? ¡qué tontería! ¿para qué? Pues para muchas cosas . por ejemplo para hacer columnitas ... (Ángel Fuentes, Arqueología de Roma)

74) ... Por qué en el caso del suizo alemán se habla de dos variedades suficientemente diferenciadas y con distinta función social? porque teóricamente el territorio de Suiza estuvo durante mucho tiempo aislado ... (Francisco Moreno Fernández, Sociología del Lenguaje)

75) ... por parte de los ciudadanos entonces . ¿qué es derecho? . ¿sólo lo que hace el juez? como dicen los judicialistas . ¡no! de ninguna manera ... (Yolanda Valdeolivas, Derecho Laboral)

76) ... una de esas formas ¿cuál es? la que utilizamos por ejemplo para la conjugación de los verbos ... (Soledad Varela, Morfología del Español)

Características. Como ya se indicara anteriormente, todos los ejemplos aducidos tienen en común el hecho de que el profesor o la profesora formula la pregunta y a continuación da la respuesta, no espera nada del auditorio. Desde el punto de vista fónico, lo más destacable es que, en estos casos, lo que importa es el contraste que se establece entre la terminación ascendente de la pregunta y el inicio inmediato de una curva entonativa descendente que se corresponde con la respuesta. En general, después de una pregunta se suele realizar una pequeña pausa para dar pie a que el público conteste. No es el caso de las preguntas retóricas después de las cuales aparece, inmediatamente y sin pausa, el inicio de la curva entonativa que corresponde a la respuesta. Esta es, pues, la pista que debe buscar el público extranjero para poder identificar las preguntas retóricas en el discurso de quien enseña.

En pocas palabras:

1) Las preguntas que exigen reacción por parte del alumnado pueden ser de confirmación o de elicitación y a cada una de ellas le corresponde una curva entonativa diferente.

2) En la clase magistral se utilizan también muchas preguntas retóricas, que no esperan respuesta, y que poseen también su propio perfil entonativo.

4. LOS COMPONENTES NO VERBALES DEL DISCURSO ACADÉMICO

**Esther Forgas Berdet y
María Herrera Rodrigo**
Universitat Rovira i Virgili

A. LA COMUNICACIÓN NO VERBAL

INTRODUCCIÓN
4.A.1.

En este apartado introductorio hablaremos del componente no verbal en la comunicación. En una interacción normal, cara a cara, la persona que habla y la o las que escuchan establecen una comunicación que va más allá de lo puramente lingüístico. Con el cuerpo, los gestos, las expresiones de la cara y la mirada se reitera, sustituye, complementa, regula, enfatiza o, incluso, contradice lo que se está expresando mediante el discurso oral, por lo que resulta imprescindible conocer e identificar estos mecanismos si queremos obtener una completa comunicación interpersonal.

> *"Paróse Sancho Panza a rascar la cabeza,
> para traer a la memoria la carta, y ya se ponía sobre un pie,
> y ya sobre otro; unas veces miraba al suelo, otras al cielo, y al cabo
> de haberse roído la mitad de la yema de un dedo (...) dijo..."*
> (Miguel de Cervantes, Don Quijote de la Mancha, I, XXVI)

¿Qué es lo no verbal?

En este fragmento, el escritor español Miguel de Cervantes describió una serie de posturas, gestos, miradas y actitudes de Sancho, a través de las cuales el escudero comunicaba un mensaje al público interlocutor, en la misma medida, o incluso mejor de lo que podría haberlo hecho por medio de un mensaje verbal. Todo lo que una persona transmite a través de la mirada, de la expresión de su rostro, de la postura que adopta, de los gestos y movimientos del cuerpo, de su ritmo, de la distancia que mantiene con sus interlocutores e interlocutoras, incluso, de su apariencia física y manera de vestir, conforma su manera de relacionarse con las demás personas por medio de la *Comunicación No Verbal*. Se trata de un conjunto de hábitos comportamentales en ocasiones personales, pero la mayoría de las veces aprendidos socialmente dentro de una determinada cultura. Por ello, a la hora de comunicarnos, es tan importante o más conocer adecuadamente los códigos no verbales de una determinada sociedad que saber perfectamente su lengua. En el estudio acerca del discurso académico español, además de conocer *qué* dicen o *qué* estrategias discursivas suelen emplear los profesores y las profesoras y las alumnas y los alumnos españoles en el aula y *cuáles* son sus estrategias paraverbales (entonación, pausas, etc.) se necesitará saber también algo acerca de la manera *cómo* lo dicen y acerca de *lo que hacen* mientras hablan, si se quiere obtener una perfecta y adecuada interacción comunicativa en la sociedad española.

4.A.1.1. Relaciones entre la comunicación verbal y la no verbal

En una comunicación plena intervienen al mismo tiempo los tres canales comunicativos: el verbal, el paralingüístico y el kinésico. Entre ellos se establecen, como no podía ser de otra manera, relaciones de contigüidad, de alternancia o de superposición. Entre los contenidos semánticos de los tres tipos comunicativos se pueden dar una serie de relaciones que van desde la mera repetición de mensajes hasta la clara oposición entre los significados descodificables por medio de cada uno de ellos. Veamos más detenidamente este juego de posibilidades:

Sustitución.

i) Las relaciones de *Sustitución* se establecen cuando se emplea un signo no verbal (un gesto, un movimiento, una expresión facial) en lugar del mensaje verbal, bien porque éste es innecesario, bien porque la *distancia interpersonal* o el desconocimiento mutuo del código impide el establecimiento del contacto verbal. Se trata, generalmente, de gestos ritualizados por cada cultura y descodificables dentro de ella, los llamados *Emblemas*, movimientos corporales o expresiones faciales que tienen una interpretación más o menos internacionalmente admitida y que son susceptibles de ser transcritas verbalmente ("hacer auto-stop", "tener cara de pocos amigos", "poner cara de no haber roto nunca ningún plato").

Repetición.

ii) Las relaciones de *Repetición* se dan cuando el mensaje verbal y no verbal coinciden en el tiempo y poseen una misma descodificación ("Estoy sorprendida" acompañado de gesto de sorpresa, "Gire a la derecha", acompañado de un movimiento de la mano). A pesar de su nombre, en realidad nunca ambos mensajes son redundantes en el aspecto comunicativo, puesto que la ausencia de uno de ellos no puede ser interpretada exactamente igual a su presencia.

Oposición verbal/no verbal.

iii) Las relaciones de *Contradicción* están ligadas al concepto de mentira verbal, y aparecen cuando el contenido léxico del mensaje se opone de alguna manera al mensaje expresado por medio no verbal, y viceversa. Efectos de *contradicción* pueden ser la sonrisa de compromiso al negar una petición, el nerviosismo de las manos ante una respuesta aparentemente serena, o incluso el sonrojo de culpabilidad al negar verbalmente la culpa.

iv) Las relaciones de *Acentuación* se establecen cuando se enfatiza por medio del gesto o de la expresión el contenido de un mensaje emitido verbalmente. Generalmente el mensaje verbal viene acompañado de marcas paralingüísticas (tono, duración silábica, etc.), ya que son recursos comunicativos empleados comúnmente que sirven para dotar de afectividad al mensaje y enfatizar su contenido ("Tengo tanto y tanto trabajo", acompañado con entonación adecuada, hombros alzados y movimientos verticales de cabeza).

Énfasis no verbal.

v) Las relaciones de *Complementariedad* son las que usamos para reafirmar o acabar de completar el mensaje, precisando una información o parte de ella. Un ejemplo claro de ello son los *deícticos*, que añaden información contextual que aclara el mensaje verbal ("Súbete allí" o "Déme ésta", señalando con la mano o con el dedo índice los objetos), y ciertas expresiones o actitudes no verbales que suman información al mensaje léxico, como la expresividad de una disculpa o la sonrisa franca en un saludo cortés.

Complementación.

vi) Las relaciones de *Regulación* son las que se establecen entre el mensaje verbal y los movimientos y gestos de la persona que habla cuando sirven para que éste o ésta organice el flujo de su conversación, regule sus turnos y su *cronología interaccional*. Son las *batutas*, los movimientos más o menos insconscientes que responden al *ritmo interaccional*, y los *adaptadores* conversacionales.

Regulación.

En pocas palabras:

Para comunicarnos adecuadamente y establecer una relación fluida con quienes nos escuchan debemos no solamente conocer la lengua con la que nos expresamos, sino reconocer los mecanismos no verbales de los que se valen en su comunicación diaria, ya que éstos intervienen, casi en la misma medida que lo oral, en los intercambios comunicativos.

LOS COMPONENTES NO VERBALES EN LA COMUNICACIÓN

4.A.2.

En los epígrafes que siguen desglosaremos las distintas posibilidades comunicativas de nuestro cuerpo (posturas, gestos, expresiones, miradas) y de la relación que éste establece con el entorno, así como la repercusión de nuestra apariencia física y de nuestro comportamiento en relación al tiempo y al espacio en la comunicación interpersonal.

En la codificación y descodificación de la conducta no verbal de una persona intervienen varios sentidos, especialmente la vista, puesto que la mayoría de los códigos son gestuales, el oído, ya que podemos percibir audiblemente los chasquidos de los dedos, los aplausos, etc. y el tacto, mediante el cual percibimos los besos, palmadas, caricias, bofetones, abrazos o apretones de mano.

La principal fuente de expresividad no verbal es nuestro propio cuerpo, tanto en posición estática *(Las posturas)*, como en movimiento, especialmente de manos, brazos, hombros y cabeza *(La comunicación gestual)*, así como la expresividad del rostro *(Las expresiones del rostro)*, y lo que se dice a través de los ojos *(El lenguaje de la mirada)*. Sin embargo, otros factores intervienen en el acto comunicativo, bien enmarcándolo *(Los factores del entorno)*, ofreciendo pautas cronológicas *(El ritmo y el tiempo de la acción)*, generando presuposiciones acerca de las personas con las que nos relacionamos *(La apariencia física)* o fijando el grado de proximidad y lejanía entre quienes interactuan *(La distancia interpersonal)*.

····▶ 4.A.2.6.
····▶ 4.A.2.3.
····▶ 4.A.2.4.
····▶ 4.A.2.5.
····▶ 4.A.2.1.
····▶ 4.A.2.7.
····▶ 4.A.2.2.
····▶ 4.A.2.8.

4.A.2.1.

La situación comunicativa.

Los factores del entorno

Las características del entorno en el que se realiza la interacción verbal modifican y condicionan la propia comunicación y la favorecen o la entorpecen de manera más o menos evidente. El tipo de espacio comunicativo: campo abierto, calle urbana, habitación cerrada, tren, ascensor o centro comercial, condiciona previamente a cada interactuante, de manera que no es lo mismo compartir un pequeño ascensor con varias personas en el corto trayecto entre pisos que encontrarse a alguien en medio de un paraje semidesierto durante una excursión campestre o convivir toda una noche con varias personas en una estrecha cabina de literas de un tren.

El mobiliario y la disposición arquitectónica: puertas, paredes, asientos, mesas o luces, condicionan, así mismo, la intercomunicación. Por ejemplo, en España, las cafeterías suelen tener pequeñas mesas aptas para dos o cuatro personas que son ocupadas siempre por gente que va junta, de manera que si llega una persona a una cafetería en la que en todas las mesas haya alguien, éstas no se podrán ocupar aunque queden asientos libres. Obviamente con esta disposición del mobiliario, unida a la costumbre social descrita, se dificulta mucho más el establecimiento de relaciones interpersonales entre gente desconocida que en las típicas tabernas de bancos corridos de las populares cervecerías de algunas regiones de Austria y Alemania.

La apariencia física

4.A.2.2.

Nuestro aspecto.

Por mucha convicción que se tenga de que la auténtica belleza es la del alma, lo cierto es que lo primero que conocemos de las demás personas es su aspecto externo, que suele darnos una idea –acertada o no– del tipo de persona que tenemos delante. Numerosos estudios sobre los mecanismos de la persuasión demuestran la relevancia que tiene una apariencia física agradable en la credibilidad personal (una confusión de valores estéticos y morales que caracteriza particularmente esta sociedad a veces superficial que nos ha tocado vivir). El caso es que presentar un aspecto agradable nos granjea simpatías y nos ayuda a obtener el éxito personal y profesional que anhelamos, de manera que hacemos lo posible por conseguirlo y mantenerlo.

Cultura y aspecto físico.

El aspecto externo de las personas viene condicionado también por su pertenencia a una u otra cultura. Todo el mundo tiene la experiencia de reconocer a las y los turistas en cada país. En España, concretamente, el arquetipo de persona extranjera es el de alguien que va más ligera de ropa de lo habitual (los turistas y las turistas típicas suelen llevar camiseta sin mangas y pantalón corto en la época en la que en España todavía conservamos el chaquetón), usa sandalias con calcetines (algo que aquí no se acostumbra), y viste, generalmente, con combinaciones de colores más vistosos y llamativos que los nuestros. Aunque en la actualidad se han disipado mucho las diferencias en cuanto al aspecto externo, la pertenencia a una etnia, a una raza, o a una cultura muy distinta sigue apreciándose por el vestido y la apariencia física de una persona (el turbante de los hombres de la etnia sij o el 'chador' de las musulmanas).

En conclusión, cultivamos nuestra imagen, consciente o inconscientemente; nos vestimos y arreglamos de acuerdo con determinados patrones culturales que impone la moda y que adaptamos a nuestra personalidad, de manera que llegamos incluso a 'no reconocernos' con ropas y accesorios muy distintos de los que usamos habitualmente.

La comunicación gestual

4.A.2.3.

Dentro de la comunicación no verbal, los gestos realizados con cabeza y manos, las expresiones del rostro y la expresividad de la mirada son factores decisivos para la interrelación. Analizaremos a continuación la tipología gestual asemántica (reactivos, marcadiscursos y batutas) y la de base semántica (emblemas e ilustradores), que reúne los gestos susceptibles de traducción verbal y que mantienen una relación de contenido con el correspondiente discurso oral.

La mayoría de los gestos se realizan principalmente con las manos –especialmente en las culturas latinas– o bien con movimientos de cabeza y hombros. Los hay que llevan una carga semántica, son significativos y, por tanto, a la vez comunicativos e informativos, frente al otro grupo de gestos que no tienen que ver con el contenido del mensaje, sino que reflejan el estado de ánimo y la idiosincrasia de la persona que habla, sin mantener ninguna relación semántica con el mensaje al que acompañan.

4.A.2.3.1.	**Gestos asemánticos**

Algunos gestos no permiten una descodificación relacionada con su contenido, son independientes del mensaje, y, por lo tanto, asemánticos:

4.A.2.3.1.1. Batutas

Dirigimos nuestra sinfonía.

Si eliminamos la voz en la filmación de una intervención oral nos daremos cuenta de que la o el hablante ejecuta una serie de movimientos con los brazos semejantes a los de un director de orquesta. Son las llamadas batutas, movimientos de los brazos, de manos, o incluso del dedo índice, que acompañan y confieren el ritmo al flujo del discurso oral. Son hábitos semiinsconscientes pero aprendidos, ya que acostumbramos a copiarlos de nuestra madre o nuestro padre, y su empleo y forma responde a características personales (personas más o menos nerviosas, gesticulantes, etc.), aunque tienen un gran componente cultural (la gente anglosajona, oriental o latina posee culturalmente unas batutas muy diferenciadas). Esto nos lleva a preguntarnos si van indisolublemente unidos a una lengua, o, lo que es lo mismo, a una cultura, si pueden ser imitados por la persona que aprende una lengua que no le es propia, y si, por lo tanto, son habilidades que pueden ser sometidas a aprendizaje.

Pueden ser unilaterales (movimiento rítmico de un solo brazo), paralelas (los dos brazos a la vez, al estilo italiano), o alternantes (un brazo o una mano alterna con la otra). Puesto que no son semánticas, no están relacionadas con el mensaje oral y no aportan información nueva, pero sí participan de la comunicación, puesto que otorgan espontaneidad y frescura al habla (sin ellas pareceríamos los 'bustos parlantes' de los noticiarios televisivos).

4.A.2.3.1.2. Adaptadores

Descargamos la tensión.

Se llaman así porque se supone que se desarrollan en la niñez como esfuerzos de adaptación a la tensión que se genera al dominar las emociones, cumplir las acciones, vencer la timidez y desarrollar contactos sociales. Son, pues, hábitos aprendidos en las primeras experiencias de socialización, para poder manejar y

Los componentes no verbales del discurso académico

dominar el mundo de las sensaciones. Su finalidad no es comunicativa, interpersonal, sino que aparecieron ligados a las condiciones personales existentes cuando el hábito adaptativo se aprendió por primera vez. Son comunicativos, por cuanto nos dan una información adicional, no voluntaria, sobre el estado emocional de la persona que emite o recibe un mensaje, así como sobre su personalidad. En realidad, percibimos perfectamente los *adaptadores* de quien habla –aunque las reglas de cortesía nos impidan demostrarlo– pero no los tenemos en cuenta para la descodificación del mensaje, aunque sí, en cambio, para la descodificación de su contenido pragmático, ya que aclaran su intencionalidad o generan presuposiciones. Los *adaptadores*, dependiendo de su objeto, pueden ser:

i) Autoadaptadores, llamados también 'autodirigidos' o 'adaptadores del yo', que se dan cuando el hablante o la hablante, según el caso, manipula su propio cuerpo: rascarse la cabeza, frotarse las manos, mesarse los cabellos o la barba, acariciarse el bigote, tocarse el lóbulo de la oreja o morderse los labios, etc. Aumentan en relación a la tensión o a la angustia de quien habla, y la psicología de la conducta no verbal intenta conectar determinados adaptadores –que pueden llegar hasta la autoagresión, como morderse las uñas o chasquear las articulaciones de los dedos– con determinados estados emocionales o anímicos.

ii) Heteroadaptadores, que son adaptadores interpersonales, dirigidos a la otra persona, y se aprenden junto a las primeras experiencias de socialización, ya que están relacionados con ella o él –dependen de su *'burbuja personal'*– y con la cultura. El hábito cultural táctil (culturas que se tocan y culturas que no se tocan) influye notablemente en el uso de los hetero o alteroadaptadores, así como la especial situación comunicativa de la que se trate, ya que un o una interactuante jerárquicamente superior (un médico, por ejemplo) puede usar heteroadaptadores con su inferior (una paciente) en una situación concreta (una visita médica), pero no al contrario.

iii) Adaptadores objetuales son los que implican la manipulación de objetos para la regulación de las tensiones del flujo conversacional. Su uso puede estar relacionado con el cumplimiento de alguna tarea instrumental (el profesor juega con la tiza, la médica con el estetoscopio) y es el tipo de adaptador más consciente, por cuanto supone la manipulación de un objeto.

4.A.2.3.1.3. Marcadiscursos

La sucesión de palabras y frases de una intervención oral, los signos de puntuación (acentos, comas y puntos) y la organización del texto oral (inicio, clausura y cierre) se manifiestan no verbalmente por medio movimientos más o menos conscientes realizados en especial con los brazos, manos y cabeza. Con ellos se marcan claramente los finales de frase, o incluso los finales de sintagma cuando se quiere enfatizar lo dicho, y las pausas, que se manifiestan por una congelación del gesto (movimiento suspendido) o bien por una inclinación de cabeza. Resultan los más difíciles de identificar en cada cultura, pero confieren un

La puntuación no verbal.

carácter especial a las lenguas, de manera que al hablar en un idioma que dominamos nos movemos al ritmo que su discurso nos confiere.

4.A.2.3.1.4. Reguladores de turno

Ordenamos la interacción.

Los reguladores corresponden a las antes mencionadas relaciones de *regulación*, y son los movimientos que ayudan a ordenar la interacción y dirigir la alternancia en el escuchar y el hablar entre dos o más personas que están manteniendo un intercambio comunicativo. Sirven tanto a quien habla como a quien escucha para tener en todo momento clara la situación y expectativa del intercambio: por parte de la persona que habla indican que desea dejar de hablar y cede el turno a su interlocutora, o que, por el contrario, desea continuar hablando, y por parte de la persona que escucha sirven para pedir, a su vez, turno de intervención, o para demostrar que no se desea intervenir.

4.A.2.3.1.5. Reactivos o retroactivos

La reacción del auditorio.

Son gestos relacionados con la propia esencia de la interacción, sirven para mostrar la reacción que la intervención de otra persona nos produce (gestos de asombro, de incredulidad o el mismo acto de aplaudir) o para demostrar que nos hemos dado cuenta de la reacción que nuestras palabras producen en las demás personas.

Cuando se producen en la persona que habla es porque alguna respuesta verbal o no verbal de la persona receptora le ha provocado una reacción. Se trata de un mecanismo de 'feed-back' o retroalimentación, mediante el cual nuestro mensaje queda modificado por la intervención de otra persona que interactúa en ese momento con nosotros, como sucede cuando abrimos los ojos y hacemos rápidos movimientos de asentimiento con la cabeza tratando de convencer al interlocutor o a la interlocutora si hemos observado alguna reticencia frente a lo que estamos diciendo, o cuando alguien muestra el ceño fruncido y niega con la cabeza al comprobar que la persona que escucha no se toma en serio sus palabras.

En pocas palabras:

Algunos gestos no dependen del contenido del mensaje oral, sino que son independientes y responden a necesidades físicas o psíquicas de quienes están hablando. No solamente se regulan mediante la gestualidad las intervenciones de las personas que participan en el intercambio oral (reguladores de turno), sino que éstas 'actúan' de distinto modo durante su intervención, modificando su discurso según la reacción que observen en el público oyente (reactivos), marcando con sus gestos la puntuación del habla (marcadiscursos), moviéndose para seguir el ritmo de su propio discurso (batutas) y recurriendo a diversos gestos que les permitan liberar la tensión que les produce el hecho de estar hablando (adaptadores).

Sin embargo, la mayoría de los gestos que acompañan al discurso oral son de carácter semántico, poseen una descodificación traducida a lo verbal y se relacionan con el contenido del mensaje:

4.A.2.3.2.1. Emblemas

Gestos sin palabras.

Son gestos que tienen una transcripción equivalente a un mensaje verbal, al que muchas veces sustituyen, aunque pueden también, en ocasiones, realizarse simultáneamente. Admiten una transcripción directa ("está loco", "tengo sueño") son, por lo tanto, significativos, y se emplean especialmente cuando el canal verbal está temporalmente inutilizado (en la distancia o en medio de un fuerte ruido) o no es conveniente (en situaciones de silencio). Su descodificación es imprescindible para una comunicación fluida y su desconocimiento es fuente de malentendidos graves que pueden llevar al fracaso a cualquier acto comunicativo. Algunos mantienen una relación icónica con su referente ("me duele la cabeza"), mientras otros son puramente arbitrarios ("adiós"). Son gestos conscientes, y van culturalmente emparejados con una lengua, incluso con un subcódigo lingüístico, puesto que, por ejemplo, el español hablado en México se acompaña de emblemas distintos de los del español de España. Su realización es consciente y voluntaria, y por ello son de fácil aprendizaje al estudiar las distintas lenguas. Existen varios estudios acerca de los emblemas culturales, pero, en general, su contenido se relaciona con: i) instrucciones u órdenes interpersonales ("¡calla!"), ii) manifestación del estado físico ("tengo hambre"), iii) manifestaciones del estado anímico ("de acuerdo", "te quiero"), iv) muestras de cortesía ("adiós"), v) insultos ("cornudo"), vi) respuestas ("sí", "no", "no sé"), vii) descripciones ("una mujer"), viii) peticiones ("auto-stop").

4.A.2.3.2.2. Ilustradores

Dibujamos en el aire.

Aparecen en la comunicación simultáneamente con el discurso verbal y establecen con éste relaciones de repetición, acentuación y complementariedad. Su número y frecuencia de uso dependen de factores psicosomáticos relacionados con la persona (carácter, nerviosismo, irritabilidad, timidez, etc.), de factores sociales (la clase social alta en Europa usa generalmente menos ilustradores que la clase baja), situacionales (no se usarán los mismos gestos en una cafetería que en una sala de juicio), y, sobre todo, culturales (los pueblos árabes y mediterráneos emplean más ilustradores que los nórdicos o anglosajones).

Los ilustradores, como su nombre indica, tratan de ejemplificar o ilustrar por medio del gesto aquello que se está transmitiendo verbalmente. Según su relación con el contenido verbal del mensaje, pueden ser:

i) Ideográficos, si acompañan a la expresión de ideas discursivas o de tipo abstracto. Pueden ilustrar tanto conceptos como relaciones lógico-gramaticales:

Dibujamos ideas.

• los primeros acompañan ideas que no tienen una transcripción icónica, como por ejemplo el frotarse los dedos de la mano para indicar 'algo sutil' o hacer garabatos en el aire con el brazo alzado para indicar complejidad

• los segundos pueden ilustrar relaciones entre oraciones o cláusulas (coordinación, yuxtaposición, adversatividad, etc.), pueden acompañar a los adverbios de negación, afirmación y duda ("sí", "no", "quizá"), a los adverbios temporales ("antes", "después", "mañana", "el año pasado", etc.), a los intensificadores ("muy", "mucho", "algo", "nada en absoluto", etc.) y a los numerales ("primero", "dos", etc.)

Dibujamos cosas.

ii) Pictográficos, si ayudan a describir el aspecto formal del contenido verbal. Se emplean para dar ejemplos sobre el tamaño, la forma, la configuración o la apariencia del referente transmitido por el lenguaje verbal. Se usan tanto para enfatizar ese mensaje ("¡vaya coche!", dibujando la silueta de un automóvil en el aire) como para completarlo ("una caja así", dibujando un rectángulo con las manos).

Señalamos.

iii) Deícticos, si sirven para indicar la situación espacial o la identificación de una persona o cosa a la que se refiere el mensaje verbal. Se corresponden con las unidades gramaticales pronominales y adverbiales deícticas (pronombres personales, demostrativos, adverbios locativos). Los deícticos se pueden realizar con la mano extendida ("aquel libro"), apuntando con el dedo índice ("esta cuchara"), o con ligeros movimientos de cabeza u hombros ("fíjate en aquel chico"), e incluso se pueden usar objetos que se tengan en las manos en aquel momento (un bolígrafo, la tiza, un bastón, etc.). En general, la deíxis gestual solamente es bien aceptada si la situación lo requiere (ante una clase numerosa, en una aglomeración, etc.) o en situaciones informales o relajadas; de lo contrario puede ser interpretada como una falta de cortesía o de urbanidad ("señalar con el dedo a alguien").

Dibujamos movimientos.

iv) Kinetográficos son los gestos de la mano o del brazo usados para acompañar a los verbos y a las oraciones que describen movimientos ("se puso a escribir rápidamente", "cabalgábamos juntas") o complejos de movimientos (un match de boxeo o un partido de fútbol). Se acompañan frecuentemente de movimientos pictográficos y deícticos, además de la correspondiente entonación paralingüística ("¡goooooool!").

Dibujamos espacios.

v) Espaciales son los que describen un espacio que es nombrado verbalmente ("un campo verde", "una extensión de desierto"). Son estáticos cuando muestran las medidas o dimensiones de un objeto o un espacio, y dinámicos si se combinan con los deícticos, cuando un movimiento señalador es seguido de un 'barrido' del espacio con el índice ("un prado todo lleno de flores").

En pocas palabras:

Los gestos semánticos se relacionan con el contenido del mensaje que se está emitiendo oralmente. A excepción de los emblemas, que sustituyen al mensaje verbal (auto-stop), los demás acompañan al mensaje oral ilustrándolo, ya se trate de mensajes relativos a objetos del mundo material (un balón, una muñeca), cualidades (arrogante, húmedo), ideas abstractas (sutileza, santidad), conceptos gramaticales (nosotros, ellas, antes), espacios (el horizonte), o movimientos (ir en bicicleta).

Las expresiones del rostro

4.A.2.4.

Veremos en este apartado cómo la clasificación que hemos empleado al hablar de los gestos puede aplicarse también a las expresiones del rostro, sobre todo en culturas como las latinas que tienden a ser más expresivas y a reflejar en el rostro todo lo que ocurre en el interior de la persona. También la mirada, como parte de la expresión facial, tiene un importante papel en la intercomunicación humana, y sus distintas descodificaciones deben conocerse también para acceder a una adecuada interacción social.

El rostro es la parte del cuerpo más expresiva. Por medio de las expresiones faciales, básicamente los movimientos de ojos, cejas y boca, las personas expresamos las emociones y comunicamos estados internos. Nuestras *emociones básicas*: odio, rabia, pasión, ternura, envidia, ira o placer se reflejan en nuestro rostro y son fácilmente descodificables por quienes nos rodean. Su tipificación es más o menos universal (dejando aparte que algunas culturas, como las latinas, suelen ser más expresivas que las orientales o que las anglosajonas), y por esta razón los actores y actrices, grandes observadoras, pueden reproducirlas fielmente y logran hacernos creer que de verdad en esos momentos están sintiendo la emoción que expresan.

La cara habla.

Entre todos los rasgos de expresión facial, el más significativo y productivo en la interacción comunicativa tal vez sea la sonrisa, gesto amistoso y apaciguador en todas las culturas, que tiene la virtud de iluminar el rostro menos agraciado y contrarrestar el efecto devastador que pueden llegar a tener otros signos no verbales de censura o amenaza.

Clasificación de la conducta facial

Las expresiones del rostro sirven, al igual que los movimientos del cuerpo, para expresar ideas o conceptos semánticos y para regular o mantener la comunicación. Las expresiones de carácter semántico pueden ser *emblemas*, como sacar la lengua en señal de burla o enfado, arrugar la nariz como muestra de asco o apretar la boca en señal de silencio. Pueden ser también *ilustradores*, como la cara de duda acompañando una idea con la que no estamos muy de acuerdo, la expresión de picardía cuando se cuenta un chiste subido de tono, las muecas que acompañan a las expresiones verbales cuando hablamos a una o un bebé, o la expresión de enfado al relatar un suceso desagradable. También actúan como *reactivos*, al mostrar expresión de extrañeza ante una respuesta, de sorpresa ante una pregunta inesperada, de contrariedad por una negativa, etc.

Como signos no semánticos, las expresiones faciales actúan como batutas, regulando y dando carácter al ritmo del discurso (tempo rápido-alegre, o rápido-airado frente al tempo lento-emotivo o lento-depresivo), como *marcadiscursos*, señalando con rostro inexpresivo (cara de pocker) el final de una conferencia o discurso, o sonriendo levemente cada punto y aparte cuando deseamos congratularnos con el auditorio, y como *reguladores de turno*, cuando sonreímos a una persona del público para indicar que esperamos una respuesta por su parte.

El lenguaje de la mirada

Finalmente, el contacto visual es uno de los principales mecanismos de captación, mantenimiento y devolución de la atención. Sólo en el momento en el que dos personas se miran directamente a los ojos podemos decir que se ha realizado una verdadera comunicación entre ellos. Como todo en Comunicación No Verbal, el uso de la mirada en la interacción depende de las culturas: mientras las culturas latinas tienden a mirar a los ojos y a sostener la mirada, las culturas anglosajonas sostienen menos la mirada y las orientales evitan el contacto directo de los ojos.

En general, en todas las culturas occidentales el mantener la mirada directamente a los ojos se interpreta como signo de sinceridad y de nobleza de intenciones, mientras que el evitarla se descodifica como señal de desconfianza. Sin embargo, la fijación de la mirada, sobre todo en situaciones de desigualdad de estatus, género y edad, también puede conseguir efectos intimidatorios no siempre deseables (recordemos la extendida superstición de 'echar mal de ojo a alguien'). Sólo un largo período de entrenamiento y socialización como el que vivimos desde la infancia hasta la juventud, o incluso la madurez, nos permite conseguir la soltura necesaria para expresar la gran riqueza de matices que es posible transmitir con la mirada.

Clasificación de la conducta visual

4.A.2.5.1.

Lo que decimos con la mirada.

Al igual que en los demás signos no verbales, la mirada puede expresar sentimientos o conceptos semánticos: reprobación, desdén, odio, amor o ira, puede intervenir ordenando la interacción en preguntas, respuestas y cambios de turno, o bien puede servir simplemente como regulador y marcador del discurso oral, señalando el ritmo o enfatizando el contenido verbal.

Dentro de los signos visuales semánticos podemos encontrar *emblemas*, como afirmar bajando los ojos o como el guiño de complicidad; *ilustradores*, como marcar el tamaño de un objeto abriendo mucho los ojos; y *reactivos*, que son las miradas de sorpresa o extrañeza ante una respuesta inesperada, la mirada de soslayo ante una frase irónica o de doble sentido, así como las miradas de complicidad que se establecen cuando los interlocutores y las interlocutoras mantienen entre sí una especial relación afectiva. Dentro de los signos no semánticos, las miradas juegan un importante papel como *batutas*, acompañando el ritmo del habla; como *marcadiscursos*, a la hora de señalar las pausas y los signos de puntuación (puntos o puntos y aparte); y, sobre todo, como *reguladores* del cambio de turno, ya que bajar la mirada es la manera más común de indicar que se ha terminado una intervención y se cede el turno. Por último, la mirada puede servir como *heteroadaptador*, al fijar los ojos en una parte del cuerpo o en un objeto que lleva la persona con la que hablamos, o bien al elegir una persona concreta de entre un público al que nos dirigimos, y como *adaptador objetual*, cuando la persona que habla mantiene, para no perder su concentración o por timidez, la mirada fija en el techo, en el suelo o en un objeto del contexto espacial.

En pocas palabras:

Dependiendo de las culturas, es natural que las personas expresemos más cosas con la cara ('con la cara paga') y con la mirada que con las palabras. El conocimiento completo y adecuado de estos códigos expresivos es necesario para la interacción social, y su desconocimiento, por el contrario, genera un buen número de problemas comunicativos.

Las posturas

En las sociedades occidentales existe toda una serie de posturas que sabemos descodificar perfectamente: la postura de firmes, la de recogimiento para el rezo, la súplica de rodillas, la de comer alrededor de una mesa, etc., pero posiblemente entre las distintas culturas, aun las más cercanas, existe alguna diferencia en la significación de otras posturas no tan tipificadas y que también es conveniente saber descodificar. En muy pocas descripciones acerca de las diferentes culturas se habla sobre el valor comunicativo de las 'posturas culturales', y, sin embargo es imprescindible conocer el significado y la connotación de las distintas posturas en culturas muy diferentes para poder mantener unas relaciones sociales sin problemas ni malentendidos.

Es de sobra sabido que un cuerpo erguido, con los hombros altos y el pecho hinchado –al estilo militar– comunica un mensaje de prepotencia y de orgullo, mientras que un cuerpo aplastado, con el pecho hundido y los hombros caídos comunica un mensaje de sumisión y vulnerabilidad. Pero, además, en cada sociedad existe una serie de posturas que revelan la pertenencia a un estatus determinado, y por ello las antiguas 'cartillas de urbanidad' recogían todos estos aspectos culturales y enseñaban a los y las escolares, con ilustraciones muy explícitas, las posturas que debían adoptar para ser bien considerados socialmente.

Por otra parte, las posturas tienden a reproducirse. Cuando hay buena relación entre dos personas —una novia y un novio, por ejemplo– ambas tienden a adoptar las mismas posturas, y cuando hay un interés mutuo en la interacción, reducirán la distancia interpersonal inclinándose hacia adelante, tensas y atentas; y en el caso de que alguna de ellas se recueste en su asiento, relajándose, se interpretará inmediatamente como una pérdida de interés por su parte.

El ritmo y el tiempo de la acción

El concepto, estructura y uso del tiempo es diferente en cada cultura. Desde el sentido de la puntualidad hasta el ritmo del discurso, la distribución y duración de las pausas y de los silencios... todo tiene una significación cultural que traducimos a veces como la manifestación de la consideración social, pero que, en gran parte, responde a unos cánones culturalmente marcados.

Por otra parte, cada persona posee, además, un ritmo y un tiempo propios, que se demuestran en su comunicación interpersonal. Se reconoce el ritmo interaccional de una persona tanto en la rapidez o lentitud de su discurso hablado como en el uso que hace de los distintos tipos de pausas verbales (pausas de planeamiento, manipuladoras, enfáticas, etc.) e incluso en la necesidad que muestra de intervenir cada cierto tiempo en una conversación, a veces a costa de interrumpir a la persona que habla, o por medio de pequeñas intervenciones verbales acompañando el discurso ajeno ("sí, sí", "eso, eso", "claro", "¡no me digas!", etc.).

Es lógico pensar que para que una conversación fluya con comodidad es conveniente que las personas que hablan posean igual o parecido *ritmo interaccional*, de lo contrario, a una persona le puede parecer que no se la escucha porque la otra está continuamente interrumpiéndola, mientras esta última se lleva la impresión de que su interlocutora no tiene nada interesante que decir, no tiene interés en la conversación o es terriblemente aburrida.

La distancia interpersonal

4.A.2.8.

La burbuja personal.

Cada ser humano necesita disponer de un espacio personal más o menos amplio en función de ciertos condicionantes culturales e individuales, de manera que las distancias interpersonales vienen determinadas por la combinación de los espacios particulares de los interactuantes, siempre en equilibrio inestable y constante reajuste en función del grado de confianza, el nivel de formalidad, el estatus, el género y la edad de cada uno. Todas las culturas poseen un conocimiento empírico acerca de los distintos grados de proximidad o lejanía entre las personas que interactúan: la distancia *oficial* ante una autoridad (la reina, el Papa, un jefe de estado, etc.), la distancia *de respeto* ante una persona superior (juez, policía, médica o profesor), la distancia *de confianza* entre personas amigas, y la distancia *de intimidad*, entre familiares o con la pareja.

Como en otros aspectos de la comunicación, la distancia que mantienen las personas en su conversación depende también, en gran parte, de la cultura a la que pertenezcan. Es sabido que las culturas latinas mantienen un menor espacio interpersonal que las culturas nórdicas o anglosajonas. Al espacio que una persona necesita para sentirse libre en su convivencia con las demás personas le llamamos la 'burbuja personal', y todo contacto que traspase los límites de este espacio se entenderá como una agresión a la intimidad de esta persona. Por ello resulta a veces tan difícil la convivencia entre distintas culturas: la misma distancia interpersonal que para una persona de cultura árabe o latina se entiende como un distanciamiento hostil, para una persona de cultura anglosajona puede ser interpretada como una agresión a su intimidad. Resulta, entonces, fácil que se generen desconfianzas mutuas o un sinfín de situaciones más o menos incómodas que enturbien sus relaciones interpersonales.

En pocas palabras:

Existen factores individuales que marcan el ritmo y la velocidad de nuestras intervenciones comunicativas, al igual que existen factores sociales y culturales que regulan tanto el aspecto que queremos ofrecer a otra gente como las posturas que adoptamos en nuestra interacción social. Así mismo, cada cultura regula de una manera muy precisa la distancia interpersonal propia de cada situación comunicativa.

B. LA COMUNICACIÓN NO VERBAL EN EL AULA

4.B.1.

IMPORTANCIA DE LO NO VERBAL EN LOS DISCURSOS PÚBLICOS

····➤ 4.A.1.1.iii

Solemos estar tan pendientes de lo que decimos con las palabras que a menudo olvidamos "controlar" lo que decimos con los gestos, de manera que mediante el tono de la voz, la orientación corporal, la expresión del rostro o la dirección de la mirada transmitimos a nuestros interlocutores e interlocutoras mensajes mucho más elocuentes y sinceros, aunque no siempre tan corteses como los que acertamos a pronunciar en nuestro discurso verbal.

Pocas veces se ha concedido a tales complementos no verbales la importancia que realmente tienen en la comunicación cara a cara. Sin embargo, en dos ámbitos muy concretos sí se conoce y se valora el hecho de que en el comportamiento no verbal reside la clave de la credibilidad. Desde hace varias décadas se investigan los efectos psicológicos de los recursos no verbales y se aprovecha al máximo el rendimiento del paralenguaje, la kinesia, la cronemia y la proxemia y sus efectos persuasivos sobre las personas receptoras: uno es el ámbito de los anuncios publicitarios; otro es el de los discursos públicos, especialmente los de carácter político, pero también los religiosos.

····➤ 4.A.2.3.
4.A.2.4.
4.A.2.5.
····➤ 4.A.2.7.
····➤ 4.A.2.8.

No es un invento de nuestros días la utilización de los recursos no verbales como refuerzo de la retórica verbal. Algo de eso sabían ya los antiguos y antiguas sofistas, que dominaban el arte de manipular la palabra despojándola del "lastre" de su significado; pero no sólo de la palabra, sin más, sino de la palabra pronunciada ante un público atento, que mal podría aceptar una argumentación si no la veía confirmada y reforzada con el gesto. Aquella herencia la recogen hoy fiscales y abogadas y abogados defensores, sobre todo en los sistemas judiciales basados en la intervención de un jurado al que se ha de convencer de la inocencia o culpabilidad de una persona acusada de un delito.

Corregido y aumentado el ejemplo de la antigua sofística, la historia moderna de la retórica va intrínsecamente asociada a la propaganda política, que no por casualidad nace y se desarrolla en paralelo al nacimiento y desarrollo de los medios de comunicación de masas: la radio y sobre todo la televisión. Curiosamente, la palabra *propaganda*, que tiene su origen en el verbo latino *propagare*, 'enterrar los esquejes frescos de una planta para multiplicarla', fue empleada por primera vez en su sentido sociológico por la Iglesia Católica en 1633, cuando el Papa Urbano Séptimo fundó la *Congregatio de Propaganda Fide*, un comité de cardenales que asumió el control de las misiones de la Iglesia. La connotación negativa que alude al proceso siniestro con el que se pretende manipular las mentes de los demás en beneficio propio no parece adquirirla hasta el uso oficial de la propaganda como arma de guerra durante la Primera Guerra Mundial, cuando las mentiras sobre supuestas atrocidades se difundieron sin escrúpulos, aprovechando la radio, para desprestigiar al bando enemigo.

Gracias a la reproducción simultánea de los mítines políticos mediante gigantescas pantallas de vídeo y gracias también a su retransmisión televisiva —incluso aunque sólo sea fragmentariamente—, los políticos y políticas actuales pueden manifestarse menos teatrales y más naturales que sus predecesoras y predecesores en el acompañamiento no verbal de sus discursos ante grandes masas de votantes. Sin embargo, no es raro que se acaloren progresivamente, a medida que se aproxima la fecha de los comicios, y vayan abandonando el discurso argumentativo y racional de presentación del programa de gobierno por otro más sentimental e irreflexivo en el que los objetivos se convierten en promesas de actuación en cuyo cumplimiento la candidata o el candidato comprometen su honor. El electorado basa la credibilidad del partido político en la credibilidad que le merece su líder, quien debe saber transmitir la verdad de su mensaje no sólo con la palabra, sino también con el gesto, con la mirada, con la sonrisa, con todo su cuerpo...

La naturalidad en el comportamiento no verbal suele constituir la principal exigencia de la verosimilitud; sin embargo, no siempre resulta ser condición *sine qua non* para conseguir la credibilidad: a discursos enfáticos corresponde una gesticulación enfática que se hace incluso imprescindible para transmitir determinados contenidos que apelan directamente al sentimiento. La gesticulación exagerada y el movimiento constante de las y los telepredicadores norteamericanos, por ejemplo, van dirigidos no sólo a captar y mantener la atención del público espectador, que es creyente y está por tanto predispuesto favorablemente a participar en un acto de comunión espiritual, sino que buscan también facilitarle la asimilación de los conceptos abstractos mediante su concreción en gestos simbólicos: la inspiración divina, invocada por los brazos en alto y las manos abiertas con las palmas hacia arriba, llega del cielo en forma de haz de luz que el rostro de la persona intermediaria recoge con expresión beatífica; la imposición de sus manos sobre la cabeza de los fieles canaliza la transmisión de esa energía divina con poder sanador, espiritual o corporal... El religioso es, en definitiva y por definición, un discurso irracional, por lo que no debe extrañar la relevancia que adquiere en él todo lo relativo a la comunicación no verbal; lo que en otros géneros discursivos, de carácter argumentativo, pudiera parecer desproporcionado tiene en éste perfecta aceptación y efectividad persuasiva.

4.B.2. LA SINGULARIDAD DEL ÁMBITO ACADÉMICO

No está precisamente el universitario entre esos ámbitos en los que se aprecia la importancia del componente no verbal en la comunicación cara a cara. El personal académico de enseñanza superior español suele ser de formación autodidacta en todos los aspectos docentes de su trabajo y aprende por imitación de sus modelos: las profesoras y profesores que ha tenido a lo largo de su propia instrucción. Acaba sus estudios e inicia su carrera profesional con una idea más o menos consciente de a quién quiere parecerse y a quién no, de manera que intentará reproducir los comportamientos profesorales que le resultaron efectivos como estudiante y evitar los que no le gustaron, pero suele tener la convicción de que "con saber la materia basta", de que no necesita aprender a dar clase o de que aprenderá sobre la marcha. Efectivamente, la mayoría lo consigue, pero no todo el profesorado; es un tópico recordar, pensando en nuestros propios estudios, a aquel profesor o profesora que "sabía mucho, pero no sabía explicar"...

Lo quiera o no, el o la docente universitaria es una comunicadora social; tal vez no "venda" nada, pero lo cierto es que tiene unos mensajes que transmitir a un público al que debe convencer con sus explicaciones y argumentaciones: para realizar bien su trabajo es imprescindible que consiga credibilidad por parte del alumnado, y para ello debe utilizar todos los recursos de que dispone, sin menospreciar los no verbales. No se trata de "actuar" –aunque también hay quien lo entiende así–, sino de cultivar los comportamientos y actitudes que favorecen la comunicación y evitar los que la entorpecen. Muchas veces, basta con una somera reflexión autocrítica para mejorar sensiblemente.

El discurso académico comparte algunas características no verbales con todos los discursos públicos, pero presenta además ciertas peculiaridades derivadas de su especial naturaleza y finalidad: la transmisión de los conocimientos científicos de docente a discentes, quienes, al menos en España, tienen que "tomar buena nota" para superar el examen de cada asignatura.

Sin embargo, hay que tener en cuenta que en el contexto universitario, como en tantos otros, la comunicación no verbal comienza mucho antes de que empiece la clase propiamente dicha. Desde el espacio disponible y la ordenación de los papeles en el despacho hasta la concesión del saludo al alumnado en la biblioteca o en la cafetería, pasando por el respeto de los horarios de atención y la afabilidad con la que se acogen las consultas, todo es comunicativo en la relación profesorado-estudiantado y no se puede ni pretender siquiera mantener cada ámbito de relación en un compartimento estanco.

Las variables de estatus, género y edad

Si en cualquier intercambio comunicativo podemos observar implicaciones de estatus, género y edad, tales variables son especialmente relevantes en lo que se refiere a los elementos no verbales, ya que tanto el gesto, como las maneras, como las posturas pueden presentar connotaciones notablemente diferentes en función de quién se comunique con quién, con todas las combinaciones posibles: profesora o profesor con alumna o alumno de edades similares, profesora joven con alumno mayor, profesor mayor con alumna joven, etc.

Lo más frecuente en cuanto a la edad es que la persona docente sea mayor que la persona discente; sin embargo, "más" o "menos" mayor tiene su importancia, ya que el alumnado joven suele percibir al profesorado de mucha edad como previsiblemente más experimentado y conocedor de la materia, pero también como supuestamente más inmovilista e intransigente. El tratamiento que suele dárseles en España es el respetuoso "usted", llamándoseles por el apellido: profesora Tal, profesor Cual o por el nombre de pila precedido del tratamiento de Don/Doña (Don Emilio, Doña María). También se usa en algunas zonas el apelativo académico Doctor/Doctora seguido del apellido. Entre ellos y el estudiantado suele haber un distanciamiento mutuo respetuoso, pero puede darse también una actitud maternalista o paternalista por parte de las profesoras o los profesores, que pueden perder el respeto de la clase si no responden a las expectativas generadas únicamente por la edad.

Al profesorado más joven se le suele asignar, de entrada, apreciaciones opuestas a las anteriormente mencionadas: se le presupone menos experto y, por lo tanto, más inseguro, pero también más receptivo e innovador. El alumnado tiende a tutearlos y a llamarlos por su nombre de pila, y la familiaridad en el trato puede suponerles en ocasiones un mayor cuestionamiento de su autoridad académica, lo que posiblemente intentarán evitar utilizando recursos no verbales: desde adoptar una vestimenta más formal y una apariencia más seria hasta reprimir las intervenciones del alumnado para evitar la discusión.

Por lo que se refiere a la proporción entre mujeres y hombres hay que trazar una significativa distinción entre las carreras técnicas y de ciencias "puras" y las carreras pedagógicas y "de letras". En el primer grupo se da un exagerado predominio masculino, tanto en el estamento docente como en el discente, mientras que la desproporción se reduce en el segundo; aunque no puede dejar de notarse un progresivo crecimiento de la presencia femenina en algunos estudios tenidos tradicionalmente por masculinos como Derecho o Medicina, por ejemplo, lo que no lleva aparejado, todavía, un cambio apreciativo en la sociedad, para la que una pareja mixta de profesionales de la salud siguen siendo aún "el doctor y la enfermera", hasta que se demuestra lo contrario.

En la relación académica la persona docente tiene, por definición, un mayor estatus que la discente por razones obvias: no sólo porque a la primera se le reconoce la capacidad para determinar el nivel de aprovechamiento de la segunda, lo que, en determinadas circunstancias, puede suponerle disponer de una extraordinaria ascendencia sobre ella, sino porque en el ámbito más habitual de la interacción comunicativa, la clase, el enseñante tiene toda la autoridad: ostenta el uso de la palabra, concediéndola o no a voluntad; decide cuándo empieza y cuándo acaba la interacción comunicativa; está en posesión del conocimiento de la materia y, consecuentemente, siempre tiene la razón...

Por otra parte, si acaso llega hasta los alumnos y las alumnas la distinción del profesorado en función de las diversas categorías de la carrera docente puede ser, sobre todo, a partir de mensajes no verbales específicamente ligados al estatus: desde disfrutar de un despacho más amplio y con mejores vistas, hasta mantener determinados privilegios en cuestiones de horarios de clases y fechas de exámenes, pasando por la disponibilidad de ayudantes. Todavía se mantiene en las universidades españolas de mayor solera la caracterización tradicional del catedrático o catedrática, que raramente desempeña un magisterio similar en las universidades pequeñas de reciente creación.

La combinación de estas tres variables: estatus, género y edad puede dar lugar a las más complejas caracterizaciones contextuales que inciden en diverso grado sobre los resultados de la interacción comunicativa, la cual puede suponer un fracaso si no se tiene la sensibilidad suficiente para compensar los desajustes. Cuando sexo (masculino) y edad (avanzada) son sinónimos de estatus (superior) y coinciden, por tanto, en el profesor mayor, las interacciones comunicativas con una persona que pertenezca a las categorías opuestas (una alumna muy joven) pueden resultar de lo más desequilibradas, traduciéndose en situaciones de gran presión para la persona que ocupa la posición más "débil" en esta circunstancia, incluso aunque no se dé una voluntad deliberada de presionar por parte de la que ocupa la posición más "fuerte". Si a todo ello añadimos nuevas variables introducidas por las diferencias de carácter de las personas interactuantes: dominantes o sumisas, receptivas o negativas, tendremos un cuadro bastante aproximado de la extraordinaria complejidad de los actos comunicativos...

Centrándonos en la interacción discursiva en el ámbito de la clase, hay que empezar por señalar la importancia de las características del espacio físico que constituye el marco del discurso académico, ya que puede influir de manera decisiva en el resultado final de la interacción comunicativa: el tamaño, las proporciones y la orientación del aula; el color de las paredes; la calidad de la iluminación; la disposición del mobiliario y de los recursos didácticos: la pizarra, el micrófono, los proyectores... Determinado tipo de aula favorece determinada intervención didáctica: la disposición circular de los pupitres facilita el coloquio, la distribución escalonada propicia las intervenciones magistrales...

4.A.2.1.

A menudo, los y las conferenciantes se interesan por visitar previamente el espacio donde han de intervenir para prever sus posibilidades comunicativas no verbales. De igual manera, cuando la profesora o el profesor están acostumbrados a un tipo muy concreto de aula les puede resultar problemático intervenir en un espacio muy diferente, hasta que consiguen acomodarse a las nuevas condiciones, y lo mismo ocurre con el estudiantado: cualquier novedad exige un periodo de adaptación, mayor o menor en función de las diferencias afrontadas.

Puede parecer una frivolidad, pero no lo es: un tamaño y un diseño del aula adecuados al número de ocupantes y al tipo de actividad docente —clase magistral, coloquio, actividades prácticas en grupos— y una disposición del mobiliario conforme a las necesidades didácticas —el uso de magnetófonos o de proyectores de transparencias, de diapositivas o de vídeos— contribuyen a crear un ambiente de trabajo relajado y favorecen la intercomunicación docente-discente-docente, con la consiguiente mejora del rendimiento académico y 'optimización' de los recursos que tanto preocupa a las autoridades educativas. Si la profesora tiene que preocuparse de evitar caerse de una tarima demasiado pequeña cuando escribe en la pizarra, o si la clase no alcanza a leer lo que pone en la proyección de la transparencia porque el aparato no encuentra la mejor ubicación, por supuesto, eso entorpece la consecución de los objetivos de la actividad académica.

En las universidades españolas podemos encontrar aulas de muy diversas formas y tamaños, pero predominan las diseñadas pensando en la clase magistral, que pueden tener forma de anfiteatro o, al menos, disponer de una tarima o similar desde donde la profesora o el profesor explican la lección a un estudiantado dispuesto en pupitres individuales o bancos corridos.

4.B.2.3.

La apariencia física de docentes y discentes

Cada miembro de la comunidad académica decide más o menos libremente "de qué quiere ir": de sabio distraído, de ejecutiva agresiva, de "colega", de "pasota"... Pero también importan los usos y costumbres del centro y del ámbito profesional: los mayores índices de formalidad en el vestir se dan en España entre enseñantes y estudiantes de Derecho y de Económicas; los de "informalidad" se dan en Arqueología, tal vez por la frecuencia con la que salen de la Facultad para realizar trabajos de campo y su afición a este tipo de tareas. Lo que en un ámbito puede ser lo más adecuado seguramente resultará inapropiado en otro donde imperen usos distintos.

****▶ 4.A.2.2.**

Resulta evidente que la forma de vestir –más o menos distinguida, más o menos juvenil, más o menos tradicional– puede también transmitir sutiles connotaciones de estatus, género y edad, que tampoco escapan a los condicionamientos culturales; sin embargo, también en esto suelen primar las preferencias personales y, en cualquier caso, no parece que se den diferencias significativas respecto al resto de Europa.

4.B.2.4.

La comunicación gestual en el aula

****▶ 4.A.1.1.**

Los gestos y las maneras de realizar determinadas actividades sirven generalmente de refuerzo o sustitución de la expresión verbal. Pueden ser un recurso didáctico para captar y mantener la atención de la audiencia o para ayudar a "visualizar" los conceptos dándoles forma con las manos; casi siempre añaden valores expresivos y emotivos al discurso. Gestos y maneras pueden variar sensiblemente en las culturas más alejadas y en todas presentan numerosas restricciones y marcaciones de estatus, de género y, por supuesto, de edad. Las "maneras", que a menudo tienen una significación ritual, están perfectamente codificadas por las normas de cortesía, hasta el punto de que a las obras que las recogen por escrito solemos llamarlas manuales de "buenas maneras". Tanto las "buenas" como las "malas" maneras pueden transmitir también, y de hecho suelen hacerlo, connotaciones sexuales y de estatus, puesto que la persona que pronuncia un discurso puede utilizar un tono de sumisión o de dominio, de superioridad o de subordinación...

La gestualidad del profesorado, como la de cualquier otro grupo social en general, suele depender más de sus necesidades expresivas que de sus necesidades comunicativas, lo que parece demostrar el hecho de que la ejercitan tanto si se les mira mientras explican como si no, ya que frecuentemente el estudiantado está concentrado en la toma de apuntes y apenas levanta la mirada del papel.

La mayoría de las manifestaciones kinésicas se realizan principalmente con las manos y brazos, con la cabeza y, a menudo, también con los hombros, pero no todos los gestos desempeñan la misma función: mientras que unos transmiten significados específicos relacionados con el contenido del mensaje verbal, otros reflejan el estado de ánimo de la persona emisora o acomodan el discurso a su propia personalidad.

····▶ 4.A.2.3.2.
····▶ 4.A.2.3.1.

Una manifestación de extraordinaria importancia comunicativa es la expresividad facial, no sólo la que acompaña al discurso docente, sino también la del alumnado, que constituye, junto con la postura, el mecanismo de interacción que permite al profesor o a la profesora ir adaptando su discurso a la reacción que "va leyendo" en los rostros de su público.

····▶ 4.A.2.4.
····▶ 4.A.2.6.

Pero más importantes todavía son los efectos de la mirada. Lo primero que se enseña en los cursos de técnicas de comunicación es que un orador u oradora debe repartir sus miradas entre todas las personas del auditorio, buscando las respuestas de apoyo y complicidad en los ojos de cada una de ellas. En la comunicación docente, es un recurso imprescindible para que el alumnado sienta que la profesora o el profesor se dirige a ella y a él y no al techo, a la pared, o a los propios apuntes de quien habla. De todas formas, hay que recordar que, aunque constituye una poderosa herramienta de comunicación no verbal, conviene usarla con prudencia, ya que la fijación de la mirada en situaciones de desigualdad de estatus, género y edad, como las que se presentan en clase, puede conseguir efectos intimidatorios poco deseables en cualquier proceso de enseñanza-aprendizaje, aunque también es cierto que se pueden contrarrestar con una sonrisa amistosa y tranquilizadora.

····▶ 4.A.2.5.

La gestualidad asemántica

4.B.2.4.1.

4.B.2.4.1.1. Batutas

Muchos comportamientos gestuales sirven para acompañar y regular el ritmo del discurso oral y, por su semejanza con los movimientos de un director o directora de orquesta, se llaman 'batutas'. Son siempre necesarios, pero muy variables en cuanto a la forma, ritmo e intensidad de cada individuo, ya que dependen de su idiosincrasia personal, aunque también se someten a condicionantes culturales e incluso familiares.

····▶ 4.A.2.3.1.1.

Batutas

4.B.2.4.1.2. Adaptadores

4.A.2.3.1.2.

Otros gestos son simples movimientos 'adaptadores' desarrollados desde la infancia con la finalidad de propiciar la descarga de la tensión habitualmente generada por los contactos sociales y la comunicación interpersonal, más aún en la circunstancia de hablar en público. Por muchas "tablas" que tenga la persona docente, no puede evitar manifestar ciertos indicios de

Adaptadores

4.A.2.3.1.2.iii
4.A.2.3.1.2.i

4.A.2.3.1.2.ii

nerviosismo como jugar con el bolígrafo, arreglarse una corbata impecable, frotarse las manos injustificadamente, llevarse la mano al cuello, a la barbilla o a la nariz, atusarse el cabello o acomodar un inexistente mechón tras la oreja. Más raramente observamos en el ámbito de clase ejemplos de adaptadores interpersonales.

4.B.2.4.1.3. Marcadiscursos

4.A.2.3.1.3.

Por su parte, los 'marcadiscursos' sirven para "puntuar" el discurso oral, separando los sintagmas, frases o párrafos, así como otros elementos organizativos como el inicio o la clausura de las intervenciones. Muchos suelen coincidir con los silencios y pausas en la emisión verbal, a los que a menudo corresponde la congelación del gesto o una rápida inclinación de cabeza.

Marcadiscursos

4.B.2.4.1.4. Reguladores de turno

Los 'reguladores de turno', de gran importancia en la comunicación académica oral, tienen la misión fundamental de gestionar la interacción, ya que la petición, mantenimiento y cesión del turno de intervención suelen realizarse de manera silenciosa, mediante determinados gestos como levantar la mano, abandonar la postura relajada de escucha o simplemente hacer una inspiración profunda y marcada.

4.A.2.3.1.4.

Regulador de turno

4.B.2.4.1.5. Reactivos o retroactivos

····> 4.A.2.3.1.5.

Finalmente, los gestos 'de reacción', 'reactivos' o 'retroactivos', sirven para mostrar la impresión que causan en el auditorio las explicaciones de la profesora o el profesor, quien puede reorientar el discurso en caso necesario, si observa expresiones de asentimiento, de duda, de asombro, de indiferencia o de vivo interés...

En los períodos de interacción, el alumnado puede "leer" en el rostro de la persona docente si está respondiendo adecuadamente a la pregunta formulada, ya que se puede premiar una repuesta correcta con una sonrisa, manifestar

Reactivo

el desacuerdo con la severidad de la expresión facial o atenuar una apreciación negativa con algún gesto simpático.

En España no es costumbre que el estudiantado aplauda o realice ningún otro gesto de cortesía al final de la clase, como sí se da, en cambio, tras una conferencia o cualquier otra intervención académica de carácter extraordinario, como las llevadas a cabo por personas invitadas.

Incluso puede ocurrir que las chicas y los chicos estudiantes manifiesten su poca disposición a intervenir en clase contestando o formulando preguntas –incluso a pesar de reiteradas invitaciones de la profesora o del profesor– agachando la cabeza y evitando encontrarse con su mirada...

Emblemas e ilustradores

4.B.2.4.2.

····> 4.A.2.3.2.1.

Entre los gestos que presentan carga semántica destacan los 'emblemas', que son aquellos que admiten una definición más o menos precisa y que pue-

Emblema (dinero)

den emplearse aisladamente, sin palabras, aunque también permiten ilustrar el discurso verbal. La mayoría de ellos son diferentes en cada cultura, aunque algunos puedan estar más o menos motivados o relacionados icónicamente con su referente. Salpican con frecuencia cualquier discurso público, pero no puede decirse que tengan una especial significación en el ámbito de la comunicación académica.

····> 4.A.2.3.2.2.

Los 'ilustradores', en cambio, pueden servir de ayuda en la comprensión del discurso docente, al funcionar como ejemplificaciones no verbales de lo expresado mediante las palabras: las ideas abstractas, las relaciones lógico-gramaticales...

Pueden ilustrar ideas; ayudar a configurar la forma, el tamaño o la apariencia de lo descrito verbalmente; o constituir en sí mismos la representación del movimiento. También suelen indicar la identificación personal o la localización espacial o temporal mediante los 'deícticos'; e incluso pueden combinar la deíxis con la descripción espacial.

Ilustrador ideográfico

Ilustrador (forma)

Ilustrador (altura)

Ilustrador (movimiento)

Ilustrador (extensión)

Su importancia reside en que a menudo establecen con la emisión verbal relaciones de repetición o acentuación, más raramente en este ámbito de complementariedad, puesto que las profesoras y los profesores ponen especial cuidado en "acabar sus frases" y dar forma verbal "completa" a sus ideas.

4.B.2.4.3.

Énfasis y puntualización no verbales

Interesan particularmente los gestos ilustradores o emblemáticos que sirven para llamar la atención sobre lo que se está diciendo o se va a decir a continuación, como el gesto de advertencia o llamada de atención que consiste en alzar el índice a la altura de la cara, llegando incluso a tocar la nariz o, más precisamente, el ojo.

A menudo este gesto enfático va acompañado de la misma expresión ('¡ojo!') o alguna otra similar; pero lo más frecuente en el discurso académico es que el contenido específico expresado verbalmente quede destacado por el índice en alto sin advertencia explícita.

Puntualización (emblema: ¡ojo!)

Puntualización (emblema: OK)

Énfasis

La misma o parecida función de subrayar, precisando, puede tener un gesto similar al emblema estadounidense de O.K., realizado con una o ambas manos.

Muchas veces se marca el énfasis con un rápido movimiento de cabeza y tronco próximo a una afirmación pero que indica realmente rotundidad, por lo que también sirve para subrayar una negación, sobre todo si le sucede, como es frecuente, una pausa enfática.

Otros gestos de este tipo son los 'barridos' horizontales con la palma de la mano hacia abajo o hacia el frente, a veces con ambos brazos en movimiento simétrico, del centro hacia los lados, a la altura de la cintura o de los hombros, para subrayar o enfatizar alguna frase determinada.

Énfasis (barrido doble)

Énfasis (barrido simple)

La postura en el aula

4.B.2.5.

Puesto que la gestualidad corporal se realiza necesariamente en secuencias de movimiento-quietud, la postura representa el estadio intermedio entre dos gestos y puede transmitir también connotaciones de todo tipo. La persona docente puede dar la clase sentada o de pie; inmóvil al lado de su mesa o bien paseando por el "escenario", frente al alumnado; o yendo y viniendo por el pasillo...

➻ 4.A.2.6.

A menudo depende únicamente de su propio temperamento: si se trata de una persona más o menos dinámica, si necesita el "ejercicio" físico para descargar la tensión que le produce hablar en público, o si quiere sentirse próxima a todo el mundo, incluyendo la última fila. Pero no siempre puede elegir: frecuentemente, las características del aula y del mobiliario fuerzan una determinada postura.

Lo normal es que la profesora o el profesor busquen la postura y la ubicación más adecuadas para una óptima comunicación con el auditorio, de manera que se articulen sus preferencias personales con los imperativos ambientales, pero hay un tercer condicionante a tener en cuenta: el grado de formalidad, que puede llevarles desde la posición más rígida y distante, separados de su "público" por una mesa o atril, hasta la máxima familiaridad con un grupo reducido, ante el que pueden acabar sentados sobre su propia mesa.

La mayor o menor formalidad en la relación profesorado-estudiantado depende igualmente no sólo de las preferencias de la persona docente y del grado de confianza con el grupo en función de si han coincidido o no anteriormente en otras asignaturas, sino también de las costumbres del centro, que pueden verse reflejadas en el mobiliario, por ejemplo mediante la presencia de un atril que señale el lugar reservado a la profesora o el profesor.

Pero sobre todo, en el caso de una clase magistral, la postura tiene especial importancia como manifestación de la reacción del auditorio al discurso académico que percibe y que puede ser de tensa atención o de relajación evasiva.

<table>
<tr><td>4.B.2.6.</td><td>## El tiempo y el espacio académicos</td></tr>
</table>

····▶ 4.A.2.8.

Todos estos comportamientos kinésicos se desarrollan en el tiempo y en el espacio. Por un lado, muchos gestos exigen un desplazamiento de todo el cuerpo que modifica las distancias interpersonales, y viceversa, los desplazamientos suelen hacerse acompañados de otros movimientos de cabeza y extremidades; en cualquier caso, no son en absoluto excluyentes, sino que lo más normal es que se den simultáneamente. Una aproximación excesiva de una de las personas interlocutoras genera tensión en la otra, que siente como una amenaza la invasión de su espacio, lo cual puede resultar doblemente incómodo si se dan implicaciones de estatus, es decir, si es la persona docente la que invade el espacio de la discente.

····▶ 4.A.2.7.

Por otro lado, también el ritmo de la acción y el uso del tiempo comunican determinadas connotaciones. La observancia más o menos estricta de los horarios de clase y de atención al alumnado, la mayor o menor dedicación a las tutorías y a la solución de consultas dan la medida del respeto de los y las docentes hacia el estudiantado, conjunta e individualmente.

Cada persona tiene un ritmo somático propio que manifiesta también en su gesticulación, y las leves modificaciones respecto a lo que es habitual en ella suelen transmitir alteraciones en el estado de ánimo: nerviosismo, abatimiento, excitación... Dentro del discurso público en general, y del académico en particular, dichas alteraciones del ritmo sirven también para subrayar o destacar determinadas palabras o frases, que pueden llegar a pronunciarse silabeando.

La verdad es que el tiempo está presente en el aula de muchas otras maneras, ya que cada sesión de clase tiene una duración muy concreta previamente fijada. La profesora o el profesor suelen mantener visible su reloj y cualquier ojeada de consulta se relaciona con la organización de su discurso y casi siempre recuerda a la audiencia la proximidad del final; y viceversa: las alumnas y los alumnos pueden "recordarle" a la profesora o al profesor que su tiempo ha cumplido utilizando el mismo sistema...

·CONCLUSIONES   4.B.3.

La comunicación no verbal complementa, matiza, e incluso puede llegar a modificar sustancialmente la significación del discurso académico: el tono de la voz, la orientación corporal, la expresión del rostro o la dirección de la mirada comunican a menudo mensajes mucho más elocuentes que los transmitidos mediante las palabras.

Los gestos emblemáticos e ilustradores facilitan la comprensión del discurso verbal, pero lo más importante en el ámbito universitario es identificar los mecanismos señaladores del énfasis y la puntualización, que nos ayudan a distinguir las ideas esenciales del discurso académico, así como las frecuentes contradicciones entre los mensajes verbales y no verbales emitidos simultáneamente, ya que lo habitual es que sean estos últimos los que den la clave del auténtico sentir de la persona docente, que puede estar diciendo lo contrario de lo que le gustaría decir únicamente por cortesía. En definitiva, la correcta interpretación de los complementos no verbales puede resultar decisiva también en la elección de los comportamientos apropiados en el aula, tanto por parte de la persona que enseña como de las que aprenden.

A pesar de que la comunicación no verbal suele tener inevitables connotaciones culturales, lo cierto es que en un contexto básicamente formal como es el ámbito universitario resulta difícil identificar rasgos privativos de la cultura española que difieran significativamente del contexto europeo, al menos por lo que respecta al discurso académico en sentido estricto. Lo que varía es el "estilo docente", es decir, la preferencia por una comunicación básicamente unidireccional profesorado-estudiantado (la lección magistral), frente a una comunicación bidireccional (el coloquio, la discusión), más interactiva, basada en la participación del alumnado...

5. BIBLIOGRAFÍA

Adam, J. M., 1992, *Les textes: types et prototypes,* Paris, Nathan.

Briz, Antonio, 1998, *El español coloquial en la conversación. Esbozo de una pragmagramática*, Barcelona, Ariel.

Brock, C., 1986, "The effects of referential questions on ESL classroom discourse", *TESOL Quarterly*, 20, pp. 47-59.

Brown, George A., Atkins, M., 1988, *Effective Teaching in Higher Education*, Londres, Methuen.

Brown, George .A., Bakhtar, M., (eds.), 1983, *Styles of Lecturing*. University of Loughborough, ASTD Publications.

Brown, George A., 1978, *Lecturing and Explaining*, London, Methuen.

Canellada, María Josefa, Kuhlman, N. 1987, *Pronunciación del Español*. Madrid, Castalia.

Calsamiglia Blancafort, H., Tusón Valls, Amparo, 1999, *Las cosas del decir. Manual de Análisis del Discurso*, Barcelona, Ariel.

Cestero Mancera, Ana María (coord.) 1998, *Estudios de comunicación no verbal*, Madrid, Edinumen.

Cestero Mancera, Ana María, 1999, *Comunicación no verbal y enseñanza de lenguas extranjeras*, Madrid, Arcos/Libros.

Cestero Mancera, Ana María, 1999, *Repertorio básico de signos no verbales del español*, Madrid, Arco/Libros.

Coulthard, Malcolm, 1977, *An Introduction to Discourse Analysis*, London, Longman.

Ellis, Rod, 1984, *Classroom Second Language Development*, Oxford, Pergamon.

Escandel Vidal, Mª Victoria, 1993, *Introducción a la pragmática*, Barcelona/Madrid, Anthropos/UNED.

Flowerdew, John, (ed.) 1994, *Academic Listening. Research Perspectives, Cambridge*, Cambridge University Press.

Gil, Juana, 1990, *Los sonidos del Lenguaje*, Madrid, Síntesis.

Kramsch, C., 1981, *Discourse Analysis and Second Language Teaching*, Washington, Center for Applied Linguistics.

McCarthy, Michael, Carter, R., 1994, *Language as Discourse. Perspectives for Language Teaching*, Londres, Longman.

Mason, Abelle, 1983, *Understanding Academic Lectures*, Englewood Cliffs (NJ), Prentice Hall.

Navarro Tomás, Tomás, 1918, *Tratado de Fonética y Fonología españolas,* Madrid, Gredos.

Poch Olivé, Doloes, 1999, *Fonética para aprender español: Pronunciación,* Madrid, Edinumen.

Quilis, Antonio, 1993, *Tratado de fonología y fonética españolas,* Madrid, Gredos.

Ruetten, Mary K., 1985, *Comprehending Academic Lectures*, Nueva York, Macmillan.

Van Eemeren, Frans, H., Grootedorst, R., Kruiger, T., 1987, *Handbook of Argumentation Theory*, Dordrecht, Foris.

Vázquez, Graciela, 1987, "El discurso pedagógico: las preguntas", en *II Jornadas Internacionales de Didáctica del Español como Lengua Extranjera,* Navas del Marqués, Ministerio de Cultura, Dirección General de Cooperación cultural, pp. 223-233.

6. CLASES ANALIZADAS

Políticas Fiscales

Maximino Carpio, *Universidad Autónoma de Madrid.*

Derecho Comunitario

Javier Díez-Hochleitner, *Universidad Autónoma de Madrid.*

Morfología

Soledad Varela, *Universidad Autónoma de Madrid.*

Derecho Laboral

Yolanda Valdeolivas, *Universidad Autónoma de Madrid.*

Derecho Penal

Maite Álvarez, *Universidad Carlos III.*

Sociología del Lenguaje

Francisco Moreno Fernández, *Universidad de Alcalá.*

Arquelogía de Roma

Carmen Fernández Ochoa, *Universidad Autónoma de Madrid.*
Ángel Fuentes, *Universidad Autónoma de Madrid.*

Teoría Psicoanalística

Pedro Chacón, *Universidad Complutense de Madrid.*